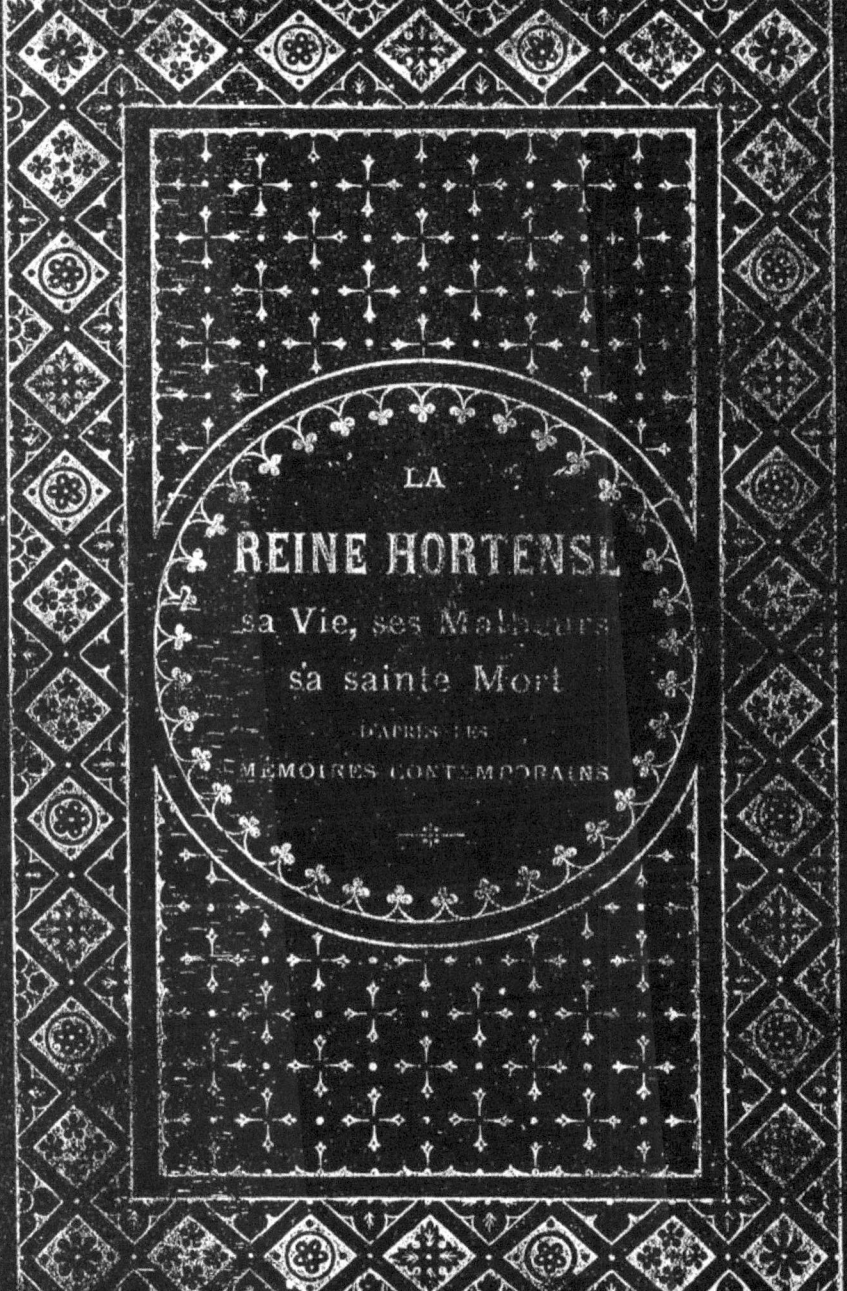

La Cascade de Cerisey. (P. 63.)

# La Reine Hortense
## sa vie
## ses malheurs, sa sainte mort

D'APRÈS

LES MÉMOIRES CONTEMPORAINS.

Hortense a été la femme la plus malheureuse de son temps.
(M<sup>me</sup> de Rémusat.)

 LILLE

MAISON SAINT-JOSEPH

GRAMMONT (Belgique), ŒUVRE DE SAINT-CHARLES BORROMÉE.

TOUS DROITS RÉSERVÉS.

# INTRODUCTION.

Il est assurément regrettable que l'histoire laisse planer la plus grande incertitude sur la valeur morale de certains personnages, même contemporains. Comprend-on, par exemple, que la reine Hortense, prônée presque à l'égal d'une sainte par la plupart des biographes, soit jugée par quelques autres avec une sévérité telle qu'on lui refuse la simple qualification de « femme vertueuse » ? Par une bizarre coïncidence, la vie intime de la belle-sœur de Napoléon I$^{er}$ a été aussi diversement jugée que sa conduite personnelle. Tandis qu'en général on l'a mise au premier rang des « reines malheureuses ([1]) » et qu'on s'est apitoyé sur l'interminable série d'épreuves auxquelles elle a été en butte depuis le berceau jusqu'à la tombe, son dernier historien ([2]) estime que ses malheurs ont été souvent « de bien petits malheurs » et qu'elle aurait pu « les éviter presque tous ».

Le désir de discerner le vrai du faux parmi ces témoignages contradictoires, en vue de reproduire l'exacte physionomie morale de cette princesse, serait déjà, semble-t-il, une raison suffisante pour raconter son histoire à la jeunesse studieuse. Ce n'est pourtant pas le motif qui nous a déterminé à publier cet ouvrage. La reine de Hollande, par un concours exceptionnel de circonstances, s'est trouvée mêlée à tous les événements qui ont signalé les premières années de notre siècle. Offrir sa vie à la

---

[1]. « La reine Hortense est une des personnes les plus malheureuses que j'aie connues. » (Duchesse d'Abrantès.) — Sa vie a été une vie de tortures et de douleurs ; l'infortune n'épargna ni la jeune fille, ni l'épouse, ni la mère... (B. Derosne.) Etc., etc.

[2]. J. Turquan. — Plus récemment (1897), M. d'Arjuzon a publié une étude biographique intitulée Hortense de Beauharnais (Enfance et jeunesse.)

jeunesse, c'est l'initier à une multitude de faits intéressants et instructifs, desquels il se dégage d'importantes leçons. Puis, — quoi qu'on en dise et sans vouloir atténuer le moins du monde ses torts réels, — Hortense a donné de beaux exemples de bienfaisance et de générosité ; l'ingratitude, qui trop souvent récompensait ses bienfaits, n'a jamais pu en arrêter le cours. Envisagée sous cet aspect, sa vie assurément présentera de nombreux sujets d'édification.

Nous avertissons le lecteur qu'il n'y a presque rien du nôtre dans ce recueil. Nous citons les Mémoires des contemporains, ceux de la reine elle-même, puis ceux du baron Van Scheelten, de Bernard Derosne et surtout de M$^{lle}$ Cochelet. Cette dernière, ayant été journellement dans la société d'Hortense pendant de longues années, a pu recueillir bien des traits et des anecdotes qu'on chercherait vainement ailleurs. On nous dira qu'elle flatte « sa vénérée maîtresse ». Eh bien, nous laisserons les flatteries de côté ; et quant aux faits eux-mêmes, s'il n'est pas sage de les puiser à cette source, le sera-t-il d'interroger les écrits de ses détracteurs ? Une chose est incontestable, c'est que peu de femmes ont excité à un plus haut degré la jalousie de leurs contemporaines que la mère de Napoléon III ; aussi n'est-il pas étonnant que certains mémorialistes se soient faits, à son endroit, l'écho de bruits malveillants et de rapports calomnieux. Tant pis s'il y a un peu de vrai dans ce fouillis de renseignements équivoques ; *nous nous refusons à le remuer.*

Une dernière réflexion. De l'aveu des historiens défavorables à la reine Hortense, ses fautes doivent être attribuées en grande partie à l'éducation trop mondaine qu'elle reçut au pensionnat de M$^{me}$ Campan. Là dessus du moins nous sommes en parfait accord avec eux, et l'occasion nous paraît bonne pour insister une fois de plus sur l'importance capitale de donner à la jeunesse une éducation sérieuse, solide, sévère, disons le mot : *une éducation chrétienne.*

# LA REINE HORTENSE

== Chapitre Premier ==

Premières années d'Hortense de Beauharnais. — Voyage à la Martinique. — Scènes de famille. — Dures épreuves sous la Terreur. — Hortense transformée en couturière. — Mariage de Napoléon-Bonaparte avec M<sup>me</sup> de Beauharnais. — Hortense au pensionnat de M<sup>me</sup> Campan. — Souvenirs et anecdotes.

N l'année 1787, dans un brillant hôtel de Fontainebleau, vers le soir, une petite fille de cinq ans pleurait à chaudes larmes. Elle était visiblement en proie à l'un de ces chagrins intimes, profonds, qui ne ressemblent en rien aux bouderies journalières des enfants ; elle paraissait pour le moment très sérieuse et dominée par une sorte de désespoir réfléchi et incurable.

A l'entrée de l'hôtel, une malle, élégamment bouclée, semblait attendre le passage de la diligence. Des préparatifs de départ s'effectuaient, sous les ordres d'un jeune officier qui, stupéfait comme tous les autres assistants de la violente douleur de la petite fille, lui tendit les bras et lui dit du ton le plus affable :

— Mais qu'est-ce donc, chère petite, qui peut te chagriner ainsi ? Allons, ne pleure plus et viens m'embrasser.

— Papa, répondit de loin l'enfant au lieu de sauter dans les bras de son père, pardonnez à Eugène, je vous en supplie, il ne le fera plus ; j'en suis bien sûre, car je lui dirai que cela me cause trop de chagrin.

— Mais, ma bonne petite, je ne suis pas fâché contre Eugène !

— Ah! tant mieux! on ne le renverra donc pas? il restera ici?...
— Non, mon enfant, cela ne se peut. Ton frère a sept ans, il faut qu'il se mette à l'étude pour acquérir des connaissances et être à même d'occuper plus tard une position dans le monde.
— Il va donc partir?
— Oui, sans doute.

L'enfant n'eut pas la force d'en demander davantage. Les larmes recommencèrent à jaillir de ses yeux, brûlantes et pressées. Elle s'enfuit au fond du jardin pour pleurer à son aise.

Cette pauvre petite, qui se trouvait si malheureuse, se nommait Hortense de Beauharnais. Elle inaugurait, sans le savoir, l'apprentissage de ce qui allait faire la principale occupation de sa vie : la douleur.

Et c'était le prochain départ de son frère, le futur « Prince Eugène », qui lui causait ce premier et immense chagrin. Eugène devait entrer en pension ; or, il était si bon, si doux, il aimait tant sa sœur, que l'idée d'être séparée de lui déchirait le cœur d'Hortense; il lui semblait qu'on allait lui enlever la moitié de sa vie. Nous verrons que cette amitié demeura inaltérable et qu'elle conserva toujours ce caractère d'intimité touchante qu'elle avait eue à son printemps.

Hortense, avons-nous dit, était alors âgée de cinq ans. Née le 10 avril 1783, elle eut pour père le vicomte de Beauharnais, qui avait été l'un des premiers à mettre son épée au service des États-Unis, et qui fut plus tard président de l'Assemblée constituante. Sa mère était Marie-Joséphine de Tascher de la Pagerie ; elle avait épousé, très jeune encore, M. de Beauharnais ; mais cette union ne fut pas heureuse, et, après quelques années de troubles incessants au foyer domestique, la pauvre femme, désespérant de ramener son mari à des sentiments de bienveillance à son égard, quitta la France au mois de juin 1788 et partit pour la Martinique, où résidait sa famille.

Eugène restait avec son père ; M<sup>me</sup> de Beauharnais emmenait avec elle son petit ange, son Hortense bien-aimée. Une de ces effroyables tempêtes si communes sur l'océan Atlantique, menaça de submerger le vaisseau qui les portait. Ce ne fut qu'après avoir couru les plus grands dangers qu'elles abordèrent au rivage, où d'autres périls leur étaient réservés.

Bientôt la révolution de 1789 eut un retentissement formidable dans les colonies françaises. Le soulèvement des nègres de Saint-Domingue fut imité par ceux de la Martinique, et la maison de Mme de la Pagerie fut brûlée comme celles de beaucoup d'autres.

« Une nuit, Joséphine fut réveillée en sursaut par la livide lueur des flammes, qui avaient tout à coup pénétré dans sa chambre à coucher. Elle sauta à bas de son lit en poussant un cri de désespoir ; saisissant Hortense, qui dormait paisiblement à côté d'elle, elle se précipita hors de la maison incendiée, et, avec le courage désespéré d'une mère, elle se fraya un passage à travers la foule de soldats et de nègres qui se battaient et remplissaient la cour. Vêtue seulement d'une robe de nuit, elle courut au port, où le capitaine d'un vaisseau, au moment où il mettait le pied dans sa chaloupe pour retourner à bord de son navire, aperçut la jeune femme avec son enfant qu'elle pressait sur son sein, tandis qu'elle tombait, épuisée de peur et de fatigue, sur la plage. Ému de compassion, il se hâta de la secourir, et relevant la mère et l'enfant, il les porta à son canot, qui quitta immédiatement la terre, puis il conduisit son précieux fardeau à bord du bâtiment marchand.

» Le navire fut bientôt atteint, et Joséphine, toujours serrant son enfant contre son cœur, heureuse de l'idée d'avoir sauvé ce qu'elle avait de plus cher, grimpa à l'échelle vertigineuse. Toutes ses pensées étaient encore dirigées vers Hortense, et ce ne fut que lorsque celle-ci eut été mise en sûreté dans la cabine, que Joséphine songea à s'informer du sort qui avait été réservé à sa mère. Elle voulait même retourner à terre pour en avoir des nouvelles ; mais le capitaine du vaisseau refusa d'exaucer ses vœux, de peur que la jeune femme ne tombât dans les mains des nègres révoltés, dont on pouvait distinctement entendre les cris hideux. Toute la côte, aussi loin que la vue pouvait atteindre, paraissait en feu, et ressemblait à une seconde mer, à une mer de flammes, dont les vagues furieuses lançaient au loin des colonnes flamboyantes en se heurtant les unes contre les autres. C'était une scène horrible à contempler ; et Joséphine, incapable d'y assister plus longtemps, chercha un refuge dans la cabine, où, s'agenouillant à côté de sa fille toute tremblante, elle pria Dieu avec ferveur d'avoir pitié de sa pauvre mère [1]. »

Après que le navire eut pris le large, Joséphine remonta de nouveau sur le pont pour regarder encore une fois la maison sous le toit de laquelle elle avait passé les jours de son enfance, et qui s'écroulait alors

---

1. BERNARD DEROSNE, *Mémoires sur la Reine Hortense*. (Librairie Parisienne, 1863.)

rapidement sous la fureur de l'incendie. Sa mère, par une protection manifeste de la Providence, fut épargnée.

Cette fois, la traversée des fugitives fut heureuse. Grâce à une douce température, Hortense pouvait se livrer sur le pont à ses jeux enfantins. Mais on raconte que sa mère, dans l'extrême précipitation de sa fuite, n'avait pu vérifier l'état de sa chaussure et que la petite fille s'embarqua avec des souliers déjà usés. Que faire? M<sup>me</sup> de Beauharnais déclara que, les souliers ne pouvant être remplacés par d'autres, Hortense ne jouerait plus sur le pont. Grand désappointement pour l'enfant, et aussi pour un brave matelot, qui prenait plaisir à favoriser les ébats de la petite voyageuse. « Non, non, se dit-il, Hortense ne restera pas privée de courir sur le pont ; elle n'a plus de souliers, mais j'en ai, moi, une vieille paire dans mon coffre ; je vais les chercher. » Et il rapporta triomphalement la grossière chaussure, aux semelles hérissées d'énormes têtes de clous. Un autre matelot, qui était quelque peu cordonnier, tailla dans le cuir pour adapter d'une manière telle quelle les souliers du marin aux petits pieds d'Hortense, et celle-ci s'en servit pendant le reste de la traversée.

Joséphine arriva à Paris vers la fin de 1790. Elle comprit que son premier devoir était de tenter une réconciliation avec son mari, et elle la désirait d'autant plus que c'était le seul moyen pour elle de se rapprocher de son fils. Mais la longue absence de M<sup>me</sup> de Beauharnais avait aigri le caractère de son époux ; il ne pouvait plus entendre parler d'elle sans entrer dans une violente colère. La petite Hortense devint, par une permission providentielle, l'ange de la réconciliation. « Quelques bons amis de M. de Beauharnais préparèrent une entrevue sans le consulter. Son mécontentement fut extrême lorsque, en entrant dans le salon du comte de Montmorin, il se trouva en présence de sa femme Joséphine, qu'il avait évitée si obstinément. Il allait quitter le salon quand une petite fille se précipita vers lui, les bras ouverts, en l'appelant « papa ». Le vicomte s'arrêta tout à coup, et il ne lui fut plus possible de conserver sa colère. Il souleva la petite Hortense et la pressa sur son cœur. Elle lui demanda innocemment d'embrasser sa mère comme il l'avait fait pour elle. Il regarda sa femme dont les yeux étaient remplis de larmes, et quand il vit son propre père s'approcher et lui dire : « Mon fils, réconciliez-vous avec ma fille ; je ne lui donnerais pas ce nom si elle n'en était pas digne », quand il vit Eugène s'élancer dans les bras de sa mère, il ne put résister davantage. Tenant toujours Hortense dans ses bras, il s'avança vers sa femme, qui cacha sa figure entre ses mains en poussant un cri de joie.

» La paix fut ainsi conclue, et le couple réuni s'aima plus tendrement qu'il ne l'avait jamais fait. Leurs querelles de ménage étaient passées pour ne plus revenir, et il semblait qu'à partir de ce moment rien ne devait plus les séparer. Hélas! la Révolution devait bientôt détruire leur bonheur à peine recommencé.

» Le vicomte de Beauharnais avait été choisi par la noblesse de Blois pour la représenter aux États-Généraux, mais il avait renoncé à cet honneur pour servir son pays avec son épée au lieu de le servir par sa parole. Malgré les larmes et les prières de Joséphine, il partit pour l'armée du Nord, dans laquelle il occupa le rang d'adjudant-général. L'épouse entendait dans son cœur une voix qui lui disait qu'elle ne devait plus le revoir, et cette voix ne la trompait pas. L'esprit d'anarchie et de rébellion régnait non seulement dans le peuple, mais encore dans l'armée, qui était sous son influence. Les aristocrates qui, à Paris, tombaient sous la hache du bourreau, étaient regardés par les soldats avec des yeux méfiants et remplis de haine ; et c'est ainsi qu'il arriva que le vicomte de Beauharnais, après avoir été élevé au rang de commandant en chef à la bataille de Soissons, en récompense de sa bravoure, perdit tout à coup la confiance des soldats, égarés par un déplorable esprit de parti ([1]). » Dénoncé par ses propres officiers comme ennemi du nouvel ordre de choses, il donna sa démission, et, au moment où il se disposait à venir rejoindre sa famille, il fut arrêté et traîné à Paris. Là, on le jeta dans la prison du Luxembourg, déjà encombrée des victimes de l'épouvantable régime qui pesait sur la France. Ce fut alors que Joséphine montra la sensibilité de son cœur. Oubliant les chagrins que lui avait causés autrefois son mari, elle mit tout en œuvre pour lui faire rendre la liberté, elle s'exposa à tous les périls pour le voir, le consoler, lui faire au moins conserver l'espérance.

Elle comptait sur les amis puissants qu'elle avait encore ; mais, hélas ! l'illusion fut de courte durée, et elle apprit bientôt qu'on ne trouve guère de protecteurs quand on est tombé dans le malheur, surtout au sein d'une aussi universelle anarchie. Au lieu de rencontrer des âmes charitables, disposées à lui venir en aide, elle se vit environnée d'espions et de fourbes qui s'acharnèrent à la perdre ; et elle finit par aller

---

1. Bernard Derosne, *Mémoires*.

elle-même grossir le nombre des victimes entassées dans la prison de Sainte-Pélagie.

Qui pourrait peindre l'horreur de la situation de ses deux enfants? Ils se trouvaient comme orphelins, sans appui, sans moyens d'existence ; car les biens de leurs parents avaient été immédiatement séquestrés, et, le jour de l'arrestation de leur mère, les scellés avaient été apposés partout.

Hortense fondait en larmes ; Eugène, plus âgé que sa sœur et dont le caractère énergique s'annonçait déjà, cherchait vainement à la consoler, lorsqu'ils virent arriver une excellente femme, M<sup>me</sup> Holstein, ancienne amie de leur mère, qui les avait vu élever. Elle avait appris leur malheur, et, ne pouvant secourir les parents, elle venait arracher les enfants à la misère et au désespoir. Dès le soir même, elle les emmena chez elle, rue Saint-Dominique. Tout le temps que dura la détention de Joséphine, elle leur prodigua les soins les plus touchants et les plus généreux secours.

« Je me rappelle à cette occasion, disait un jour la reine Hortense, que M<sup>me</sup> Holstein, bien que ne partageant nullement les passions qui agitaient alors la multitude, était forcée d'assister aux processions patriotiques qui se renouvelaient tous les décadis en l'honneur de la République « une et indivisible ». Tout ce qui tenait à la noblesse y était fort maltraité, moi surtout à qui mes compagnes ne pardonnaient pas d'être la fille d'un vicomte, d'un ci-devant emprisonné : elles ne me trouvaient pas digne de figurer parmi elles. Cette exclusion m'aurait charmée, mais M<sup>me</sup> Holstein avait grand soin de me conduire à leur réunion ; je me conformais à sa volonté, car je savais que le moindre témoignage de répugnance de ma part l'eût exposée à être arrêtée comme suspecte. »

En effet, à cette affreuse époque de délire et de fanatisme, la vie privée subissait la surveillance jalouse et continuelle de ce qui vous entourait. Le portier d'un hôtel ne se faisait pardonner sa condition que par l'espionnage et la délation. Les domestiques étaient maîtres, ou plutôt tyrans de ceux qui les payaient ; et l'on trouvait mauvais que la fille d'un *ci-devant* ne fût pas blanchisseuse et conservât dans ses mœurs et dans ses occupations quelque chose de délicat.

Plusieurs mois s'écoulèrent sans qu'il survint aucun changement dans cette situation ; seulement, Joséphine fut transférée de la prison de Sainte-Pélagie à celle des Carmes de la rue de Vaugirard ; c'est là qu'elle resta jusqu'à la chute de Robespierre.

Bientôt, le vicomte de Beauharnais fut traduit au tribunal révolutionnaire, il fut condamné sans avoir été entendu. Il mourut avec un rare courage, après avoir adressé à sa femme une lettre que ses enfants ont plus d'une fois arrosée de leurs larmes.

M<sup>me</sup> de Beauharnais, tremblante sur le sort de son mari, qu'elle savait livré au tribunal du sang, lisait chaque jour les journaux avec une poignante inquiétude. Ses compagnons d'infortune lui dérobèrent en vain celui qui contenait la liste des victimes dans laquelle figurait son époux infortuné. Elle demande ce journal, on lui répond qu'il n'est pas venu. Ce mystère l'effraye; elle pressent la perte de son mari; elle veut être instruite de son malheur, et parvient à arracher le fatal secret. Mais à peine en a-t-elle la triste certitude, qu'un vomissement de sang fait craindre pour ses jours. On s'empresse de lui procurer les secours que sa douloureuse situation exige; on prie le geôlier d'envoyer chercher un médecin; mais le barbare répond aux prières les plus instantes: « Elle n'a que faire du médecin; hier le tour de son mari, demain le sien ! »

Hortense et son frère n'apprirent la mort de leur père que plusieurs jours après son exécution. Bientôt, heureusement, la chute des chefs sanguinaires qui avaient couvert la France de deuil, laissa respirer quelques instants notre malheureuse patrie. On rendit la liberté à ceux qu'ils avaient désignés pour être leurs nouvelles victimes. Joséphine avait reçu, peu de jours auparavant, son acte d'accusation, prélude d'une mort certaine; elle en était si persuadée, que, voulant donner à ses enfants le seul témoignage d'amour maternel qui fût en son pouvoir, elle avait fait couper ses cheveux, et les leur avait fait parvenir.

La mort de Robespierre la sauva; mais elle ne sortit de prison que pour être en butte à de nouveaux malheurs: elle avait perdu, en même temps que son mari, sa fortune et celle de ses enfants.

On a peu de détails sur la vie que menèrent Eugène et Hortense pendant que leurs parents étaient emprisonnés. Une dame eut le courage de rédiger en leur faveur et d'adresser à la Convention une pétition, dans laquelle elle disait: « Citoyens représentants, vous ne laisserez pas opprimer l'innocence, le patriotisme et la vertu. Rendez la vie à de malheureux enfants en rendant la liberté à leur mère... etc. » Cette pièce, signée par le frère et la sœur, n'eut aucun succès. Dans ses *Mémoires*, le Prince Eugène a écrit: « Par suite d'un arrêté du gouvernement qui obligeait les enfants des nobles à apprendre un métier, je fus mis en apprentissage chez un menuisier, et ma sœur Hortense chez une couturière. »

A cette époque, Mme de Beauharnais se trouvait dans un état qui approchait presque de la détresse. Elle se rendait souvent avec sa fille à Chaillot, où demeurait Mme Tallien avec son mari, et elles y allaient ordinairement à pied par économie.

Un jour, Mme de Beauharnais, devant assister à un grand dîner que donnait Tallien à deux ou trois de ses collègues, n'emmena pas avec elle Hortense, et partit seule pour Chaillot ; elle arriva au moment où l'on se mettait à table. Après les compliments d'usage, elle dit à Tallien, qui lui reprochait agréablement de s'être fait attendre :

« Il est vrai, citoyen Représentant, que j'arrive un peu tard ; mais, vous le savez, je n'ai pas de voiture, et aujourd'hui j'ai voulu avoir recours à celle d'une de mes amies qui demeure au faubourg Saint-Germain ; j'y suis allée, mais elle venait de sortir. Voilà ce qui fait que je n'ai pas été aussi exacte que de coutume. »

Après le dîner, on forma divers projets ; Mme de Beauharnais dut s'excuser encore, obligée qu'elle était de compter de fort près pour suffire aux dépenses de rigueur. Tallien lui dit alors avec intérêt :

« Madame, ne vous êtes-vous pas plainte à moi, avant le dîner, de la rigueur du sort, qui vous contraignait à aller à pied au milieu de l'automne ?

— C'est vrai.

— Eh bien ! Madame, vous allez avoir une voiture.

— Moi ?

— Vous. Le comité m'a chargé de vous rendre la vôtre ; de plus, j'ai obtenu en votre faveur une ordonnance du commissaire du gouvernement auprès de l'Administration des Domaines, pour faire effectuer tout de suite la levée des scellés apposés sur votre mobilier.

— Ah ! quel bonheur pour mes pauvres enfants !

— Quant au séquestre de vos biens, vous pouvez être tranquille ; avant peu...

— Ils me seraient rendus ?...

— Avant peu, Madame ; en attendant, voici un mandat sur le

trésor de la République ; il vous est de même accordé comme indemnité. »

Il est aisé de se figurer la joie de Mme de Beauharnais. En arrivant, son premier mouvement fut de prendre sa fille dans ses bras. « Nous

Napoléon à la Malmaison. (P. 23.)

allons être heureuses ! » ne cessait-elle de lui répéter ; et des larmes inondaient son visage. Du moins, cette fois, c'étaient des larmes de joie.

Joséphine aimait à se rappeler le temps où elle avait ressenti la misère et toutes les privations qu'elle traîne à sa suite. Elle se souvint toujours avec reconnaissance des services qu'elle reçut à cette époque. Un de ceux qui l'avaient touchée le plus, et sur lequel elle revenait de préférence, était celui qui lui avait été rendu par une dame Dumoulin, femme d'un fournisseur des armées, fort riche et très obligeante. Lors de la disette, elle dînait deux fois par semaine chez cette excellente dame, qui réunissait à sa table un petit nombre d'amis dont la fortune avait été anéantie dans la tourmente révolutionnaire. Chacun apportait son pain, car le pain blanc était alors un objet de luxe. M$^{me}$ Dumoulin, sachant que M$^{me}$ de Beauharnais était plus pauvre encore que les autres convives, la dispensa de cet usage, établi presque généralement ; ce qui lui fit dire que chez cette bonne dame elle recevait *son pain quotidien*.

M$^{me}$ de Montmorin faisait également partie de cette société. Ce fut elle qui procura à M$^{me}$ de Beauharnais, lors de sa sortie de la prison des Carmes, les objets de première nécessité, dont elle manquait absolument. Aussi fut-elle constamment traitée par Joséphine, devenue impératrice, avec une bienveillance qui dut lui prouver que la possession d'un trône ne fait pas toujours perdre la mémoire.

Hortense, désormais l'unique compagne de sa mère, ne la quittait jamais. Elles faisaient des lectures ensemble et se partageaient les soins du ménage, attendu qu'elles n'avaient pas même une domestique à leur service. Le mandat que Tallien avait donné à M$^{me}$ de Beauharnais sur le trésor, n'ayant pas été acquitté faute de quelques formalités à remplir, ce fut plus tard seulement que la famille de son mari vint à son secours en lui faisant une modique pension.

Dès lors M$^{me}$ de Beauharnais s'occupa encore davantage de ses enfants ; ils grandissaient sous ses yeux ; elle les trouvait doués l'un et l'autre des plus heureuses dispositions, et cependant elle s'affligeait en pensant qu'elle ne pourrait leur procurer un établissement convenable et digne de leur naissance. Ce fut dans ces circonstances qu'elle unit ses destinées à l'homme qui devait être un jour le maître de l'Europe, comme nous allons le raconter.

L'insurrection des sections de Paris (le 13 vendémiaire) venait d'avoir lieu, et Bonaparte avait été nommé général en chef de l'armée de l'intérieur. La Convention avait ordonné le désarmement des sections. M$^{me}$ de Beauharnais résolut d'envoyer son fils à l'état-major du général pour y réclamer l'épée de son père, saisie une seconde fois.

Un jeune homme se présente le matin au lever du général, et lui expose sa requête :

« Je m'appelle Eugène Beauharnais, dit-il, et je suis fils d'un ci-devant, le général Beauharnais, qui a servi la République sur le Rhin. Mon père a été dénoncé au Comité de Salut public comme suspect, et déféré au tribunal révolutionnaire, qui l'a fait assassiner trois jours avant la chute de Robespierre.

— Assassiner !.... s'écrie Napoléon.

— Oui, général ! assassiner ! Au nom de ma mère, je viens vous demander que vous daigniez user de votre crédit auprès du Comité pour me faire rendre cette épée, que je veux employer désormais à combattre les ennemis de la patrie et à soutenir la cause de la République. »

Ces paroles, à la fois pleines de noblesse et de fierté, devaient charmer Napoléon. Il regarda Eugène attentivement.

« Bien ! jeune homme, dit-il, très bien ! j'aime en vous ce courage et cette tendresse filiale.... L'épée de votre père, l'épée du général Beauharnais va vous être rendue. Attendez !.... »

Et sur-le-champ il appela un de ses aides-de-camp, qui bientôt apporta une épée qu'il remit à Eugène. A peine celui-ci l'eut-il entre ses mains, qu'il la pressa sur son cœur en pleurant. Il baisait cette épée, son unique héritage.

Pendant ce temps, Napoléon avait continué de fixer ses regards sur Eugène. Il se sentait doublement ému, des grâces de son âge et de la singularité de sa démarche.

« Mon jeune ami, lui dit-il, je serais heureux si je pouvais faire quelque chose pour vous ou en faveur de votre famille. »

Eugène essuya ses larmes et regarda son interlocuteur avec étonnement.

« Vous êtes bon, général, répliqua-t-il, maman et ma sœur prieront pour vous. »

Cette naïve et chrétienne parole fit sourire Napoléon, qui témoigna encore beaucoup de bienveillance à Eugène, en l'engageant à revenir le voir.

C'est à la suite de cet entretien que M$^{me}$ de Beauharnais rendit visite à Napoléon, désireuse de le remercier elle-même de la bienveillance qu'il avait témoignée à son fils. Quelque temps après, le futur empereur, reconnaissant le mérite de cette femme distinguée, la demandait en mariage. La cérémonie civile eut lieu le 9 mars 1796 ; le mariage religieux ne put se faire que plus tard.

Le moment était venu où l'on devait songer à l'éducation d'Hortense. Elle entra au pensionnat de M^me Campan.

La réputation de l'établissement de M^me Campan, situé à Saint-Germain, s'était étendue au-delà de l'Europe : elle recevait des élèves de l'étranger, même de Calcutta. Cette dame, ruinée comme tant d'autres par les événements de la Révolution, s'était faite institutrice et avait établi à Saint-Germain-en-Laye une maison destinée à remplacer, pour l'éducation, les couvents détruits. La mode avait accueilli son projet, et toutes les familles un peu aisées des nouveaux parvenus s'étaient hâtées de lui confier leurs filles, dans l'espérance qu'auprès d'une ancienne première femme de chambre de Marie-Antoinette, elles prendraient plus facilement les manières de l'ancienne cour.

Dès son arrivée chez M^me Campan, Hortense s'attacha à conquérir l'amitié de ses compagnes, principalement celle de sa tante, Caroline Bonaparte, qui l'y avait précédée, et à mériter l'estime des dames chargées spécialement de son éducation, en tâchant de se faire distinguer par son assiduité à remplir tous ses devoirs.

On ignore si elle réalisa parfaitement ce programme : ce qui le ferait croire, cependant, c'est que Joséphine était très contente d'elle, et que, lorsqu'elle venait à Saint-Germain, il n'était sorte de friandises et de jolies bagatelles qu'elle ne lui apportât ; l'histoire ajoute que la généreuse jeune fille partageait avec ses compagnes tout ce qu'elle recevait.

Au surplus, nous pensons ne pouvoir mieux faire, pour donner une idée de ses études, que de reproduire ici un des *comptes-rendus* qu'on adressait chaque mois aux parents ou aux correspondants des pensionnaires, afin de les tenir au courant de leurs progrès. Il a été trouvé à la Malmaison après la mort de l'impératrice Joséphine, parmi des papiers qui lui avaient appartenu. Voici cette pièce qui piquera peut-être la curiosité de nos jeunes lectrices.

INSTITUTION NATIONALE DE SAINT-GERMAIN-EN-LAYE
DIRIGÉE PAR LA CITOYENNE CAMPAN.

Saint-Germain-en-Laye, ce 8 ventôse an VI.

La citoyenne Campan a l'honneur d'envoyer à la citoyenne Bonaparte l'extrait, en date du 1^er germinal an VI, de l'Institution de Saint-Germain-en-Laye.

# CHAPITRE PREMIER

LA CITOYENNE HORTENSE-EUGÉNIE BEAUHARNAIS,

*4ᵉ division, 8ᵉ section (bleu liseré), composée de 22 élèves.*

| DÉSIGNATION. | PLACES OBTENUES. | DÉSIGNATION. | PLACES OBTENUES. |
|---|---|---|---|
| Ordre, propreté, exactitude . . . . . . | 3 | Botanique usuelle . . . | » |
| Lecture-écriture. . . . | 9 | Dessin de fleurs. . . . | 4 |
| Mémoire . . *Ne la cultive pas assez.* | | Figure et paysage . . . | 1 |
| Calcul . . . . . . . | » | Déclamation . . . . . | 2 |
| Dictée . . . . . . . | 14 | Chant . . . . . . . *Bien.* | |
| Histoire . . . . . . | » | Solfège . . . . . . | » |
| Géographie . . . . . | 6 | Piano . . . . . . . | » |
| Extrait et composition . *Peu correcte.* | | Harpe . . . . . . . | 6 |
| Ouvrages à l'aiguille . . | 3 | Danse . . . 1ʳᵉ deux fois de suite. | |
| Application et soumission . . . . . *Satisfaisantes.* | | Santé . . . . . . . *Délicate.* | |

OBSERVATIONS.

La citoyenne Eugénie Beauharnais est douée des qualités les plus précieuses : elle est bonne, sensible, et toujours prête à obliger ses compagnes ; son humeur est égale. Elle aurait tout ce qu'il faut pour bien faire, si elle était un peu moins étourdie. Elle a été quatre jours à l'infirmerie pour un mal d'aventure au pouce de la main gauche. Du reste, elle est beaucoup moins gourmande qu'autrefois, et continue d'avoir pour ses parents toute la tendresse et l'admiration dont ils sont dignes à tant de titres.

*La Directrice,*
Citoyenne CAMPAN, née GENEST.

Tout le temps que Mˡˡᵉ Hortense resta chez Mᵐᵉ Campan, sa mère ne manqua pas d'aller l'y voir au moins une fois chaque semaine ; il est vrai que de la Malmaison à Saint-Germain il n'y avait qu'une promenade ; aussi venait-elle le plus souvent à pied, mais jamais seule.

Le matin, elle disait à celles de ses dames qui devaient l'accompagner : « Aujourd'hui je vais aller embrasser ma bonne Hortense. » Et elle se faisait toujours suivre d'une femme de chambre, ou d'un valet de pied, qui portait un panier rempli de friandises de toute espèce. On eût dit, à voir ses préparatifs de départ, qu'elle allait entreprendre un long voyage. Aussi, lorsqu'on l'annonçait à la pension, la joie devenait-elle générale. Tantôt elle demandait des grâces pour celles qui avaient mérité d'être mises à la *table de bois*, au réfectoire, avec le *bonnet gris ;* tantôt elle faisait accorder des congés ; et elle répandait presque toujours des bienfaits sur celles des élèves dont les parents, moins favorisés de la fortune, ne suffisaient que difficilement à un entretien aussi coûteux ; on a observé qu'elle payait de préférence des maîtres d'agrément. De sorte que Joséphine était réellement adorée à Saint-Germain, et qu'elle méritait vraiment de l'être.

Les élèves de M$^{me}$ Campan, la plupart fort riches, attendaient tous les ans avec une vive impatience le jour de la fête de leur directrice. Toutes étaient heureuses de trouver une époque où il leur fût permis de lui témoigner leur affection. Aussi s'empressaient-elles chaque année de faire entre elles une collecte destinée à lui offrir une marque sensible de leur attachement. La somme qu'elle produisait s'élevait ordinairement à quinze ou dix-huit cents francs, chacune donnant selon ses moyens. Une année, le jour auquel on devait faire l'acquisition du cadeau, M$^{me}$ Campan, en ayant eu connaissance, fit venir le curé de Saint-Germain, et lui dit, devant toutes les élèves qu'elle avait réunies à dessein :

« Monsieur le Curé, ce que mes chères enfants veulent bien faire pour moi me pénètre d'une vive reconnaissance ; les intentions qui les ont dirigées sont si bonnes et si pures que j'ai cru qu'il était de mon devoir de donner à la somme destinée à me faire un cadeau un emploi aussi louable, mais plus utile ; en conséquence, je désire, Monsieur le Curé, si mes filles veulent bien y consentir, que vous disposiez de la collecte que voici pour payer l'apprentissage de deux orphelins. Vous les choisirez dans la famille la plus pauvre, mais la plus honnête de la ville, et le surplus sera versé à la caisse de Charité. »

Tout le temps qu'exista l'établissement de Saint-Germain, M$^{me}$ Campan renouvela chaque année cet acte de bienfaisance.

Encore un souvenir du pensionnat où Hortense fit ses études. Quand le général Bonaparte revint d'Italie, la directrice l'invita à visiter son établissement et voulut faire jouer la tragédie d'*Esther* en sa présence. Hortense eut le plus beau rôle, c'était assez naturel ; M$^{lle}$ Adèle Auguié, une de ses amies, eut celui d'Elise. La séance fut des plus brillantes et des mieux réussies. « Le rôle d'Esther, a écrit M$^{me}$ Campan, était si bien rendu par celle que j'en avais chargée, que cette pièce excita un genre d'intérêt qu'elle ne saurait avoir sur les théâtres publics. »

# Chapitre Deuxième

Hortense depuis sa sortie de pension jusqu'à son mariage. — La Malmaison. — Péril et salut. — Correspondance avec Mme Campan. — Hortense médiatrice et avocate des condamnés.

ORSQU'ELLE fut sortie de pension, Hortense eut son appartement au Petit-Luxembourg, où Napoléon s'était installé après son mariage. A la Malmaison, résidence princière qui appartenait au premier consul, elle avait également une chambre et un cabinet : on n'y remarquait aucune trace de luxe.

Le 19 février 1800, Bonaparte décida de s'établir aux Tuileries. Hortense le suivit dans ce splendide palais, où elle logea à l'entresol. On lui ménagea un atelier de peinture, muni de tous les objets nécessaires à l'étude de son art favori : des chevalets, des toiles de diverses grandeurs et une collection de figurines artistiques. Le célèbre Isabey fut chargé de lui donner des leçons.

Hortense continuait du reste à passer les meilleures heures de la journée avec sa mère, dont elle était l'idole. Elles faisaient des promenades ensemble, et c'est ensemble encore qu'elles allèrent aux eaux de Plombières, où un affreux accident faillit coûter la vie à Joséphine.

Un jour, elle se trouvait avec sa fille et quelques autres dames dans le salon, la fenêtre était ouverte et laissait entrer une chaude brise d'été. Hortense se tenait assise près de la fenêtre, occupée à dessiner un bouquet de fleurs des champs qu'elle avait cueillies dans les montagnes voisines. Joséphine trouva l'air de la chambre étouffant et proposa aux dames de se mettre sur le balcon. Tout à coup on entendit un craquement et des cris confus. Hortense s'élança et vit sa mère précipitée dans la rue, avec le balcon et toutes les dames qui s'y trouvaient. La jeune fille éprouva un tel effroi qu'elle se serait précipitée derrière sa mère si on ne l'eût pas retenue. Mais la Providence avait été miséricordieuse, et sa mère en fut quitte pour la peur et une légère contusion au bras. Une des dames eut les deux jambes brisées.

Après Mme Bonaparte, sa fille courut à son tour un bien grave péril, dont elle échappa avec le même bonheur. A la Malmaison, Hortense montait souvent à cheval avec sa mère pour aller se promener dans la campagne. Un jour, lorsque leur cavalcade rentrait dans l'avenue, la jument que montait Hortense s'emporta ; comme elle était fort leste, elle voulut sauter sur le gazon qui bordait la route ; mais l'attache qui la retenait sous le pied l'empêchant de se jeter hors de selle aussi vivement qu'elle l'aurait voulu, elle fut renversée et traînée par son cheval l'espace d'une vingtaine de pas. Heureusement, ceux qui l'accompagnaient avaient vu sa chute et s'étaient précipités de leurs montures : ils arrivèrent à temps pour la relever. Joséphine, effrayée du danger que sa fille avait couru, poussait des cris ; mais, par un hasard extraordinaire, elle ne s'était fait aucun mal, et avait été la première à rire de sa mésaventure.

Elevée au faîte des grandeurs, Hortense conserva des relations avec plusieurs de ses anciennes compagnes, et entretint une correspondance assez suivie avec Mme Campan. Les lettres de la sage institutrice ont été publiées et nous pensons qu'on en lira volontiers quelques fragments. Nos lectrices pourront faire leur profit de certains conseils.

« Vous voilà bientôt, ma chère Hortense, lui écrivait-elle, transportée d'une modeste et agréable habitation dans le palais le plus célèbre de l'univers. Les grâces et la vertu sont bien placées partout, et la mémoire et la raison suffisent, en nous retraçant les faits historiques et en sachant en profiter, pour empêcher l'orgueil de venir troubler notre bonheur quand le hasard nous porte à habiter ces superbes demeures. Leurs murailles parlent à nos yeux et doivent instruire nos cœurs. Il faut suivre sa destinée avec simplicité et en même temps avec une juste élévation ; mais ces monuments retracent seulement des grandeurs évanouies et des malheurs éclatants. Que de soupirs ont été poussés, que de larmes ont été versées sous ces toits dorés ! Catherine de Médicis, avec sa politique astucieuse et ses fêtes calculées, ne pouvait y être heureuse. Anne d'Autriche se sauva de ces murs pour fuir les fureurs ou plutôt les égarements de la Fronde. Louis XVI y vit la faiblesse de son caractère, servant la volonté populaire, entraîner les restes de sa grandeur. Voilà ce que doivent rappeler ces enceintes, pour les contempler d'un œil non ébloui.....

## CHAPITRE DEUXIÈME.

— Vous voilà donc, ma chère Hortense, dans un tourbillon qui vous entraine à l'habitude de déjeuner sept jours de la décade en ville, plus le décadi et le primidi à la Malmaison ! Il ne faut plus penser à vos maitres ; il faut dire adieu à toute occupation ; il faut consentir à ce que Paris entier dise que vous êtes livrée au tourbillon du monde, si cela continue, à moins que vous n'ayez le courage de résister à ce tourbillon dangereux, où vous entraine même votre maman, par le plaisir bien naturel de vous avoir avec elle. Mais prenez-y garde, mon Hortense, ces gens qui vous invitent ne le font pas pour vous, mais bien pour eux, parce que vous êtes la personne du jour, titre effrayant pour quiconque réfléchit, car il indique, par son sens, que cette faveur est passagère.

» Je ne me rebuterai pas, j'écrirai, je gronderai, j'instruirai, et enfin j'obtiendrai qu'on écrive à son tour et qu'on ne se laisse pas tranquillement adorer et gâter. »

« Conservez, lui dit-elle une autre fois, votre modeste extérieur, et dans le maintien et dans la parure. Tant que vous n'êtes pas mariée, vous n'avez pas d'état à tenir. Ne frappez les yeux des étrangers que par votre simplicité ; soyez d'une grande politesse. Craignez vos distractions : on ne les jugera jamais favorablement. Quand les grands du temps passé étaient impolis, ils disaient qu'ils avaient été distraits ; aussi l'excuse n'a plus de valeur ([1]), même quand elle est réelle ; elle est usée. Soyez attentive avec les femmes âgées, ce sont elles qui font la réputation des jeunes personnes ; donnez aussi des marques d'une grande bienveillance aux femmes de province, aux étrangères dont vous remarquerez aisément la gêne et l'embarras dans le cercle de votre maman, et qui y sont introduites à raison de l'état de leurs maris : que d'autels vous vous élèverez dans ces cœurs qui, s'ils ne sont pas formés aux manières et aux usages du grand monde, n'en sont que plus purs ! Hélas ! les malheurs que la calomnie a attirés sur une tête qui m'a été bien chère ([2]), n'ont eu pour principe que la faiblesse de rire des vieux bonnets, et la bassesse des femmes de cour qui, pour lui plaire, excitaient et faisaient naître ces funestes moqueries.

» Votre situation ne doit pas vous éblouir ; ce serait un grand malheur pour vous, ma chère enfant ; mais elle doit vous porter à vous pénétrer des devoirs qui y sont attachés. Tout ce qui a existé avant vous, dans

---

1. Et lorsqu'elle avait de la valeur, aurait dû dire M$^{me}$ Campan, elle avait un grand tort, celui de blesser la vérité.
2. La reine Marie-Antoinette.

les palais que vous habitez, n'a croulé uniquement que pour avoir voulu jouir des avantages de sa position, sans en reconnaître et sans en sentir les charges. Ne vous mêlez jamais d'affaires ; c'est ce que vous pouvez faire de plus sage au monde ; mais dites-le avec franchise et ne laissez jamais espérer vainement, car on finirait par vous taxer de mauvaise foi.

— Auprès de quel homme vous vivez ma chère enfant ! Quel nom glorieux vous portez ! N'en conservez pas moins votre extrême simplicité ; qu'elle soit belle au milieu de la gloire ! Qu'il est sot de devenir maniérée avec un pareil entourage ! Il relève assez par lui-même ; et lorsqu'on le tempère par les habitudes simples et modestes, on attire avec les hommages un respect, un amour, un sentiment qui valent cent fois mieux, et qui font que tout le monde vous loue, sans être jaloux de vos avantages. Voilà de grandes vérités ; peu de gens le sentent, parce qu'il y a peu de gens qui unissent l'esprit à la bonté, et qu'on leur dit : « Il vous faut de la dignité. » Il en faut au chef du gouvernement, oui sans doute ; mais à toute autre personne placée auprès de lui, c'est la décence des habitudes qui fait sa dignité. D'ailleurs, vous avez l'extérieur de la grande richesse, et cela est à la fois nécessaire et suffisant ; mais la boursouflure, l'air ennuyé, le salut de ci-devant princesses, etc., ah ! fi ! ce n'est pas cela, et vous ne tomberez jamais dans ce plat étalage qui cache la médiocrité, en faisant disparaître ce qui le ferait pardonner, la bonté d'âme. Ceci pour nous deux, ma chère enfant ; je me livre d'abondance à mes réflexions ; j'écris aussi vite que je peux, et c'est pour vous seule ; on croirait que je critique quelques personnes ; j'en suis à cent lieues ; ce sont des réflexions que j'ai faites, il y a bien des années.

— Ne lisez pas de romans : le général Bonaparte désapprouve cette lecture et il avait raison l'autre jour en disant : « Toutes ces jeunes têtes sont un peu folles. » Vous continuez sûrement vos études sur l'histoire ; c'est cette science qui, convenant à tous les hommes instruits, faisant partie même de l'éducation des femmes, est d'une indispensable nécessité pour les enfants des souverains. Je me suis permis de dire à une reine aimable et infortunée [1] qui s'était livrée à la lecture des romans : « Quelles sont les choses que Votre Majesté peut apprendre » dans ces méprisables brochures ? Lisez, Madame, les prospérités, les

---

1. Marie-Antoinette, dont M^me Campan avait été lectrice.

» belles actions, les malheurs et les fautes des souverains ; tous les jours
» soyez-en occupée : c'est un fait que les mêmes circonstances amènent
» les mêmes erreurs ou donnent occasion de développer la même pru-
» dence, la même valeur. L'histoire, qui ne sert en général aux hommes,
» et surtout aux femmes, qu'à faire preuve d'instruction, doit donc être
» le bréviaire des souverains, le livre de chaque jour, et chaque page
» vient graver dans leur mémoire une vérité que confirme une masse
» d'expériences et dont l'utilité se présente successivement dans leur
» noble carrière. » Elle m'écoutait, et disait : « Allons, vous avez raison ;
» lisons l'histoire de suite ; vous viendrez demain à telle heure ; com-
» mençons par l'Histoire romaine ; une autre fois, lisons *Anacharsis* (¹)
» ou l'Histoire de France. »

— Vous n'êtes pourtant pas ma fille ; mais l'éducation bien donnée, bien sentie, est une sorte de maternité : je pense sans cesse à vous, je ne lis pas un ouvrage classique sans me dire : « Elle n'a pas eu le temps de
» lire cela ; elle ne connait point cet auteur. » L'éducation des talents d'agrément emploie un temps si considérable que, pour y réussir, les journées sont absorbées ; il est vrai aussi qu'ils ne peuvent s'acquérir que dans l'enfance, à cause de la partie mécanique qui demande la souplesse de cet âge, et que le reste s'apprend mieux dans la jeunesse, et peut nous occuper toute notre vie. Il ne s'agit que de se donner le goût de l'étude et du travail ; nous autres femmes, nous avons un très grand avantage sur les hommes. Dans ce genre, à peu près tout nous plait, tout nous convient : la lecture des ouvrages sérieux, un poème épique, un vaudeville, une sonate, un dessin d'après les tableaux de David, les fleurs ou l'arabesque à broder sur un sac, tout a pour nous des attraits, et l'aiguille même trouve son moment et a aussi ses char-mes. Comment donc y a-t-il tant de femmes perdues par l'habitude de ne rien faire, puisqu'elles peuvent s'adonner à tant de choses attirantes, et n'ont point d'occupations majeures qui viennent les forcer de se livrer à un travail fatigant ?...

» Voici donc, ma bonne Hortense, les conseils que vous avez désirés sur vos lectures, et le choix des livres que je voudrais vous voir ; il est peu nombreux, mais suffisant. Ne lisez pas beaucoup à la fois, l'attention finit par se détourner des lectures graves ; je crois même qu'il n'appartient qu'aux hommes de s'y fixer longtemps ; du moins ai-je remarqué cette

---

1. *Voyage du jeune Anacharsis en Grèce*, par l'abbé BARTHÉLEMY.

disposition en moi, et je l'étends peut-être injustement à toutes les personnes de mon sexe. N'oubliez pas, lorsque vous avez placé votre signet en quittant votre livre, de reprendre votre lecture à un alinéa au-dessus de celui où vous aviez cessé de lire : c'est une manière sûre de lier la suite à ce que vous avez déjà parcouru. Si vous pouvez toujours disposer de vos matinées d'ici à six mois, vous aurez infiniment acquis ; mais il faut, autant que vous le pourrez, vous accoutumer à ce que l'on vous voie occupée, et que l'on respecte vos intentions dans ce genre. Votre cabinet d'en haut est parfait pour votre projet ; à votre place, j'y aurais aussi un piano, sans ôter celui d'en bas, qui peut plaire à votre maman lorsqu'elle voudra vous entendre. Dans cette petite retraite, je défierais aux importuns de vous dénicher : ils pourraient parcourir inutilement la totalité du palais des Tuileries, quoiqu'ils soient fort alertes... »

M$^{me}$ Campan variait ses conseils à l'infini. « Oh! ma chère Hortense, écrivait-elle encore, qu'est-ce que la société ! que de vices y sont contenus ! que de moutons suivent l'impulsion donnée ! que de réputations non méritées ! que de détracteurs blâmant ce qu'il faudrait louer ! et combien la masse vertueuse qui désire le bien doit avoir de peine à le discerner au milieu de ce bruit, de ces mauvais propos, de cette cohue ! Heureux celui qui n'a pas besoin, tout en servant la société, de posséder son suffrage ! Retiré dans un coin de terre avec sa fortune, il peut défier les orages. Voilà bien cette heureuse médiocrité que les anciens ont tant célébrée, qu'Horace chantait dans ses odes. »

Voici maintenant un avis sur la forme des lettres : « Soignez un peu plus vos lettres, sans exception, même celles écrites à vos amies : tout est leçon à votre âge, ma bonne amie, et une petite correspondance vous est utile et vous prépare pour celles que vous aurez par la suite. Vous faites, par étourderie, des fautes d'orthographe, que l'on prendra pour des fautes de principe. Il faut vous donner le temps d'écrire, et relire vos lettres. Songez que l'on envoie loin de soi, en écrivant, une mesure de ses talents, de son esprit et de son éducation. Le billet d'une femme, même écrit à sa marchande de modes, peut être vu par des personnes instruites qui jugent par là si cette femme est ou n'est pas bien élevée. »

Terminons cette série de citations qu'on nous pardonnera d'avoir agglomérées sans aucune liaison. La pensée qui suit est bien bonne à méditer pour les jeunes filles ; aussi l'avons-nous laissée pour la dernière : « Mon vœu, écrivait M$^{me}$ Campan, c'est que vous voyiez toujours juste. Malheureusement, on apprend jeune à dessiner, à chanter, à jouer des instruments ; mais l'expérience seule apprend à réfléchir, à connaître, à juger ce qui est le mieux et à le choisir. »

On voit que la sage institutrice donnait des conseils tout maternels à son élève, et ne négligeait aucune occasion de la rappeler aux vertus modestes qu'on est si fortement exposé à oublier dès qu'on se trouve au sein des grandeurs.

Hortense paraissait souvent chez sa mère, dont les salons servaient de rendez-vous à l'élite du monde parisien ; mais ces réunions, quoique brillantes, offraient encore un mélange de caractères et de positions. Toutes les classes, toutes les opinions se trouvaient souvent confondues : un émigré rentré pouvait s'y voir placé à côté d'un conventionnel qui, peu d'années auparavant, l'avait condamné à mort ; un ancien chef royaliste et un officier supérieur de l'armée républicaine qui ne devait son grade qu'à sa bravoure, s'y rencontraient comme à regret, et tel ou tel artiste célèbre y coudoyait un ministre ou un ambassadeur. L'accueil bienveillant, le ton parfait de M$^{me}$ Bonaparte, et la tenue imposante du Premier Consul savaient néanmoins mettre en harmonie toutes ces disparités.

Au milieu de ces éléments si divers, qui donnaient prise à toutes les observations suscitées par l'envie ou la médisance, les qualités aimables de M$^{lle}$ de Beauharnais lui assuraient l'estime universelle. Elle comprenait, du reste, malgré sa jeunesse, toute la gravité des devoirs que son rang dans le monde lui imposait.

On cite d'elle plusieurs mots heureux, qui témoignent de la modération de ses désirs et de la justesse de ses vues. « Mon beau-père, disait-elle un jour, est une comète dont nous ne sommes que la queue ; il faut la suivre sans savoir où elle nous porte. Est-ce pour notre bonheur, ou pour notre malheur ? »

Dans une autre occasion, regardant une gravure de la Fortune, elle fit cette réflexion : « Il faut toujours avoir les yeux là-dessus, tantôt en haut, tantôt en bas. »

Une autre fois, c'était à la Malmaison, le Premier Consul ayant déjà pris place à table pour dîner, Hortense n'était pas encore descendue. Cette absence remarquée fit que sa mère monta à son appartement et lui demanda, en la voyant occupée à esquisser un dessin, si elle comptait gagner son pain en artiste, puisque rien ne pouvait l'arracher à l'ardeur de son travail : « Maman, répondit Hortense avec gravité, dans le siècle où nous sommes nées, qui peut répondre que cela n'arrivera pas ? »

Nous venons de voir qu'Hortense aimait et cultivait les arts. Douée d'un talent réel en peinture, elle était aussi excellente musicienne.

Tout le monde connaît les suaves et gracieuses mélodies qu'Hortense a composées à diverses époques, et qui, devenues populaires dans toute l'Europe, n'ont pas vieilli, telles que : *Conseils à mon Frère*, l'*Hymne à la Paix*, *la Sentinelle*, *Marchons à la Victoire*, *le Chant du Berceau*, *le Retour en France*, *Autre ne sers*, fin de la devise des Beauharnais. *La Marche impériale*, qui s'exécute sur six pianos avec accompagnement d'un orchestre militaire, est une œuvre remarquable ; rien n'est plus entraînant. *Moins connue, moins troublée*, est aussi une délicieuse poésie pleine d'inspiration. Mais la plus célèbre des romances de la reine Hortense, c'est *Partant pour la Syrie*, qui est devenu l'hymne national de la France sous le second Empire. Dans toutes les cérémonies publiques, les fêtes militaires et civiles pendant dix-huit ans, cet air si populaire s'est fait entendre d'un bout de la France à l'autre, parfois même à l'étranger (¹).

Les innocentes distractions d'Hortense devaient être brusquement interrompues par un événement qui retentit d'une manière sinistre dans toute l'Europe. Chacun connaît l'attentat du 3 nivôse an VIII (24 décembre 1800). Le Premier Consul fut préservé, par une protection tout à fait providentielle, des redoutables effets de la machine infernale dirigée contre lui dans la rue Saint-Nicaise. M<sup>me</sup> Bonaparte et Hortense eurent le même bonheur.

Napoléon devait assister à l'exécution de *la Création*, ce chef-d'œuvre de Haydn, annoncé depuis longtemps par toutes les voix de la renommée, et il y avait foule depuis les Tuileries jusqu'au Théâtre-Français, où la représentation allait avoir lieu.

La voiture dans laquelle monta Bonaparte avec les généraux Lannes, Bessières et Le Brun, était suivie d'assez près par une seconde voiture dans laquelle se trouvaient M<sup>me</sup> Bonaparte, sa fille, M<sup>me</sup> Murat et le général Rapp.

M<sup>me</sup> Bonaparte avait jeté à la hâte sur ses épaules un châle qu'elle venait de recevoir de Constantinople ; mais, au moment de monter en voiture, elle s'aperçut qu'il n'était pas mis avec le soin habituel qu'elle

---

1. Un historien prétend que la reine Hortense était aidée par son entourage dans ses compositions musicales ; il est certain cependant qu'un musicien distingué, à qui on attribuait *Partant pour la Syrie*, a déclaré que cette romance tout entière était de la reine. Il s'agit bien entendu de l'air, et non des paroles.

apportait à sa toilette. Le temps qu'elle prit pour rajuster ce vêtement la fit partir quelques minutes après Bonaparte, et c'est cet incident, si futile en apparence, qui sauva la vie à quatre personnes.

Un tonneau de porteur d'eau, rempli de poudre et de mitraille, fit explosion dans la rue Saint-Nicaise, au moment où la voiture du Premier Consul venait d'y passer et se trouvait, par conséquent, à l'abri des éclats ; mais la deuxième voiture arrivait à ce même moment, et les chevaux furent tellement effrayés qu'ils refusèrent un instant de marcher. Les vitres de la voiture furent entièrement brisées ; Hortense fut blessée au bras droit par un éclat de verre.

Quinze personnes tuées, plus du double de blessées, et une quarantaine de maisons fortement ébranlées, tels furent les tristes résultats de l'explosion de la machine infernale.

Cet odieux attentat, préparé par une fraction perverse du parti royaliste, en tête de laquelle se trouvaient Georges Cadoudal, Carbon, Saint-Réjant et Limoëlan, fut précédé ou suivi de diverses conspirations, heureusement déjouées par la police du Premier Consul, et qui, nous devons le dire en passant, fournirent à Hortense ainsi qu'à sa mère l'occasion d'exercer leur vertu favorite, la générosité. Laissons Hortense nous faire connaître elle-même une ou deux de ces scènes attendrissantes.

« Un dimanche matin, raconte-t-elle, tandis que j'étais occupée à Saint-Cloud à arroser les fleurs dont les jardinières de maman étaient toujours abondamment garnies, dans le petit salon vert, l'Empereur entra ; il n'était pas encore neuf heures :

— Que faites-vous donc là, Hortense ?
— Sire, Votre Majesté le voit bien.
» J'avais encore le petit arrosoir de ma mère à la main.
— Ah ! c'est bien !..... et que fait-on chez Joséphine ?
— Sire, on y pleure, et maman plus que les autres.
— Comment ? on y pleure !... Qu'y a-t-il donc ?... je veux le savoir.

» A peine entrait-il dans la chambre à coucher de ma mère, que M$^{me}$ de Polignac, qui s'y trouvait avec plusieurs autres dames, se jeta à ses pieds et lui demanda la grâce de son mari condamné à mort dans l'affaire de Georges. La touchante bonté de maman avait soutenu, encouragé cette malheureuse épouse depuis le matin ; il m'avait été impossible de supporter longtemps ce spectacle déchirant, et je m'étais retirée.

» La présence et l'action de M<sup>me</sup> de Polignac causèrent d'abord quelque surprise à mon beau-père, qui s'était arrêté et la regardait attentivement en la soutenant par un bras. « Je suis étonné, Madame, lui dit-il, de trouver Monsieur votre mari dans une si odieuse affaire. Ne s'est-il donc jamais souvenu d'avoir été mon camarade à l'École militaire ? »

» M<sup>me</sup> de Polignac, autant que ses sanglots pouvaient le lui permettre, chercha par des phrases entrecoupées à éloigner de son mari toute idée de participation au crime que l'honneur et sa position particulière réprouvaient encore plus hautement que les lois. L'accent de la douleur prêtait une grande force à tout ce qu'elle disait, quoique ses paroles n'eussent aucune suite. L'empereur, sensiblement ému, lui répondit : « Je puis pardonner à votre mari, Madame, parce que ce n'était qu'à ma vie qu'il en voulait.... Je vous accorde sa grâce. »

» Puis, après l'avoir relevée (car elle était toujours prosternée à ses pieds), il ajouta : « Ils sont bien coupables ceux qui engagent leurs plus fidèles serviteurs dans des entreprises aussi criminelles. Comment se justifieront-ils d'exposer ainsi des jeunes gens, eux qui n'osent pas partager leurs périls ?.... Allez, Madame, et dites à votre mari que c'est moi, son ancien camarade qu'il a voulu assassiner, qui lui fais grâce de la vie. » Et il s'en alla en s'essuyant les yeux.

» Le dimanche suivant ce devait être le tour de la sœur et de la tante de M. de Rivière de venir implorer la clémence de mon beau-père. Maman s'était encore chargée de leur faciliter un libre accès auprès de son mari, quoique la veille il lui eût dit formellement : « Tu sais que je n'aime pas les scènes ; ainsi, ceux des condamnés qui auront des grâces à me demander, n'auront qu'à m'adresser leur demande. J'ai donné des ordres à Regnier à ce sujet et des instructions à Duroc. » Mais cette fois, ayant appris de grand matin que ces deux dames devaient se tenir aux aguets lorsqu'il irait à la chapelle, il approuva d'avance le recours en grâce de M. de Rivière, non sans répéter plus d'une fois : « Les misérables ! Vouloir me faire assassiner ; quelle lâcheté ! »

» Le général Lajolais avait aussi été condamné à mort. Sa femme et sa fille furent transférées de Strasbourg à Paris : M<sup>me</sup> Lajolais était au secret le plus rigoureux ; sa fille, séparée d'elle, se réfugia chez des amis de sa famille. Ce fut alors que cette jeune personne, âgée à peine de quatorze ans, déploya un courage et une force de caractère bien rares dans un âge aussi tendre. Elle sort de Paris, à quatre heures du matin, sans avoir fait part de sa résolution à personne, seule, à pied, sans guide, sans protecteur ; elle se présente tout en larmes à la grille du château de Saint-Cloud, où l'empereur était alors.

» Ce ne fut pas sans beaucoup de peine qu'elle parvint à en franchir

LOUIS BONAPARTE. (P. 36.)

l'entrée. Mais elle ne se laissa rebuter par aucun obstacle et arriva jusqu'à un huissier de service.

— Monsieur, dit-elle, on m'a promis que vous me conduiriez tout de suite à M$^{me}$ la princesse Louise ; je ne vous demande que cette grâce, ne me la refusez pas.

— Qui donc vous a fait cette promesse ? Avez-vous obtenu une audience ?

— Hélas ! non ; mais je viens demander la grâce de mon père. Oh ! je vous en prie, faites-moi parler à l'empereur.

» L'huissier, tout ému par les larmes de cette jeune fille, vint me trouver ; mais, n'osant lui prêter sur-le-champ mon appui, dans la crainte d'exciter la colère de l'empereur, qui était en garde contre tous ceux qui avaient trempé dans la conspiration, je descends chez ma mère pour lui en parler.

— Je suis désolée, ma chère enfant, de ne pouvoir rien faire pour cette pauvre créature : Bonaparte est à la chasse ; dis-lui qu'elle revienne.

— Mais, pendant ce temps, son père sera peut-être exécuté.

— Demain, à huit heures du matin, tu me l'amèneras, et nous aviserons aux moyens de la placer sur le passage de l'empereur. Il faut la garder ici.... Non, renvoie-la, parce que si Bonaparte en était instruit, tout pourrait manquer ; qu'elle vienne demain matin.

» Je pris sur moi de garder M$^{lle}$ Lajolais jusqu'au lendemain en la dérobant soigneusement à tous les yeux, et je ne mis dans ma confidence qu'une seule de mes femmes. Le lendemain, je dis à maman que M$^{lle}$ Lajolais était arrivée.

— Conduis-la dans le salon vert, me dit-elle ; là elle épiera le moment où l'empereur entrera au Conseil ; il ne peut faire autrement que de passer par là en sortant de son cabinet. De mon côté je serai aux aguets.

» Enfin, sur les onze heures, je fis un signal à la jeune personne et je lui désignai l'empereur, qui s'avançait dans la galerie, entouré de quelques conseillers d'État. Aussitôt que M$^{lle}$ Lajolais l'eut aperçu, elle courut se jeter à ses pieds, tout échevelée, et criant : « Grâce ! grâce ! »

» L'empereur fronça le sourcil, et dit en s'arrêtant : « Encore?... J'avais pourtant dit que je ne voulais plus de cela ! » et il voulait passer outre.

» C'est alors qu'eut lieu une scène déchirante qui dura fort longtemps : jamais elle ne sortira de ma mémoire.

» M$^{elle}$ Lajolais, se traînant aux genoux de l'empereur, le conjurait, les mains jointes et dans les termes les plus touchants, de lui accorder la grâce de son père.

— Laissez-moi, Mademoiselle, lui disait-il en la repoussant assez durement.

— Ah ! Sire, grâce, grâce pour lui !

» Alors l'Empereur s'arrêta, et, considérant la jeune fille un moment, il lui dit d'un ton sévère :

— Mais, Mademoiselle, c'est pour la seconde fois que votre père se rend coupable d'un crime contre l'État ; je ne puis rien accorder.

— Hélas ! je le sais, lui répondit-elle avec la plus grande ingénuité ; mais, la première fois, papa était innocent, et cette fois.... Sire, c'est sa grâce que je vous demande.... Je me tuerai....

» Enfin, l'empereur, ému de cette scène poignante, lui dit en serrant ses petites mains dans les siennes : — Eh bien ! oui, oui ; mais assez, assez...... Allons, laissez-moi....

» Il était temps que l'empereur se retirât : le saisissement qu'éprouva la pauvre enfant en entendant la promesse qui venait de lui être faite que son père lui serait rendu, fut tel qu'elle tomba lourdement sans connaissance sur le parquet. Les soins empressés de ma mère et de ses dames la rappelèrent à la vie.

» Cette pauvre enfant était épuisée de fatigue ; elle nous supplia cependant de la laisser partir à l'instant pour Paris ; elle voulait être la première à annoncer sa grâce à son père. Je ne pouvais la laisser aller seule ; c'était à qui se disputerait le plaisir de l'accompagner. Je la confiai à un aide-de-camp et à M. de La Valette, qui se chargèrent de la conduire jusqu'à la Conciergerie.

» Arrivée dans le cachot où son père était détenu, elle se jeta à son cou pour lui annoncer cette grâce tant désirée. Mais, accablée par toutes les émotions qu'elle avait eu à supporter dans un si court espace de temps, elle ne put prononcer une seule parole ; ce fut l'aide-de-camp qui apprit à M. de Lajolais ce qu'il devait à la tendresse de sa fille. Le lendemain, j'obtins par l'entremise de ma mère la grâce et la liberté de M<sup>me</sup> Lajolais, qui devait être déportée. »

# Chapitre Troisième

Mariage d'Hortense. — Réflexions sur cette union. — Chagrins de la jeune épouse. — Son rôle de mère.

A CETTE époque où Napoléon remportait victoire sur victoire, on commença à parler d'un projet de mariage entre Hortense de Beauharnais et Louis Bonaparte, troisième frère de Napoléon, né à Ajaccio, le 2 septembre 1778.

Louis avait embrassé de bonne heure la carrière des armes ; à l'âge de quatorze ans, il avait été adjoint à l'état-major du général Bonaparte, avec le grade de sous-lieutenant. Lorsqu'il suivit son frère en Italie, il avait dix-huit ans. Pendant toute cette campagne jusqu'à l'expédition d'Égypte, Louis servit en vrai soldat ; il montra du courage sans s'occuper d'acquérir une réputation militaire. Il déploya du sang-froid, du zèle, de l'activité, mais n'y mêla point d'ambition.

Le 14 mai 1799, il quitta l'Égypte, chargé par le général Bonaparte de remettre au Directoire les drapeaux pris sur l'ennemi.

Au commencement de l'année suivante, Bonaparte, devenu Premier Consul, envoya Louis, en qualité d'ambassadeur, auprès de Paul Ier. La fin subite et tragique du Czar le força de s'arrêter à Berlin. Revenu à Paris, il fut nommé colonel du 5e dragons, dans lequel il avait été précédemment incorporé comme chef d'escadron.

Après la bataille de Marengo, à laquelle il prit part, Louis voyagea quelque temps en Prusse. A son retour, son frère lui fit, d'une manière tout à fait pressante, des propositions de mariage avec Hortense de Beauharnais, dont il lui avait déjà parlé plusieurs fois indirectement. Ces propositions furent refusées.

Comme une expédition pour le Portugal avait été résolue, Louis fit comprendre son régiment dans le corps d'armée désigné pour ces opérations militaires. Mais aussitôt après son retour à Paris, Joséphine entreprit de son côté de le décider à accepter la main d'Hortense. En même

## CHAPITRE TROISIÈME.

temps, elle représentait à sa fille combien ce mariage était désirable et entrait dans ses vues ainsi que dans celles du Premier Consul. Néanmoins la jeune fille ne voulait pas davantage en entendre parler que celui qu'on lui destinait.

Louis Bonaparte était, en ce moment du moins, d'une santé assez délicate ; de précoces infirmités faisaient craindre qu'elle ne fût bientôt complètement délabrée. Ces infirmités présentaient en outre un sérieux inconvénient ; elles influaient sur son moral et rendaient le jeune officier mélancolique et irascible. Du reste, il possédait une haute intelligence, une instruction peu commune ; il était grand ami des belles-lettres, voire même de la poésie, et ce qui vaut mieux que tout cela, il avait une loyauté à toute épreuve, une parfaite régularité dans son genre de vie et un esprit profondément religieux. Mais son caractère était quelque peu maussade, ou du moins il l'était devenu. Sa froideur, sa taciturnité, jointes à l'habitude de se montrer sévère et exigeant, n'étaient pas faites pour encourager les personnes qui l'approchaient.

On ne saurait donc pas s'étonner qu'Hortense, dont le caractère différait complètement de celui de Louis Bonaparte, n'éprouvât point de sympathie pour le jeune aide-de-camp du Premier Consul, et on doit l'approuver sans réserve d'avoir refusé de déférer aux conseils de ses parents, si pressants qu'ils fussent. Malheureusement, ceux-ci ne se tinrent pas pour battus, Joséphine surtout, qui assuma dans cette circonstance une bien grande responsabilité. On conçoit encore que Napoléon, toujours guidé par les vues de la politique, les fit passer avant les raisons de convenance et le souci du bonheur de ceux qu'il destinait à l'accomplissement de ses desseins ; mais comment la mère d'Hortense put-elle ne tenir aucun compte de l'aversion insurmontable que sa fille manifestait pour ce mariage ? C'est ce qu'on n'expliquera jamais. Elle eut la confiance, — une confiance bien téméraire assurément, — que l'affection naîtrait plus tard et que les jeunes époux, doués des qualités les plus précieuses, ne pourraient manquer de concevoir l'un pour l'autre une estime et une amitié sincères. Hélas ! combien ces prévisions étaient loin de se réaliser !

Les deux jeunes gens auraient dû persister dans leur refus de contracter un mariage contraire à leurs inclinations. Mais, habitués l'un et l'autre à obéir, surtout à Napoléon, ils finirent par se persuader qu'ils devaient se résigner à ce qu'on demandait d'eux et, comme deux victimes qu'on allait conduire à l'autel, ils donnèrent leur consentement (1).

A peine le Premier Consul apprit-il que son frère s'était enfin rendu à ses vœux, qu'il précipita la célébration du mariage comme s'il eût craint une inévitable rupture. Le contrat fut signé, en présence des deux familles, le 13 nivôse an X (3 janvier 1802), et le mariage religieux célébré le jour suivant.

« Comme les églises n'étaient pas encore rouvertes, — on négociait alors le Concordat, — la bénédiction nuptiale fut donnée par le cardinal Caprara, dans le salon du petit hôtel de la rue de la Victoire, que le Premier Consul leur abandonnait. Pendant toute la cérémonie, les jeunes mariés étaient fort tristes. Jamais mariage ne s'est annoncé sous de plus sombres couleurs. Hortense ne cessa pas un instant de pleurer.

» M$^{me}$ de Montesson offrit une fête superbe aux nouveaux époux..... Plus de huit cents invités se pressaient dans les salons, portant sur le visage l'expression de la joie. Seuls, les deux mariés étaient d'une tristesse navrante. Cette tristesse contrastait doublement, et avec leur état de jeunes époux, et avec les visages de fête qui les entouraient..... Tous deux recevaient d'un air lugubre les compliments de tout Paris : on eût juré qu'ils enterraient un parent et recevaient les condoléances de leurs amis. Comme pendant la cérémonie du mariage, l'un fuyait le regard de l'autre, de crainte d'y trouver un nouveau sujet de tristesse. Ils eussent perdu l'être qui leur était le plus cher, qu'ils n'auraient point témoigné plus de douleur (2). »

« Jamais, dit le roi Louis lui-même dans ses mémoires, cérémonie ne fut si triste ; jamais enfin, deux époux ne ressentirent plus vivement le pressentiment de toutes les horreurs d'un mariage forcé et mal assorti. »

« La politique seule a fait ce mariage, a écrit plus tard M. Mocquard (3), mariage malheureux, comme la plupart de ceux auxquels elle s'arroge le droit de présider seule. Nulle sympathie de caractère entre les époux.

---

1. Quelles lumières la religion ne donnerait-elle pas dans ces délicates circonstances si l'on avait la sagesse de recourir à elle ! Voici, entre cent autres, le conseil que suggérait un homme de DIEU aux chrétiens de son temps, saint Pierre Fourier. Après avoir examiné les qualités respectives à « offrir » d'une part, à exiger de l'autre, en vue d'une alliance bien assortie, il disait : « Il faut enfin s'enquérir discrètement auprès de l'enfant demandé en mariage s'il agrée volontiers la personne à laquelle il est question de l'unir. Il faut en effet, dans une affaire de cette nature, de *l'amitié réciproque*. Que si celle-ci vient à manquer, quand même il y aurait d'ailleurs un royaume et tous les biens du monde, il n'y aurait pas de bonheur à attendre en pareille alliance, *mais une pure misère*. » Hélas ! Hortense ne devait que trop l'expérimenter !

2. JOSEPH TURQUAN, *La Reine Hortense*. L'exagération perce dans chacune des paroles du narrateur ; mais c'est déjà beaucoup que les nouveaux époux aient été en proie à la tristesse, à l'inquiétude et à la mauvaise humeur le jour même de leur mariage.

3. *Notice sur la Reine Hortense*, Paris, 1846.

Chéris néanmoins et honorés, ils surent uniquement s'entendre lorsqu'il fallut consacrer leur élévation à des bienfaits. »

C'est bien ici qu'on peut constater l'énorme supériorité d'une vertu sérieuse sur une vertu vulgaire et superficielle. Hortense aurait certainement pu réparer tout le mal de cette malencontreuse union si elle avait eu plus d'empire sur elle-même et qu'elle se fût efforcée de plaire à son mari. Ce dernier n'était pas du tout dépourvu de bons sentiments ; on assure même qu'il chercha, dans les premiers temps du mariage, à vaincre ses répugnances naturelles pour gagner le cœur de son épouse. Hortense ne sut pas reconnaître ces avances, qui avaient d'autant plus de prix qu'elles coûtaient davantage à leur auteur. Au lieu de répondre à cette bonne volonté du prince par un redoublement d'égards et d'amabilité, elle se concentra dans son chagrin et ne chercha nullement à le lui dissimuler. Louis s'aigrit, s'ennuya d'une situation qui semblait irrémédiable et prit le parti de s'isoler le plus possible. Ne pouvant délaisser sa femme, il se résignait à la subir.

On ne peut donc s'empêcher de regretter vivement la faiblesse d'Hortense, et nous croyons qu'elle dut plus tard se reconnaître quelque peu responsable des déboires que son mariage lui avait attirés. Qu'on suppose à sa place une fervente chrétienne, habituée à vaincre ses inclinations personnelles et à soumettre ses penchants à la raison, sa raison à la foi, il est indubitable qu'elle aurait conquis les bonnes grâces de Louis Bonaparte, ce prince n'étant ni violent, ni vicieux, mais simplement maladif et d'une humeur un peu sombre. Les deux époux se seraient bientôt estimés et cette estime aurait peu à peu fait naître l'affection ; leur bonheur en devenait la conséquence naturelle, d'autant mieux qu'ils auraient acheté la paix du ménage par la vertu et le sacrifice ; leur esprit de religion eût ensuite aplani les petites difficultés journalières. Quant à calculer les conséquences de ce rapprochement et de cette union pour toute la suite de leur vie, qui pourrait le faire ? Orientée dans le sens du devoir et de la charité chrétienne, elle serait devenue complètement différente de ce qu'elle a été !

Il semble pourtant qu'après quelques mois, Hortense, docile enfin à la voix de la raison, essaya de se montrer aimable envers son mari. Mais déjà il était trop tard. Ulcéré par sa froideur précédente, qu'il taxait de caprice et de bouderie, le prince fut peu sensible à ces tardives démonstrations d'amitié. Soupçonneux par caractère, il crut cette bienveillance hypocrite ou commandée par l'intérêt (¹). Aussi les deux époux se découragèrent-ils mutuellement, et leur unique souci fut pour lors d'organiser chacun sa vie selon ses goûts pour souffrir le moins possible. Louis se plongea dans les études littéraires ; Hortense, — et en cela elle eut grand tort, — chercha à se distraire, à s'étourdir peut-être, dans les soirées et les fêtes mondaines. Que ne se tournait-elle du côté de Dieu ! Elle aurait compris qu'avec son secours il n'y a pas de mal sans remède, qu'il est la suprême et unique consolation de tous les infortunés ; au pied des autels, elle aurait senti qu'il avait manqué à ses efforts la condition indispensable de tout succès, la persévérance !

Dieu cependant bénit leur union. Hortense eut un fils le 10 octobre 1802. Merveilleuse occasion de reprendre ses droits sur le cœur de son mari, naturellement joyeux et consolé de devenir père !.. Mais une lettre de M<sup>me</sup> Campan, datée de cette époque, fait pressentir que la sage institutrice n'avait pas une entière confiance dans le bon parti que son élève tirerait de cet événement. « On m'a dit, lui écrivit-elle, que M. Louis avait fêté avec grâce et sensibilité la mère de son cher nouveau-né ; j'en ai été ravie ; elle l'aura été aussi sûrement ; son cœur est sensible, il aura été très ému ; mais je la connais bien, cette maman du cher Napoléon au berceau ; *l'aura-t-elle témoigné ?* Voilà une question qui sent l'institu-

---

1. « Malgré son talent pour jouer la comédie, dit le dernier biographe de la reine Hortense, elle ne pouvait se débarrasser d'une contrainte trop apparente. » Suivant cet auteur, c'eût donc été vraiment de l'hypocrisie que l'amabilité d'Hortense ; « elle essaya, ajoute-t-il, mais faiblement, de jouer son rôle d'épouse..... elle s'essaya, mais sans conviction, à jouer un rôle.... » etc. Hâtons-nous de dire que ce biographe voit de la comédie partout. Toute la vie d'Hortense n'a été, à l'entendre, qu'une longue duperie, une série ininterrompue de calculs, d'artifices et de finesses, provoquées par son égoïsme et son amour du plaisir. Pour le prouver, il exhibe les racontars des mémorialistes, et quand cette source, d'ailleurs très féconde en calomnies, fait défaut, il procède par suppositions, par inductions. L'exemple suivant prouvera jusqu'où peut mener ce système. S'il y a un fait bien établi dans l'histoire de Louis Bonaparte, c'est son opposition tenace, persistante au choix que Napoléon avait fait de lui pour la couronne de Hollande. A diverses reprises il déclara formellement, soit aux Hollandais, soit à des Français, qu'il n'accepterait pas cette couronne ; non content de le déclarer, il posa des actes qui prouvaient jusqu'à l'évidence son intention bien arrêtée à cet égard. S'il finit par accepter la royauté, ce fut, comme les documents officiels le prouvent péremptoirement, parce qu'il jugeait impossible de résister à l'empereur, et *surtout* parce que les députés hollandais lui affirmaient qu'eux-mêmes l'avaient choisi librement et pour répondre au vœu de leur nation. Mais voici qui est bien plus fort. Louis tenait si peu à un royaume que, même après avoir goûté des douceurs du pouvoir, il n'hésita pas un instant à protester qu'il entendait défendre les intérêts de ses sujets et que si l'empereur voulait faire prévaloir une politique anti-hollandaise, il abdiquerait. Et c'est ce qu'il fit ! Lorsqu'il reconnut qu'il ne pouvait plus être roi sans trahir la cause de son peuple et étouffer la voix de sa conscience, il brisa sa carrière, descendit du trône, et se retira dans un pays étranger. Il avait en outre refusé le trône d'Espagne. Eh bien, après des preuves aussi décisives de désintéressement, l'historien de la reine Hortense n'a pas craint d'écrire, à propos de l'élévation de Louis Bonaparte à la dignité royale : « On affirme que Louis ne voulait pas accepter, mais que Napoléon lui déclara que, le peuple hollandais lui décernant la couronne, il n'avait pas le droit de la refuser. Mais c'est peu probable (!) *tout cela fut une comédie* et la scène se joua on ne peut mieux... » Nous ne prétendons pas qu'il n'y ait dans l'ouvrage de cet écrivain des vues justes et lumineuses sur bien des événements ; il est en outre d'une louable exactitude dans ses citations, mais il nous paraît entièrement dominé, à son insu sans doute, par le parti-pris. Ce livre est le contrepied d'un panégyrique.

AMSTERDAM. (P. 54)

trice, j'oserais ajouter la mère bien tendre. Je sais que les âmes simples, pures et élevées, sentent beaucoup et dédaignent la démonstration ; mais ce qui part de qualités estimables devient quelquefois un défaut dans la vie habituelle. Pardon, ma chère Hortense, ces réflexions partent du fond de mon cœur seulement ; car on m'a dit que les larmes perlaient dans vos yeux au moment de la surprise, et j'ai été charmée qu'elles soient venues trahir *votre habituelle retenue*. Que de vœux je fais pour votre bonheur !... »

Le petit ange que Dieu leur avait donné ne fut donc pas pour les jeunes époux, comme on aurait pu l'espérer, le gage de la réconciliation, le principe d'une paix solide et durable. Les premières années de leur union se passèrent comme les premiers mois, dans une antipathie persistante et désormais incurable. Parfois même on eut à regretter des scènes assez violentes, dont tout le tort, à entendre les contemporains, revenait au prince Louis Bonaparte. Mais on sait que les sympathies du public sont généralement portées du côté de la femme lorsque le mariage n'est pas heureux.

Hortense se jetait à corps perdu dans la musique, l'étude du dessin, les comédies de salon, les mille amusements mondains que la fortune met à la disposition de ses favoris. Selon nous, c'étaient toutes ces choses qui aggravaient de plus en plus la situation, en desséchant le cœur de la jeune femme et augmentant par contre-coup l'aversion qu'elle éprouvait pour son mari. Il n'est pas étonnant qu'au sortir de ces réunions brillantes, et surtout des bals et des concerts, Hortense éprouvât un insurmontable dégoût de rentrer dans cet intérieur de famille où elle n'avait à attendre que mauvaise humeur et brusqueries. Combien ses dispositions eussent été différentes si, au lieu d'aller se dissiper parmi les heureux du monde, elle n'avait point quitté son enfant ni son crucifix !

Une circonstance vint encore envenimer le mal et accentuer la désunion des malheureux époux. Joséphine, paraît-il, travaillait un peu contre les intérêts de Louis Bonaparte, au profit de sa cause personnelle ; et comme Hortense se rapprochait de plus en plus de sa mère pour trouver quelques consolations, son mari en conçut un vif mécontentement. De là une nouvelle scène de ménage, à la suite de laquelle la santé d'Hortense s'altéra sensiblement. Ce fut pourtant à la même époque, 2 brumaire an XIII (11 octobre 1804), qu'elle devint mère pour la deuxième fois. Son second fils fut appelé Napoléon-Louis et baptisé par le pape Pie VII, qui était venu à Paris pour le sacre de Napoléon.

Pendant l'été de 1805, la santé du prince Louis fut très mauvaise ; les médecins lui prescrivirent de prendre les eaux de Saint-Amand. Sa femme l'accompagna dans ce voyage, d'où ils revinrent ensemble sans que les eaux eussent produit l'effet qu'on en avait attendu. Leur moral n'était pas davantage amélioré !....

Au mois de novembre de la même année, le prince Louis fut nommé gouverneur par intérim de la capitale, en remplacement du prince Murat. Il mit beaucoup de zèle et d'activité dans son gouvernement, ne l'ayant du reste accepté qu'à la condition qu'ils se bornerait aux affaires militaires. Avec fort peu de troupes, il sut maintenir l'ordre et faire face à tous les besoins, malgré l'embarras des finances et l'agitation des partis.

Le mois suivant, Hortense était elle-même l'objet d'une flatteuse distinction de la part de Napoléon. Le tout-puissant monarque, ayant créé des établissements pour recevoir les orphelines de la Légion d'honneur, dévolut à Hortense la surveillance de ces Maisons, dont elle devint la protectrice.

#  Chapitre Quatrième

Hortense, reine de Hollande. — Son séjour à La Haye. — Affaires sérieuses et incidents burlesques. — Un premier jour de l'an. — Maladie et mort du fils aîné de la reine; son désespoir. — Voyage dans les Pyrénées. — Retour à Paris.

Es événements politiques firent une heureuse diversion au chagrin qui consumait Louis Bonaparte et son épouse. Napoléon multipliait ses conquêtes ; occupé sérieusement en Allemagne, il avait ordonné la formation d'une armée du Nord, chargeant son frère Louis de l'organiser et d'en prendre le commandement. Malgré la difficulté d'obtempérer aux désirs de l'empereur, malgré les ministres, qui jugeaient la chose impossible, Louis parvint, à force de soins et d'activité, à former cette armée en si peu de temps, qu'un mois, jour pour jour, après la date du décret de son frère, il lui écrivit de Nimègue qu'il se trouvait en position et attendait ses ordres. Cette promptitude d'exécution, secondant la combinaison du corps d'armée qui était déjà sur les frontières de la Hollande, empêcha la Prusse de déclarer la guerre, comme elle en avait manifesté l'intention, et eut une grande influence sur les négociations. L'empereur témoigna publiquement sa satisfaction à son frère dans un des bulletins de la grande armée et dans ses lettres particulières.

Aussitôt après la bataille d'Austerlitz, Louis, croyant agir selon les intentions de l'empereur, s'empressa de ramener à Paris les troupes qu'il avait enlevées à sa garnison, et alla au-devant de Napoléon jusqu'à Strasbourg. Celui-ci laissa alors échapper quelques mots sur ses desseins à l'égard de la Hollande.

« Pourquoi l'avez-vous quittée? dit-il à Louis ; on vous y voyait avec plaisir : il fallait y rester. — La paix une fois conclue, répondit le prince, j'ai tâché de réparer la faute que vous m'avez reprochée dans vos lettres, en renvoyant à leur poste les troupes que j'en avais fait sortir pour renforcer l'armée du Nord. Quant à moi, à qui vous avez laissé le commandement militaire de la capitale, mon devoir était de m'y trouver à votre retour, si je n'avais pas cru mieux faire en venant à votre rencontre. Je conviens, ajouta-t-il, que les bruits qui circulent en Hollande sur moi et sur le changement de gouvernement dans ce pays, ont hâté mon départ (1). Ces bruits ne sont pas agréables à cette nation libre et estimable, et ne me plaisent pas davantage. »

L'empereur fit comprendre à son frère par sa réponse, quelque vague qu'elle fût, que ces bruits étaient conformes aux desseins de sa politique. Mais Louis s'en inquiéta peu ; il était persuadé qu'il trouverait facilement le moyen de refuser le haut rang qu'on lui destinait, rang qu'il n'ambitionnait pas et qui faisait l'objet des vœux les plus ardents de plusieurs autres membres de sa famille.

L'année 1806 vit éclore les nouveaux changements que méditait Napoléon dans l'organisation politique des divers États secondaires de l'Europe. Le grand pensionnaire Schimmel Pennink, chef de la république hollandaise, bravant le mécontentement de l'empereur, favorisait ouvertement le commerce de son pays avec l'Angleterre. Napoléon crut devoir saisir cette occasion pour prouver que l'on n'entraverait pas impunément son système de blocus continental, et il transforma la république en une monarchie héréditaire. Il ne fut pas nécessaire de recourir aux armes pour mettre ce dessein à exécution. La Hollande ayant déjà été conquise par les Français en 1795, le stathoudérat s'était trouvé aboli de fait.

Dans ces conjonctures, une députation fut envoyée à Paris par les Hollandais. L'empereur indiqua le 5 juin 1806 aux ambassadeurs comme le jour d'une solennelle réunion, dans laquelle ils lui liraient la proclamation qui devait reconnaître Louis, roi de Hollande. La députation était composée de MM. Brauzeh, ambassadeur ; Verhuel, vice-amiral ; Gogel, ministre des finances ; Van Styrum et William, conseillers d'État.

On dépêcha aussitôt des courriers, on demanda des instructions, et, après quatre mois de négociations, on conclut un traité par lequel la royauté était établie en Hollande, et fondée sur des lois constitutionnelles ; et quoique Louis n'eût point été appelé à ces négociations, des bavardages, des propos sans authenticité et des indiscrétions, lui apprirent qu'il s'agissait définitivement de lui.

---

1. On disait qu'il ne restait plus à Louis Bonaparte qu'à devenir roi de Hollande.

Les membres de la députation vinrent enfin le trouver à Saint-Leu, où il était, et l'engagèrent à accepter la couronne, l'assurant que la nation la lui donnait librement. Louis n'en fit pas moins tout ce qu'il put auprès de son frère pour éviter ce qu'il appelait son *expatriation*. Mais l'empereur lui répondit : « Tu as tort ! Tu t'alarmes toujours... Fais ce que je te dis. »

Plus tard les députés l'instruisirent eux-mêmes des progrès de la négociation ; et lorsqu'il vit l'instant décisif approcher, il se détermina à refuser net. Cependant, quand on eut connaissance de la renonciation du prince héréditaire à la couronne de Hollande, moyennant une indemnité, l'amiral Verhuel revint à la charge, en disant à Louis : « Que nous soyons forcés ou non à demander un roi, je vous donne pour certain que nous venons volontairement, et appuyés des suffrages des neuf dixièmes de la nation, vous prier de lier votre sort au nôtre, et de nous empêcher par là de tomber en d'autres mains. » Alors l'empereur s'expliqua ouvertement avec son frère, en lui disant : « Il me semble qu'il était inutile que je te consultasse sur cette affaire... Est-ce qu'un sujet ne doit pas toujours obéir ([1]) ?... » Louis, réfléchissant qu'il résisterait vainement, puisque l'empereur le voulait, se détermina à accepter, et quelques jours après, M. de Talleyrand vint à Saint-Leu lui lire le traité et la constitution qui venaient d'être arrêtés.

« Eh bien ! prince, approuvez-vous ? dit-il à Louis.

— Comment voulez-vous que je puisse juger un objet si important sur une simple audition ?

— Approuvez toujours, prince !

— Mais, étranger aux discussions et au travail qui ont eu lieu, j'ignore si on ne me fait pas promettre plus que je ne pourrai tenir.

— Qu'est-ce que cela fait ?...

— Dites donc à mon frère que je me dévoue ; c'est le mot.

— Et, ajouta M. de Talleyrand, que Votre Altesse Impériale justifiera dans l'esprit de la nation hollandaise la bonne opinion que l'Empereur a déjà donnée d'elle.

— Vous direz tout ce que vous voudrez.

— En ce cas, prince, c'est dimanche prochain que Votre Majesté sera proclamée.

— Il paraît qu'on ne veut pas même me laisser le temps de me

---

1. On voit que Napoléon avait des principes à lui et que dans sa pensée la force primait quelquefois le droit : imposer un roi à la Hollande ne lui semblait pas une usurpation ; obéir était toujours un devoir, que la chose fût licite ou non. Les propos tenus par son ministre doivent paraître bien plus étranges encore !

reconnaître... Dimanche prochain, soit ! J'espère au moins que vous me donnerez quelques instructions...

— Votre Majesté n'en a pas besoin. »

Et M. de Talleyrand prit congé de Louis et de son épouse en saluant cette dernière du titre de Reine.

Le dimanche suivant, Leurs Majestés arrivèrent donc à Saint-Cloud, comme s'il ne se fût agi que d'une simple présentation. Pendant la route, Louis parut fort attristé et n'adressa pas une seule fois la parole à sa femme. Il pensait sans doute à la légèreté avec laquelle M. de Talleyrand avait traité une affaire aussi sérieuse et à la précipitation qu'on avait apportée à son achèvement. Et, de fait, il ne s'agissait de rien moins que de son avenir et de celui de ses enfants. Quoique chacun fût au courant de ce qui allait avoir lieu, on ne parut autour d'eux s'en informer que d'une manière indirecte et par des mots jetés au hasard ; cependant on était arrivé à la conclusion.

De grand matin, M. de Ségur était allé à Paris pour amener à Saint-Cloud les ambassadeurs hollandais, qui devaient être conduits en grand cérémonial à l'audience de l'empereur. Ils ne furent introduits qu'après que l'envoyé de la Sublime-Porte eut obtenu la sienne. Il était alors près de deux heures : la reine attendit chez sa mère le résultat de cette importante communication.

Enfin, les députés hollandais étant introduits dans la salle du trône, l'amiral Verhuel, comme président de la députation, prit la parole et prononça le discours suivant devant l'empereur assis sur le trône et entouré de tous les grands dignitaires de l'empire.

« Sire, dit-il, les représentants d'un peuple connu par sa patience courageuse dans les temps difficiles, célèbre par la solidité de son jugement et par sa fidélité à remplir ses engagements, nous ont donné l'honorable mission de nous présenter devant le trône de Votre Majesté.

» Ce peuple a longtemps souffert des agitations de l'Europe. Témoin et victime des catastrophes qui ont renversé ses Etats, il a senti que la force des intérêts et des rapports qui maintenant l'unissent à la France lui faisait une loi de se placer aujourd'hui sous sa sauvegarde. Ces représentants ont donc solennellement délibéré sur les circonstances du temps présent et sur les effrayantes probabilités de l'avenir, et nous sommes, Sire, chargés d'exprimer à Votre Majesté le vœu du peuple hollandais ; et nous la prions de nous accorder, comme roi de Hollande, le prince Louis-Napoléon, frère de Votre Majesté, auquel nous remettons, avec une entière et respectueuse confiance, la garde de nos lois, la défense de nos droits, et tous les intérêts de notre chère patrie. Sous les auspices sacrés de la Providence, sous la glorieuse protection de Votre Majesté, nous osons espérer, Sire, que la Hollande, assurée désormais pour toujours de l'affection du plus grand des monarques, et unie étroitement par sa destinée même à celle de votre immortel empire, verra renaître les jours de son ancienne gloire et sa prospérité d'autrefois. »

L'empereur répondit aussitôt :

« Messieurs les représentants du peuple batave, j'ai toujours regardé comme le premier intérêt de ma couronne de protéger votre pays. L'offre que vous faites de la couronne de Hollande au prince Louis, mon frère, est conforme aux vrais intérêts de votre pays, aux miens, et propre à assurer le repos général de la Hollande. La France a été assez généreuse pour renoncer à tous les droits que les événements de la guerre lui avaient donnés sur vous. Messieurs les représentants du peuple batave, j'adhère au vœu que vous m'exprimez, et je proclame roi de Hollande le prince Louis. »

Louis, d'une voix brisée par l'émotion, déclara alors qu'il acceptait la couronne et jura de remplir fidèlement ses devoirs de souverain.

« Hortense, appelée à partager le pouvoir, ne se sentit heureuse de cette haute position, écrit un biographe, que par la pensée qu'elle pourrait augmenter la somme de ses bienfaits. Ce n'était pas cependant sans de profonds regrets qu'elle s'éloignait de son pays, de sa mère surtout, dont elle n'avait jamais été séparée que pendant de courts et rares intervalles. »

Le nouveau roi quitta la France avec ses enfants et leur mère ; il arriva au palais du Bois, près de La Haye, le 18 du même mois, recevant en France et en Hollande, sur son passage, les honneurs souverains.

Leurs Majestés ne firent leur entrée solennelle à La Haye que quelques jours après. Elles y furent reçues avec un enthousiasme beaucoup plus vif qu'on ne devait l'attendre d'un peuple aussi calme.

Le roi Louis, ayant déjà fait un séjour de quelques mois en Hollande, avait pu faire reconnaître en lui toutes les qualités qui commandent l'estime et le respect. De son côté, la reine Hortense y avait été précédée par la réputation de bienfaisance et de bonté qui lui attirait tous les cœurs.

« Sire, dit au roi Louis le président du Corps législatif, une nation célèbre par sa morale se plaît à voir en vous le modèle des vertus qui l'ont distinguée de tous temps. Elle se livre au doux espoir que la sollicitude paternelle de Votre Majesté pour ses véritables intérêts relèvera, sous les auspices sacrés de la Providence, son industrie et son commerce, et fera renaître son ancienne splendeur. C'est ainsi que la génération présente et la postérité salueront Votre Majesté du titre de Restaurateur de la prospérité publique. »

Hortense s'appliquait particulièrement à l'étude du pays dont elle était devenue la souveraine. Dans une lettre écrite à cette époque, M$^{me}$ Campan lui indique plusieurs ouvrages sur la Hollande. La reine s'empressa de se les procurer et les lut avec le plus grand intérêt. Elle comprenait que l'épouse d'un souverain, lors même qu'elle n'a point à intervenir dans le gouvernement, doit son attention à tout ce qui concerne le bien général, car elle est l'intermédiaire naturel entre le peuple et le souverain.

Aux fêtes publiques qui eurent lieu à La Haye pendant le séjour de Leurs Majestés, la reine Hortense fut l'objet d'une admiration qu'elle ne devait en rien au prestige de son rang. Mais la fille de l'impératrice Joséphine recherchait d'autres suffrages, qui ne pouvaient d'ailleurs lui manquer, car elle se montrait aimable envers tous ; elle possédait au plus haut degré cet attrait puissant de l'esprit et du cœur, qui fait tout à la fois aimer et respecter le pouvoir.

Ses biographes lui donnent de grands éloges sous ce rapport, mais peut-être désirait-elle inconsidérément copier ce qui se pratiquait à Paris. Elle ne comprenait la royauté que rehaussée par des démonstrations brillantes, animée par les conversations savantes, vives, variées, étincelantes de ces saillies, de ces mots heureux, de ces riens séduisants qui font le charme de la société parisienne, et que les réunions d'Amsterdam ne lui offrirent jamais. Elle se demandait parfois comment elle pourrait être reine là où elle était forcée de se contraindre sans cesse, où il lui fallait commander à tous ses goûts ; où, dans son intérieur même, son mari lui imposait l'obligation de faire un accueil affectueux à des Hollandaises renforcées, à une certaine M$^{me}$ Van Hoyneck Van Papendrecht, par exemple, dont la conversation était aussi tudesque que le nom.

Cette dame, née et élevée en France, avait épousé un Hollandais et s'était fait naturaliser. Elle ne s'était pas débarrassée à Paris des ridicules, des préjugés, des prétentions d'une provinciale. Fière de son immense fortune, elle se croyait au niveau d'une tête couronnée, parce qu'elle avait autant de diamants que les princes de la Confédération du Rhin auraient pu en réunir entre eux tous. Son mari, d'une famille très ancienne de la province d'Overyssel, était un jurisconsulte du premier mérite. Le gouvernement hollandais lui avait confié plusieurs missions importantes en 1798. En 1803 il avait été envoyé à Paris en qualité

— MURAT. (P. 44.) —

d'ambassadeur, et en 1805 il était à Amsterdam revêtu de la dignité de grand pensionnaire, qui lui donnait un pouvoir très étendu. Plus tard, il introduisit dans le gouvernement de Louis beaucoup d'institutions utiles, et principalement un système de finances remarquable par sa simplicité et sa justesse. Il était très considéré en Hollande, où il exerçait une grande influence. Le roi faisait un cas tout particulier de M. Van Hoyneck Van Papendrecht.

Quelques jours après l'arrivée du roi et de la reine à La Haye, sa femme étant venue faire une visite à M. Darjuzon, premier chambellan, ce grand officier, qui ne la connaissait pas, lui dit :

« Madame, à qui ai-je l'honneur de parler ?

— A Madame Van Hoyneck Van Papendrecht, Monsieur.

— Je vous prie, Madame, de me dire votre nom.

— Je vous le répète, Monsieur : Van Hoyneck Van Papendrecht.

— Vous me voyez désespéré, Madame, mais je n'ai pas l'honneur de comprendre le hollandais, et si vous ne me dites pas votre nom en français, c'est avec peine que je me verrai dans l'impossibilité de pouvoir faire droit à votre réclamation. »

La reine riait beaucoup de ces petits incidents.

Malgré la répugnance réelle avec laquelle le roi Louis avait accepté le trône, il ne songea plus, lorsqu'il y fut monté, qu'à s'associer franchement aux intérêts de la Hollande. « Je voudrais être salué du titre de Majesté nationale, » avait-il dit à une députation de l'un des grands Corps de l'Etat, qui était venue le complimenter [1].

Avec un tact parfait, il congédia le corps de troupes françaises qui l'avait escorté, et ne voulut entrer dans sa capitale qu'avec une escorte hollandaise. La nation apprécia cette délicatesse, dont le roi lui donna bientôt de nouvelles preuves.

Napoléon avait formé lui-même, à Paris, la maison de son frère, et tous les officiers qu'il avait emmenés étaient français. Cette préférence exclusive ne pouvait manquer de blesser vivement les familles patriciennes de la Hollande. Le roi le sentit, et il éloigna successivement, sous des prétextes plausibles, tous les grands dignitaires français. Il s'entoura ensuite d'officiers choisis dans le sein de la nation qui l'avait fait roi. Cette mesure était d'une politique habile ; elle lui concilia la sympathie de l'élite de ses sujets.

---

1. Louis, désireux de gagner les sympathies du peuple qu'il était chargé de gouverner, voulut apprendre le hollandais. Malgré tous ses efforts, il ne put triompher des difficultés que la prononciation de cette langue présente à un Français. Quelques-uns de ses officiers néanmoins, n'ayant pas craint de lui assurer qu'il s'exprimait assez correctement, il se hasarda à prononcer un discours en hollandais ; mais il comprit, dès le commencement de sa harangue, que si l'auditoire ne donnait aucune marque d'hilarité, il ne devait uniquement cette retenue qu'au respect dont personne n'aurait osé s'écarter en sa présence. Il renonça dès lors à l'étude de la langue nationale.

## CHAPITRE QUATRIÈME.

M. de Broc, grand-maréchal du palais, fut du nombre de ceux que le roi Louis éloigna de sa personne. Il l'envoya en ambassade à Madrid, pour complimenter son frère Joseph, qui venait de recevoir des mains de l'empereur la couronne d'Espagne, tombée de la tête de Charles IV, et M. de Broc ne fut plus rappelé à La Haye. Mais sa jeune femme, Adèle Auguié, nièce de M$^{me}$ Campan et sœur de M$^{me}$ la maréchale Ney, ne put se résoudre à quitter la reine. Elle avait été l'une des meilleures amies de M$^{lle}$ de Beauharnais dans la maison de M$^{me}$ Campan, et la reine avait pour elle le plus tendre attachement. Les consolations, les soins d'une amitié sincère et dévouée, commençaient d'ailleurs à devenir nécessaires à Hortense. Il semble, en effet, que c'est de cette époque que date la mésintelligence complète qui vint prendre, entre le roi Louis et sa femme, la place de ce qui n'avait été le plus souvent, jusque-là, que de la froideur, de l'humeur et de la brusquerie.

Napoléon voyait avec peine cette mésintelligence, qu'il attribuait au caractère morose de son frère, à qui il écrivit de Finkeinstein, le 4 avril 1807, une lettre de laquelle nous extrayons le passage suivant :

«.... Vous avez la meilleure femme et la plus vertueuse, et vous la rendez malheureuse. Vous voulez qu'une femme de vingt ans, qui voit passer sa vie, qui en a toutes les illusions, vive dans un cloître, et soit comme une nourrice, toujours à soigner son enfant ! Vous êtes trop dans votre intérieur et pas assez dans votre administration. Je ne vous dirais pas tout cela sans l'intérêt que je vous porte. Rendez heureuse la mère de vos enfants. Vous n'avez qu'un moyen, c'est de lui témoigner beaucoup d'estime et de confiance. Malheureusement (en un sens), vous avez une femme trop vertueuse ; si vous en aviez une qui le fût moins, elle vous mènerait par le bout du nez ; mais vous avez une femme fière, que la seule idée que vous puissiez avoir mauvaise opinion d'elle révolte et afflige. Ce n'est pas ma faute, je l'ai souvent dit à votre femme. »

Napoléon semble chercher à se justifier de ce malheureux mariage ; c'était bien sa faute s'il s'était accompli. Du reste, il parlait à chacun des époux le langage qui lui convenait. La reine Hortense recevait d'autres conseils.

On doit lui rendre cette justice qu'elle s'efforçait de mériter l'estime de son peuple, et que de hautes familles hollandaises s'attachaient insensiblement au nouveau régime, grâce à l'affabilité et aux sympathies de leur souveraine. Elle témoignait notamment une tendre affection aux enfants des dignitaires qui venaient à la cour ; elle en avait souvent plusieurs autour de sa personne et se plaisait à les faire causer ; leurs innocentes malices, leurs naïvetés bizarres, l'amusaient beaucoup et étaient toujours récompensées par des cadeaux de bonbons et de babioles de leur âge.

Le jour de l'an approchait ; elle n'allait manquer ni de souhaits ni de visiteurs. Elle était certaine que son appartement, ce jour-là, ressemblerait à une pension. Déjà la reine était approvisionnée d'une cargaison de bonbons, de poupées, de ménages, d'instruments, d'armes, de chevaux de bois et de tambours ; tout cet attirail enfantin était amoncelé dans sa petite bibliothèque, qui semblait métamorphosée en bazar. Le moment venu, elle fit elle-même la distribution de ses étrennes. A l'un elle donna un fusil, à l'autre un tambour ; presque tous voulaient des pistolets ; malheureusement il n'y en avait pas assez. Les plus jeunes s'étaient jetés en arrivant sur les chevaux de bois et sur les sabres. Il y avait pour les petites filles des poupées plus grandes qu'elles.

Après que la distribution fut terminée, cette troupe joyeuse fit un tel tapage avec les tambours et les trompettes, que Sa Majesté se vit bientôt forcée de leur laisser le champ libre. Tout ce bruit enchantait la reine. Les mères paraissaient encore plus heureuses qu'elle ; la plupart étaient épouses ou sœurs de personnages attachés à son mari. Les choses qu'elle avait pu dire à leurs enfants, en leur faisant ses cadeaux, se rapportaient nécessairement à leurs familles ; tout cela resserrait encore le lien qui les attachait à leur gouvernement.

Mais, hélas ! quel contraste, le lendemain de ce jour de fête ! La ville de Leyde était victime d'un grand désastre dans lequel une foule de personnes périrent. Le plus beau quartier fut abîmé par une épouvantable explosion, causée par l'imprudence d'un conducteur de bateaux qui transportait de la poudre des manufactures d'Amsterdam aux magasins de Delft.

Louis se rendit aussitôt à Leyde, accompagné de tout son état-major ; il parcourut ce théâtre de désolation et donna, dans cette affligeante circonstance, les plus touchants témoignages d'humanité, en prodiguant des consolations et des secours aux habitants que le désastre avait frappé. Rien n'égala le zèle et les efforts de ceux qui l'entouraient pour arracher à une mort certaine les malheureux dont on espérait encore sauver les jours.

On eut à déplorer la perte d'un grand nombre de personnes, parmi lesquelles les professeurs Gay-Lussac et Kluit, tous deux savants du plus

## CHAPITRE QUATRIÈME.

grand mérite. Ce fut comme par miracle qu'on parvint à dégager de dessous les décombres de sa maison Madame de Rendwyk. Dès qu'elle fut hors de danger, sa raison s'aliéna ; plus tard elle la recouvra, mais ce ne fut que pour pleurer la perte d'un mari qu'elle adorait et qui avait été écrasé sous ses yeux.

Une souscription fut ouverte par ordre de Louis. Une commission fut chargée de la répartition des secours, qui furent si abondants qu'on put aisément dédommager ceux qui étaient ruinés par le désastre. On cita même quelques habitants que leur quote-part dans les secours enrichit, et d'autres qui eurent la délicatesse de rapporter ce qu'ils croyaient avoir reçu de trop. La reine étendit encore plus loin sa sollicitude, en faisant dispenser les infortunés habitants de Leyde de toute espèce de contributions pendant dix années, et en accordant la remise, aux débiteurs, de tous les arrérages dont ils pouvaient être redevables au trésor.

Louis ne se montra pas moins dévoué à Utrecht au moment de l'effroyable inondation qui répandit partout le ravage et la désolation. Il en fut lui-même si alarmé que, malgré l'état de souffrance dans lequel il se trouvait depuis quelques jours, il accourut sur les lieux afin d'être plus à portée d'ordonner tout ce qui pourrait être nécessaire dans une si pénible circonstance, voulant à toute force que les travaux qu'exigeait la position si critique des habitants dont les propriétés étaient en proie à l'inondation, fussent faits sous ses yeux. Il lui arriva plusieurs fois, dans cette circonstance, de courir des dangers imminents. Sa patience et son courage excitaient le zèle des ouvriers, et il récompensa largement ceux qui s'étaient le plus exposés ; sa présence fut surtout un motif de consolation pour les habitants de la petite ville de Gozenm, qui probablement eût été totalement submergée si le roi ne se fût hâté de s'y montrer à temps. Il ne rentra au château que fort avant dans la nuit, et lorsque, excédé de fatigues, ses forces épuisées eurent vaincu son courage. Dès lors fut créé le fameux Comité central de l'administration des eaux, afin de garantir, à l'avenir, le territoire de semblables accidents.

A son retour à Amsterdam, pour se distraire de ses importantes occupations, Louis voulut aller passer la belle saison au château de Loo. La reine l'y suivit. Chaque soir, à défaut de spectacle, Leurs Majestés s'en dédommageaient en mettant en action des charades que le roi aimait à indiquer lui-même.

Une fois il donna le mot *Voltaire*. Le nom du patriarche de Ferney fut donc livré à la dissection. On se divisa, comme c'est l'usage, en deux parties. Louis ne voulut être d'aucune, et se contenta de rester spectateur neutre. La première scène représentait l'intérieur d'un salon, où une personne toute couverte de diamants semblait être profondément endormie sur une causeuse. Elle devait être dévalisée par des voleurs. Cinq brigands s'introduisaient dans ce salon pour y commettre un vol. Ces rôles de brigands étaient remplis par l'intendant-général du roi, qui en était le chef, et par quatre de ses chambellans. Louis en fit plaisamment la remarque. Cette première partie de la charade fut devinée tout d'abord.

La seconde scène se passait dans une chambre où deux personnes s'entretenaient des affaires du temps. Le colonel de la garde était un des deux personnages ; il émettait hautement et trop franchement peut-être son opinion sur les abus, les injustices, etc. L'autre interlocuteur était le chancelier, qui lui faisait observer qu'il n'était pas toujours prudent de s'expliquer aussi catégoriquement, et qu'il fallait quelquefois savoir se taire.

Cette fois les avis furent partagés, et le second membre de la charade ne fut pas trop deviné.

La troisième scène se passait dans un cabinet de bibliothèque où l'on voyait un vieux bureau sur lequel était placé un petit cabaret antique, avec deux tasses à café en porcelaine de Saxe. Une dame d'un certain âge entrait dans le cabinet, tenant une cafetière à la main et précédant de quelques pas un vieil écuyer du roi, d'une maigreur extrême, qui, affublé d'une robe de chambre à ramages et d'une perruque à trois marteaux, avait tout à fait l'air d'une momie habillée.

Alors tout le monde de s'écrier : Oh ! c'est Voltaire ! c'est Voltaire !

Le mot de la charade avait été deviné, même par les Hollandais. Il est vrai qu'il n'était pas très difficile.

La reine Hortense continuait à entretenir avec sa mère une correspondance suivie. Celle-ci était dépositaire de tous ses chagrins, car Hortense n'était pas plus heureuse en Hollande qu'en France. Hélas ! la plus lourde croix n'était pas encore tombée sur ses épaules : la mort de son fils aîné devait tout à coup la plonger dans l'abîme du désespoir.

Ce fils, comme on le pense bien, était son idole : les mères ont souvent un faible pour un de leurs enfants ; celui-là semblait si accompli, si bien

## CHAPITRE QUATRIÈME.

doué! « Le jeune prince royal, dit un biographe (1), était véritablement un enfant charmant. Il annonçait les plus heureuses dispositions et montrait une intelligence au-dessus de son âge. Il ressemblait d'une façon frappante à son oncle Napoléon. » Un témoin oculaire disait de lui : « Cet enfant dépasse tout ce que vous pouvez en penser ; pour ne citer qu'un fait, quelque chose qu'on puisse lui conter ou qu'on puisse conter devant lui, quelque temps qu'on y mette, il écoute, comme l'empereur, dans une immobilité totale, et, du moment où l'on finit de parler, par une faculté qui prouve autant de jugement que de mémoire et de sagacité, il résume en une pensée générale tout ce qu'il vient d'entendre. » Le petit prince avait alors de quatre à cinq ans, écrit Joseph Turquan (2).

« Il serait aisé de citer d'autres traits de cet enfant. Il aimait beaucoup les fraises, mais, comme elles lui causaient des vomissements, non seulement on ne lui en donna plus, mais on n'en fit plus paraître devant lui et on défendit expressément de lui en donner. L'enfant, dans un moment de gourmandise, se rappelant combien les fraises étaient bonnes, en demande un jour à sa nourrice. Celle-ci lui dit qu'elles lui faisaient mal et qu'elle avait ordre de ne pas lui en donner. L'enfant insiste, se fâche : « Je veux des fraises ! tout de suite ! — Mais si je vous en donne et que » votre maman le sache ?... — Eh bien, je ne dirai pas que c'est toi qui » me les as données. » Trop faible, la nourrice alla chercher des fraises. L'enfant s'en régala. Peu de temps après, l'estomac du jeune prince se retourne et voilà les fraises sur le parquet. Justement, la reine entrait. Elle se met dans tous ses états : « Qui lui a donné des fraises ? » s'écrie-t-elle avec colère. L'enfant ne pouvait répondre qu'il n'en avait pas mangé, les preuves étaient là, visibles. Mais le petit Napoléon ne consentit jamais à dire de qui il les avait reçues. « J'ai promis de ne pas » le dire, » répétait-il toujours ; et rien ne put le faire parler. C'était là, il faut en convenir, la marque d'un caractère, rare chez un homme, bien plus rare chez un si jeune enfant.

» L'empereur aimait beaucoup son neveu. Il s'amusait parfois à l'impatienter. Celui-ci avait, pour les lentilles, un goût presque égal à celui qu'il avait pour les fraises. L'empereur le mettait sur ses genoux pendant le déjeuner, faisait apporter des lentilles et s'amusait à lui en donner, mais une à une, et cela avec le plus grand sérieux. L'enfant les prenait,

---
1. Joseph Turquan, *La Reine Hortense*, page 133.
2. *La Reine Hortense*, p. 134 et suiv., d'après les mémoires de Constant, Rœderer et de M<sup>me</sup> d'Abrantès. Le trait des fraises est aussi attribué au petit roi de Rome, fils de Napoléon I<sup>er</sup>.

mais, voyant que son oncle faisait exprès de l'impatienter, le rouge lui montait aux joues, sans qu'il s'en fâchât, du reste, ouvertement : il voulait être maître de lui, et l'était. Ces petites taquineries ne l'empêchaient pas d'avoir une prédilection marquée pour son oncle, et c'est peut-être pour cela que Napoléon l'aimait tant. Il préférait les joujoux que l'empereur lui donnait à ceux, même plus beaux, qu'il tenait des autres personnes ; c'est à l'empereur qu'il voulait, le matin, quand il était à Paris, dire bonjour le premier. Enfin son oncle était son préféré. Un jour, après une revue qu'il venait de passer dans la cour du Carrousel, l'empereur, remonté dans ses appartements, jette sur un fauteuil son chapeau et son épée et se met à son bureau. Son neveu, entrant dans la pièce, prend l'épée de Napoléon, en passe le ceinturon à son cou, met le chapeau sur sa tête et marche gravement en cadençant le pas et fredonnant un air de tambour. L'empereur fut ravi de cette petite scène et le peintre Gérard l'a immortalisée dans un tableau célèbre.

» Il y avait, dans le parc de Saint-Cloud, des gazelles et des biches auxquelles l'empereur s'amusait parfois à distribuer des pincées de tabac, dont elles étaient fort friandes. Son neveu aimait beaucoup à l'accompagner dans ses promenades, et l'empereur, de son côté, se plaisait à le mettre à cheval et à le promener sur une biche, ce qui lui avait valu de la part de l'enfant le nom d' « oncle Bibiche ».

Non seulement le petit Napoléon était intelligent, mais il était aimable, ou plutôt il était aimable parce qu'il était intelligent. De plus, il avait une grande admiration pour son oncle. Quand il passait, dans le jardin des Tuileries, devant les grenadiers de la garde, il leur criait : « Vive » Nonon, le soldat ! » Aussi Napoléon disait-il quelquefois avec ravissement et aussi avec un peu de naïveté vaniteuse : « Celui-là sera digne » de me succéder ; il pourra me dépasser encore. »

» Et c'est cet enfant qui, lorsqu'il voyait ses parents se livrer à leurs scènes déplorables, allait, le pauvre ange, chercher son père par la main et, avec une douleur qu'on eût dû épargner à son jeune cœur, le conduisait à Hortense et disait : « Embrasse-la, papa, je t'en prie ! » Comment ces deux époux n'ont-ils pas mieux entendu la voix de la raison sortant de la bouche de leur enfant ? »

L'indisposition du jeune Napoléon se manifesta d'abord par un mal de gorge assez violent le 1er mai 1807. Dans la nuit du 4 au 5, ce mal de gorge prit un caractère qui commença à alarmer sérieusement sa mère, et la journée tout entière se passa pour elle le plus tristement du monde au milieu des dames, profondément touchées de l'état du prince royal.

Le soir, la reine fit partir un courrier à franc étrier pour aller chercher le docteur Corvisart à Paris. Tous les grands médecins de La Haye, d'Amsterdam et d'Utrecht furent appelés pour donner leur avis. Les uns voulaient faire appliquer des sangsues, les autres un vésicatoire. Depuis six heures jusqu'à huit que dura leur consultation, les inquiétudes de Louis Bonaparte et de son épouse furent extrêmes. Elles se calmèrent

Napoléon à Austerlitz. (P. 45.)

enfin, vers les dix heures, lorsque leur fils s'endormit assez paisiblement.

Un seul médecin n'avait point partagé les alarmes de ses confrères ; mais un chirurgien français, M. Giroust, venu en Hollande depuis peu, avait persisté à dire que le prince royal n'en reviendrait pas. Il avait dit vrai, et la mort devait justifier son opinion.

A partir de ce moment, la reine s'établit au chevet de son fils et ne le quitta plus. La nuit du 5 au 6 fut très mauvaise ; à minuit on le crut mort : les médecins ne conservèrent que peu d'espoir. A deux heures du matin il eut une crise ; à six heures il était mieux et les médecins ne désespéraient pas de le sauver. M. Giroust seul persévérait dans l'opinion qu'il avait émise.

Le mieux se soutint jusqu'à trois heures de l'après-midi. A quatre heures les symptômes alarmants se représentèrent. Il y eut une nouvelle consultation. A six heures on se détermina à administrer au jeune prince des poudres anglaises dont la composition était inconnue, mais qui étaient réputées en Hollande pour produire de salutaires effets dans les maladies dont les enfants sont atteints.

A sept heures ces poudres produisirent une nouvelle crise, tout en donnant à l'enfant une fièvre qui le ranima au point qu'il demanda des cartes et des estampes pour jouer. Peut-être aurait-il fallu qu'on lui administrât ces poudres la veille ; mais bientôt cette fièvre se calma et l'enfant éprouva dès lors une longue agonie, qui ne se termina qu'avec ses jours.

« La malheureuse Hortense apprit, pour employer une expression de Chateaubriand, à connaître la mort sur les lèvres de celui à qui elle avait donné la vie. Sa douleur fut immense : c'était l'anéantissement de tout son être dans un effrayant désespoir. Déjà, la nuit précédente, il avait fallu l'arracher du chevet de son fils, tant la vue des vésicatoires qu'on appliquait sur ce pauvre petit corps lui faisait mal ! Revenue, dès le matin, auprès du malade, elle resta des heures et des heures, inerte, les yeux fixes, plongés dans une entière insensibilité. On l'arracha de nouveau d'auprès du corps de son fils, on la *déchira d'avec lui !*... Rien de plus navrant que le spectacle d'une femme qui n'a pas la force de volonté nécessaire pour maîtriser l'excès de sa douleur !

» Louis, qui ne souffrait pas moins qu'Hortense, avait du caractère : il montra, en ces cruels moments, qu'il avait aussi du cœur. Il s'empressa auprès de sa femme anéantie ; il lui dit les paroles les plus tendres, qui laissèrent voir que, si Hortense voulait bien maintenant répondre avec quelque affection aux soins de son mari, l'accord pourrait se faire dans ce triste ménage. La reine subissait avec un calme effrayant les consolations de son mari : pas une parole, pas un soupir, pas une larme ! La malheureuse ne pouvait même pas pleurer !.... Enfin une détente se fit. Les mots alors se pressèrent avec volubilité sur ses lèvres : elle appela son fils avec des cris étouffés, elle se roula la tête dans les couvertures, et enfin, épuisée de ces spasmes de douleur, elle tomba à terre, disant que, lui mort, elle voulait mourir aussi. Le désespoir la prit : dans cet accès, elle ne reconnut plus personne.... son délire fut complet.

» Abattue à la suite de cette crise, elle retombait, pendant des heures, dans un silence plus effrayant encore que ses cris, et rien ne pouvait l'arracher à ce calme, avant-coureur de la mort. Le roi cependant continuait à lui témoigner la plus délicate tendresse. Vaincue par tant de bonté, Hortense finit par lui tendre une main amie et lui accorder un sourire triste et résigné....

» Corvisart arriva à La Haye le vendredi 8 mai, trois jours après que l'enfant n'était plus. Il s'occupa de donner des soins à Hortense, dont l'état menaçait de devenir inquiétant. Sa douleur était aussi vive que lors de la mort de son fils. « La reine ne dit pas un mot, écrivait un témoin, le 11 mai ; elle est accablée de la douleur la plus profonde. Son état m'a fait une peine que je ne puis exprimer. » On essayait cependant de la consoler. Étendue sur une chaise longue, elle pleurait toujours et ne pouvait se rassasier de sa propre douleur.

» Le même témoin a raconté ainsi la journée du lendemain : « Nous vîmes la reine en sortant de chez le roi. Elle était assise sur une chaise longue, dans le même état d'immobilité. Ses dames étaient assises autour d'elle. M<sup>lle</sup> d'Aulnay faisait la lecture ; elle la suspendit en nous voyant entrer. Elle garda le silence pendant plus d'un quart d'heure. Elle nous fit signe ensuite d'approcher d'elle. La reine nous dit d'une voix basse et suffoquée : « J'étouffe, j'ai un poids là ; je suis devenue insensible. Je ne sens plus rien. Je ne puis parler de Napoléon, de mon fils, sans verser une larme. Je l'ai vu mort, ne respirant plus, je n'ai pas eu le courage de l'embrasser ([1]). »

Cette mort prématurée fut pour Joséphine une douleur sans consolation. Elle vint à La Haye et s'enferma avec sa fille pendant trois jours, ne voyant personne que ses femmes et ne prenant aucune nourriture. Il semblait qu'elle craignît de se distraire de son chagrin ; car elle s'entourait avec une sorte d'avidité de tout ce qui pouvait lui rappeler un malheur sans remède. Hélas ! le trône ne console pas une mère ; l'amitié même y est impuissante.

Un Français qui eut l'occasion de voir la reine Hortense en ce moment

---

1. JOSEPH TURQUAN, *La Reine Hortense*, p. 138 et suiv. — Nous avons cité à dessein l'historien qui ne croit pas aux malheurs de la reine Hortense. Celui-ci pourtant, dont il a fait une si poignante description, ne peut être rangé dans la catégorie des « petits malheurs », encore moins dans les malheurs qui auraient pu être évités. — Le témoin dont il est parlé vers la fin est Stanislas Girardin, *Journal et Souvenirs*.

d'inexprimable angoisse, M. de Rémusat, a rendu ainsi ses impressions dans une lettre à sa femme en date du 16 mai : « Le roi et la reine sont arrivés hier au soir. L'entrevue avec l'impératrice n'a été douloureuse que pour elle, et comment ne l'aurait-elle pas été ? Figurez-vous, mon amie, que la reine, dont la santé est d'ailleurs assez bonne, est absolument dans l'état où l'on nous représente Nina sur le théâtre. Elle n'a qu'une idée, celle de la perte qu'elle a faite ; elle ne parle que d'une chose, c'est de *lui*. Pas une larme, mais un calme froid, des yeux presque fixes, un silence presque absolu sur tout, et ne parlant que pour déchirer ceux qui l'entendent. Voit-elle quelqu'un qu'elle a vu autrefois avec son fils, elle le regarde avec un air de bonté et d'intérêt, et, d'une voix très basse : « Vous le savez, dit-elle, il est mort. » En arrivant auprès de sa mère, elle lui dit : « Il n'y a pas longtemps qu'il était ici avec moi ; je le tenais là, sur mes genoux. » M'apercevant quelques moments après, elle me fait signe de m'avancer : « Vous vous rappelez Mayence ? Ce cher enfant jouait la comédie avec nous. » Elle entend dix heures sonner, elle se retourne vers une de ses dames : « C'est à dix heures qu'il est mort. » Voilà comment elle rompt le silence, presque continuel, qu'elle garde. Avec cela, elle est bonne, sensée, pleine de raison ; elle connait parfaitement son état, elle en parle même. Elle est heureuse, dit-elle, « d'être tombée dans l'insensibilité » ; elle aurait « trop souffert autrement ». On lui demande si elle a été émue en revoyant sa mère. « Non, dit-elle, mais je suis bien aise de l'avoir vue. » On lui dit combien Joséphine est affectée de son peu d'émotion en la revoyant : « Oh ! mon Dieu ! dit-elle, qu'elle ne s'en fâche pas : je suis comme cela. » Sur tout ce qu'on lui demande, autre que l'objet de sa peine : « Ça m'est égal, dit-elle, comme vous voudrez. » Elle croit qu'elle a besoin d'être seule à sa douleur, elle ne veut cependant pas voir les lieux qui lui rappellent son fils ([1]). »

« Elle se montrait insensible à tout, dit encore un mémorialiste, ne versant pas une larme, ne dormant point, ne prononçant aucune parole, serrant la main dès qu'on lui parlait, et, chaque jour, à l'heure où son fils était mort, tombant dans une crise violente. Je n'ai jamais vu une douleur qui fit plus de mal à regarder. Elle était pâle, sans mouvement, le regard fixe ; on pleurait en l'approchant ; alors elle vous adressait ce peu de mots : « Pourquoi pleurez-vous ? Il est mort, je le

---

1. M<sup>me</sup> DE RÉMUSAT, *Mémoires*.

sais bien ; mais je vous assure que je ne souffre pas, je ne sens rien du tout. »

Voici enfin le témoignage de M<sup>lle</sup> Avrillon, femme de chambre de l'impératrice Joséphine : « Je fus témoin de la première entrevue de Joséphine et d'Hortense. La reine de Hollande était dans un état de stupeur vraiment effrayant ; la présence de sa mère fit couler de ses yeux les premières larmes que lui eût arrachées son malheur ; elles restèrent plus d'une minute embrassées et confondant leurs larmes ; ces embrassements maternels apportèrent quelque soulagement à la reine. Le roi, ne pouvant rester, vint prendre congé de l'impératrice pendant la nuit, et repartit pour La Haye. Il était réellement dans un état à faire pitié : accablé de douleur, il l'était aussi par les infirmités à tel point qu'il pouvait à peine marcher.

» Après quelques jours, il fut question de savoir quel parti prendrait la reine de Hollande, et le lieu où il lui conviendrait de se rendre. On s'arrêta à l'idée d'un voyage dans les Pyrénées, la saison des eaux étant favorable. On espéra que le mouvement et l'air des montagnes seraient pour elle les distractions les plus convenables. Elle était comme un enfant, sans volonté, et partit pour le lieu de sa destination. Le lendemain nous nous mîmes aussi en route pour retourner à Saint-Cloud. »

En apprenant la mort du jeune prince Napoléon-Louis, l'empereur témoigna un vif chagrin. Il écrivit le 20 mai 1807 à sa belle-fille la lettre suivante :

« Ma fille, tout ce qui me revient de La Haye m'apprend que vous n'êtes pas raisonnable. Quelque légitime que soit votre douleur, elle doit avoir des bornes ; n'altérez point votre santé, prenez des distractions, et sachez que la vie est semée de tant d'écueils et peut être la source de tant de maux, que la mort n'est pas le plus grand de tous. »

Pendant son séjour à Cauterets, la reine Hortense habitait une petite maison qui était située sur la place Saint-Martin. Elle faisait tous les jours des excursions, tantôt du côté de la cascade du Cerisey, tantôt vers l'un ou l'autre des sites pittoresques des environs. Elle ne se laissait arrêter ni par la fatigue ni par le danger ; là où elle ne pouvait aller à cheval, elle allait à pied, suivie des guides qu'elle avait pris à son service dès son arrivée à Cauterets.

On raconte qu'un jour, en revenant de Saint-Sauveur, où elle était allée par la montagne, au lieu de suivre la route si pittoresque de Pierrefitte à Luz, elle fut surprise, à la tombée de la nuit, par un de ces violents orages si fréquents dans les Pyrénées. Elle se vit contrainte de passer la nuit à environ trois kilomètres de Cauterets, sur la route du col de Rieux, dans une grange qui, depuis, a conservé son nom, ainsi que l'indique une petite table de marbre placée sur le mur qui fait face à la vallée et sur laquelle on a gravé ces mots : *Grange de la reine Hortense.* Il n'y avait alors dans cette modeste demeure qu'une mauvaise table et quelques chaises défoncées, mais pas la moindre literie. Saturnin Paulotte, le propriétaire de la grange, alla chercher dans une ferme voisine un matelas qu'il plaça sur du foin ; la reine passa la nuit sur ce lit improvisé, et le lendemain matin, lorsqu'elle remercia Paulotte de sa bonne et franche hospitalité, elle lui donna l'assurance qu'elle n'avait jamais passé une meilleure nuit.

Le souvenir du séjour de la reine Hortense est toujours vivant dans ces pittoresques contrées. En se rendant de Lourdes à Luz, les touristes peuvent remarquer dans la vallée de Barèges, à environ quatre kilomètres de Pierrefitte, sur le joli pont du Gave, qui prend sa source à la cascade de Gavarni, une petite pyramide sur laquelle on a gravé ces mots : *La vallée de Barèges — à la reine Hortense, 1807.*

De Cauterets, la reine Hortense revint à Saint-Cloud. C'est là qu'elle donna naissance à son troisième fils, Charles-Louis Napoléon, qui devait être un jour Napoléon III. Il fut baptisé solennellement deux ans plus tard, le 10 novembre 1810, par le cardinal Fesch, et tenu sur les fonts de baptême par l'empereur et l'impératrice.

Un des premiers soins de la reine fut d'aller voir sa mère qui était à Fontainebleau, dans la crainte qu'elle ne vînt à lui faire un reproche de son peu d'empressement à se rendre à ses vœux. Elle ne prit même pas le repos qui était si nécessaire après un voyage fatigant. Madame Louis trouva l'impératrice beaucoup plus triste qu'elle ne s'y serait attendue. L'empereur était venu la voir la veille, et elle ne pouvait éloigner de sa pensée l'idée qu'une grande catastrophe la menaçait ; la reine avait rencontré sous le péristyle la prophétesse Lenormand, dont sa mère payait les avis mystérieux et mensongers au poids de l'or. Joséphine passait une partie de sa vie à se faire tirer les cartes et à chercher son avenir dans du marc de café ou des blancs d'œufs [1]. Il paraît que les prédic-

---

1. On voit encore ici quelles regrettables lacunes et quelles déplorables erreurs se manifestent dans l'esprit des personnes dont l'instruction religieuse a été négligée.

tions avaient été tristes ce jour-là ; l'impératrice en était vivement affectée.

En arrivant, sa fille ne put s'empêcher de faire cette réflexion, qu'il était fort heureux pour M$^{lle}$ Lenormand d'être venue à Fontainebleau ce jour-là plutôt que la veille ; car elle aurait couru le risque de rencontrer l'empereur au château, et peut-être, en la voyant, lui aurait-il pris fantaisie d'exécuter la menace qu'il lui avait déjà faite de l'envoyer à Bicêtre.

« Après une heure d'entretien, rapporte Hortense elle-même, maman me dit d'un ton mélancolique :

« Tu pars déjà, Hortense ?

— Ma chère maman, je suis extrêmement fatiguée, et mon fils m'inquiète, je reviendrai demain.

— Oui, va-t'en ; tous mes amis s'écartent de moi, afin de laisser plus de place à la mort qui s'avance.

— Ah ! quelle idée ! Chassez-la, elle vous ferait mal... Est-ce que par hasard votre sorcière vous aurait fait cette prédiction ? Elle repose, comme toutes celles qu'elle vous a faites, sur des mensonges.

— De qui me parles-tu ? de M$^{lle}$ Lenormand ?.. Il y a un siècle que je ne l'ai vue.

» Ici maman me faisait un de ses petits mensonges flagrants ! Je ne voulus pas lui dire que je venais de la rencontrer au moment où j'arrivais, et je me contentai de lui répondre :

— C'est différent ; je le croyais.

— Je sais ce que je dis, ma chère enfant ; mes jours sont comptés ; ils doivent finir avec la prospérité de la France.

— Ah ! ma chère maman, vous me tranquillisez.

— Tu crois ?

— Oui, vous vivrez encore longtemps. »

» Nous parlâmes un peu du passé. Elle jeta un regard pénible sur l'avenir. Enfin, après l'avoir tendrement embrassée, je pris congé d'elle.

» Une chose que j'ai remarquée, c'est que les pressentiments de ma mère l'ont rarement trompée ; et ceci peut en être la preuve.

» Le lendemain, me trouvant entièrement remise de mes fatigues, je montai en voiture, et j'arrivai à Fontainebleau à quatre heures, dans l'intention de dîner avec maman et de lui consacrer le reste de la soirée.

Je la trouvai extrêmement abattue, le visage altéré ; je vis qu'elle avait pleuré.

« Fouché sort de chez moi, me dit-elle.

— Fouché !

— Lui-même. Devine ce qu'il a osé me dire ?... C'est un monstre que cet homme !

— Qu'y a-t-il donc ?

— Il m'a dit qu'il me fallait donner à la France et à Bonaparte un grand témoignage de dévoûment ; que l'empereur devait après lui laisser des enfants qui pussent le remplacer et donner au pays une dynastie qui ôtât aux Bourbons toute espérance de retour.

— Mais enfin, maman, où voulait-il en venir ?

— Eh bien ! il a ajouté que j'étais le seul obstacle, sous ce rapport, à la consolidation de l'empire, puisque Dieu ne m'accordait plus le bonheur d'être mère, et que c'était une occasion de me montrer plus grande que l'empereur n'était grand lui-même, en m'imposant un généreux sacrifice.... Il m'a enfin prononcé le mot *divorce !*....

— L'empereur n'en viendra jamais là ; je connais trop son attachement pour vous.

— Tu te trompes, Hortense ; mais laisse-moi finir.... Fouché m'a donc dit que l'histoire me tiendrait compte de ce sacrifice à la patrie ; que mon dévoûment passerait à la postérité, et que ma place y serait marquée au-dessus des femmes les plus illustres qui aient occupé les trônes du monde.

— Oui, je le reconnais bien là, avec ses grandes phrases ; et que lui avez-vous répondu ?

— Je fus si déconcertée de ce discours, que je ne pus trouver une parole. Cependant je lui dis que je réfléchirais, et que dans quelques jours je lui donnerais une réponse..; mais il l'attendra longtemps...Voyons, conseille-moi donc, ma chère enfant, car je n'ai que toi ; que penses-tu de tout cela ?

— Hélas ! ma chère maman, je ne sais ; mais il y a quelque chose de bien affreux là-dessous.

— Penses-tu que Fouché ait été envoyé par Bonaparte, et que mon sort soit déjà décidé ?

— D'après ce que vous me dites, je le crains.

— Eh bien, moi, j'en ai la certitude.. Descendre du trône est peu de chose ; qui sait plus que toi combien j'y ai répandu de larmes ? mais perdre en même temps l'homme à qui j'ai consacré mes plus chères affections ! Tiens, ce sacrifice est au-dessus de mes forces ; je n'y survivrai pas, j'en mourrai. »

— DE TALLEYRAND. (P. 47.) —

» Je pensais avec ma mère que Fouché avait été envoyé par l'empereur ; cette étrange nouvelle me surprit plus qu'elle encore peut-être. Il ne fallait pas beaucoup réfléchir pour être convaincu que, soit que cette étrange proposition eût été faite par ordre de mon beau-père, soit que

Fouché voulût avoir la gloire d'opérer une telle combinaison, elle présentait trop d'avantages à nos ennemis pour être abandonnée, et que le sacrifice serait consommé.

« Ma chère maman, le seul conseil que je puisse vous donner, c'est de ne vous ouvrir sur cette confidence à qui que ce soit, et de voir venir l'empereur.

— Je crois que tu as raison ; il faudra bien qu'il m'en parle : et certainement je me garderai de lui en parler la première. »

Ce conseil convenait à l'impératrice ; elle le suivit. Mais la catastrophe ne devait pas tarder à éclater.

# Chapitre Cinquième

Abdication du roi Louis Bonaparte. — Hortense, après une courte apparition en Hollande, se fixe à Paris. — Soins maternels ; étude ; détails de la vie intime. — La catastrophe du 1ᵉʳ juillet 1810.

PENDANT que la reine Hortense se préoccupait de rétablir sa santé si profondément altérée par le chagrin, les plus graves événements se passaient en Hollande.

Lorsque Louis, pour obéir à la volonté de l'empereur, avait accepté la couronne de Hollande, il s'était juré de bien gouverner ce pays et de tout faire pour le bonheur de ses sujets. Il était trop honnête pour ne pas tenir son serment ; il prit donc toutes ses mesures dans ce but, et dicta des lois pour la prospérité de la Hollande, sans s'inquiéter si elles allaient à l'encontre des vues politiques de son frère. Il ne voulut jamais considérer son royaume comme une dépendance de la France. Il regardait les Pays-Bas comme une nation libre, et lui-même comme un roi libre. Napoléon ne partageait pas cette manière de voir, et il lui parut impossible d'admettre que la Hollande voulût renier la suprématie de la France.

En effet, quand il avait investi son frère de la couronne de Hollande, l'empereur l'avait exhorté à être un bon roi pour son peuple, mais en faisant passer les intérêts de la France avant tout. Louis s'était efforcé de s'identifier avec la cause de sa patrie d'adoption ; aussi dès que les intérêts des deux nations furent opposés, il n'hésita pas un instant à se mettre du côté du pays dont il était roi, et à penser et agir comme un Hollandais. Son opinion était que la Hollande ne devait sa richesse qu'à son commerce, et qu'elle ne deviendrait grande que par son importance commerciale. Il réduisit donc l'armée de terre et de mer et transforma les vaisseaux de ligne en bâtiments marchands.

Napoléon fut contrarié par toutes ces mesures ; il blâma sévèrement le roi pour avoir désarmé ses flottes et licencié son armée. Un plus grand crime encore à ses yeux fut la reprise des relations commerciales avec l'Angleterre. La Hollande ne tint pas compte du blocus que Napoléon avait proclamé contre la Grande-Bretagne, et le pavillon américain, banni de tous les ports de France, flottait en sûreté dans ceux des Pays-Bas.

Ce fut sur ces entrefaites que Napoléon, désolé de n'avoir point d'enfants de l'impératrice Joséphine, divorça pour épouser l'archiduchesse Marie-Louise [1]. Le roi Louis fut obligé de se rendre à Paris, comme les autres rois feudataires de l'Empire, pour les fêtes du mariage. Napoléon profita de cette circonstance pour tâcher de retenir son frère dans la capitale, afin d'annexer ensuite, purement et simplement, la Hollande à son Empire.

Dans des conjonctures aussi délicates, Louis, qui n'avait pas voulu s'installer chez la reine Hortense pendant son séjour à Paris, se rapprocha d'elle par esprit de patriotisme. Sachant ses États menacés de l'invasion des troupes impériales, il exprima le désir de la voir revenir en Hollande en même temps que lui.

L'affection que les Hollandais manifestaient hautement pour leur souveraine, son affabilité, sa douceur, le charme de son esprit pouvaient contribuer à rassurer ce bon peuple, à lui rendre la confiance, à le grouper autour de son roi pour le défendre jusqu'au dernier moment contre une injuste agression. La reine consentit à l'accompagner à Amsterdam. Mais une épreuve d'une courte durée suffit pour la convaincre, derechef, qu'elle n'avait plus de bonheur à espérer auprès de son mari, et qu'elle ne devait attendre désormais de l'avenir que des larmes et d'inutiles regrets. En effet, le roi ne lui donnait, même en public, que des marques d'indifférence et de froideur. Le cœur et la fierté d'Hortense en furent blessés, et cette fois, après un court séjour en Hollande, elle quitta pour toujours son époux et son royaume.

Cependant l'empereur exigeait, plus impérieusement que jamais, du roi Louis la soumission à ses ordres, et notamment la rupture de tout commerce entre la Hollande et l'Angleterre. Il demandait en outre que tous les privilèges de la noblesse qui étaient contraires à la Constitution fussent abolis.

Le roi Louis, au nom de la Hollande, refusa, et dit qu'il n'obéirait pas aux ordres de l'empereur, lorsqu'ils devaient nuire à la prospérité de son pays. Napoléon accueillit ce refus par une déclaration de guerre. L'am-

---

1. Ce divorce fut, comme nous le dirons plus loin, une faute et un scandale.

bassadeur de Hollande reçut ses passeports, et un corps d'armée français commença à marcher vers les Pays-Bas pour forcer le roi à se soumettre.

Le malheur qui menaçait la Hollande avait fait déployer à Louis toute son énergie. Les menaces et la colère de l'empereur ne purent faire changer sa résolution. Enfin le duc de Reggio s'approcha d'Amsterdam à la tête de l'armée d'invasion, espérant, en faisant le siège de cette ville importante, forcer le roi à céder à l'empereur. Louis, voyant qu'il n'y avait plus de résistance possible, et ne voulant pas changer sa ligne de conduite, se résolut à descendre du trône.

« Dans une proclamation adressée à son peuple, il lui dit que : « Convaincu de ne plus pouvoir être utile à la Hollande, mais, au contraire, étant le seul obstacle à une réconciliation avec la France, il avait résolu d'abdiquer en faveur de ses deux fils, Napoléon-Louis et Charles-Louis-Napoléon ; que jusqu'à leur majorité, et avec l'agrément de la Constitution, leur mère serait régente. » Après avoir ainsi réglé la question de succession, il adressa quelques touchantes paroles d'adieu à ses sujets, et quitta le pays incognito sous le nom de comte de Saint-Leu (¹). Il traversa les États de son frère Jérôme, roi de Westphalie, la Saxe, et vint à Tœplitz, où il resta pour prendre les eaux.

» Ce fut là qu'il apprit que Napoléon, loin de reconnaître son abdication, avait incorporé la Hollande à l'Empire français. Louis publia une protestation contre cet acte de violence de son frère, et le qualifia de spoliation injustifiable. Au nom de son fils Napoléon-Louis, il demanda la restauration de la Hollande, son annexion à la France étant contraire aux droits sacrés des nations, et déclara nulle l'incorporation des Pays-Bas.

» Napoléon répondit à la protestation du roi en ordonnant à l'ambassadeur français à Vienne de signifier à Louis qu'il devait être rentré en France avant le 1ᵉʳ décembre 1810, et que la non-exécution de cet ordre serait regardée comme une haute trahison, le roi déclaré rebelle à la Constitution française et au chef de l'État, et traité comme tel.

» Louis ne tint pas compte de ces injonctions et se retira à Gratz, où il vécut en simple particulier. Il fut aimé et admiré, non seulement par ceux qui l'entouraient, mais par presque toute l'Europe. Le peuple ne pouvait s'empêcher d'estimer un roi qui avait si noblement sacrifié sa grandeur au bien de son pays. Ses ennemis mêmes et sa famille recon-

---

1. C'était le nom d'une propriété qu'il possédait en France.

naissaient qu'il avait agi d'une façon très magnanime, et Louis XVIII a dit en parlant de lui :

« Louis Bonaparte est vraiment roi par son abdication. En déposant sa couronne, il a montré qu'il était digne de la porter. C'est le premier monarque qui se soit résolu à un tel sacrifice, poussé seulement par l'amour de son pays. D'autres ont abdiqué avant lui, mais ils étaient fatigués du pouvoir. La manière dont le roi de Hollande est descendu du trône a quelque chose qui n'a pas encore été apprécié à sa juste valeur, mais qui, si je ne me trompe, commandera l'admiration de la postérité. »

» Louis Bonaparte passa quelques années paisibles à Gratz. Ce furent les premières et peut-être les seules dont il jouit au milieu des orages et des déceptions d'une vie agitée. Les jours étaient occupés par l'étude et la méditation, et il ne sembla pas regretter un instant la position qu'il avait quittée. Comme autrefois il s'était efforcé d'être un bon roi, il tâchait maintenant d'être un auteur distingué. Il publia une nouvelle intitulée *Marie*, et, encouragé par le succès qu'elle eut chez ses amis, il publia quelques poésies.

» Le jour vint où Louis Bonaparte dut fermer l'oreille à la douce voix de la paix pour écouter celle du devoir, qui le rappelait en France auprès de son frère. Aussi longtemps que le succès suivit Napoléon, l'ex-roi de Hollande, qui était volontairement descendu du trône, vécut dans l'obscurité ; mais aussitôt que le malheur vint frapper l'empereur, il retourna près de lui. A l'heure du danger, il n'y avait qu'une place pour le brave et loyal frère de Napoléon, c'était en France.

» Le jour où l'Autriche rompit son alliance avec la France d'une façon si inattendue, — dit Madame de S<sup>t</sup>-Elme, qui était à Gratz et qui fut témoin de la scène d'adieu entre Louis Bonaparte et les habitants de cette ville, — le roi Louis sentit la nécessité de quitter une retraite qu'il aurait due, à partir de ce moment, aux ennemis de la France. Il se hâta de demander à son frère la seule place digne de son caractère, sa place aux côtés de l'empereur. Mais quels regrets ! quelle désolation pour les habitants de Gratz et de toute la Styrie en voyant partir le bon prince ! Il n'y avait pas dans le pays une seule fondation charitable qui n'eût reçu de lui quelques secours ; et l'on savait bien qu'il n'était pas riche et qu'il se privait pour donner aux autres. On le supplia de rester et de ne pas partir. Quand on vit qu'il persistait, quand les chevaux qu'on avait d'abord amenés furent attelés pour son départ, le peuple de Gratz les

## CHAPITRE CINQUIÈME.

dételâ et traîna sa voiture jusqu'aux portes de la ville. Son départ ressembla à une marche triomphale. Le roi banni et exilé quittait probablement sa retraite au milieu de démonstrations d'amour plus sincères que celles qu'on lui avait témoignées le jour de son avènement au trône ([1]). »

Pendant que le roi Louis sacrifiait sa couronne et son avenir, que devenait Hortense ? En quittant la Hollande, elle s'était rendue d'abord aux eaux de Plombières pour rétablir sa santé, altérée par ces nouveaux malheurs qui la touchaient de si près. De là, elle rentra à Paris. Elle avait eu le chagrin de voir descendre du trône, non seulement le père de ses enfants, mais sa propre mère, répudiée par Napoléon ([2]). Il lui vint alors à l'esprit de solliciter de l'empereur son divorce, et elle avait l'espoir qu'il accéderait à son désir, après l'exemple que lui-même avait donné. Elle se trompait. L'empereur, qui voulait bien du divorce pour lui, au moins quand la politique faisait désirer cette mesure, n'en voulait pour nul autre. Il lui déclara que jamais il ne le lui permettrait, et il se borna à lui donner des consolations, en l'engageant à retourner auprès de son époux, ne fût-ce que dans l'intérêt de ses enfants. Hortense se récria à cette proposition. « Ma réputation est flétrie, disait-elle, ma santé perdue ; je n'attends plus de bonheur dans la vie ; bannissez-moi de votre cour si vous voulez, enfermez-moi dans un couvent, je ne souhaite ni trône, ni fortune. Donnez du repos à ma mère, de l'éclat à Eugène, mais laissez-moi vivre tranquille et solitaire ! » Napoléon, touché de compassion, n'insista plus, et quand l'annexion de la Hollande à la France fut un fait accompli, il assura à Hortense un magnifique revenu de deux millions ([3]), lui promit qu'elle conserverait avec elle ses enfants et décida que l'aîné aurait en apanage le grand-duché de Berg.

---
1. BERNARD DEROSNE, *Mémoires de la Reine Hortense.*

2. Ce fut Hortense elle-même que Napoléon avait voulu charger de préparer sa mère à la terrible nouvelle de sa déchéance ; mais elle eut le courage de refuser une semblable mission. « Sire, s'écria-t-elle, les yeux pleins de larmes, je ne puis enfoncer le poignard dans le cœur de ma mère. » L'empereur ne réussit pas mieux auprès du prince Eugène, frère d'Hortense, et il fut obligé de s'expliquer lui-même avec Joséphine. « Quelle situation, remarque un auteur, que celle de cette impératrice décournonée et de cette reine sans royaume, de cette mère et de sa fille repoussées par leurs maris ! Elles étaient si malheureuses qu'elles auraient envié le sort de la plus humble mendiante. Arrivées toutes deux au plus haut échelon de la grandeur humaine, elles se voyaient abandonnées, rebutées, réduites à regretter les jours de la Révolution pendant lesquels, manquant de tout, elles avaient mené une vie si obscure. Leur seule consolation était de pleurer dans les bras l'une de l'autre. »
La reine Hortense eut un autre chagrin à dévorer, une nouvelle et cruelle humiliation à subir. Le jour du mariage de Napoléon avec Marie-Louise, elle dut, en même temps que les sœurs de l'empereur, porter la queue de la robe de la nouvelle impératrice. Elle obéit, mais elle avouait ensuite que c'était un des plus durs moments qu'elle eût passés dans sa vie.

3. Dont un sur le Trésor français et le second composé de bois environnants la propriété de Saint-Leu, etc.

Les historiens rapportent tous ces faits sans les accompagner d'aucune réflexion lorsqu'il s'agit d'incidents où les principes religieux sont en cause. Mais nous ne saurions nous dispenser de rappeler la doctrine catholique à propos de cette double question de divorce dont nous venons de parler. Ni le grand empereur ne pouvait prononcer son divorce (ou le faire prononcer par le Sénat), ni la reine Hortense ne pouvait faire déclarer le sien par Napoléon. Personne n'ignore que le pape Pie VII ne voulut jamais reconnaître comme valide le second mariage de l'empereur ; de même le divorce d'Hortense, s'il avait consenti à le prononcer, aurait été nul et non avenu aux yeux de l'Eglise, et n'aurait eu de valeur que comme acte purement civil. L'autorité ecclésiastique elle-même ne pouvait prononcer la dissolution de ce mariage ; aussi, lorsque plus tard le roi Louis écrivit au Souverain Pontife pour solliciter à son tour le divorce, sa démarche demeura forcément sans résultat.

Disons une dernière fois que, tout en faisant la part des torts incontestés du roi Louis Bonaparte, Hortense est blâmable de n'avoir pas fait plus d'efforts pour gagner sa confiance, surtout dans les premiers temps de son mariage. C'était son devoir de se soumettre à son mari, de supporter patiemment ses défauts, en un mot de ne rien négliger pour obtenir l'union et la paix ; c'était son devoir de demeurer près de lui. On peut croire du reste, d'après les historiens, qu'à son départ de La Haye, la reine Hortense ne pouvait plus attendre de Louis Bonaparte que duretés et manques d'égards, et qu'elle eut des raisons suffisantes pour renoncer à vivre à ses côtés.

Comme correctif à ce reproche, que nous paraît mériter la reine Hortense, nous citerons une page bien élogieuse des *Mémoires* de M<sup>me</sup> de Rémusat, se rapportant précisément à l'époque où la belle-fille de Napoléon vint se fixer en France, après son départ définitif de la Hollande.

« En parlant de la reine, écrivait M<sup>me</sup> de Rémusat à son mari, le 12 juillet 1812, je ne puis assez te dire quel charme je trouve à l'intimité de sa société. C'est vraiment un caractère angélique et une personne complètement différente de ce qu'on croit. Elle est si vraie, si pure, si parfaitement ignorante du mal ; il y a dans le fond de son âme une si douce mélancolie, elle paraît si résignée à l'avenir, qu'il est impossible de ne pas emporter d'elle une impression toute particulière. Sa santé n'est pas mauvaise, elle s'ennuie de cette pluie, parce qu'elle aime à marcher ; elle lit beaucoup et paraît vouloir réparer les torts de son éducation à certains égards. L'instituteur de ses enfants la fait travailler sérieusement, puis elle s'amuse du mal qu'elle prend, elle a raison. Cependant je voudrais que quelqu'un de plus éclairé dirigeât ses études.

PIE VII. (P. 74.)

Il y a un âge où il faut plutôt apprendre pour penser que pour savoir, et l'histoire ne doit pas se montrer à vingt-cinq ans comme à dix. »

Ainsi donc, l'éducation des deux jeunes princes se faisait sous ses yeux. Ils annonçaient tous les deux les dispositions les plus heureuses.

L'aîné avait une prodigieuse mémoire. Madame Campan rapporte qu'elle lui entendit réciter, à la Malmaison, une tirade du rôle d'Achille dans *Iphigénie*, de Racine. Le prince Charles-Louis-Napoléon, qui n'avait alors que quatre ans, était beaucoup plus occupé des jeux de son âge, et se faisait remarquer par la vivacité de son esprit, ainsi que par sa ressemblance avec sa mère. L'instruction religieuse des deux princes n'était point oubliée. La reine Hortense avait fait choix d'un ecclésiastique éclairé, l'abbé Bertrand, pour lui confier cette tâche importante.

En terminant ce chapitre, nous devons rappeler l'affreux accident survenu quelques semaines après le mariage de Napoléon et auquel la reine Hortense échappa encore par un bonheur inespéré. C'était au moins la quatrième fois de sa vie qu'une sorte de grâce de préservation l'arrachait à un péril imminent.

Le dimanche 1er juillet 1810, le prince de Schwartzemberg, ambassadeur d'Autriche, voulut célébrer dignement le mariage de la fille de son souverain. L'hôtel qu'il occupait était situé rue du Mont-Blanc, en face la rue de Provence. Le prince avait envoyé des invitations à tout ce que Paris renfermait alors de plus distingué, chacun ayant à l'envi brigué la faveur d'être admis à une réunion dont, à l'avance, on vantait la somptuosité. On vint là de toutes parts, la joie dans l'âme, sans prévoir que cette soirée brillante serait terminée par des scènes de mort et de deuil.

On avait construit dans le jardin une immense salle de bal, afin de pouvoir former une plus grande quantité de quadrilles, les appartements ordinaires n'étant pas assez vastes pour contenir la foule des invités. Cette salle improvisée était toute en planches de sapin enduites de peintures à l'huile ; les plus riches étoffes d'or et de soie décoraient l'intérieur ; des guirlandes de fleurs artificielles, des draperies de mousseline et de gaze étaient suspendues au portique extérieur de ce temple élégant, consacré à l'allégresse et au plaisir.

Des chœurs de musique se firent entendre dès que l'empereur parut, et la fête commença... Les danses se multipliaient. N'y prenant point part, et incommodée par la chaleur, qui était excessive, la reine de Hollande eut l'excellente inspiration de sortir de la salle et elle passa dans le jardin, brillamment illuminé. Il pouvait être alors onze heures et demie ou minuit tout au plus.

Dans ce moment un vent léger s'élève ; il agite les draperies du portique extérieur ; un rideau de gaze, flottant au gré de la brise, va s'engager contre une girandole et s'enflamme. Un aide-de-camp du prince Berthier accourt, s'élance sur la colonne, atteint la draperie, l'attire à lui et croit l'arracher; mais elle se déchire, lui échappe, et met le feu à deux autres endroits. La reine Hortense voit cet accident ; elle en redoute un plus grave. Tout à coup le feu se propage avec une rapidité inconcevable le long d'une guirlande de fleurs.

Le comte Dumanoir et M. de Trobriant essaient en vain de l'éteindre ; il gagne promptement les plafonds de papier, et en moins de quelques secondes l'incendie, comme une traînée d'artifice, s'empare de la salle.

Aussitôt prévenu, le prince de Schwartzemberg oublie son danger personnel, et, avec un douloureux courage, ne s'occupe que du salut de la famille impériale, qui se trouve heureusement promptement dégagée.

En une minute, au silence de la consternation succède ce cri terrible : Le feu ! Au feu !... On se précipite dans les autres salons, où l'on vient porter l'épouvante, en avertissant du péril ceux qui s'y trouvent. A ces clameurs effrayantes, la terreur devient générale. On songe à soi et à ceux qu'on aime ; on veut fuir, on s'embarrasse, et la flamme, se communiquant à l'intérieur, menace de tout dévorer ; les glaces éclatent à la fois avec des craquements épouvantables.

Marie-Louise se trouvait en ce moment séparée de l'empereur ; il accourt vers elle, la prend par le bras avec vivacité, et précédé de quelques-uns de ses officiers, parvient à l'arracher à une mort presque certaine. Une fois en sûreté dans la cour, il fait avancer une voiture et part avec elle. Arrivé à la place Louis XV, il descend en donnant l'ordre de conduire l'impératrice à Saint-Cloud, et revient en toute hâte à l'hôtel de l'ambassadeur, afin de contribuer par sa présence à l'efficacité des secours.

Mais il n'était plus possible de remédier au mal ; quelques minutes avaient suffi pour tout consumer. Cette frêle construction avait été anéantie avant que les pompiers pussent arrêter les progrès de l'incendie.

Placée près de la porte du jardin lorsque le feu s'était manifesté, la reine de Hollande put facilement sortir une des premières. A peine était-elle au coin de la rue de Provence qu'elle entendit tomber avec fracas la toiture enflammée ; des cris de douleur et d'effroi se mêlèrent à cette scène d'horreur. La foule, qui se pressait et continuait à s'étouffer par ses propres efforts, rendait la sortie plus difficile ; le parquet de la salle ne put y résister ; il s'entr'ouvrit, et des victimes sans nombre y furent écrasées et dévorées par le feu qui les enveloppait de toutes parts. Dans le jardin, que de cris ! que de larmes !.... La mère appelait sa fille, les femmes demandaient leurs maris, les sœurs leurs frères : des plaintes déchirantes étaient les seules réponses à tant d'angoisses et de douleur. Les flammes venaient de dévorer ce lieu, naguère semblable à un palais enchanté et renfermant tout ce que l'Europe possédait de plus parfait en grâces et en beauté. Soudain, au milieu des débris enflammés, et lorsque tout était silencieux comme la mort, on vit s'élancer une femme couverte de diamants, poussant des cris douloureux, des cris de mère..... Cette désolante apparition fut rapide comme l'éclair. Elle n'était déjà plus, cette pauvre princesse de Schwartzemberg..., et sa jeune famille était dans le jardin à l'abri de tout danger !

La présence de l'empereur, ses ordres, les secours qu'il fit donner à ceux qui survécurent à de graves blessures, contribuèrent à sauver quelques victimes. Le prince Kourakin, vivement pressé par la foule, accablé de lambeaux enflammés qui tombaient sur lui, ne dut la vie qu'à son habit d'étoffe d'or sur lequel les brulôts glissèrent. Il n'en fut pas moins grièvement blessé et en proie pendant trois mois à des souffrances cruelles.

Une fois rassuré sur le sort de la famille impériale, le prince de Schwartzemberg se livra à toute sa douleur, après avoir fait tout ce qu'il était humainement possible de faire pour sauver les personnes qui étaient en danger ; de grosses larmes coulaient de ses yeux : il fut tellement occupé des malheurs des autres, qu'il ne voyait pas sa famille réunie autour de lui, sauf son infortunée belle-sœur. Désolé, malheureux autant qu'on le peut être, il conserva toute sa vie un sentiment de tristesse et de mélancolie dont rien ne put le guérir. C'est alors qu'on se rappela avec effroi qu'en de pareilles circonstances les fêtes pour le mariage de Louis XVI, encore dauphin, furent changées en un deuil public, et l'on fut plus que jamais tenté de penser que la Providence réserve les plus grandes catastrophes pour l'instruction des personnes les plus élevées en dignité (¹).

Les accidents qu'occasionna cet incendie furent immenses. Parmi ceux qui en souffrirent le plus, on signala le prince Kourakin : il tomba sur les degrés de l'escalier ; la foule passa sur son corps ; il fut brûlé, meurtri,

---

1. Chacun se souvient d'une catastrophe arrivée naguère, aux fêtes du mariage du czar Nicolas II, et qui coûta également la vie à un grand nombre de personnes.

piétiné, et pendant longtemps on désespéra de sa vie. Plus de vingt-cinq personnes trouvèrent la mort dans cette soirée. La princesse de Lalenen, nièce du prince primat, fut du nombre.

N'était-ce pas une chose horrible que de voir, dans ces jardins, des femmes étincelantes de diamants et dans la splendeur d'une parure somptueuse, fuir le trépas qui les poursuivait? Plus d'une se noya dans un bassin petit et peu profond, soit qu'elles y fussent tombées évanouies, soit qu'elles s'y précipitassent elles-mêmes pour échapper à la flamme qui s'attachait à leurs vêtements. Pendant une heure, on n'entendit que des cris d'angoisse, que des hurlements de désespoir, et le lendemain les familles se comptaient, tremblantes de se trouver incomplètes. Le nombre des personnes blessées fut considérable ; on le fit monter à plus de cent. Quelques-unes périrent plus tard des suites de leurs blessures, entre autres une famille, composée de six personnes venues tout exprès de Bade pour la fête, et dont une seule survécut.

Ce malheur mit fin aux divertissements, la foule des étrangers abandonna Paris.

## Chapitre Sixième

Sinistres présages. — La reine aux Tuileries et à la Malmaison. — Fêtes manquées. — Saint-Leu : épisodes des promenades de la reine. — Un voyage à Aix en Savoie. — Accident tragique. — Un amusant incognito. — Les bains de mer. — La reine rentre à Saint-Leu et de là revient à Paris.

Nous arrivons à l'année 1813. Jusqu'ici les faits et gestes de la reine Hortense nous sont parvenus disséminés dans un ensemble de Mémoires émanant des personnages les plus divers. Pour les trois années qui vont suivre, on possède un récit, une sorte de journal, tellement complet qu'il devient presque inutile d'aller chercher ailleurs des informations. Ce sont les *Mémoires* de M$^{lle}$ Cochelet, témoin fidèle et constant de la reine Hortense. Plutôt que de décolorer cette intéressante narration en la soumettant à l'épreuve d'une rédaction nouvelle, nous reproduirons habituellement le texte même de l'auteur ([1]), nous bornant toutefois aux faits les plus remarquables, racontés dans les quatre volumes de ses Mémoires ([2]). M$^{lle}$ Cochelet était lectrice de la reine Hortense ; elle devint bientôt sa confidente, sa meilleure amie. Aussi dans ses Souvenirs, et là seulement, peut-on trouver ces détails intimes qui donnent tant de charme à une biographie. La narratrice nous assure en outre de sa parfaite véracité : « Je ne dirai que ce que » j'ai vu, que ce que j'ai entendu, » déclare-t-elle dans sa préface. Laissons-lui donc la parole.

« Cette année 1813 commençait plus tristement que les autres. Le premier jour de l'an se trouva être un vendredi ; sinistre présage pour plusieurs ! Après tous les désastres éprouvés par nos armées, nous ne pouvions imaginer ce qui nous attendait encore, et chacun disait : « Que » sera-t-elle donc cette année qui porte le numéro 13 et commence un

---

[1]. Sauf bien entendu les retouches qu'exigeait le style et certaines corrections ou améliorations de détail. Nous ajouterons du reste quelques remarques au récit de M$^{lle}$ Cochelet quand l'occasion s'en présentera.

[2]. *Mémoires sur la reine Hortense et la famille impériale*, par M$^{lle}$ Cochelet (M$^{me}$ Parquin). 4 vol. in-8°. Ladvocat, éditeur, 1847, Paris.

» vendredi ? A quel malheur la France, l'Europe sont-elles de nouveau
» réservées ? » La superstition n'est pas le partage du grand nombre ;
aussi souriait-on à l'idée qu'il fût possible de supposer que le nombre
treize, et le vendredi, pussent influer sur nos destinées ; d'autres personnes y attachaient plus d'importance. Quant à moi, je disais : « Rien
» ne saurait être plus affreux que ce que nous venons d'éprouver : notre
» armée dispersée, toutes nos craintes si cruellement justifiées......, voilà
» assez de calamités qui doivent nous rassurer, car l'excès du mal fait
» souvent espérer qu'il est arrivé à son terme. »

Tous les jours des maréchaux, des généraux, des officiers revenaient
de l'armée, chacun comptait les pertes affreuses qu'il avait faites ; les
femmes qui pleuraient ne se montraient pas, celles au contraire dont le
mari ou le frère avait échappé à un si grand malheur jouissaient davantage de les revoir. Le prompt retour de l'empereur avait fini par rassurer
tout le monde ; l'espoir était aussi rentré dans tous les cœurs, et la
gaîté reparaissait ; on ne formait plus de vœux que pour la paix.

La reine n'était pas la moins intéressée à cette bienheureuse paix ; le
vice-roi ([1]) était resté seul des lieutenants de l'empereur pour rallier
l'armée, tandis que tout le monde était venu se retremper à Paris ;
l'inquiétude de la reine était extrême pour ce frère qu'elle chérissait si
tendrement.

Il avait déployé dans cette malheureuse campagne toute la fermeté, tout
le désintéressement de son caractère. Sans perdre la tête un instant, et
avec son activité habituelle, il avait su réorganiser l'armée pour effectuer
cette pénible retraite. Sa sœur, qui connaissait le peu de moyens qui
restaient à sa disposition, assaillie de tant de craintes pour lui, ne pouvait jouir d'un moment de repos. Elle allait souvent à la Malmaison
pour essayer de rassurer l'impératrice Joséphine ([2]), et toutes les deux
réciproquement cherchaient à se donner du courage.

Le jour de l'an, comme à l'ordinaire, la reine alla de bonne heure,
avec ses enfants et sa maison d'honneur, souhaiter la bonne année à
l'empereur et à l'impératrice Marie-Louise. A neuf heures du matin, elle
devait être rendue aux Tuileries en grand habit de cour pour voir l'impératrice, puis l'empereur, avant qu'ils reçussent tout le monde ; telle était
l'étiquette. Elle assistait ensuite à la messe qu'on disait à midi, puis elle

---

1. Le prince Eugène, vice-roi d'Italie.
2. D'après un sénatus-consulte, Joséphine « conservait les titre et rang d'impératrice couronnée. » On continuait également de donner le titre de reine à Hortense.

revenait chez elle recevoir toute sa maison, changer de costume, quitter ses diamants, sa robe de cour, pour aller avec ses enfants souhaiter aussi la bonne année à sa mère à la Malmaison. Ces six lieues qu'il fallait faire vite, pour aller et revenir, lui laissaient à peine le temps de respirer.

Pour les premiers jours de l'an 1813, j'avais travaillé sans relâche à un petit dessin que je destinais à la reine ; je l'avais placé sur un joli pupitre de bois gris : c'était une vue de sa galerie de Saint-Leu. La reine elle-même y était représentée occupée à regarder ses fleurs. Au moment où je donnais mon dessin à Sa Majesté, M$^{me}$ de Boucheporne, qui lui devait la place de son mari, lui donnait aussi un petit livre sur lequel était rappelé l'instant où la reine lui avait remis le brevet de cette place. La reine y est représentée dans son lit ; son fils cadet joue près d'elle, l'aîné est debout près de son frère, Sa Majesté donne le papier à madame de Boucheporne, qui s'incline pour le prendre : le tout était fort ressemblant.

Un instant après, madame Mollien, qui de dame du palais de la reine était passée dame du palais de l'impératrice Marie-Louise, entra avec un petit portefeuille rouge qu'elle offrit à la reine ; dedans se trouvait un dessin qui représentait la chambre de madame Mollien ; elle y était placée couchée dans son petit lit de fer. Il faut savoir qu'elle avait fait une chute qui mit ses jours en danger. La reine alla la voir malgré les médecins qui craignaient une trop forte émotion ; de ce moment la malade commença à aller mieux : c'est cette scène que madame Mollien a fait représenter.

Il était curieux que, sans nous être donné le mot, nous eussions toutes fait des dessins pour la reine : c'était par de semblables attentions que nous cherchions à lui témoigner nos sentiments et notre reconnaissance : elle était toujours si souffrante et si triste, que nous étions trop contentes quand nous pouvions la distraire un moment.

Vers le même temps, on vint m'éveiller au milieu d'une nuit : la reine avait des douleurs de tête épouvantables, elle était froide, et, malgré le bain le plus chaud, on ne pouvait parvenir à la réchauffer. Cette maladie lui était venue d'une manière extraordinaire. Un jour elle avait senti tout à coup une douleur vive au sourcil, puis cela avait passé ; la douleur revint le lendemain à la même heure, et comme elle ne durait qu'un quart d'heure, aussitôt l'accès passé, la reine n'y pensait plus et ne prenait aucun remède ; d'ailleurs qu'aurait-on fait ? on n'y comprenait

La Santa Casa de Lorette. (P. 298.)

rien. Elle allait au bois de Boulogne se promener, elle allait voir sa mère à la Malmaison, le soir elle recevait quelques personnes d'élite, on causait, on faisait de la musique, on jouait au billard ; puis vers onze heures elle regardait à sa pendule et congédiait tout le monde en disant: « Je vais attendre ma douleur. » En effet, cette douleur, qui avait quelquefois changé d'heure et qui se prolongeait beaucoup, la reprenait maintenant périodiquement à minuit et devenait par degrés de plus en plus vive ; enfin une nuit la reine s'écria qu'on allât me chercher. Ses dents claquaient l'une contre l'autre ; je crus qu'elle allait mourir.

« Je veux me faire arracher une dent, me dit-elle ; cela me donnera » une secousse qui fera peut-être diversion à ma souffrance, car toute la » tête, toutes les dents me causent des douleurs insupportables. » A cinq heures du matin, le dentiste Bousquet arriva : « Prenez la dent que vous » voudrez, disait la reine, et ne craignez pas, j'ai du courage. » En effet, une grosse dent à peine malade fut arrachée. La reine eut une attaque de nerfs très forte ; on la porta dans son lit, on lui donna mille choses pour les nerfs, et elle se calma. Je fis appeler tous les médecins, Corvisart ordonna le quinquina, ce fut ce qui réussit le mieux.

La reine a eu souvent depuis, au milieu de ses grands malheurs, de semblables crises, et les antispasmodiques avec le quinquina l'ont toujours guérie.

Un matin je trouvai la reine bien triste ; elle avait appris, la veille au soir, la mort de madame Philippe de Ségur. Cette femme si jeune, si heureuse, venait d'être emportée par une imprudence. Elle avait la rougeole qui sortait très bien. Sa mère venait de se retirer, elle voulut se lever pour prendre un livre et lire, puisqu'elle ne dormait pas. L'éruption rentra, et en peu d'heures elle n'existait plus. Je vis la reine tout affligée d'un malheur aussi prompt qu'inattendu. Toujours elle a pris un intérêt réel aux malheurs des autres ; il semblait que les siens, au lieu de la rendre insensible, la rendaient au contraire plus accessible aux souffrances de tout ce qui l'entourait ; elle s'en affligeait vivement ; mais, selon son habitude, elle ne savait pas le montrer à ceux qui auraient été si reconnaissants s'ils avaient su à quel point elle s'occupait d'eux. Elle éprouvait une sorte d'embarras à manifester ses sentiments, et pourtant ils étaient toujours bons. C'était lorsqu'on avait réellement besoin d'elle qu'on la retrouvait, et lorsqu'on était malheureux qu'elle se montrait. Dans l'habitude de la vie, elle était toujours douce, accueillante, indulgente au dernier point ; mais on la jugeait indifférente, parce qu'elle ne montrait rien de plus.

L'empereur ordonna que les cercles et les bals recommençassent comme les autres années. La reine, qui avait le cœur si gros et qui ne pouvait pas cacher ses inquiétudes pour son frère, fut aussi obligée de reprendre ses jours de cercle et de bal. Sa santé ne s'en trouvait pas mieux, car elle dépérissait à vue d'œil ; mais à cette époque on n'avait jamais le temps de penser à soi : on en avait tellement pris l'habitude qu'un simple désir de l'empereur était tout, et, en bonne ou mauvaise santé, il fallait remplir les devoirs de sa place ; la reine devait faire les honneurs de Paris. Elle n'aurait pas eu l'idée de se plaindre et de trouver l'excuse bien naturelle de sa santé, pour se soustraire à ce devoir.

*L'empereur le veut, l'empereur l'a dit*, cela suffisait pour tout ce qui l'entourait.

La reine, en voyant l'ancienne liste des personnes qu'elle faisait habituellement inviter à ses bals, remarqua avec tristesse le nom de plusieurs jeunes gens qui venaient de perdre la vie sur cette terre glacée de la Russie, si fatale à nos armes. Les larmes lui vinrent aux yeux, surtout en pensant à cet excellent Auguste de Caulaincourt, fils cadet de sa dame d'honneur, que la pauvre mère pleurait encore, et dont la reine avait si vivement déploré la perte : il fallait effacer son nom de cette liste de bal !...

Le chambellan qui proposait les invitations fit remarquer à la reine que, sur la liste des personnes invitées, il s'en trouvait trois ou quatre, soit à jambe de bois, soit avec un bras de moins, ou encore en écharpe. « Le bal de Votre Majesté, dit le chambellan, aura l'air d'un hôpital, du
» moins l'empereur en fera peut-être la remarque ; et comme il veut faire
» danser à Paris pour distraire la capitale de tant de tristes pensées, ce
» sera le moyen, au contraire, de rappeler de si pénibles souvenirs que de
» montrer avec leurs infirmités les malheureux débris de nos désastres.
» — Vous pouvez avoir raison, dit la reine ; je n'irai certainement
» pas chercher parmi les blessés ceux qui ne sont jamais venus chez moi
» pour les inviter maintenant au bal, mais je trouve que ce serait une
» indignité de mettre de côté, d'exclure ceux qui y étaient reçus avant
» leurs blessures.. Et pourquoi ? parce qu'ils auraient été les plus malheu-
» reux ? Non, je ne ferai pas cette injure à notre armée, à tous ces
» braves. Eh bien ! ceux qui ne pourront faire autre chose, causeront et
» jouiront du plaisir des autres, et il ne sera pas dit que je les repousse

» de chez moi parce qu'ils ne peuvent plus danser, tandis qu'au contraire
» ils me sont devenus plus chers encore par leurs malheurs, et que je
» me sens trop heureuse de pouvoir leur procurer quelques distractions. »

En effet, sur la liste des invitations furent compris tous ceux qui étaient admis précédemment chez la reine ; mais le bal fut triste, et, il faut le dire, le chambellan avait raison. La présence de toute cette jeunesse ainsi mutilée rappela à chacun les souffrances, les pertes sans nombre que nous venions d'éprouver ; et quand je dis le lendemain à la reine : « Madame, Votre Majesté a dû remarquer combien son bal était triste » hier. — Qu'importe ? dit-elle, ne voilà-t-il pas un grand malheur ! Eh » bien ! les autres seront encore aussi tristes, j'en prends très bien mon » parti ; mais, au moins, je n'aurai pas commis une injustice et une ingra- » titude, car je suis princesse française, et je dois manifester mon intérêt » pour ceux qui se battent et qui sont blessés pour la France. »

Quoique toussant un peu et malgré la défense des médecins, la reine continuait à trop chanter. Le matin elle composait ses romances, puis elle les faisait entendre le soir dans son salon, avec permission de les critiquer. M. Alexandre de Laborde était l'auteur des paroles auxquelles elle donnait le plus souvent la préférence pour les mettre en musique. C'est de lui qu'est la romance : *Partant pour la Syrie*, qui fut si souvent chantée que les orgues de Barbarie la répétaient sans cesse dans les rues, dans les promenades, en tous lieux ([1]). Enfin on en était poursuivi à tel point que, quoique l'air de cette romance soit charmant, on finissait par en être fatigué. M. de Laborde a composé les paroles d'une infinité d'autres.

La grande facilité que la reine trouvait à composer la musique de ses romances faisait qu'elle n'y mettait aucune prétention. Elle fut sur le point de déchirer sa romance « *Reposez-vous, bon chevalier,* » parce que, le soir où elle la fit entendre, plusieurs personnes lui dirent que, puisqu'elle le permettait, elles lui avouaient qu'elles la trouvaient mauvaise. « C'est extraordinaire, dit la reine, je la croyais une des plus originales » que j'eusse faites, mais je n'y tiens pas. » Carbonel, heureusement, fut consulté ; il déclara que la musique de cette romance était la meilleure de toutes celles que la reine avait jusque-là composées : par là elle fut sauvée. La reine fit réunir en un livre le recueil de ses œuvres ; elle le distribua au jour de l'an à toutes ses connaissances ; c'est elle qui la

---

1. Voir plus haut, p. 30.

première a eu l'idée de faire mettre un dessin en regard de chaque romance ; cela devint dès lors à la mode, et depuis c'est devenu un usage généralement adopté.

La reine déjà ne dessinait plus. La maladie de consomption dont elle était atteinte semblait faire de grands progrès ; elle était d'une maigreur effrayante. Habituellement seule le matin avec madame de Broc ou moi, elle restait à demi couchée sur sa chaise longue. Nous lui faisions une lecture, ou bien, pour chercher à la distraire d'une tristesse habituelle, je lui racontais la soirée que j'avais passée la veille chez la duchesse de Bassano. La reine souriait à mes récits, et j'étais contente. Elle semblait ainsi chercher, dans le repos de la matinée, des forces pour la soirée. Alors, comme une machine qui se monte, elle causait, elle discutait, même avec assez de vivacité, tantôt avec l'un, tantôt avec l'autre. Ses interlocuteurs les plus habituels étaient M. le comte de Ségur et M. Molé, dont le genre d'esprit lui plaisait beaucoup.

Une chose qui désolait la reine, c'était de ne pas avoir sa chambre à coucher exposée au midi : elle était si souvent forcée de garder le lit ! « Je verrais au moins le soleil, me disait-elle, et cela me récréerait, me » ferait du bien ; vous autres, quand vous souffrez, quand vous vous » sentez tristes, vous sortez, vous pouvez aller faire une promenade sur » le boulevard ; moi, je ne puis pas ainsi courir seule, il me faut attendre » des voitures, des écuyers, des piqueurs, puis me fatiguer à rouler sur » le pavé pour aller chercher le Bois de Boulogne avant de pouvoir » marcher et respirer un instant. Aussi je préfère souvent rester chez » moi. Il me faut donc y trouver du soleil et avoir un appartement » exposé au midi. » Lorsque nous examinions ses plans en riant, elle nous répondait : « C'est la seule occupation qui ne me fatigue pas et qui » distrait ma pensée sans la troubler, c'est pourquoi je m'y livre si » volontiers. » Et en effet, quand je montais chez elle, je la voyais constamment, un crayon et un petit papier à la main, traçant des carrés, des lignes ; on retrouvait partout, sur les meubles, de ces feuilles volantes que ses enfants eux-mêmes respectaient et remettaient en place en disant : « C'est le plan de maman. » Tantôt elle en faisait un sur les Champs-Elysées, en achetant les maisons qui sont de l'autre côté de l'allée de Marigny, en face de l'Élysée Napoléon ; elle en formait un palais magnifique, exposé au midi en plein soleil. Une autre fois, c'étaient tous les chantiers de la Madeleine sur l'emplacement desquels elle faisait bâtir un beau palais, toujours sur le boulevard au midi. Des serres entouraient ses salons ; elle jouissait de tout cela en imagination ; car pour arriver à réaliser ce plan magnifique, il fallait que l'empereur donnât quelques-uns des millions qu'il touchait pour le jeune prince Napoléon, alors grand-duc de Berg.

La reine, qui ne demandait jamais pour elle, avait pourtant dit un jour à l'empereur : « Sire, je suis bien mal logée ; est-ce que le grand-
» duc de Berg ne devrait pas avoir un beau palais à Paris ? cela ferait
» aussi travailler vos ouvriers. »

L'empereur avait souri, avait tiré l'oreille de sa fille et lui avait dit : « A la paix, nous ferons tout ce que vous voudrez. » Mais, pendant cette attente, le bienheureux soleil, si désiré par l'intéressante malade, n'arrivait pas dans sa chambre. Elle se résignait à rester dans cet hôtel, qu'elle n'aimait pas, et à bouleverser son appartement pour y avoir une chambre à coucher au midi.

Que sont devenus tous ces projets d'avenir ? Au faîte de la grandeur, entourée de gloire, et pourtant faible et malade, c'était la vue du soleil que semblaient appeler tous ses vœux. Elle en jouit plus tard, de ce soleil tant désiré ; mais, hélas ! ce n'était plus celui de la patrie !

Le 14 février 1813, il faisait assez froid ; la reine s'était fait coiffer, comme à l'ordinaire, à la hâte ; on lui avait posé sur la tête une guirlande de fleurs d'hortensia tout en diamants. Cette parure lui avait été donnée par sa mère, ainsi que l'habit de cour qu'elle mit ce jour-là ; il était de crêpe rose, tout brodé en plein de grosses fleurs d'hortensia en argent, et toute la robe et la queue étaient garnies d'une guirlande de fleurs artificielles composée de roses et de pensées. Pourquoi, dira-t-on, cette grande toilette de si bonne heure ? C'était pour aller avec l'impératrice au Corps législatif dans une voiture à huit glaces, qu'on ne fermait pas d'un côté, et, ensuite, pour rester sans châle dans une tribune en face du trône de l'empereur. Il n'y avait rien là dont pût s'accommoder une santé comme celle de la reine ; aussi revint-elle transie de froid, et avec une petite toux sèche qui nous effraya beaucoup, sans avoir eu toutefois de suites fâcheuses.

Quelque temps après, la reine alla à Trianon avec l'empereur et l'impératrice. L'empereur fit une chute de cheval qui effraya tout le monde, mais heureusement on en fut quitte pour la peur. J'allai un matin à Trianon voir la reine dans son appartement ; je ne sais pas si c'était la chute de l'empereur qui avait attristé tout le monde, mais jamais palais ne me parut si calme et si morne. Je trouvai la reine seule avec sa dame de service occupée à lire : c'est ainsi qu'elle passait toutes ses matinées dans son appartement, à moins qu'on n'allât à la chasse : alors elle y allait en calèche découverte avec l'impératrice. A six heures, elle se rendait dans l'appartement de l'impératrice, ou attendait quelquefois jusqu'à huit, que l'empereur eût fini son travail et qu'il vînt dîner. Après le dîner, on ne faisait rien, on échangeait quelques paroles, et l'empereur fatigué se couchait à neuf heures. La reine revenait chez elle en faire autant. Ah ! ces plaisirs de cour tant vantés, ce n'est pas moi, qui les ai vus de si près, qui pourrais les envier ! Notre beau temps était, il est vrai, celui des grandes choses ; mais les grandes choses ne sont pas toujours amusantes, et l'ennui habite souvent dans les cours ! on y est si peu maître de soi que, lorsqu'on en est dehors, on semble un oiseau en liberté : c'est ce que j'éprouvai en quittant Trianon (¹).

Hortense se rendit ensuite à Saint-Leu, n'emmenant avec elle que sa maison d'honneur. Elle avait grand besoin de se reposer tranquillement au milieu de ses fleurs et de ses jardins, qu'elle se plaisait tant à embellir ; mais elle était encore dans l'obligation d'aller de temps en temps voir l'impératrice-régente à Saint-Cloud, et Joséphine à la Malmaison : elle revenait toujours de ces courses plus souffrante et plus fatiguée chez elle. Pour respirer l'air sans se donner trop de mouvement, elle se couchait dans un char-à-bancs dont les sièges représentaient deux canapés placés dos à dos ; elle se mettait d'un côté avec un de ses enfants, et nous nous placions de l'autre côté : on allait au pas se promener dans le parc ou dans la forêt de Montmorency, jusqu'au petit château de la Chasse. Là, la reine faisait encore ses plans d'embellissement ; elle avait créé dans le bois une route qui menait jusqu'au château d'Écouen ; mais cette route était longue, et quand la reine s'était laissé entraîner par le désir de visiter ses filles de la Légion d'Honneur, ainsi que madame Campan, elle retournait exténuée, au point de ne pouvoir plus bouger de quelques jours. Son médecin était fort inquiet et attendait la saison des eaux avec impatience pour l'y conduire.

Joséphine vint de la Malmaison passer deux jours à Saint-Leu avec sa fille. Alors, tout s'anima autour de nous, la reine faisait des efforts pour bien recevoir sa mère ; mais, après son départ, tout redevint triste et silencieux. Nos soirées se passaient à dessiner autour de la table ronde et à faire une lecture aussitôt que les enfants avaient été se coucher ; jus-

---

1. Voilà un aveu excellent à enregistrer et qui peut consoler le commun des mortels, privé de ces royales parties de plaisir, qu'on appellerait tout aussi justement parties d'ennui ! *Aurea mediocritas !*

que-là, on ne s'occupait que d'eux, ou bien l'on jouait au billard, ou l'on se promenait autour de la maison.

Il y avait à Saint-Leu un établissement dirigé par des sœurs. Le médecin de l'endroit leur délivrait des médicaments qu'elles allaient donner aux malades, et il y avait, en outre, des bouillons qu'elles devaient porter tous les jours aux plus nécessiteux. La reine allait quelquefois goûter ces bouillons, et essayait des soupes à la Rumfort, dont on parlait beaucoup dans ce moment, soupes qui permettaient de secourir un plus grand nombre de malheureux.

Un jour la reine, accompagnée de madame de Broc et de moi, était sortie à pied ; elle dirigea sa promenade du côté de la maison des sœurs : une jeune fille pâle, malade, qui semblait exténuée, venait d'y arriver ; elle avait une robe grise, mais qui n'était pas celle des sœurs de Saint-Leu. On lui présenta cette jeune novice, qu'on lui demanda la permission de garder. Elle venait, disait-on, respirer à Saint-Leu un meilleur air, pour se remettre des rigueurs de l'ordre de la Trappe, que sa santé n'avait pu supporter. « Comment ! dit la reine, est-ce que cet ordre existe » encore ? » Je ne me souviens plus où cette jeune fille dit que la maison de son ordre était située ; je crois que c'était dans la forêt de Sénart. Enfin elle raconta à la reine toutes les austérités auxquelles elle s'était vouée. Sa santé était détruite ; elle avait été forcée de chercher un asile pour se remettre ; mais elle comptait bien retourner dans son cloître le plus tôt possible. « Pensez à vous soigner, dit la reine, et ne pensez pas » à autre chose. » Nous revînmes au château toutes pensives. Quel motif avait enlevé cette jeune et jolie personne à sa famille, à la société ? Pourquoi s'infliger un si dur châtiment ? Nous ne parlâmes que de cela toute la soirée.

Le lendemain, la reine dit : « Je veux savoir quel malheur a pu frapper » cette infortunée ; je vais aller la voir ; si je puis lui être utile, je le » ferai. » Après un long interrogatoire, la reine ne put rien obtenir. « Je lui ai montré, me dit-elle, la vie active, occupée, que mènent mes » sœurs de la Charité ; je l'ai engagée à rester avec elles, à vouer sa vie » à secourir l'infortune ; je n'ai pu rien obtenir. « C'est ma vocation, me » répond-elle ; je veux retourner à la Trappe. » J'espère encore, toutefois, » que lorsqu'elle aura passé quelque temps ici, elle renoncera à un genre » de vie qui la fait mourir. » La reine retourna souvent près de la jeune novice ; elle voulait l'amener à ses idées, qu'elle estimait plus raisonnables. « Dieu, lui disait-elle, doit préférer la femme qui consacre son

» existence pour secourir ses semblables, à celle qui se rend égoïste et
» ne s'occupe que de son propre salut : on peut mieux le faire en souf-
» frant pour les autres. Ici vous ne trouverez pas le monde, que vous
» désirez fuir ; mais vous y trouverez la bonté active, bien préférable à
» celle qui se rend inutile en se laissant mourir. — Non, disait la jeune
» novice qui, bien nourrie, bien choyée, retrouvait la santé, et qui, com-
» mençant à accompagner les sœurs dans leurs visites aux pauvres, en
» partageait les bénédictions ; non, répétait-elle ; c'est ma vocation, et je
» veux retourner à la Trappe. » En effet, rien ne put la retenir, et elle
partit quelque temps après. La reine en pleurait ; elle y avait mis toute
l'éloquence de son âme, tout son esprit, tout son besoin d'obliger, et
pourtant tous ses efforts étaient venus se briser devant la volonté d'une
enfant [1].

M. Cadet de Vaux, un des philanthropes de ce temps, était voisin de la reine ; il demeurait dans la vallée de Montmorency. Nous avions été quelquefois voir son jardin ; il y montrait à la reine le moyen de doubler le produit d'un arbre en mettant les branches en guirlande, celui de faire revivre un arbre malade en lui mettant des compresses ; aussi voyait-on des emplâtres à tous les arbres de son jardin, et ce jardin ressemblait-il à un hôpital. La reine engageait quelquefois M. Cadet de Vaux à venir déjeuner à Saint-Leu ; elle s'informait alors près de lui des moyens d'améliorer toutes choses. Je passe sous silence les quarante-huit verres d'eau chaude qu'il indiquait pour guérir de la goutte et dont il avait vu des effets si miraculeux, disait-il ; heureusement personne de nous n'avait la goutte, et moi, qui m'en croyais menacée, je ne m'en vantais pas, de peur qu'il ne voulût m'administrer ce fameux remède. Il aimait à perfectionner les moyens de secourir le pauvre, et pour cela s'entendait très bien avec la reine. Il lui parla des bouillons d'os, autrement dit de gélatine, qui étaient, disait-il, plus nourrissants que les autres, et qui, dans un moment de disette, pourraient soutenir une population plus facilement et à moins de frais que toutes les soupes à la Rumfort, etc., etc. La reine prit jour avec lui ; les sœurs devaient venir dans la cuisine du château y apprendre de lui à faire cette soupe miraculeuse ; c'était presque la multiplication des pains. Au déjeuner, on devait servir cette soupe, et la reine avait l'intention d'en manger la première et de la trouver excellente.

Tout s'exécuta ainsi qu'on en était convenu ; mais quand les sœurs

---

1. Ou plutôt, la volonté de Dieu, que cette enfant avait raison de préférer à tout, même à celle de la reine.

virent cet appareil d'os, et que M. Cadet de Vaux, avec toute l'éloquence d'un professeur, tenta de leur expliquer que les os sont beaucoup plus

Cette Savoie si riche en jolis sites..... (P. 97.)

nutritifs que tout autre aliment, la frayeur les prit, elles devinrent pâles et tremblantes. « Comment, Monsieur, ce sont des os que vous voulez faire » manger à nos pauvres? — Mes sœurs, vous êtes de grosses innocentes ! »

leur cria M. Cadet de Vaux avec une colère qui les fit trembler ; car dans ce moment il tenait le grand couteau de la cuisine, et peu s'en fallut qu'il ne le leur jetât à la tête. Moi, qui avais voulu assister à l'épreuve, je parvins non sans peine à remettre la paix, mais les sœurs répétaient toujours entre elles : « Ce sont cependant des os ; qui nous dit d'où ils viennent ? »
Au déjeuner, M. Cadet de Vaux, placé à table à côté de la reine, lui vit manger de la soupe qu'il avait faite, lui entendit répéter qu'elle était excellente ; il triomphait, il ne se douta pas que la reine, qui ne mangeait presque rien habituellement et qui était nerveuse comme personne, me dit après le déjeuner : « J'ai eu de la vertu à avaler cette soupe : comme
» à mon ordinaire je n'avais pas faim ; et puis l'idée que je mangeais
» une chose qui ne se mange pas habituellement, m'a fait un tel mal au
» cœur, que j'ai cru un moment que je ne remplirais pas mon rôle jusqu'à
» la fin. » Je racontai à la reine la scène des sœurs dans la cuisine, elle en rit beaucoup et me dit : « J'ai bien fait d'avoir eu bon courage devant
» M. Cadet de Vaux, car il ne l'eût pas dit, mais il eût bien pensé que
» j'étais aussi une innocente ! » Il faut le dire, les idées défavorables des sœurs se propagèrent, et le bouillon d'os tomba, ne se releva pas, et ceux à la bonne viande restèrent. J'ai entendu dire, cependant, que depuis on fit usage à Paris de ces bouillons de gélatine.

Voilà quelles étaient nos innocentes occupations à Saint-Leu.

La reine ne gâtait jamais les princes, ses fils ; elle avait pour eux une tendresse extrême sans être démonstrative. On la devinait si bien ! son imagination était si vive et si frappée du malheur qu'elle avait déjà éprouvé, que l'on voyait sur sa figure, sans qu'elle l'exprimât jamais, la crainte qui l'agitait constamment.

Un jour ses enfants étaient partis de très bonne heure pour aller voir leur grand'mère à la Malmaison. Ils avaient des relais et devaient passer un bac. A l'heure du dîner, ils n'étaient pas encore de retour. La reine devint sérieuse, à table elle ne mangeait pas ; on voyait des larmes dans ses yeux, et pourtant elle s'efforçait de paraître tranquille. Madame de Broc, qui la devinait comme nous, lui reprocha sa faiblesse.

Tout à coup on entend de petits pieds courir au-dessus de nos têtes, et la reine s'écrie : « Ils sont donc revenus ? » — On court s'en informer. Il y avait déjà longtemps qu'ils étaient de retour, mais comme on était à table, les gouvernantes n'avaient pas voulu entrer. « Ah ! Madame,
» dit madame de Broc, vous n'êtes pas raisonnable ! Comment ! vos

» enfants étant dans une bonne voiture, suivis d'écuyers, de piqueurs,
» aussi entourés qu'il est possible de l'être et vous vous créez des
» chimères pour vous tourmenter ?

— C'est vrai, » dit la reine avec douceur et embarrassée d'avoir laissé deviner sa faiblesse ; « je ne m'en cache pas ; je ne possède que ce
» bonheur au monde, et je crains toujours de me le voir enlever. »

Une nouvelle qui fit grand plaisir à la reine fut l'annonce que le vice-roi quittait à Dresde l'armée de l'empereur (où, depuis la bataille de Lutzen, il faisait toujours l'avant-garde), pour retourner à Milan. Elle ne se doutait guère que ce fût pour y organiser encore une nouvelle armée, et qu'il allait avoir à se battre, non seulement avec les Autrichiens, mais avec les Napolitains. Rassurée en quelque sorte sur les événements militaires, la reine n'eut plus qu'à s'occuper de sa santé. Sa poitrine commençait à être sérieusement atteinte. Elle prit congé de l'impératrice et de sa mère, à laquelle elle laissa ses enfants pendant son absence, ce qui était pour elle un grand chagrin, et partit pour Aix en Savoie, avec madame de Broc, seule dans sa voiture ; dans la seconde étaient M. d'Arjuzon, chevalier d'honneur, M. Lasserre, médecin, mademoiselle Pio et moi. Les femmes suivaient dans la troisième.

Nous occupâmes à Aix la petite maison de M. Chevalet, au-dessus de la ville d'Aix ; l'air y était pur et la vue délicieuse. Les bains que la reine prenait, les eaux qu'elle buvait, avaient déjà produit un bien marqué dans sa santé. M. Lasserre, son médecin, me disait : « Je vois
» que sa poitrine n'est pas compromise ; avec de grands soins, il y a
» encore de la ressource. Elle est jeune et bien constituée, et quoique
» Corvisart l'ait condamnée, moi je réponds de la sauver ; mais il faut
» du calme et une grande tranquillité de corps et d'âme. »

Notre vie, comme à Saint-Leu, était toujours la plus simple du monde. Après le bain, la reine se promenait avec nous en calèche ; nous nous arrêtions devant un beau site, et vite chacun de nous prenait un croquis que nous finissions le soir autour de la table ronde, et pendant que M. d'Arjuzon nous faisait une lecture. La reine par intervalles allait chanter ou composer une romance ; elle disait que c'était pour reposer ses yeux, et son médecin la rappelait à la table en la priant de reposer sa poitrine. Ce vieux M. Lasserre était fort attaché à la reine ; il était en admiration devant sa douceur et sa résignation. Comme il était souvent appelé en consultation en ville, je le vis revenir, un jour, outré

de colère. Je crois en vérité que, sans sa conscience et sa bonté ordinaires, il eût laissé mourir la vieille marquise du faubourg Saint-Germain qui venait de le faire appeler, tant il était furieux contre elle. « Qu'avez-
» vous donc ? lui disais-je. Calmez-vous, et racontez-moi ce qui cause
» votre fureur. — Notre princesse, me dit-il, si isolée, si souffrante, si
» oublieuse de ses maux pour ne penser qu'à ceux des autres ! ne voilà-
» t-il pas que cette vieille vient de me dire : « Comment donc, on
» n'aperçoit pas votre reine ! on dit pourtant qu'elle est insatiable de
» plaisirs, que partout où elle va, elle traîne à sa suite les divertisse-
» ments et les folies. Je n'y conçois rien, elle ne remue pas la ville, et je
» croyais y trouver tout sens dessus dessous. » — Qu'avez-vous répondu
» à cette vieille folle ? dis-je alors, et moi-même je sentais que la
» colère me gagnait. — Je l'ai fait, j'espère, rougir de son injustice.
« Comment, lui ai-je dit, c'est à moi que vous venez dire tout cela, à
» moi qui, depuis des années, ne quitte pas la reine, moi qui la vois
» toujours triste et malade au milieu des grandeurs, n'employant jamais
» sa puissance qu'à faire du bien, et à ceux mêmes qui la calomnient ?
» Ah ! la charité n'est pas pour ceux qui n'ont pas d'yeux pour voir ni
» d'oreilles pour entendre ; » et je suis parti. Je ne veux plus y retourner ! »
Lorsque je racontai cette histoire à la reine, elle ne fit qu'en rire, et me
dit : « Est-ce que je ne suis pas habituée à l'injustice ? Elle ne me touche
» plus que de la part de ceux qui me connaissent ; les autres, je ne
» puis leur en vouloir. » Elle exigea de M. Lasserre qu'il retournât et
qu'il soignât cette méchante femme ; elle s'informait même des progrès
de sa guérison, car cette dame avait le larynx déjà attaqué, et les fumi-
gations des eaux sulfureuses arrêtèrent les funestes progrès de cette
maladie. « Vous voyez bien, disait la reine à son médecin, que je dois
» m'intéresser à elle, puisque je suis en partie cause de sa guérison ; sans
» moi, vous l'eussiez abandonnée. »

Quand je relis ce que je viens d'écrire, et que je me vois uniquement occupée de la reine, je me surprends à avoir la crainte de passer pour une flatteuse. Cependant, je ne dis que ce que j'ai vu, que ce que j'ai entendu ; et si toutes les personnes qui ont connu la reine pouvaient lire ce que j'écris, je suis convaincue qu'elles reconnaîtraient la vérité de tout ce que j'avance.

Le 10 juin, après le déjeuner, madame de Broc entretint la reine devant moi d'une petite terre qu'elle voyait annoncée dans les journaux comme étant à vendre. Elle voulait l'acheter ; la reine lui avait conseillé

de placer ainsi une somme qu'elle possédait, et exigeait que son amie acceptât d'elle le surplus nécessaire au paiement. « Cela me fera
» grand plaisir, disait la reine ; voici bientôt la paix, je vais être
» riche et je veux concourir à ce que tu aies une terre dans cette
» Savoie si riche en jolis sites ; et j'irai te voir chez toi. » Madame de Broc refusait, la reine insistait. Pendant ces pourparlers, M. d'Arjuzon vint prévenir que la calèche attendait. « Où irons-nous ? dit la reine,
» vous savez que je n'ai jamais de volonté sur ces choses-là. » Et en effet je n'ai jamais vu quelqu'un plus disposé à ne faire que ce qui plaisait aux autres et avoir moins de volonté pour les petites choses que la reine. Cependant on se serait grandement trompé si on avait cru avoir de l'ascendant sur elle pour les grandes. Elle l'avouait elle-même et disait : « Je suis naturellement paresseuse, j'aime assez à être menée ;
» mais lorsque ma raison et mes sentiments me disent qu'une chose est
» nécessaire, qu'elle est noble et bien, je réunis toutes mes forces pour
» la faire, et ma dose de force et de volonté devient d'autant plus consi-
» dérable que j'en use plus rarement. » Elle nous dit donc dans cette occasion, comme elle nous disait tous les jours : « Décidez quelle est la
» promenade qui vous fera plaisir. — Ah ! dit madame de Broc, M. d'Ar-
» juzon ne connait pas la jolie cascade de Grésy, dont nous avons
» dessiné la vue il y a deux ans ; allons la lui montrer. » Cette proposition est approuvée, et nous voilà tous en calèche, nous dirigeant vers cette cascade qui est à deux lieues d'Aix.

Nous laissâmes la voiture sur la grande route et nous nous approchâmes à pied du moulin qui s'alimente des eaux de la cascade. Pour la bien voir, il fallait passer sur une planche que le meunier posa à l'instant sur un petit bras d'eau qui allait d'une vitesse effrayante. La reine passe lestement sur la planche, à peine si elle la touche et elle est déjà de l'autre côté. Madame de Broc la suit, le pied lui manque... Elle est entrainée dans le gouffre et disparait à mes yeux. J'allais passer ! je m'arrête, je jette un cri affreux. M. d'Arjuzon qui nous suivait à quelques pas accourt, il était trop tard pour empêcher ce funeste accident. La reine était toute seule de l'autre côté de l'eau sur un rocher glissant, la planche avait été aussi emportée ; elle ne pense qu'à son amie, elle ne perd pas la tête, elle arrache son châle de dessus ses épaules, le jette dans le gouffre en en retenant un bout, se tient sur le bord et appelle à grands cris l'infortunée, qui ne répond pas, et qu'on ne devait plus revoir ; car cette eau, qui coule toujours à grands flots dans l'endroit où elle a disparu, est un obstacle épouvantable... La reine alors au désespoir repasse, au risque d'être entraînée aussi, ce funeste bras d'eau qu'elle franchit en sautant ; elle est éperdue, elle se joint à nous pour demander du secours. Il en arriva de toutes parts à nos cris, mais tous nos efforts furent stériles. Je voulais faire emmener la reine, craignant tout pour elle dans l'état où je la voyais. « Non, me dit-elle, je ne quitte pas d'ici que l'on n'ait retrouvé son corps; j'y suis décidée. » Elle était assise sur un tronc d'arbre, anéantie, sa tête dans ses mains, n'ayant plus ni force ni espoir, et me criant de temps en temps : « Louise, en grâce, qu'on la sauve ! » promettez tout ce qu'on voudra et qu'on la retrouve ! » Enfin les paysans détournent les eaux ; après mille efforts inouïs, on parvient à retirer ce corps, qui fut déposé dans mes bras !... Tous mes soins furent inutiles, et j'aidai M. d'Arjuzon à porter dans la voiture de la reine la malheureuse victime. J'eus le courage de la reconduire ainsi moi-même jusqu'à la ville, où je la remis aux soins des sœurs de la Charité et des chirurgiens.

Toutes les personnes de la maison de la reine étaient accourues à l'endroit où ce fatal événement venait d'avoir lieu ; on avait même fait courir le bruit que c'était elle qui avait péri, et tous arrivaient au désespoir. Hélas! elle était plus malheureuse sans doute que si cela eût été vrai ! Tous ses gens l'entouraient pendant qu'on plaçait le corps dans la voiture. Elle espérait peu, car le temps avait été si long pour retirer le corps! mais elle ne m'en faisait pas moins répéter tous les moyens employés pour rappeler à la vie cette chère Adèle, et comme je ne la quittai pas de la nuit, elle m'envoyait à chaque instant savoir s'il y avait quelque espoir.

Je pleurai aussi bien sincèrement cette pauvre compagne. Si quelquefois j'avais été jalouse de l'amitié de la reine pour elle, si cette préférence m'avait souvent affligée, tout autre sentiment avait disparu maintenant devant celui de la douleur ; il ne restait plus dans mon cœur que le chagrin de sa perte ; je trouvais bien naturelle l'affliction de la reine, et je la partageais bien vivement.

On a remarqué que madame de Broc écrivit, le matin même de sa fin tragique, à madame la princesse de la Moskowa, sa sœur : « Je ne sais pourquoi je suis triste, je me reproche de n'avoir pas été t'embrasser à ta campagne avant mon départ. Je me consolerai de ce chagrin en te donnant le mois d'août tout entier. » Mais il est une coïncidence bien plus remarquable encore dans la destinée de cette jeune victime du malheur : elle a été transportée, après sa mort, dans le même lieu, dans la même maison, dans la même chambre où la première nouvelle de la mort de son mari lui avait fait verser tant de larmes.

Je n'ai pas besoin d'insister sur nos regrets et notre douleur ; il y a des personnes qui s'ingénient à fuir toute impression pénible, à s'étourdir et se distraire de tout ce qui leur est douloureux, de tout ce qui leur fait mal. La reine souffrait plus profondément que toute autre ; mais il était dans ses idées qu'il y aurait eu de la lâcheté, de l'ingratitude de sa part, à se soustraire à une douleur qui était à la fois si vive, si naturelle et si juste.

S'occuper sans cesse de bonnes œuvres, fut la seule distraction qu'accepta la reine. « Adèle était si pieuse, si charitable ! se disait-elle : c'est » en l'imitant que je veux, que je dois m'occuper d'elle. »

Déjà on avait fait prendre le corps de madame de Broc pour être transporté à Saint-Leu et y être déposé dans une chapelle près de l'église.

La reine avait voulu voir les sœurs de la Charité qui avaient veillé et prié près du corps de son amie. Parmi ces sœurs, il y en avait une, la supérieure, qui s'appelait sœur Saint-Jean, qui était réellement un ange. La reine la voyait souvent et s'attachait à elle ; elle apprenait d'elle à connaître leurs besoins, le bien qui était à faire, ce qui leur serait utile pour leurs pauvres, et elle me disait avec enthousiasme : « Voilà la véri- » table vertu sur la terre ! et nous, orgueilleuses que nous sommes, si » nous résistons à un mauvais sentiment, nous devenons toutes fières de » nous-mêmes ; cependant nous ne sommes rien auprès de cette angé- » lique abnégation de soi. »

La reine donna l'ordre que le peu d'argent qui restait dans le secrétaire de madame de Broc, fût employé à faire habiller une douzaine de jeunes filles pauvres qui devaient faire leur première Communion, et elle recommanda qu'on fît savoir qu'elles devaient prier pour leur bienfaitrice qui était celle qui n'existait plus.

Elle fonda elle-même un hôpital pour la ville d'Aix, et y attacha les sœurs de la Charité qui, jusqu'ici, n'avaient qu'une situation précaire. La sœur Saint-Jean fut mise à la tête de cette fondation, et je suis restée bien longtemps en relation avec elle.

Deux mois après le triste événement, la reine recommença à recevoir les personnes qui avaient paru prendre tant de part à son chagrin. Parmi ces personnes, se trouvait madame de la Rochefoucauld. Pour les messieurs, leurs manières étaient polies et distinguées ; élevés à l'école du faubourg Saint-Germain, ils me paraissaient être de plus en plus surpris de tout ce qu'ils découvraient dans la reine. Je crois qu'ils auraient voulu lui trouver des défauts ; ses sentiments, ses occupations, toutes de bienfaisance et de piété, leur semblaient si extraordinaires, qu'ils manifestaient leur ancienne opinion par leur étonnement ; il était facile en cela de s'apercevoir combien, parmi eux, la calomnie se plaisait habituellement à dénigrer tout ce qui tenait à la cour de l'empereur, et qu'ils en étaient si imbus que, maintenant, ils avaient peine à en croire leurs yeux.

On approchait du 15 août, jour de la fête de l'empereur, et qu'il était d'usage de célébrer dans sa famille, dans toute la France et dans toutes les armées. Les souverains de l'Europe, ses alliés, n'y auraient pas manqué.

Monsieur d'Arjuzon me dit : « La reine, malgré son chagrin, ne peut
» pas laisser passer ce jour inaperçu ; voilà déjà deux mois d'écoulés
» depuis la mort de son amie ; elle doit maintenant penser aux devoirs
» de sa position. » Nous convînmes de lui en parler ensemble. « Je n'ai
» pas le courage de donner une fête, nous répondit-elle. — Ce n'est pas
» ce à quoi nous vous engageons, mais Votre Majesté doit faire quelque
» chose de marquant pour le 15 août ; qu'elle nous permette de chercher
» avec elle ce qui lui conviendra davantage. — Donner aux pauvres, dit
» la reine, je ne vois rien de mieux. — Mais, reprit M. d'Arjuzon, cela
» se fait chez vous si souvent, il faut aujourd'hui y ajouter une circons-
» tance qui fasse fête dans la ville. Si Madame le veut, je crois que rien
» ne sera plus joli, plus nouveau, que de donner un grand dîner dans la
» place à tous les pauvres de la ville. — J'approuve, dit la reine, mais
» donner un dîner aux pauvres d'Aix ne sera pas assez pour être le sujet
» d'une fête dans le pays, à moins que l'on n'invite toutes les communes
» des environs à y envoyer les leurs ; et puis... venir de loin pour un
» dîner, dit-elle en réfléchissant, c'est fatiguer les pauvres gens pour
» bien peu de chose. — Mais, Madame, un bon repas est un jour de
» fête pour les indigents, reprit M. d'Arjuzon, ce sera peut-être la
» première fois qu'ils mangeront de bonne viande..... — Et puis, s'ils
» allaient se rendre malades ? répliqua la reine ; il faudrait plutôt qu'ils
» pussent emporter leur dîner, qui leur durerait plusieurs jours. — Si
» Votre Majesté veut y ajouter le don de tous les objets qui leur seront
» servis à table ? dis-je à mon tour. — Ah ! volontiers, dit la reine, à la

» bonne heure! au moins ils emporteront quelque chose chez eux pour

CHAMBÉRY. (P. 104.)

» leur famille, ils ne se feront point de mal, et ce sera réellement une
» fête. » Tout fut donc convenu ainsi qu'il venait d'être décidé. La

table, qui pouvait contenir trois à quatre cents couverts, fut dressée près de l'ancien château, qui était devenu l'hôpital fondé par la reine. Les sœurs de la Charité furent chargées de tout acheter : couverts, assiettes, verres et casseroles, tous objets qui devinrent la propriété de chacun des pauvres convives. Les sœurs servirent cette bande d'indigents devenue joyeuse, et tout le public circulait autour des tables, qui furent très bien servies. On but de bon cœur à la santé de l'empereur, à la santé de la reine, et tout cela au son de la musique.

Le dîner ne dura pas longtemps, car ces pauvres gens, pour lesquels on avait craint qu'ils ne se livrassent sans ménagement à un appétit glouton, touchèrent à peine à ce qu'on leur donnait ; tous emportèrent leur dîner chez eux pour le partager avec leur famille. J'avais donc trouvé ce qui pouvait les satisfaire, et j'en fus très heureuse. Pendant que cette fête se passait au bas de la ville, nous étions à nous promener du côté de la montagne, la reine, M. d'Arjuzon et moi. Nous causions du bonheur qui doit régner dans ces jolies chaumières, si isolées du monde, loin des passions qui dénaturent souvent les sentiments des gens de la ville ; et le dialogue suivant s'établit entre la reine et M. d'Arjuzon.

« On est sans doute meilleur dans une chaumière que dans un palais,
» dit la reine, car le séjour où les vanités sont toujours en jeu, doit ren-
» dre moins bons ceux qui vivent sous cette influence ; j'en excepte
» pourtant le dispensateur des récompenses et des bienfaits : celui-là du
» moins met sa vanité à bien placer ses dons, et ses facultés sont cons-
» tamment employées au service des autres, tandis que ceux qui reçoi-
» vent ne sont occupés qu'à attirer sur eux les grâces. Ainsi toutes
» leurs facultés sont donc constamment employées à leur propre service.
» C'est là ce qui rend souvent égoïste l'homme de cour et l'homme des
» villes. L'homme des champs, au contraire, n'a de débats qu'avec les
» vents, la grêle et les orages ; il borne ses désirs à une heureuse
» moisson, il la veut bonne pour les autres comme pour lui-même. On
» est donc meilleur dans les chaumières, mais on y pleure aussi : la mort
» ne vient-elle pas y apporter comme ailleurs sa désolation ? — Oui,
» reprit M. d'Arjuzon, on y pleure, mais de misère, et c'est parfois la
» mort d'une vache qui y devient plus douloureuse que celle d'un enfant...
» — On y souffre donc moins si l'on n'y connaît point ce déchirement
» affreux qui laisse au cœur une plaie toujours vive. — Voir ses enfants
» mourir de faim est aussi bien affreux, Madame ; c'est la vache qui

» faisait vivre toute la famille, il faut bien la pleurer. — C'est vrai, mais
» l'infortuné peut se distraire d'un tel malheur, il peut travailler pour
» réparer cette perte, il lui reste au moins l'espérance, et qui n'est pas
» toujours vaine. Cela me rappelle que dans une de mes promenades à
» Plombières, je suis arrivée dans une chaumière au moment où toute
» la famille était dans la désolation : le père, la mère, tout le monde
» pleurait ; je croyais que la mort d'un enfant pouvait seule faire couler
» ces larmes, et je n'allais leur offrir que de faibles consolations, lorsque
» j'appris que c'était une vache qu'ils venaient de perdre. Je leur donnai
» quelques louis pour en acheter une autre, et leur douleur fut passée.
» Ah ! l'homme ne devrait avoir le droit de se trouver réellement malheu-
» reux que lorsqu'un de ses proches vient à mourir. Aussi la religion
» seule peut nous rendre ce malheur supportable. — Vous trouvez donc,
» Madame, que l'on est meilleur et plus heureux aux champs qu'à la
» ville ? — Je crois que les afflictions les plus poignantes de l'âme
» accompagnent souvent la fortune et la grandeur, et une sorte d'insen-
» sibilité morale les tourments de la misère ; mais je crois avant tout
» qu'hormis la mort, qui humainement nous laisse sans consolations,
» nous portons en nous-mêmes notre joie et nos peines. N'aspirons pas
» à un bonheur parfait, et nous jouirons davantage de celui que nous
» possédons : plus l'homme formera sa raison, modérera ses désirs, et
» plus il sera heureux. Que nos institutions chassent d'abord la misère
» d'une portion de la société, et que le riche apprécie ce qu'il possède
» sans vouloir une félicité chimérique, et nous serons bien près du
» bonheur. Il y a deux ans, je suis venue dans un de ces villages, j'y
» ai trouvé par hasard un homme heureux, je l'ai surnommé l'optimiste,
» et il est resté dans ma pensée comme un original ; peut-être avait-il
» plus de raison que moi. — Ah ! Madame, m'écriai-je, c'est ce monsieur
» Molin dont vous voulez parler ? Votre Majesté ne serait-elle pas
» disposée à aller jusque chez lui ? Il fait beau, cela ne nous fatiguera
» pas trop, nous sommes déjà à moitié chemin. M. d'Arjuzon sera
» curieux de voir un homme heureux. — Je le veux bien, dit la reine,
» mais peut-être sera-t-il mort ? — Mort ! m'écriai-je ; il n'y a pas trois
» ans, et cet homme riait de tout, il doit se porter encore à merveille ;
» mais pour sa pauvre femme qui s'était cassé la jambe, je ne l'affirmerais
» pas. » Et tout en cheminant je rappelai à la reine que, pendant qu'elle
était assise à côté de la femme et lui faisait raconter ses souffrances,
je causais avec le mari, qui, avec ses manières enjouées, me disait en

riant : « Je me sens content de vivre, tout me porte à la joie et
» me réussit : tenez, ma femme devait se tuer par la chute qu'elle a
» faite, eh bien ! elle n'a eu que la jambe cassée ! cela n'est-il pas
» heureux ?... bien heureux ? »

Voici comment la reine avait découvert ce M. Molin ; c'était à son dernier voyage à Aix, le jour même de mon ascension à la Dent-du-Chat ; j'étais partie de bonne heure accompagnée de la comtesse Tascher, de M. Fritz Pourtalès, écuyer de l'impératrice, de son neveu Alexandre Pourtalès et de M. de Villeneuve. La reine avait été de son côté à cheval, avec madame de Broc et son écuyer, M. de Marmold, faire une course dans la montagne, pour aller voir une petite chapelle qu'on apercevait de loin, et dont l'aspect lui paraissait pittoresque. Elle s'était arrêtée un instant dans une jolie maison à l'entrée d'un village, et avait trouvé si extraordinaire le langage et les manières du maître de cette maison, qu'elle s'était promis d'y revenir.

En effet, quelques jours après, la reine, qui nous avait parlé de la rencontre qu'elle avait faite d'un original, nous mena pour le voir. Nous laissâmes les calèches assez loin du village, et nous arrivâmes chez cet optimiste pour faire plus ample connaissance avec lui.

Il ne se doutait nullement du rang de la personne qu'il recevait, et il nous fit avec cordialité les honneurs de sa maison.

A cette époque la reine arrivait de la Hollande, où elle avait failli mourir. Elle s'était réunie, à Aix, à sa mère, qui la soignait avec toute la tendresse dont son cœur était susceptible, car la santé de la reine donnait peut-être alors encore plus d'inquiétudes que dans le moment présent. Elle était donc pâle, triste, faible ; et en entrant chez M. Molin, et voyant étendue dans un fauteuil une femme âgée qui avait l'air souffrante, elle s'approcha d'elle et s'en occupa exclusivement. Pendant ce temps, nous entretenions le mari, chacun de nous lui parlait à la fois, les questions pleuvaient sur lui : il répondait à tous sans se déconcerter, il criait, il riait encore plus qu'aucun de nous.

Il nous raconta qu'autrefois, placé à Chambéry, maintenant retiré dans sa petite campagne, sans soucis, sans regrets, il jouissait de la vie, et nous assurait qu'il n'avait jamais eu le plus petit reproche à faire au sort, qu'il s'était contenté de tout et qu'il trouvait que tout était pour le mieux. Ce fut alors que, sur ma remarque que sa femme malade devait être un sujet de chagrin pour lui, il me répondit : « Elle pouvait se tuer ; c'est bien heureux qu'elle ne se soit que cassé la jambe. »

Il nous offrit du raisin, du vin. Le curé vint prendre part au goûter, et sa présence n'arrêta pas les rires et les bons mots sur la bonté du vin du cru et sur les jouissances que procure la vigne. Nous quittâmes M. Molin, enchantés de sa personne et de son esprit. Il avait alors de quarante à cinquante ans ; il était petit, coiffé sans poudre, mais avec une queue qui lui descendait jusqu'aux reins ; son œil vif, son nez retroussé, et tous ses traits remontés vers le haut, indiquaient que le rire était l'expression habituelle de sa physionomie.

Tel était l'aimable personnage que nous allions visiter pour la seconde fois, et chacun de nous mettait une espèce de curiosité à savoir si le bonheur, après trois ans de distance, habitait encore dans cette maison.

En entrant dans la cour, nous remarquâmes que tout était dans le même état où nous l'avions laissé ; le petit homme aussi se présenta avec le même habit, la même queue, le même visage, le même rire sur les lèvres.

Assez nombreux à notre première visite, nous n'étions que trois personnes maintenant. M. Molin, qui ne connaissait pas M. d'Arjuzon, s'adressa à lui et fit peu attention à la reine et à moi. Nous admirâmes la vue qu'on avait de sa maison, qui était située en face de la Dent-du-Chat, et d'où l'on découvrait tout le lac du Bourget et la vallée de Chambéry. Pendant que nous admirions tout cela, il nous dit : « Vous
» n'avez donc pas été curieux de voir la fête que donne cette bonne
» reine à Aix? on ne parle que de cela dans nos villages. J'avais bien
» envie d'y aller moi-même, seulement pour la revoir, cette chère femme.
» — Vous la connaissez donc ? dit la reine. — Mais certainement, il faut
» que je vous raconte cela : figurez-vous qu'elle est venue chez moi il y
» a trois ans. Je ne me doutais pas que ce fût elle, et je lui parlais tout
» comme je vous parle (et en disant cela il frappait sur le bras de la
» reine). Je n'étais pas plus embarrassé que cela ; j'ai ri comme je ris
» toujours, et elle ne s'en est pas fâchée. Ah! c'est une bonne dame!
» Ma femme me disait qu'elle avait tout l'air de s'intéresser à ses souf-
» frances. Je leur ai donné à goûter à tous. Ah! c'était une jolie fête !
» Ce n'est qu'après son départ que, dans le village, on a appris que les
» calèches qui attendaient près de là étaient celles de la reine de
» Hollande, et qu'on l'y a vue remonter. — Comment est-elle donc ?
» dis-je à mon tour. — Mais, répondit-il, je n'y ai pas fait grande atten-

» tion ; elle causait toujours avec ma femme, et les autres m'étourdis-
» saient. — Mais, vous vous la rappelez bien à peu près ? répliquai-je.
» — Elle avait l'air intéressante, elle était grande comme vous (dit-il
» en désignant la reine), mince et triste aussi comme vous. Eh bien,
» tenez, elle m'a fait l'effet d'être assez comme vous êtes, et elle était
» accompagnée d'une grosse rieuse. — Ah ! comment était la grosse
» rieuse ? dis-je en l'interrompant. Alors, fixant ses yeux sur moi : —
» C'est étonnant, eh bien ! elle avait quelque chose de vous ; mais vous
» êtes beaucoup mieux, vous êtes plus grande ; elle m'étourdissait par
» ses paroles ; c'est pourquoi je n'ai pas assez regardé cette bonne reine.
» Concevez-vous ? une reine chez moi, c'est du bonheur, n'est-ce pas ?
» Pourtant, ces reines, ça n'a pas l'air gai, ça n'a pas l'air content. —
» Ainsi, reprit Sa Majesté en souriant, ça ne donne pas l'envie d'être
» reine ? — Non, répliqua-t-il, et les bons bourgeois sont plus heureux.
» Elle avait l'air si triste, si languissante ! elle s'entendait mieux avec
» ma femme qu'avec moi. — Où est-elle votre femme ? dit la reine. —
» Heureusement elle est morte, dit l'optimiste. Elle souffrait tant,
» la pauvre chère femme, que c'est en vérité heureux pour elle. »

Nous quittâmes M. Molin sans qu'il sût qui il avait encore reçu cette fois chez lui, et la reine nous dit en sortant : « Je ne fais pas grand cas
» de son bonheur : décidément il est égoïste, et il vaut mieux souffrir
» un peu que d'être indifférent à tout. — Il n'est pas indifférent, dit
» M. d'Arjuzon ; il préfère voir le bon côté des choses de la vie : il est
» peut-être sage, comme le disait tout à l'heure Votre Majesté. »

En revenant à Aix, nous rencontrâmes sur notre route beaucoup de ces pauvres qui revenaient du banquet ; tous emportaient leur dîner avec un air de contentement qui nous pénétra. « Eh bien ! Madame, dis-je à
» la reine, voilà des gens heureux, et heureux par vous. — Oui, dit-
» elle ; si on peut, au milieu des chagrins, trouver encore des jouissances,
» c'est en faisant du bien aux autres. »

La meilleure distraction qu'on pût lui procurer était de lui donner l'occasion de s'occuper de ceux qui souffraient, et Dieu merci, cela ne lui était pas épargné. Ce fut à ses réclamations réitérées que M. le comte Elzéar de Sabran, fils de madame de Boufflers, dut sa liberté. Il avait été compromis et arrêté, je ne sais pour quelle raison ; car, chose curieuse, alors on ne s'informait jamais pourquoi tel ou tel était mal avec le ministre de la police. Il souffrait, il était malheureux, cela suffisait ; il fallait bien, bon gré, mal gré, s'intéresser à lui, et la reine donnait l'exemple de cette extrême tolérance, qui était bien sans danger sous l'empereur ; car il était si fort, ainsi que son gouvernement, qu'on ne songeait pas que de petits mécontentements partiels pussent l'atteindre.

Le médecin de la reine était si convaincu que sa poitrine n'était pas attaquée, et qu'elle n'avait qu'une maladie de nerfs, qu'il voulut la mener tout de suite, en quittant les eaux, prendre des bains de mer à Dieppe.

Nous quittâmes donc Aix, en versant de nouveau des larmes sur le malheur irréparable qui nous y avait frappés.

J'eus l'honneur d'accompagner Sa Majesté dans sa voiture. Arrivés au lieu qu'on appelle les Echelles, M. Finot se trouva là, ainsi que l'ingénieur du département ; ils attendaient la reine à son passage. « Madame, » dit M. Finot, la nouvelle route des Echelles devait être ouverte le » jour de la fête de l'empereur ; mais nous avons retardé exprès pour » que Votre Majesté y passât la première ; et c'est devant vous que la » mine va nous procurer la lumière à travers cette longue galerie qui » est enfin achevée. »

La reine se laissa conduire ; quant à moi, qui ai en horreur le bruit d'une explosion, je voulais rester. Cependant je réfléchis qu'il était de mon devoir de suivre la reine, et je m'y déterminai. Le cœur me battait fortement, j'ose l'avouer, d'autant plus qu'on nous fit entrer dans une immense grotte, qu'on portait des flambeaux allumés devant nous, et que nous marchâmes un temps infini sans trouver une issue et sans apercevoir le jour, car la grotte a neuf cents pieds de longueur.

Si M. Finot n'eût pas été avec nous, si toute la France n'eût pas été d'accord alors pour aimer la famille impériale, j'aurais cru que nous étions tombés dans une embûche et qu'on voulait se défaire de la reine et de nous. Enfin, on s'arrêta, et j'entendis une détonation épouvantable. Je crus que la grotte s'écroulait sur nous ; des éclats de pierre vinrent même jusqu'à nous ; à l'instant les flambeaux furent éteints, et nous aperçûmes le jour, et la vallée qui se déployait devant nous. Jamais spectacle ne fut plus beau ni plus imposant. Les messieurs qui nous accompagnaient nous expliquèrent que la route nouvelle, commandée par l'empereur, devait passer sous cette grotte, parce que l'ancienne route, faite sous le règne de Victor-Emmanuel, ancien roi de Sardaigne, quoique fort belle, était si dangereuse en raison de son excessive rapidité, que chaque hiver il y arrivait des accidents. Au mois d'octobre suivant, celle où nous étions devait être achevée.

Nous continuâmes notre route jusqu'à Saint-Leu, où se trouva Joséphine pour recevoir dans ses bras sa fille chérie et lui ramener ses chers enfants. Hortense ne s'arrêta que fort peu de jours ; elle se mit alors en route pour Dieppe avec ses enfants, et quelques personnes de sa maison.

Nous habitâmes un petit château qu'on avait loué ; il était assez loin de Dieppe, mais fort près de la mer. La reine était obligée de passer tous les jours par la ville pour aller prendre un bain. M. Stanislas de Girardin, préfet de Rouen, avait fait préparer sur le bord de la mer une petite baraque charmante, où se touvaient un salon et une chambre, le tout décoré à ravir. Mais M. Lasserre s'aperçut bientôt que les bains agissaient plutôt en mal qu'en bien sur une personne dont les nerfs n'étaient qu'irrités ; et il les supprima.

Je me souviens qu'en recevant les autorités de la ville de Dieppe, un des chefs auquel la reine demandait s'il avait des enfants, lui répondit : « Oui, Majesté, j'en ai une douzaine. — Ah ! vous êtes bien heureux, » lui répliqua la reine ; on ne saurait avoir trop d'objets d'une si tendre » affection. » J'ignore si le brave homme crut voir dans la réponse de la reine le regret de ne posséder que ses deux enfants, qui étaient là près d'elle, mais il s'écria à l'instant : « Madame, les miens sont à votre » service ; vous n'avez qu'à dire un mot, je vous les offre. » La reine resta un moment déconcertée d'une pareille proposition, à laquelle elle ne s'attendait guère, et dit : « Rien ne remplace, Monsieur, pour des » enfants, la maison paternelle ; mais si vous avez besoin de moi pour » placer les vôtres, je le ferai avec plaisir. »

Nous étions au mois de septembre, le temps devenait froid ; n'éprouvant aucun bien des bains, la reine désira quitter Dieppe.

De retour à Saint-Leu, une seule préoccupation domina toutes les autres, ce fut celle d'attendre et de recevoir des nouvelles des armées. Les événements devenaient de plus en plus sinistres, et pourtant la paix était tellement le désir et le besoin de chacun, qu'on se flattait toujours qu'elle allait avoir lieu et qu'on y croyait encore.

Un matin que je faisais la lecture à la reine, on vint m'apporter pour elle une lettre d'une femme qui attendait, disait-on, à la grille du parc, et voulait absolument voir la reine, parce qu'elle avait quelque chose de très important à lui confier. « Je ne puis la recevoir en ce moment, » dit la reine ; il faut la faire entrer dans mon petit salon ; elle attendra.

» — Si vous voulez, Madame, dis-je, j'irai savoir ce qu'elle vous veut ;

Le lac du Bourget. (P. 105.)

» c'est sans doute quelque demande, et vous en serez plus tôt quitte.
» — Volontiers, répondit la reine, mais fais-toi passer pour moi ; car

» elle tient peut-être à me voir ; elle croirait que je ne veux pas la
» recevoir, et ainsi elle sera satisfaite. » Je m'étais tellement avancée,
que je n'osais plus reculer ; mais pendant que je faisais introduire cette
femme inconnue, l'idée me vint que c'était peut-être une personne
ennemie qui avait de mauvais desseins ; et quoique j'eusse volontiers
donné ma vie pour la reine, je n'avais pourtant pas envie de mourir
encore, et assassinée. Je balançais à entrer, malgré toute ma curiosité
d'apprendre ce secret qu'une femme tenait tant à dévoiler à la reine.
Enfin je surmontai ma frayeur : j'ouvris la porte ; mais quel fut mon
effroi ! J'entendis une voix rauque me dire, en me regardant fixement :
« Ma petite, tu es la reine, n'est-ce pas ? — Oui, dis-je en tremblant,
» que lui voulez-vous ? — Je viens te découvrir un mystère, des conspi-
» rations atroces ; on te trahit ; tes ministres eux-mêmes te trahissent ;
» mais nous autres, dames de la Halle, nous l'aimons, notre petit empereur,
» et nous ne voulons pas qu'on nous l'ôte. » Je commençai alors à respirer,
c'était toutefois une de ces femmes qui, pendant la Révolution, avaient
inspiré tant de terreur, que mon assurance n'était pas encore bien
grande. Elle s'aperçut, je crois, de ma frayeur, car elle s'approcha de
moi Je reculais toujours ; elle me regarda sous le nez, et me dit : « Es-
» tu bien la reine ? je ne me la figurais pas comme toi. (Elle lui croyait
» sans doute plus de courage.) — Certainement, » dis-je. Alors cette
femme regarda tout autour d'elle, et me déploya un grand cahier de
papier recouvert avec une feuille brune. « Lis cela, me dit-elle, j'ai voulu
» t'avertir. Un ami à moi, homme comme il faut, qui est à Bicêtre, a
» écrit le tout en détail pour que tu puisses prendre des informations et
» te garantir des pièges qu'on te tend. Ces Bourbons ont beaucoup
» d'agents, et mon ami les connaît ; la moitié de tes ministres sont
» vendus, méfie-toi d'eux tous. J'ai voulu ne parler qu'à toi, c'est pour-
» quoi je suis venue à Saint-Leu. Je ne veux rien ; c'est par amitié ce
» que je fais. Adieu. » Et elle partit, me laissant le gros cahier, que je
courus porter à la reine. Elle me dit de lui en lire quelques passages,
qui nous semblèrent un grimoire auquel nous ne comprenions rien. Le
prisonnier de Bicêtre parlait d'émissaires envoyés par le comte d'Artois
sur le continent, et donnait beaucoup d'autres détails dont je ne me
souviens plus, mais qui me parurent d'autant plus extraordinaires, que
depuis Saint-Germain, où madame Campan nous avait souvent entre-
tenues des malheurs de la reine Marie-Antoinette et de sa famille, je
n'avais plus entendu parler des Bourbons.

La reine se décida à envoyer toutes ces informations au ministre de la police ; car, en fait de dévouement à l'empereur, on ne pouvait pas douter de celui-là. Je crois que la reine ne s'est plus informée auprès du duc de Rovigo de tout ce qu'il pouvait y avoir de vrai dans ce gros cahier qu'elle lui envoyait ; car tout était si secret dans le gouvernement de l'empereur, pour ce qui regardait la politique, que le ministre ne lui en eût peut-être rien appris.

La reine quitta Saint-Leu avec regret pour revenir à Paris, où pourtant elle devait occuper sa nouvelle chambre, que pendant son absence on avait placée de manière à y voir le soleil. La tenture de cette chambre était en cachemire blanc avec des franges en or. Les rideaux du lit et des fenêtres étaient en mousseline des Indes brodée en or. Sa belle toilette en vermeil était posée sur un tapis de velours bleu de ciel aussi brodé d'or.

C'était sur l'assurance qu'Hortense avait de la paix qu'elle s'était livrée à cette prodigalité, qui bientôt vint augmenter ses embarras de fortune.

En entrant chez elle, la reine dit (et je me le suis souvent rappelé depuis) : « Pourvu que les cosaques ne viennent pas me forcer à aban-
» donner cette jolie chambre ! » Et chacun de nous de rire de sa pensée, comme de la chose du monde la moins probable, et comme de l'idée la plus baroque qu'on pût avoir. Et pourtant, les inquiétudes de tous genres nous arrivaient ; car les batailles de Leipzig, de Hanau, avaient jeté un grand découragement en France ; on en voulait surtout aux Bavarois.

Un matin, dans les premiers jours de novembre, j'appris que le roi Louis venait d'arriver de Gratz à Paris et qu'il était descendu chez sa mère.

Je savais que l'empereur n'avait cessé de presser la reine pour un raccommodement qui lui paraissait fort simple, puisque, de fait, il n'y avait dans ce ménage aucune raison grave qui les eût séparés.

En apprenant l'arrivée du roi, je craignis pour la reine de nouveaux tourments à ce sujet ; je vins donc la lui apprendre avec ménagement :
« J'en suis bien aise, me dit-elle, mon mari est bon Français, il le prouve
» en rentrant en France au moment où toute l'Europe se déclare contre
» elle. C'est un honnête homme, et si nos caractères n'ont pu sympa-
» thiser, c'est que nous avions des défauts qui ne pouvaient aller
» ensemble. Moi, j'ai eu trop d'orgueil, ajouta-t-elle naïvement ; on me

» gâtait quand j'étais jeune, je croyais trop valoir, peut-être, et le
» moyen avec de pareilles dispositions de vivre avec quelqu'un qui est
» trop méfiant ? Mais nos intérêts sont les mêmes, et il est digne de son
» caractère de venir se réunir à tous les Français pour aider de ses
» moyens la défense de son pays : c'est ainsi qu'il faut reconnaître ce
» que le peuple a fait pour notre famille. »

L'empereur arriva à Saint-Cloud le 9 novembre ; son retour ranimait toujours le courage de chacun, et changeait habituellement en espérances tous les sujets de crainte.

On croyait toujours qu'il dépendait de Napoléon de signer la paix, et on s'indignait de ce qu'il ne le faisait pas au plus vite.

La reine alla avec l'impératrice Marie-Louise assister, le 15, à la séance d'ouverture du Corps législatif, dans laquelle l'empereur, par son discours, assura qu'il désirait la paix. Alors chacun disait : « Pourquoi donc ne la fait-il pas ? ne peut-il pas tout ce qu'il veut ? » Hélas ! qui aurait pu prévoir alors qu'au lieu de la paix, la France allait connaître toutes les horreurs de l'invasion ?...

# Chapitre Septième

La France est envahie par les armées étrangères. — Incertitudes et frayeurs. — On apprend que les alliés marchent sur Paris. — Trouble et désarroi universels. — L'abandon de Paris est décidé, la résistance jugée impossible. — Une nuit d'angoisses.

ANS les premiers jours de janvier 1814, nous apprîmes que les étrangers avaient envahi le sol français : une préoccupation grave remplissait tous les esprits, et des conversations sérieuses remplaçaient, dans les salons, ces plaisirs brillants qui les hivers précédents avaient animé la cour la plus élégante et la plus somptueuse. Pour la première fois on tremblait sur le sort de nos armes toujours victorieuses ! Pour moi, je ne tremblais pas ; je n'entendais rien en politique. Mon orgueil tout chevaleresque de nos braves était certainement humilié que notre territoire fût profané par les étrangers ; mais je ne doutais pas qu'ils ne fussent bientôt repoussés, surtout en voyant l'empereur se disposer à rejoindre son armée, et, dans l'attente de ses heureux succès, je ne cessais de m'égayer aux dépens de ceux qui, plus prévoyants ou plus timides que moi, s'effrayaient de l'avenir. Le 24 janvier 1814, l'empereur quitta Paris pour rejoindre ses troupes, qui déjà n'avaient plus à défendre nos frontières, occupées de tous côtés par les ennemis.

La veille du départ de l'empereur, la reine avait été dîner aux Tuileries pour lui dire adieu ; elle avait passé la soirée avec l'empereur et l'impératrice, et elle était rentrée assez tard, encore tout émue du chagrin que l'impératrice témoignait à son mari ; elle avait tellement pleuré de cette séparation, que la reine était restée le plus longtemps possible près d'elle pour tâcher de la calmer. « J'aime à voir cet attachement de l'impéra- » trice pour l'empereur, ajoutait la reine ; elle pleure comme ma mère » pleurait lorsqu'il la quittait, et je crois que c'est sincèrement qu'elle se » montre si affligée. »

On pense bien que tout ce qui tenait à la famille impériale était dans les plus grandes angoisses de voir ainsi le théâtre de la guerre se rapprocher autant du centre de la France. Chaque jour les nouvelles les plus alarmantes circulaient dans Paris : l'oisiveté les recueillait, la peur les grossissait, et l'on allait jusqu'à dire un jour, le 2 février (que je me rappelle comme un moment de découragement tel qu'il approchait du désespoir), que le grand-duc Constantin avait promis à ses troupes de se chauffer aux cendres de Paris, et que l'empereur son frère avait juré de coucher aux Tuileries. La terreur était à son comble, et l'on ne rêvait plus que carnage, massacre et pillage : la pensée de ce dernier malheur avait éveillé celle de s'en mettre à l'abri ; on ne songeait donc qu'à placer ses objets les plus précieux en lieux sûrs, mais c'était là le difficile.

On ne se rencontrait plus qu'en se demandant tout bas : « Où avez-vous caché vos bijoux ? » Beaucoup de femmes quittaient Paris, d'autres bouleversaient leurs maisons pour y faire des cachettes qui, au moment du danger, n'auraient servi qu'à montrer réunis des objets qui auraient peut-être mieux échappé à la rapacité, demeurés à leurs places ordinaires dans de grandes maisons.

Une personne de ma connaissance avait fait murer la porte d'un petit cabinet qui se trouvait à l'écart, après l'avoir rempli de tout ce à quoi elle tenait le plus ; plusieurs pendules furent jointes aux objets précieux dont il était encombré ; malheureusement on avait oublié de les arrêter, et pendant huit jours encore, en sonnant toutes à la fois, elles avertirent les voisins des précautions qu'on aurait désiré leur cacher. D'autres, regardant leurs caves comme le lieu le plus sûr, y avaient enfoui mille choses qui devaient nécessairement en être retirées pourries.

Le 9 février, Mâcon était déjà pris; les Parisiens, qui rient et font des bons mots jusqu'au dernier jour, prétendaient que Mâcon n'avait pu tenir, étant attaqué par des pièces de vingt-quatre, et n'ayant à opposer que des pièces de vingt (vin).

Puis on ajoutait : Les souverains feront leur entrée par la barrière *du Trône*, l'empereur sortira par celle *d'Enfer*, l'impératrice par celle *des Vertus*, les sénateurs par celle *des Bons-Hommes*, les conseillers d'Etat par *Bicêtre*, le Corps législatif et la garde nationale par *Pantin*.

La reine, qui restait d'ordinaire chez elle le soir, y recevait quelques personnes ; à cette époque tous les hommes étaient sérieusement occupés au loin, soit dans les emplois civils, soit à l'armée ; le cercle était en grande partie composé de femmes occupées d'ouvrages auxquels la reine présidait. On aurait pu lui trouver de la ressemblance avec la reine Mathilde travaillant au milieu de ses femmes ; mais ce n'était pas à faire de la tapisserie que nous nous occupions, ni de ces écharpes qui ont joué un si grand rôle dans l'histoire de notre chevalerie; c'était à une occupation beaucoup plus triste que nous consacrions nos moments, c'était à faire de la charpie que nous passions une grande partie de nos journées et de nos soirées. Déjà des blessés étaient envoyés jusqu'à Paris, dont les hôpitaux pouvaient devenir des succursales des ambulances, tant le théâtre de la guerre s'était rapproché de la capitale. J'avais été chargée par la reine d'envoyer une grande quantité de linge de sa maison aux jeunes filles d'Ecouen et de Saint-Denis pour en faire de la charpie, et les hôpitaux ont dû se bien trouver de l'assiduité de notre travail ; la reine, d'ailleurs, nous donnait elle-même l'exemple. Le dessin, la musique étaient ses occupations favorites ; elle négligeait tous les ouvrages qui occupent ordinairement les femmes, pour se livrer entièrement aux arts ; mais en ce moment elle avait tout abandonné pour donner son temps sans réserve à une occupation qu'elle trouvait plus utile, et qui était plus d'accord avec ses dispositions d'esprit.

Un soir que je cherchais à l'égayer par les plaisanteries que mon humeur enjouée me faisait trouver à chaque lamentation de ses autres dames, deux de ses anciennes connaissances vinrent, sans s'en douter, m'aider à la distraire un moment. C'étaient deux élégants de ce temps passé, du très petit nombre des oisifs que comptait alors la société, à cette époque si grave de notre histoire, où tout était encore grand, sérieux, important ou utile, comme les vues de celui qui nous gouvernait.

Ces messieurs arrivèrent avec des visages allongés, si différents de l'abord sémillant qu'ils avaient habituellement, que mon premier mouvement fut un éclat de rire. Toutes ces dames les entourèrent, pensant qu'ils venaient peut-être d'apprendre quelques nouvelles affligeantes qu'ils hésitaient à nous communiquer, tandis que c'étaient eux qui voulaient nous interroger pour se soulager d'un sujet grave d'inquiétude qui les préoccupait. Ils désiraient savoir si les projets de défense qu'on faisait pour Paris ne mettaient pas en danger les belles allées du Bois de Boulogne. C'était là que s'écoulait en effet la plus grande partie de leurs journées, c'était là le théâtre de leurs exploits. La reine elle-même, qui d'habitude était si exempte de toute malignité, laissa échapper un léger sourire en entendant leur désolation pour une chose de si peu d'importance dans les circonstances où se trouvait la France.

Nous étions tous plongés dans la plus profonde tristesse, lorsque, le 11 février, l'annonce d'une victoire vint remplir Paris de la joie la plus vive : rien ne saurait peindre l'allégresse qui remplaça les inquiétudes des jours précédents. En peu d'instants la nouvelle fut répandue et les rues remplies d'une foule joyeuse qui se croisait, se heurtait, s'embrassait. Le temps était admirablement beau ; le roi Joseph ordonna une réunion de la garde nationale et de la garnison, et les passa en revue sur les boulevards, au bruit des acclamations du plus sincère enthousiasme et des cris mille fois répétés de : Vive l'empereur ! « Enfin la victoire nous est » encore fidèle, » se disait-on, et en se rappelant tout le passé, on était plein de confiance dans l'avenir. Pour moi, je ne cessais d'aller de chez la reine chez ma mère, pour avoir le plaisir de passer sur le boulevard, et d'y voir la foule qui s'y pressait avec tant d'ivresse.

Le temps continuait à se soutenir le plus beau du monde, et semblait être en harmonie avec l'allégresse publique. Quelques jours après, le 15 février, nous vîmes défiler sur ces mêmes boulevards, témoins de la joie populaire, un nombre considérable de prisonniers russes et prussiens de la garde des souverains de Russie et de Prusse. La foule fut grande pour les voir passer ; leur présence était pour le peuple la confirmation des succès dont il s'était tant réjoui.

La reine ne passait jamais deux jours sans aller voir sa mère à la Malmaison ; et lorsque sa santé ou ses obligations la retenaient à Paris, c'était moi qu'elle chargeait de lui porter de ses nouvelles. Elle s'était empressée de lui communiquer celle de la victoire du Mincio, et m'envoya lui en donner les détails le lendemain, et lui porter en même temps une jolie tasse qu'une de ses amies lui avait donnée pour ses étrennes un mois auparavant. Joséphine avait entendu parler de cette tasse, et la désirait surtout pour juger si le dessin qu'elle représentait valait la peine d'être mis en tableau. Il rappelait un trait du cadet de ses petits-fils, pour lequel elle avait la prédilection la plus passionnée ; s'il fût né dans le malheur et l'exil, où sa jeunesse a été si sévèrement élevée depuis, personne n'eût fait attention à ce petit fait, sinon sa mère, à laquelle rien n'échappait, et qui aurait vu là les indices des qualités qui se sont le plus développées dans le caractère de son fils, la bonté de cœur et le courage. Mais dans la position où il était alors, les flatteurs ne manquaient pas, et l'on s'était empressé d'offrir à la reine une tasse dont le dessin devait lui rappeler ce souvenir.

Cet enfant était fort délicat et n'avait que quatre ans, lorsque, pour la première fois, il vit un ramoneur ; sa peur fut grande ; il courut se cacher dans les bras de madame de Boubers. Sa gouvernante, sachant très bien qu'il ne faut pas brusquer les terreurs nerveuses des enfants, le prit sur ses genoux, l'apaisa par des caresses et dissipa pour toujours la peur du *petit homme noir*, en intéressant le cœur du jeune prince au sort de ces pauvres Savoyards, que la misère chasse du toit paternel, qui errent seuls loin de leurs parents, n'obtenant le pain dur dont ils se nourrissent que par leur industrie, le nettoyage des cheminées, qui les couvre de cette couleur noire si effrayante pour les enfants.

— Ses adieux à la garde furent touchants. (P. 137.) —

A quelques mois de là, un matin que, les enfants dormant encore profondément, la nourrice était passée un moment dans une pièce voisine en attendant leur réveil, un petit ramoneur descend de leur cheminée, enveloppé d'un nuage noir, dont il remplissait la chambre en se secouant ; le petit Louis seul s'était éveillé, et, chassant bientôt un premier moment d'effroi par le souvenir des détails donnés par sa gouvernante, il grimpe avec peine par dessus la balustrade qui fermait son berceau, et qu'il n'avait jamais franchie seul ; il court vers un tiroir qui contenait son petit trésor, monte sur une chaise pour y atteindre, et donne au jeune ramoneur la bourse qui renfermait tout l'argent qu'on lui avait accordé, et qu'il distribuait ordinairement pendant ses promenades. Son frère aîné, réveillé par le bruit qu'il avait fait, appela la nourrice, qui le trouva ne pouvant plus remonter dans sa couchette d'où il s'était échappé, et un peu embarrassé d'avouer qu'il avait *tout* donné à la fois...

Je trouvai Joséphine ravie des bonnes nouvelles que sa fille lui avait communiquées la veille, mais inquiète pourtant de la position difficile où se trouvait le vice-roi. Je lui contai tous les détails que j'étais chargée de lui donner, et je la laissai confiante dans l'espérance que cette victoire faciliterait les négociations commencées alors à Châtillon pour la paix, vers laquelle tous les vœux tendaient.

Cependant les jours s'écoulaient sans réaliser cet espoir ; les troupes alliées marchaient sur Paris. Mille agitations, mille inquiétudes se succédaient pour nous.

Le 28 mars 1814, j'étais allée le matin aux bains de Tivoli ; une femme que je connaissais et que je rencontrai m'apprit que l'armée ennemie n'était plus qu'à cinq lieues de nous. Cette nouvelle, qui déjà circulait dans Paris, y répandait la terreur ; on voyait de tous côtés des apprêts de départ ; des charrettes chargées d'effets encombraient les rues ; les plus pauvres fuyaient emportant sur leurs épaules tout ce dont ils avaient pu se charger. Tout en m'affligeant de ce triste spectacle, je ne pouvais croire encore que tant d'effroi fût motivé.

J'allai chez mon amie madame D\*\*\*, pour causer avec elle de mes inquiétudes ; nous sortîmes ensemble, et le même spectacle se présenta à nous sur les boulevards, où le plus grand découragement se lisait sur tous les visages. J'entendis plusieurs fois répéter que les barrières étaient fermées et que l'armée ennemie était tout près. Je ne pouvais croire à cette nouvelle, confiante comme je l'étais dans le génie de l'homme qui présidait aux destinées de mon pays.

Je n'avais jamais songé à m'inquiéter du sort de la reine, ni à plus forte raison du mien, qui y était attaché. Nous savions l'empereur à l'armée, veillant sans doute à ce que sa capitale ne pût tomber au pouvoir de l'ennemi, et chacun se reposait si complètement sur son génie, que penser à soi ou montrer des craintes eût paru une faiblesse inexcusable.

C'eût été même une faute grave pour ceux qui tenaient à la dynastie impériale : aussi j'avais vu le duc de Rovigo venir chez la reine à l'occasion d'un échange de chevaux qui se faisait dans les écuries, chose qui avait lieu tous les ans, et que la reine même ignorait. Mais on voulait que la famille de l'empereur donnât l'exemple de la sécurité. Le duc de Rovigo s'alarmait de l'effet que cette vente de chevaux pouvait produire dans le public : « Cela prouve des craintes, disait-il, si l'on a l'air de faire quelque changement ; l'empereur en sera fort mécontent. » La reine le rassura, puisqu'elle n'avait donné aucun ordre, et pourtant depuis trois mois, le trésor public étant embarrassé, ni elle ni aucun des fonctionnaires de l'État ne recevaient de traitement. La reine s'en inquiétait peu, l'argent était la chose qui l'occupait le moins. Je pense même qu'elle croyait alors qu'on pouvait s'en passer pour vivre.

Aussitôt mon retour, je me rendis près d'elle et lui appris les bruits qui circulaient. « Est-il possible, dit-elle, que l'armée ennemie soit plus
» près de nous que la nôtre? Sans doute, ce sont des manœuvres de
» l'empereur que nous ne pouvons connaître ; il n'est pas homme à se
» laisser surprendre ; il viendra, au moment où on l'attendra le moins,
» sauver sa capitale. Le tout est de ne pas s'effrayer, et je pense qu'on
» aura ici l'énergie nécessaire à la circonstance. »

Elle se leva avec le calme que je lui ai toujours vu dans toutes les grandes occasions. Elle se rendit aux Tuileries dans la matinée. A son retour, je m'empressai de venir lui demander des nouvelles. « L'impé-
» ratrice n'en sait pas plus que moi, me dit-elle. Ce soir, il doit y avoir
» un conseil qui décidera de ce que chacun doit faire. J'ai conjuré
» l'impératrice, ajouta-t-elle, de ne pas quitter Paris ; ce serait une grande
» faute ; je crois l'avoir convaincue ; mais elle est bien jeune pour oser
» prendre une détermination, et si l'on manque d'énergie, tout est perdu.
» Dans tous les cas, ma chère Louise, ajouta la reine, prépare toutes
» mes affaires, emballe mes diamants, que je sois libre de partir à
» l'instant, ou de rester, si cela me convient. »

J'allai donner des ordres en conséquence ; j'emballai moi-même les diamants, et j'attendis le soir avec impatience.

Mon agitation d'esprit ne me permettant pas de rester en place, je fus chez la duchesse de Bassano, puis chez la duchesse de Raguse, pensant que, par leurs maris, elles étaient peut-être mieux au courant qu'on ne l'était à Paris de ce qui se passait à l'armée, et qu'elles m'apprendraient quelque chose de rassurant. Je les vis successivement et les trouvai toutes deux au désespoir des nouvelles qui circulaient, et qui n'étaient que trop vraies. Cette confirmation de mes craintes me rendit tout mon courage au lieu de l'abattre ; je sentais que c'était pour tous le moment d'agir, et j'ai pu, dans ces tristes circonstances, me convaincre que dans les grands revers le moral des femmes se laisse parfois moins facilement décourager, et qu'elles retrouvent dans leur cœur, dans la vivacité de leurs impressions, toute la force nécessaire aux courageuses résolutions.

La reine, après son dîner, se rendit aux Tuileries ; le temps qu'elle y resta me parut d'une longueur énorme. M. de Lavalette vint l'attendre chez moi, pour savoir aussi la décision. Nous causâmes longtemps ensemble. Son inquiétude était égale à la mienne ; nous étions attristés du présent et nous frémissions pour l'avenir. En ce moment peut-être le sort de la France se décidait au conseil ; qu'allait-on faire?

M. de Lavalette se promenait avec agitation, en disant : « On décide
» le départ, il aura lieu : comme c'est le plus mauvais parti, c'est celui
» auquel on s'arrêtera ! et pourtant ils savent que l'empereur arrive !
» L'énergie, la présence d'esprit manqueront, je le crains !... j'en suis
» sûr. »

A onze heures, nous montâmes chez la reine, nous y trouvâmes la maréchale Ney, qui l'attendait aussi, et nous restâmes jusqu'à une heure du matin. Alors les portes s'ouvrirent à deux battants. La reine entra avec une expression que je ne lui avais jamais vue, je sentis que tout était fini.

« Je suis outrée de la faiblesse dont je viens d'être témoin, nous dit-elle : le croirez-vous? on part ! c'est ainsi qu'on perd à plaisir et la France et l'empereur ! Ah ! dans les grandes circonstances les femmes seules ont du courage ! je le sens, je suis sans doute celle qui souffrirait le moins de la perte de toutes ces grandeurs ; mais je suis indignée de voir si peu d'énergie quand il en faudrait tant. Lorsque les destinées d'un pays dépendent de la nôtre, c'est un devoir de se maintenir aussi haut que la fortune nous a placés. »

La reine entra dans quelques détails, nous dit que le conseil avait décidé que Paris ne pouvait pas se défendre, et qu'alors on ne voulait pas que l'impératrice et le roi de Rome ([1]) pussent être exposés à tomber au pouvoir de l'ennemi. La reine nous répéta ce qu'elle avait dit à l'impératrice : « Ma sœur, au moins vous savez qu'en quittant Paris,
» vous neutralisez la défense et qu'ainsi vous perdez votre couronne ; je
» vois que vous en faites le sacrifice avec beaucoup de résignation. »
L'impératrice lui avait répondu : « Vous avez raison, mais ce n'est pas
» ma faute, le conseil l'a décidé ainsi. » La frayeur de Cambacérès, ses

---

1. On sait que ce titre désigne le fils de Napoléon 1er.

embarras, le temps qu'il réclamait pour pouvoir se mettre en route, puisqu'il devait accompagner l'impératrice, l'oubli que l'on allait faire du trésor de l'empereur, toutes ces choses furent encore longtemps le sujet de la conversation.

M. de Lavalette demanda à la reine ce qu'elle comptait faire. « Mais comme on nous laisse maîtres de nous-mêmes, je ne veux pas être prise sur une grande route, et je reste à Paris : je partagerai avec les Parisiens toutes les chances, bonnes ou mauvaises. » La reine écrivit à l'instant à sa mère, pour l'engager à se rendre à Navarre. Elle envoya sa lettre par un piqueur. Sans sa fille, la pauvre Joséphine, abandonnée, négligée à la Malmaison, aurait pu voir arriver les Cosaques chez elle sans se douter des événements.

Tous ces soins firent que la reine se coucha fort tard. J'étais inquiète pour elle, dont la santé était si délicate, de la voir aussi agitée, aussi incertaine sur ce qu'elle ferait ; car si elle sentait vivement la nécessité de rester à Paris pour engager à la défense, d'un autre côté, elle craignait avec raison d'être prise si l'on ne se défendait pas, et que l'empereur ne lui en voulût d'avoir exposé ses neveux. Elle s'endormit au milieu de ces agitations, et je me retirai dans mon appartement.

J'étais à peine rentrée chez moi, lorsqu'on vint frapper à ma porte. « Voici une lettre pressée pour la reine, me dit un valet de pied ; elle est de son mari. » J'étais désolée de la réveiller, l'ayant vue conserver plusieurs jours une grande agitation de nerfs, à en avoir même la fièvre, pour des dépêches qu'on avait été forcé de lui remettre la nuit, surtout lors de l'abdication de son mari. Je me décidai pourtant à entrer chez elle et à lui remettre la lettre de son mari, qui logeait alors chez Madame-mère (1), à Paris.

Il écrivait à sa femme ce qui venait d'être décidé par le conseil, et lui annonçait le départ de l'impératrice.

La reine lui répondit qu'elle le savait, et me congédia pour tâcher de se rendormir. Une heure après, un second messager arriva de la part du roi : il fallut encore réveiller la reine. Cette fois il lui demandait quelles étaient ses intentions ; il lui disait que, l'impératrice partant, elle ne pouvait rester à Paris avec ses enfants ; et que, quoiqu'il blâmât ce départ, on ne devait pas moins s'y soumettre. La réponse de la reine terminée, je me retirai ; mais enfin, une troisième fois on arriva

---

1. Titre sous lequel on désignait la mère de Napoléon Ier.

encore, et le roi écrivait que décidément il voulait que sa femme suivît l'impératrice.

Je ne me couchai pas ; j'étais dans un désespoir que je ne saurais peindre. Cette nuit se passa en allées et venues, et la pauvre reine, le lendemain en se levant, était fort abattue. La matinée du 29 se passa pour nous dans une sorte de tourbillon ; toutes les femmes de la reine me demandaient des ordres, se lamentaient à faire perdre courage, les unes du regret de quitter leur famille, les autres de ne pas accompagner la reine. Toutes les dames du palais de l'impératrice, dont les maris étaient près de l'empereur, venaient chez moi tout exaspérées du départ ; elles voulaient absolument pénétrer jusqu'à la reine. L'ordre était donné à la porte de ne recevoir personne ; car Hortense, tourmentée dans ce qu'elle avait de plus cher, avait besoin de se recueillir un peu. Le roi avait envoyé chercher ses enfants, et l'on attendait ce qu'il allait décider. La reine ne put néanmoins parvenir à être seule ; la duchesse de Bassano insista pour être reçue ; puis M. de Labédoyère vint s'offrir pour escorter la reine et la défendre en cas de danger. Celle-ci déclina ses offres, à cause de ses attaches avec les Bourbons. La nuit s'acheva bien tristement.....

# Chapitre Huitième

Fermeté de la reine. — Le roi Louis réclame ses enfants. — La fuite s'impose. — Départ de la reine. — Son arrivée à Trianon, puis à Rambouillet. — Scènes émouvantes. — Les Cosaques. — La reine au château de Navarre. — On apprend la capitulation de Paris et le sort de Napoléon. — Les préoccupations de l'avenir.

ARIS était dans un mouvement incroyable : toute peur des Cosaques avait disparu ; peut-être était-ce la peur qui donnait à chacun le besoin de se défendre ; mais on voyait des hommes, des femmes s'animer de courage. Des domestiques de la reine partirent sans y être provoqués, dans l'espoir de concourir à la défense générale ; plusieurs ne revinrent plus.

Le comte Regnault de Saint-Jean d'Angely, qui était colonel de la garde nationale, demanda à parler à la reine et lui exprima le découragement inspiré par le départ de l'impératrice et du roi de Rome. La reine lui dit : « Malheureusement je ne puis les remplacer ; mais je ne mets pas en doute que l'empereur n'exécute des manœuvres qui nous les ramènent bientôt ici ; il faut que Paris tienne, et si la garde nationale veut défendre la capitale, dites-lui que je m'engage à y rester avec mes enfants. »

Le comte Regnault courut rendre compte de cette détermination, et la reine, après cet engagement pris, ne pensa plus qu'à rester tranquille à Paris.

Les princes revinrent de chez leur père. Leur gouvernante avait dit au roi Louis que tous les apprêts se faisaient pour partir, comme elle le croyait ; et en effet, au premier signal, on pouvait se mettre en route ; le roi était donc rassuré, car il ne voulait pas que ses enfants fussent exposés à tomber au pouvoir de l'ennemi, et, trop jeunes tous deux pour n'avoir pas besoin de leur mère, il les renvoyait, croyant les revoir bientôt au lieu de sa retraite.

Le roi, trop souffrant pour combattre, avait été désigné pour accompagner l'impératrice Marie-Louise ; mais il ne voulut pas partir sans savoir ce que ses enfants deviendraient. Sa préoccupation paternelle le fit rester à Paris jusqu'à ce qu'il fût certain que la reine s'était enfin décidée à emmener ses enfants hors des dangers. Il était loin d'imaginer qu'elle venait de s'engager à y rester. Pour elle, une seule chose l'occupait : « L'Empereur va venir, disait-elle ; il est impossible qu'il n'arrive pas ; si l'on quitte Paris, il faudra donc que lui et l'armée française viennent se faire tuer sous les murs de la capitale pour la reprendre ; tandis que si l'on a du courage, si l'on tient, les dangers sont moins grands, même pour nous, femmes, de rester enfermées dans une ville, que d'êtres prises peut-être au milieu de la campagne. »

Son raisonnement paraissait bien juste ; mais elle n'était pas la maîtresse, et tout concourait à la forcer d'agir d'une façon contraire à sa volonté.

On apercevait déjà les Cosaques dans la plaine des Vertus, et notre armée avait été obligée de se replier sur Paris. La reine dit alors : « Je m'attendais bien à voir l'ennemi entourer Paris ; l'essentiel est d'empêcher qu'il n'y entre. »

La nuit approchait ; le comte Regnault demanda à être introduit : j'étais présente. « Madame, dit-il à la reine, je viens vous rendre votre parole ; la garde nationale a beau être bien disposée, il est impossible de défendre Paris. Je viens d'en acquérir la certitude. Vous ne devez pas vous exposer, vous et vos enfants, à être pris ; et, je vous le répète, Paris ne peut pas tenir : tous les généraux l'assurent. — Mais, dit la reine, est-il croyable qu'avec la bonne volonté que montrent les Parisiens on ne puisse arrêter quelques jours l'armée ennemie ? — J'ai tout lieu de penser, dit le comte Regnault, que demain nous serons en son pouvoir. Croyez-moi, partez à l'instant ; c'est moi qui réponds de vous, puisque c'est moi qui vous ai engagée ce matin à rester, et Dieu veuille que vous puissiez passer librement ! »

Il partit. La reine balançait encore ; elle se promenait dans sa chambre et disait : « Une armée prendre si facilement une capitale, est-ce possible ? et avoir l'empereur tout près d'ici ! Mais je me souviens que Madrid s'est maintenu quelques jours contre nos armées ; il y a mille exemples semblables, et nous sommes des Français ! »

Les dames et les officiers qui l'entouraient n'osaient lui donner un conseil, et pourtant le temps pressait, lorsqu'un message du roi vint lever toute incertitude. Il allait se mettre en voiture, lorsqu'il apprit que la

MOSCOU. (P. 149).

## CHAPITRE HUITIÈME.

reine n'était pas encore partie. Il demandait ses fils à l'instant pour les emmener avec lui, et faisait dire à la reine qu'elle oubliait donc que Paris pris, on pourrait s'en saisir comme d'otages.

La reine ne balança plus : « Qu'on fasse mettre mes chevaux, dit-elle, et dites au roi que je pars à l'instant avec mes enfants. »

En effet, tout fut en mouvement ; je descendis chez moi pour me préparer, et j'y trouvai une excellente amie, M$^{me}$ Doumerc : je lui appris que nous allions coucher à Versailles ; sa mère avait à Glatigny une très jolie campagne : elle me pria d'aller l'offrir à la reine, qui l'accepta, plutôt que de coucher dans une auberge, encombrée sans doute par tous les fuyards de Paris.

M$^{me}$ Doumerc eut le courage de partir seule à l'instant même, se faisant un honneur d'aller recevoir la reine, et un bonheur de lui prouver, dans cette pénible circonstance, le dévouement qu'elle lui avait toujours témoigné.

Nous nous mîmes en route à neuf heures du soir ; la reine était seule dans sa voiture avec ses deux enfants ; madame Mailly, sous-gouvernante des princes, M. et M$^{me}$ d'Arjuzon et la nourrice du plus jeune prince, qui ne l'a jamais quitté, étaient dans la seconde ; j'étais dans la troisième voiture avec ma femme de chambre, emportant avec moi toute la fortune de la reine, ses diamants. La voiture des femmes fermait la marche.

Les Cosaques ayant déjà été aperçus non loin de Paris, la reine, dans la crainte de les rencontrer, avait donné l'ordre à son courrier d'aller bien en avant des voitures et de tirer un coup de pistolet en l'air s'il voyait un ennemi. C'était le signal qui, dans ce cas, devait faire retourner les voitures.

Nous arrivâmes pourtant à Glatigny sans embarras ; il était déjà tard. La reine présida au coucher de ses enfants ; elle les vit s'endormir avec cette anxiété d'une mère qui voit la plus belle cause, les plus belles couronnes, les plus brillantes destinées s'anéantir pour ses fils, trop jeunes pour sentir l'amertume de pareilles pertes.

Ces deux pauvres enfants s'endormirent sans souci et se faisaient peut-être un plaisir secret d'apercevoir des Cosaques, parce qu'ils nous entendaient sans cesse manifester la crainte de les rencontrer.

M$^{me}$ Doumerc me fit partager sa chambre, et nous passâmes une partie de la nuit à causer de nos craintes, des chances de salut qui restaient, et nous pensions aux amis qui allaient encore périr inutilement !.....

À peine endormies, nous fûmes réveillées par le canon de Paris qu'on attaquait, et nous ne pensâmes plus qu'à la nécessité de nous éloigner promptement. J'entrai chez la reine ; elle se levait déjà en entendant ces détonations dont le bruit la faisait tressaillir. « Madame, il faut partir à l'instant, lui dis-je. — Je ne puis penser à m'éloigner de Paris, répondit-elle, sans connaître le sort réservé à cette ville qui m'est si chère ; cette incertitude serait affreuse, et je vais me rendre à Trianon. Je serai là à portée des nouvelles, et si je ne puis être utile aux Parisiens, je connaîtrai au moins leur destinée. — Mais, Madame, lui dis-je, vous pouvez courir des dangers à Trianon, dans un lieu si isolé. — Certainement, me répondit-elle, je ne veux pas exposer mes enfants, et je vais envoyer prévenir le général Préval, qui commande à Versailles, pour qu'il réponde de nous et qu'il me prévienne de tous les événements. »

La reine avait emporté avec elle une carte des environs de Paris ; en la regardant elle me dit : « Je sais bien que les Cosaques pourraient par Bougival venir à Trianon ; mais le général Préval, qui est un bon militaire, enverra sans doute de ce côté pour éviter toute surprise, et je ne puis m'éloigner quand j'entends le canon qui tue peut-être dans cet instant une partie de mes compatriotes ! »

Puis elle ajouta, les larmes aux yeux : « Hélas ! jusqu'à présent je n'avais jamais entendu le canon que pour les fêtes ou pour se réjouir des succès de nos armées ! Il faut donc se soumettre maintenant à nos revers ! Mais je ne puis être tranquille que lorsqu'on aura cessé de se battre ! »

Nous partîmes en effet pour le petit Trianon, où le général Préval vint voir la reine. Il faisait très beau ; nous étions dans le jardin, d'où l'on entendait distinctement tous les coups, et nous attendions avec la plus grande émotion la fin de cette bataille qui allait décider de nos destinées. La reine avait donné l'ordre qu'aucun domestique ne s'éloignât ; le général devait d'ailleurs lui donner des nouvelles.

Le bruit du canon avait déjà cessé, et nous n'apprenions rien ; seulement la reine était plus gaie. « On ne se bat plus, disait-elle ; n'importe ce qui est arrivé, nous pouvons respirer, puisqu'il n'y a plus à craindre de voir tuer nos chers Parisiens. »

J'aperçus la première, de loin, dans l'avenue, un militaire qui arrivait fort tranquillement à pied de Versailles. Je courus au-devant de lui :

« Quelle nouvelle nous apportez-vous ? lui dis-je avec avec vivacité. — Je viens parler à la reine, me répondit-il froidement, de la part du général Préval, et j'ai l'ordre de lui parler à elle seule. » Je vins annoncer ce sous officier à la reine, et je me retirai. Quand il fut parti, elle nous annonça que le général lui faisait dire de quitter à l'instant Trianon, qu'il n'était plus sûr pour elle d'y rester. Lorsque nous traversâmes Versailles, nous apprîmes que les troupes avaient déjà évacué la ville, que les rois Joseph et Jérôme y étaient passés pour rejoindre l'impératrice, que la retraite se faisait en toute hâte et qu'on y attendait l'ennemi. Ainsi nous nous trouvions former l'arrière-garde.

Nous arrivâmes fort tard à Rambouillet. Les rois y étaient à souper, et ils s'apprêtaient à repartir. La reine fut introduite près d'eux, et elle apprit là les événements et la capitulation de Paris. Pour nous, nous restâmes dans le premier salon, où se trouvaient tous les ministres ; chacun avait sa contenance particulière. Je me souviens seulement du général Clarke, ministre de la guerre, qui avait l'air très préoccupé et en proie à un découragement qui me paraissait inouï. Le comte Daru se promenait en réfléchissant. Tous ces Messieurs n'en revenaient pas de nous voir arriver si tard. Nous ne pouvions aller plus loin, puisque tous les chevaux de poste étaient pris par les rois et les ministres, et que ceux de la reine, qui nous avaient amenés, avaient besoin de repos. Et on nous disait que, si nous ne trouvions pas le moyen de partir de suite, nous pouvions nous attendre à voir cette nuit même arriver les Cosaques.

Je voyais avec étonnement tous ces ministres si démoralisés, ne pensant à rien qu'à fuir, ne s'inquiétant pas des autres, ni des mesures à prendre pour rendre cette catastrophe moins cruelle ; et j'éprouvais plus de sécurité à me trouver avec la reine qu'avec ceux qui me semblaient avoir entièrement abandonné la partie.

J'allai voir M<sup>me</sup> Dillon, qui était là avec les enfants de sa fille, M<sup>me</sup> Bertrand, et qui l'attendait avec une vive impatience. Elle n'avait pas encore voulu quitter Paris, espérant toujours y voir arriver son mari à la suite de l'empereur.

Personne ne songea à nous offrir à souper ; nous n'avions aucunes provisions avec nous, et la reine, qui vivait presque sans manger, ne s'en apercevait pas. J'étais si morte de fatigue et de faim, que je priai M<sup>me</sup> Dillon de me donner quelque chose ; elle n'avait plus qu'un gros morceau de pain, dont je m'emparai et que j'emportai dans ma chambre.

La reine était livrée à la plus grande incertitude : elle nous parlait de la probabilité de voir arriver l'ennemi, ce qui, à elle, lui paraissait impossible. Les enfants étaient couchés, déjà endormis ; elle tenait à les laisser reposer. D'un autre côté, tous les hommes qui venaient de partir devaient, disait-elle, mieux savoir qu'elle les dangers de la guerre : devait-elle les croire aveuglément ? Puis elle se rassurait, elle les avait vus si peu occupés de réunir des forces pour se défendre, qu'elle ne pouvait les croire infaillibles. « Pourquoi ne se retire-t-on pas en ordre ? disait-elle. Pourquoi le ministre de la guerre est-il parti ? Les frères de l'empereur doivent rejoindre le roi de Rome pour l'entourer et guider l'impératrice ; mais les ministres devaient rester ici. Est-ce qu'on cède la France sans la disputer à l'ennemi ? »

L'idée que Paris serait rendu au moment où l'empereur allait arriver pour défendre sa capitale, la mettait dans une exaspération et une méfiance qui, naturellement, lui faisaient accuser les hommes de faiblesse.

Nous causions ainsi avec la reine et M$^{me}$ d'Arjuzon, lorsque nous entendimes parler très haut et avec véhémence. M. d'Arjuzon vint dire à la reine que c'était un colonel qui demandait le ministre de la guerre. La reine sortit précipitamment de sa chambre ; je la suivis et nous vîmes le colonel Carignan, qui s'emportait contre le duc de Feltre, qu'il croyait trouver à Rambouillet, et qui était parti sans lui donner aucun ordre sur la retraite que son régiment devait protéger. La reine lui dit : « Calmez-vous, colonel ; sans contredit le ministre de la guerre aurait dû rester ici, mais puisque c'est vous qui protégez la retraite, c'est moi qui vais vous donner des ordres ; je reste ici avec mes enfants, je vous en confie la garde ; veillez à ce que les Cosaques ne nous surprennent pas. Demain, je partirai de bonne heure avec eux. » Le lendemain, le régiment était parti avant nous !

Je laissai enfin la reine se reposer, résolue à me jeter tout habillée sur mon lit, ayant à peine le temps de sommeiller deux heures ; mais je vis alors entrer dans ma chambre M$^{mes}$ de Raguse, de Reggio et de Saint-Aulaire ; elles avaient pris le parti de quitter Paris avant l'entrée des troupes ; par des détours et avec des chevaux qu'elles avaient pu trouver à des postes intermédiaires, elles arrivaient à Rambouillet. Leur désolation de la reddition de Paris était aussi grande que la nôtre. Dans son désespoir, la duchesse de Raguse s'écriait : « L'empereur va revenir sur Paris ; tout sera mis à feu et à sang ! » La duchesse de Reggio ajoutait : « Nos maris n'abandonneront pas l'empereur, leur protecteur, leur général, et je les vois se faisant tuer à ses côtés sous les murs de Paris. » M^me de Saint-Aulaire, dont le mari n'était que chambellan, s'affligeait de tous les maux qu'on redoutait. Au milieu de ces lamentations, qui n'étaient que trop justifiées par la position où elles se trouvaient, elles criaient qu'elles avaient faim, et ces femmes si recherchées, si gâtées par toutes les habitudes du luxe, furent trop heureuses de se partager les débris de mon fameux morceau de pain.

De grand matin, j'entrai chez la reine, qui reçut ces dames. Les doléances recommencèrent ; la reine leur conseilla d'aller à Blois se réunir à l'impératrice Marie-Louise, et surtout de partir en même temps qu'elle ; car si elle n'avait pas craint les Cosaques dans la nuit, elle pensait bien qu'ils ne pouvaient pas tarder à arriver.

Elle leur fit part de son projet d'aller à Navarre, et nous nous séparâmes toutes la mort dans l'âme : où et quand nous reverrions-nous ?....

Les voitures arrivées, nous nous mîmes en marche, à la grande surprise de quiconque nous vit passer par la forêt de Rambouillet, au lieu de longer les bois en suivant la route de Maintenon. Toujours prévoyante, même dans son imprudence, la reine avait fait demander un garde de la forêt pour connaître la route. M. d'Arjuzon, seul homme que nous eussions avec nous, ne connaissait nullement la guerre, et nous ignorions tous que par la route que nous prenions nous allions nous trouver au milieu des Cosaques ; mais, par bonheur, au moment où nous entrions dans le bois, une voiture de la reine, qui n'avait pu suivre les premières, arrivait à Rambouillet avec son valet de chambre, qui l'escortait à cheval. Il vint à la portière de sa voiture lui rendre compte de ce qu'il avait vu, et entre autres, il lui dit que dans une plaine, qu'il lui nomma, il avait aperçu de loin les Cosaques. La reine en conclut qu'ils devaient nécessairement être dans la forêt où elle allait entrer.

Elle changea à l'instant de plan, fit retourner ses voitures, et nous nous trouvâmes sur la grande route de Rambouillet à Maintenon.

M. et M^me d'Arjuzon de leur portière, et moi de la mienne, nous ne concevions rien à ce changement de route, et nous nous demandions réciproquement ce que cela voulait dire. M. d'Arjuzon, qui avait offert sa terre de Louis à la reine pour y passer la nuit avant de se rendre à Navarre, et qui voyait qu'on abandonnait la vraie route qui y conduisait, voulait faire arrêter. Mais nous ne fûmes pas longtemps dans l'incertitude. Après avoir fait un quart de lieue, nous vîmes sortir du bois et galoper dans la plaine un Cosaque avec son grand fouet à la main. Le piqueur de la reine mit son cheval au galop de ce côté ; le Cosaque rentra dans le bois ; un instant après, il reparut avec un autre, mais pourtant ils ne nous atteignirent pas.

Il y avait d'ailleurs avec nous sur la grande route beaucoup de fuyards, beaucoup de voitures qui leur représentaient sans doute une force assez considérable pour leur imposer.

Quand nous fûmes à Maintenon, la reine fit demander une escorte à un régiment de cavalerie qui se trouvait là, et nous reprîmes avec sécurité une route de traverse qui devait nous conduire à Louis. Un courrier de l'empereur que nous rencontrâmes, dit à la reine qu'il avait laissé l'empereur allant à Paris. La reine s'écria : « J'avais donc raison de vouloir qu'on se défendît à Paris ; j'étais sûre que l'empereur viendrait au secours de la capitale. A présent que va-t-il devenir ainsi que notre armée ? »

Nous traversâmes des vallées si calmes et si paisibles, que c'était un contraste bien pénible avec notre agitation, et parvînmes enfin à Louis un peu avant la nuit.

La reine congédia son escorte ; restée seule avec nous, je la vis un moment anéantie. « Je pleure, nous dit-elle, sur tous les malheurs que je prévois ; nous sommes tranquilles ici, mais que se passe-t-il à Paris ? On s'y bat sans doute ; l'empereur, à la tête de son armée, voudra reprendre sa capitale, et l'ennemi en est le maître ; comment ne pas prévoir une lutte affreuse d'extermination ? Tout ce calme qui nous environne me fait plus de mal que l'agitation d'où je sors ! »

Nous pensions tous de même, et jamais soirée ne fut plus triste que celle que nous passâmes à Louis, malgré toute l'obligeance et les soins des maîtres de la maison. Le lendemain à cinq heures du matin nous nous remîmes en route pour Navarre, par un temps épouvantable et des chemins affreux.

A quatre lieues de Navarre, nous trouvâmes M. Fritz Pourtalès, premier écuyer de l'ex-impératrice, qui venait au-devant de la reine avec les chevaux de sa mère. Bientôt elle eut le bonheur de se trouver près d'elle.

Le plaisir d'embrasser sa fille et ses petits-enfants fut une grande consolation pour Joséphine, qui ignorait complètement tout ce qui se passait, et qui se tourmentait outre mesure du sort de l'empereur.

Sa fille lui cacha même ce qu'elle avait appris en route de sa marche sur Paris, pour ne pas augmenter ses inquiétudes. Nous ne tardâmes pas à apprendre tous les détails de cette catastrophe, l'entrée des alliés à Paris, les rubans blancs, etc. Mais la chose qui me surprenait le plus, c'était de voir dans le salon même de Joséphine une sorte de joie sur des visages qui auraient dû exprimer la tristesse.

Beaucoup de ceux qui composaient la maison d'honneur avaient l'air de nous souffrir avec peine ; car, eux, si empressés autrefois, nous disaient d'un air contraint : « Restez-vous ? Partez-vous ? Où irez-vous ? Quant à nous, nous sommes bien tranquilles, il ne nous arrivera rien. »

Quelles journées que ce samedi, ce dimanche ! Tout ce que nous avions de brillant à Paris était à Navarre : la duchesse de Bassano y arriva avec ses enfants et ses sœurs, se dirigeant sur Alençon ; M$^{me}$ Mollien, si tendrement attachée à la reine, et qui, de chez elle, était passée à l'impératrice Marie-Louise, revenait déjà de Blois, où elle avait laissé son mari ; M$^{me}$ Gazani, etc. Tout ce monde arrivait sans plan arrêté, tandis que des ordres de l'empereur portaient que l'on mît tout sur le pied de défense dans les départements.

Le château de Navarre ne comprend qu'une grande salle et un appartement. Joséphine avait logé sa fille dans le petit château, qui n'est qu'à deux pas du grand. La santé de l'ex-impératrice était alors parfaite, tandis que sa fille était très délicate, même assez dangereusement malade de la poitrine : aussi la moindre impression lui était-elle funeste.

Une nuit on vint m'éveiller pour me dire qu'un jeune homme demandait à me parler à l'instant ; qu'il arrivait de Fontainebleau, et était envoyé par le duc de Bassano près de sa femme, qu'il allait rejoindre. Je me levai à la hâte, et je fus trouver M. de Maussion, auditeur au conseil d'État, qui m'apprit le premier la capitulation de Paris et la position où se trouvait l'empereur, avec lequel pourtant on allait négocier et auquel on accordait l'île d'Elbe pour toute souveraineté.

Je me décidai à aller réveiller Joséphine plutôt que la reine, et je traversai la cour ; sa femme de chambre m'introduisit près d'elle, et rien ne saurait exprimer son angoisse : « L'empereur vit, me dit-elle, en me prenant les mains, en êtes-vous bien sûre ? Que M. de Maussion m'en répète l'assurance. » Ensuite elle pensa à aller réveiller sa fille pour trouver près d'elle les consolations dont elle avait tant besoin.

Elle endossa un manteau, je pris le bougeoir à la main et je la suivis, elle nous fit entrer tous deux dans la chambre de la reine. M. de Maussion nous donna tous les détails dont ces princesses étaient si avides.

L'ex-impératrice était assise au pied du lit de sa fille ; M. de Maussion et moi nous étions debout. Je n'oublierai jamais l'exclamation de Joséphine, quand M. de Maussion raconta que l'empereur irait à l'île d'Elbe.

Nous apprîmes encore que l'empereur avait voulu défendre Paris ; mais qu'étant arrivé trop tard, le duc de Raguse, qui avait capitulé pour son corps d'armée, avait livré l'empereur sans défense à Fontainebleau, où il était revenu et où chaque jour il voyait une défection nouvelle.

M. de Maussion promit de rester pour déjeuner, et quand je fus seule avec la reine, elle me dit : « J'ai un projet arrêté ; ma position particulière me rend isolée sur la terre ; ma mère peut rester en France, mais je porte un nom qui ne peut plus y demeurer, puisque les Bourbons reviennent. Je n'ai aucune fortune que mes diamants, je les vendrai et j'irai vivre à la Martinique, sur l'habitation qui appartient à ma mère. J'ai été là fort jeune et j'en conserve un souvenir agréable. Ce sera sans doute un grand sacrifice que de quitter la France, ma mère, mes amis ; mais là je serai tranquille, et il faut, dans les grands événements, avoir un grand courage. J'élèverai bien mes enfants, et ce sera ma consolation. »

Je l'avais laissée parler sans rien dire, car j'étais attendrie à la pensée de tout ce qu'elle abandonnait et de la force qu'il lui fallait pour le faire avec tant de résignation. « Permettez-moi de vous suivre, lui dis-je ; je serai trop heureuse de partager vos malheurs. — Eh bien, dit-elle, si telle est ta résolution, j'accepte. »

Alors nous convînmes que j'irais à Paris avec M. de Maussion pour préparer ma mère à cette séparation, et que là j'arrangerais mes affaires et celles de la reine ; que je ne parlerais à personne de ses projets et que je ne me montrerais même pas à mes amis de Paris.

J'avais bien des choses à régler à Paris avant de penser à m'embarquer ; je m'arrangeai donc pour partir sur-le-champ, le 3 avril, avec M. de Maussion et un valet de chambre de la reine.

Je connaissais particulièrement M. de Nesselrode, si longtemps premier secrétaire d'ambassade à Paris, et c'était à lui que je remettais toutes mes lettres pour la Russie. Cela m'avait mise en grande intimité avec tous les Russes qui venaient à Paris, et qui souvent m'étaient adressés.

Avant de m'embarquer, j'avais à remettre à plusieurs d'entre eux des diamants qu'ils m'avaient confiés, dans la crainte de les perdre en Russie, si nos armées en faisaient la conquête. J'avais demandé à la reine la permission de me charger de ces dépôts, et elle m'avait autorisée à les mettre en sûreté dans son palais.

J'étais fort impatiente de remettre ces objets précieux à ceux auxquels ils appartenaient. Presque tous venaient d'arriver à Paris, étonnés, sans doute autant que moi, d'y paraître en vainqueurs ; car nous avions été loin d'imaginer qu'ils reviendraient eux-mêmes rechercher à Paris ce qu'ils y avaient laissé.

Il était convenu avec la reine que je ne verrais personne de sa maison, que je ne me montrerais même pas, et que toutes mes affaires personnelles achevées, je viendrais la rejoindre à Navarre.

Je voyageai dans la voiture de M. de Maussion. Arrivée à la barrière, je fondis en larmes, en voyant les portes de Paris gardées par des Russes ; car il était affreux de penser que l'empereur était venu trop tard défendre cette capitale qu'on avait livrée si vite, et qu'en si peu d'instants une puissance colossale avait été renversée !

ALEXANDRE Iᵉʳ. (P. 141.)

Quelle allait être la position de la reine et de ses enfants ?

Voilà ce qui m'avait occupée pendant toute la route. Je savais qu'elle n'avait aucune fortune à elle ; son mari lui laissait son traitement de prince français, pour tenir sa maison lorsqu'ils étaient séparés, et depuis qu'il avait abdiqué la couronne de Hollande. L'empereur, qui se reposait sur la reine pour faire les honneurs de Paris, à cette fin, et depuis deux ans seulement, lui avait assuré des revenus considérables. Mais loin d'économiser, elle dépensait tout ; de même que sa mère, elle donnait tout ce qu'elle avait. A présent, avec quoi vivrait-elle ? Elle ne s'était jamais occupée des détails d'une maison ; parce qu'elle savait se priver, elle croyait qu'on pouvait vivre avec rien, et l'argent était la dernière chose à laquelle elle eût pensé. Elle imaginait qu'avec ses diamants (seule chose qui allait lui rester), il y en aurait assez pour une vie tranquille comme celle qu'elle allait mener.

Mais moi, je m'inquiétais pour elle, et aussi pour sa mère, qui allait encore avoir plus qu'elle des tourments de ce genre ; car toute la vie de l'impératrice s'était passée au milieu du luxe et de toutes les délicatesses de la plus grande aisance. Ses bienfaits étaient si considérables et si peu calculés, même sur sa fortune, qu'elle allait se trouver en face de dettes énormes, et n'ayant qu'une campagne comme la Malmaison pour toute fortune. Je pensais à tout cela en allant vers Paris, lorsque l'aspect des uniformes étrangers me rappela ces tristes réalités qui avaient enfanté toutes mes craintes.

Ma mère fut très affligée de mon projet de m'exiler avec la reine ; mais comme elle connaissait mon attachement, mon dévouement pour elle, elle ne s'en étonna pas, et n'essaya pas, pour m'en détourner, des instances qu'elle savait inutiles : « Va, ma fille, suis ta destinée ; fais ce que ton cœur et ton devoir t'appelleront à faire. Mais, tu le sais, je ne puis vivre loin de toi ; je ne te laisserais pas partir si je ne me sentais le courage de te suivre. Lorsque vous serez fixés quelque part, j'irai m'y réunir à toi, fût-ce au bout de l'univers. »

# Chapitre Neuvième

Les suites de l'invasion. — La bienfaisance de la reine est récompensée ; intérêt que lui porte l'empereur de Russie. — Abnégation d'Hortense ; elle finit par accepter le titre de duchesse de Saint-Leu et un apanage. — Anecdotes sur ses enfants.

MON arrivée à Paris, je trouvai l'hôtel de la reine envahi par les Suédois ; on n'avait pas osé habiter son appartement. Elle avait laissé dans la bibliothèque de son cabinet tous ses papiers, toutes ses correspondances ; par habitude, elle ne fermait rien à clef : elle avait de grands cartons où elle déposait toutes les lettres de sa famille. Les étrangers auraient donc pu s'emparer de tout cela ; mais, précisément parce qu'il n'y avait rien de fermé à clef, ils n'y pensèrent pas ; cette pièce fut habitée, et l'on ne toucha à rien, on se servit seulement des livres, et il y en eut peu de perdus.

Mme de Caulaincourt dit à son fils que j'étais à Paris ; il venait pour traiter avec M. de Nesselrode et d'autres ambassadeurs sur le sort de l'empereur et de sa famille. Il désira me voir, et mon incognito fut ainsi découvert.

J'appris que l'empereur Napoléon, forcé d'abdiquer à Fontainebleau (par l'abandon du duc de Raguse et de plusieurs autres généraux qui s'empressèrent de faire la paix), avait jusqu'à la fin montré le plus grand courage. Ses adieux à la garde furent touchants. M. de Nesselrode accourut un des premiers chez moi aussitôt qu'il eut reçu l'annonce de mon arrivée ; il me témoigna un si grand dévouement pour les intérêts de la reine et de ses enfants, que je sentis renaître mes espérances et que je conçus l'idée que la reine ne serait pas forcée de s'expatrier, comme elle en avait le projet. J'avouai à M. de Nesselrode le but de mon voyage, qu'il traita de folie. Je m'informai à lui de tout ce qui pouvait intéresser la reine et Joséphine, et de ce que je pouvais savoir sur le sort de l'empereur Napoléon, et j'écrivis en détail à Navarre tout ce qu'on me disait. J'avais, depuis bien des années, contracté l'habitude d'écrire tous les soirs ce que j'avais fait dans la journée. Mes lettres à la reine remplacèrent en ce moment cette espèce de journal ; elles renferment à peu près tout ce que j'ai fait à Paris pendant le temps que j'y ai passé.

Dans la première de ces lettres, voici ce que je lui disais : « Madame, je viens de voir M. de Nesselrode, et je m'empresse de vous conter mot à mot tout ce qu'il m'a dit. « Écrivez à l'instant à la reine pour qu'elle » vienne ici : que peut-elle redouter ? qui n'est pas rempli d'affection » pour elle, pour sa mère, pour son frère ? La voix publique est tout » en leur faveur. Qu'elle décide elle-même de son sort. Nous pouvons » tout en ce moment. La destinée de l'Europe et de chacun est entre » nos mains, et nous tenons à être justes envers elle, qui a toujours » été parfaite pour nous et qui a toujours cherché à adoucir les malheurs » de tant d'autres !... Veut-elle être quelque chose, ou veut-elle vivre » tranquille près de sa mère ? Écrivez-lui qu'elle reste encore où elle » est, avec ses enfants et sa mère, et qu'elle fixe elle-même son sort. » Tout ce qu'elle voudra sera fait. »

Je me hâtai de transmettre ces confidences à la reine et j'attendis sa réponse avec impatience, mais avec cette confiance qu'elle allait elle-même décider du sort qui lui conviendrait le mieux, puisqu'on mettait tout à sa disposition. Mon étonnement fut grand lorsque je reçus d'elle une lettre qui me disait qu'elle ne voulait pas séparer sa cause de celle de la famille à laquelle elle était liée, et que plus leur malheur était grand, plus elle voulait le partager. Je ne saurais dire tout le chagrin que me fit éprouver cette lettre ! Comment ? lorsqu'on lui offrait tout ce qu'elle pourrait désirer, elle oubliait qu'elle était mère, que ses enfants ne possédaient rien dans le monde, qu'ils pouvaient par elle avoir une existence honorable, rester dans leur patrie ; et elle rejetait tout cela par une exaltation que la raison ne pouvait approuver !

Voici une des lettres de la reine :

« Ma chère Louise, tout le monde m'écrit, ainsi que toi, pour me dire : Que voulez-vous ? que demandez-vous ? A tous je réponds : *Rien du tout*. Que puis-je désirer ? mon sort n'est-il pas fixé ? et lorsqu'on a la force de prendre un grand parti, et qu'on a pu envisager de sang-froid le voyage des Indes ou de l'Amérique, il est inutile de rien demander à personne. Je t'en prie, ne fais aucune démarche que je pourrais désapprouver ; je sais que tu m'aimes, et cela pourrait t'entraîner ; mais réellement, je ne suis personnellement pas trop à plaindre : j'ai tant souffert au milieu des grandeurs ! je vais peut-être connaître la tranquillité et la trouver préférable à tout ce brillant qui m'entourait. Je ne crois pas pouvoir rester en France : le vif intérêt qu'on me porte pourrait par la suite donner de l'ombrage. Cette idée est accablante, je le sens ; mais je ne veux causer d'inquiétude à personne. Mon frère sera heureux, ma mère doit conserver sa patrie et ses biens, et moi j'irai loin avec mes enfants ; et puisque la vie, la fortune de ceux que j'aime est assurée, je puis toujours supporter le malheur qui ne touche que mon existence et non pas mon cœur. Je suis encore toute troublée du sort que l'on destine à l'empereur Napoléon et à sa famille : est-il vrai ? tout est-il arrêté ? donne m'en des détails. Si je n'étais venue près de ma mère, je suis sûre que je n'aurais pas pu m'éloigner d'eux dans ces moments malheureux. Ah ! j'espère qu'on ne me redemandera pas mes enfants, c'est alors que je n'aurais plus de courage ! Élevés par mes soins, ils se trouveront heureux dans toutes les positions. Je leur apprendrai à être dignes de la bonne ou de la mauvaise fortune et à mettre leur bonheur dans la satisfaction de soi-même : cela vaut bien des couronnes. Ils se portent bien, voilà mon bonheur à moi !...

Hortense. »

Cependant tout le monde pressait la reine de profiter des bonnes dispositions de l'empereur de Russie à son égard, pour assurer son avenir. Était-ce par une secrète vanité ou par un vrai patriotisme, on l'ignore, mais toujours est-il qu'elle-même s'obstinait à ne rien recevoir des ennemis de la France. Voici ce qu'elle écrivait encore quelques jours après :

« Ma chère Louise, tu es affligée de ma résolution ! vous me taxez tous d'enfantillage ! vous êtes injustes ! Le conseil du duc de Vicence peut être suivi par ma mère, elle ira à la Malmaison, mais moi *je reste*, je n'ai que trop de bonnes raisons, je ne dois pas séparer ma cause de celle de mes enfants. Ce sont eux, ce sont leurs parents, qui sont sacrifiés dans tout ce qui se fait, je ne veux donc pas me rapprocher de ceux qui renversent leur destinée. Plus je sais supporter avec calme ces coups de la fortune qui changent mon existence, pour la rendre peut-être plus tranquille, moins je dois montrer cette impression qui m'est trop personnelle. Je dois être vivement affligée de notre si grande infortune, et je veux le paraître sans me rapprocher de ceux qui me verraient en suppliante, quand je ne veux rien leur demander. Je ne doute pas que l'empereur de Russie ne soit excellent pour moi ; j'en ai entendu dire beaucoup de bien, même par l'empereur Napoléon ; mais, si j'ai été autrefois curieuse de le connaître, dans ce moment je ne veux pas le voir ; n'est-ce pas notre vainqueur ? Tous nos amis, quoi qu'ils en disent, sauront approuver ma résolution. La retraite, le calme, voilà ce qui me convient. Quand tu viendras me rejoindre, j'irai peut-être aux eaux, car je souffre beaucoup de la poitrine. Je ne sais pas si c'est l'air de Navarre, mais depuis que j'y suis, je ne puis pas respirer. On veut croire ici que cela vient des émotions causées par ces grands événements ; on se trompe, la mort nous a épargnés tous, et la perte d'une position brillante n'est pas ce qui afflige le plus la vie ; d'ailleurs, personnellement, quel est le bonheur que je perds ? Mon frère sera bien traité, je l'espère, et il ne s'exposera plus. Il doit être inquiet de nous ; je n'ose lui écrire, mes lettres n'arriveraient pas ; si tu en trouvais l'occasion, profites-en pour lui dire que nous ne sommes plus environnées de dangers. Adieu, je te recommande encore de ne pas te remuer pour moi, je crains ta vivacité et ton amitié, et pourtant j'aime à y compter.

Hortense. »

Cependant l'empereur de Russie, qui portait un réel intérêt à la reine et à sa mère, s'affligeait de voir qu'on déclinât ses offres. Il arriva même que plus Hortense s'affermissait dans sa résolution, plus Alexandre s'ingéniait à vaincre ses répugnances, car il y voyait une abnégation et une grandeur d'âme tout à fait extraordinaires.

Je fus fort étonné, un soir que j'étais seule, de recevoir dans mon petit salon la visite de l'empereur Alexandre. J'étais si embarrassée, que je ne savais ce que je devais dire. « Je viens, dit l'empereur, causer avec vous sur ce qui peut convenir à la reine. Je ne puis rien tirer d'elle. On en ferait par trop une héroïne de roman, si on la croyait. Je suis persuadé qu'elle pense qu'on peut vivre avec l'air du temps, sans argent. » Je me mis à rire. « En effet, lui dis-je, Sire, elle n'en a jamais senti le prix que pour le donner ; réellement elle ignore tout ce qu'il en faut pour vivre décemment après une si grande existence. — Eh bien ! je viens exprès, dit l'empereur, pour causer avec vous sur tout cela. Je n'ai jamais vu une femme aussi désintéressée ; elle mérite d'être heureuse ; mais elle est bien entêtée, votre reine ! Pourtant je la comprends. Elle trouve plus digne de ne rien accepter de personne. Je ne lui conseillerai jamais d'accepter

## CHAPITRE NEUVIÈME.

rien qui soit indigne d'elle. Mais, dites-moi, ces bois qu'elle possède près de Saint-Leu sont à elle comme apanage princier, n'est-ce pas ? Eh bien ! il faut qu'elle les ait en toute propriété ; et, pour qu'on ne puisse jamais en frustrer ses enfants, il faut y établir un duché. J'en ai parlé à Nesselrode ; il va rédiger un projet que nous forcerons Blacas de faire signer au roi, et vous vous chargerez de le faire accepter à la reine. Quant au prince Eugène, c'est plus facile, ainsi que pour sa mère ; leur sort est décidé, et leur fortune leur sera rendue. Mais pour la reine, il y a plus de difficultés, à cause du nom de ses enfants ; si l'on n'établit pas pour eux quelque chose de stable et de positif, on serait capable de lui enlever tout ce qu'elle possède, tandis qu'en formant un duché, dont je ferai signer la concession au roi, il faudra bien qu'on respecte un engagement pris avec moi et tous les alliés, et qu'il ne sera plus au pouvoir de personne d'annuler. »

A la fin, Hortense se laissa décider par les instances multipliées de sa mère, de tout son entourage, ainsi que par les procédés pleins de délicatesse d'Alexandre ; elle accepta le titre (1) et la fortune qu'on lui offrait (2).

Le 23 mai, le roi de Prusse vint avec toute sa famille dîner à la Malmaison, où j'étais revenue de Paris la veille avec le vice-roi. Joséphine, dont la santé m'avait inquiétée les jours précédents, savait si bien prendre sur elle et dissimuler ses souffrances, qu'en la voyant si aimable et si brillante, je fus entièrement rassurée. Les deux jeunes fils du roi de Prusse nous parurent fort gentils, même un peu espiègles. J'étais placée

---

1. De duchesse de Saint-Leu.
2. Le voyage de Mlle Cochelet à Paris fut l'occasion d'un échange de correspondances entre la secrétaire de la reine et des personnages très marquants. Nous omettons, comme de coutume, ces nombreuses lettres qui prendraient trop de place dans notre modeste biographie ; mais il nous semble à propos de réfuter l'opinion malveillante émise par le récent historien de la reine Hortense, Joseph Turquan. Il estime que tout ce qui s'est fait et tout ce qui s'est dit par elle et par sa lectrice dans ces circonstances, n'était qu'un coup monté pour obtenir, par le moyen de l'empereur de Russie, une position bien assurée et très brillante, tout en ayant l'air devant le public de ne vouloir rien demander aux ennemis de Napoléon. « La reine Hortense, écrit-il, envoya Mlle Cochelet à Paris, pour veiller, disait-elle, à ce que tout fût respecté, autant que possible, dans son hôtel de la rue Cérutti ; en réalité pour qu'elle fût son *homme d'affaires* auprès des alliés et défendit ses intérêts.... Ses lettres étaient fort étudiées ; pour y découvrir ses vrais sentiments, il faut les chercher entre les lignes... Elle tient à demeurer étrangère à toutes les démarches qu'elle fait faire, quitte à avoir l'air, plus tard, d'accepter les avantages qu'elle fait solliciter auprès des souverains alliés... Cette lettre (à propos des offres de M. de Nesselrode) n'est pas sincère, elle est *pour la galerie*... elle sue la trahison... Non, tout cela, c'est de la comédie : Hortense ne pense plus qu'à ses intérêts. Elle a beau répondre « qu'elle ne veut rien du tout », elle veut, et elle demande aussi, elle, mais sous main, sa part du gâteau. Elle lâche les Bonaparte et se fait royaliste... Tout cela est de commande, c'est pour la montre... Si elle continue à ne pas vouloir entrer en scène et se mêler à la foule des quémandeurs, c'est qu'elle compte toujours sur Mlle Cochelet pour lui arranger ses affaires au mieux... Elle joue l'abnégation et le désintéresse-

près d'eux à table, et je m'égayais beaucoup de ce voisinage. Le dîner était déjà un peu avancé, lorsqu'on s'aperçut qu'il manquait un convive : c'était un Anglais de marque. « Où peut-il être ? » disait l'impératrice ; « qu'on le cherche, car je suis sûre qu'il était dans le salon et qu'il m'a saluée en entrant. » Les deux jeunes princes de Prusse riaient de tout leur cœur, si bien que leur gaîté me gagna sans que je susse de quoi je riais.

Enfin, après bien des recherches, l'Anglais reparut avec un valet de chambre qui venait de lui ouvrir sa prison. Pendant que tout le monde était dans le salon, il s'était enfoncé seul dans la grande galerie, où il s'était oublié à voir les tableaux. Une main espiègle avait sans doute tourné la clef ; j'osai supposer que c'était celle des jeunes princes mes voisins. Ce qu'il y a de sûr, c'est que le pauvre Anglais mourait de faim ; il avait beau appeler pour qu'on lui ouvrît, personne ne l'entendait plus, et il courut grand risque de se passer de dîner.

C'était là une mauvaise farce dont n'auraient pas été capables les enfants de la reine. Ces derniers, depuis les malheurs survenus à la famille impériale, montraient de plus en plus combien ils avaient profité des soins de leur mère ; leur caractère s'était formé et ils répondaient avec un à-propos bien au-dessus de leur âge aux questions qu'on leur adressait.

Ils étaient trop jeunes pourtant pour bien comprendre tout ce qu'ils voyaient de nouveau autour d'eux. Comme ils avaient l'habitude de voir toujours des rois de leur famille, lorsqu'on annonça le roi de Prusse et l'empereur de Russie, ils demandèrent de suite à leur gouvernante

---

ment, mais, *comme toujours*, sa conduite dément ses paroles. Hortense, il faut le répéter, n'a jamais été franche ; encore une fois elle n'est pas vraie... etc. »

Libre à M. Turquan de faire toutes les suppositions qu'il lui plaira ; mais prétendre que ces suppositions sont la vérité et que le récit de M<sup>lle</sup> Cochelet est un tissu d'artifices, une histoire arrangée à plaisir pour tromper la postérité, c'est aller un peu trop loin, et l'historien nous paraît s'être fait illusion quand il a écrit en tête de son livre : « Je me suis efforcé, dans ce portrait de la reine Hortense, d'être sincère. » Nous ajouterons qu'en ce qui concerne le fait dont nous nous occupons en ce moment, l'explication toute gratuite de M. Turquan n'est rien moins que naturelle. D'après lui, Hortense aurait combiné avec sa lectrice le plan suivant : « Nous allons avoir l'air de refuser tout ce que l'empereur Alexandre m'offrira ; nous jouerons le désintéressement et la grandeur d'âme comme si nous préférions manquer de tout que de devoir quelque chose aux ennemis de la France. Alexandre sera fasciné par le spectacle d'une si belle conduite, de la part d'une femme surtout ; ma froideur apparente et cette espèce de mépris que j'afficherai de ses avances, vont l'enthousiasmer pour ma personne et le pénétrer d'admiration pour mes sentiments. Alors, il ne se contentera plus de m'offrir ses services, il me priera, il me suppliera de les accepter. Je ferai donc d'une pierre deux coups : car, d'un côté j'obtiendrai bien davantage de cette façon ; et de l'autre, je passerai aux yeux du public pour avoir dédaigné les faveurs d'Alexandre et n'avoir enfin cédé qu'à une sorte de violence que m'aura faite son dévouement à mes intérêts. »

Certes, voilà des batteries admirablement dressées ; Hortense, que M. Turquan qualifie si volontiers de « petite fille », est devenue tout à coup un diplomate consommé. Mais qui ne voit que cette histoire est une

s'ils étaient aussi leurs oncles, et s'ils devaient les appeler ainsi. « Non, leur dit-on, vous leur direz simplement : *Sire*. — Mais, répétait le plus jeune, est-ce que les rois ne sont pas nos oncles ? » On leur apprit que tous les rois qu'ils voyaient à présent, bien loin d'être leurs *oncles*, étaient venus à leur tour en vainqueurs. « Mais alors, reprenait le prince Napoléon, ils sont donc les ennemis de mon oncle l'empereur ? Pourquoi nous embrassent-ils ? — Parce que cet empereur de Russie, que vous voyez, est un ennemi généreux qui, dans votre malheur, veut vous être utile, ainsi qu'à votre maman. Sans lui, vous n'auriez plus rien au monde, et le sort de votre oncle l'empereur serait encore bien plus malheureux. — Ainsi il faut donc que nous l'aimions, celui-là ? — Oui, certainement, car vous lui devez de la reconnaissance. » Le petit prince Louis, qui d'ordinaire parlait très peu, avait écouté en silence fort attentivement toute cette conversation. La première fois que revint l'empereur Alexandre, et qu'il le revit, il prit une petite bague que son oncle Eugène lui avait donnée ; il s'avança sur la pointe des pieds près de l'empereur, et, tout doucement, pour que personne ne s'en aperçût, il lui glissa la bague dans la main, puis il s'enfuit à toutes jambes. Sa mère le rappela, et lui demanda ce qu'il venait de faire. « Je n'ai que cette bague, répondit l'enfant en rougissant et en baissant la tête avec embarras, c'est mon oncle Eugène qui m'en a fait cadeau, et j'ai voulu la donner à l'empereur, puisqu'il est bon pour maman. » L'empereur Alexandre l'embrassa, mit la petite bague à sa montre, et dit avec émotion qu'il la porterait toujours.

C'est une habitude que ce jeune prince conserva plus tard d'aimer à donner tout ce qu'il possédait. J'entendis un jour sa mère, lorsqu'il était plus grand, lui reprocher de ne pas garder une chose dont elle lui avait

---

pure histoire et que sa réalisation dépend d'un concours de circonstances tellement invraisemblable, que sur cent fois la reine aurait échoué quatre-vingt-dix-neuf ? Bornons-nous à envisager le premier acte de la comédie : elle affecte le mépris pour les bienveillantes avances du czar et elle lui fait dire par M<sup>lle</sup> Cochelet *qu'elle ne veut rien du tout*. C'est très bien : mais n'y a-t-il pas tout à parier que le czar va la prendre au mot et ne plus s'occuper d'elle ? Quelle est donc la conduite des souverains en pareil cas ? Ne s'estiment-ils pas trop heureux d'en être quittes à si bon marché ? N'ont-ils pas assez d'autres solliciteurs à satisfaire ? Le simple bon sens nous dit qu'Hortense, en s'embarquant dans de si savantes combinaisons, va faire naufrage à peine sortie du port !...

Il y aurait quelque chose de beaucoup plus simple : ce serait de dénier toute véracité aux Mémoires de M<sup>lle</sup> Cochelet et de les assimiler à un roman ; mais que ferait-on des lettres et autres témoignages authentiques émanant du czar, de son chargé d'affaires et de différents autres personnages de l'époque ? Ces lettres sont des pièces de conviction qui à elles seules font crouler l'échafaudage des interprétations fantaisistes ; les paroles et les actes d'Alexandre en particulier s'expliquent d'une manière toute naturelle, étant donné l'ensemble des circonstances rapportées par M<sup>lle</sup> Cochelet ; dès lors qu'on suppose cette colossale comédie qu'imagine M. Turquan, on se heurte inévitablement à des invraisemblances ou même à des contradictions.

En résumé, la secrétaire de la reine Hortense peut avoir embelli les choses, semé çà et là quelques exagérations, et surtout prêté à sa maîtresse d'emphatiques protestations auxquelles elle ne songeait pas ; mais, à notre avis, son récit est beaucoup plus près de la vérité que celui de M. Turquan.

La Reine Hortense. 9

fait cadeau. « Louis, disait la reine, je ne te donnerai plus rien. Comment! tu as donné encore ces jolis boutons que j'avais fait monter pour toi ? — Mais, dit le prince, vous vouliez me faire un plaisir en me les offrant, et vous m'en faites deux, celui de recevoir de vous une jolie chose, et ensuite le plaisir de la donner à un autre. »

L'empereur Alexandre et tous les souverains étrangers que les fils d'Hortense voyaient journellement à la Malmaison, leur disaient toujours lorsqu'ils s'adressaient à eux : *Monseigneur* et *Votre Altesse Impériale*, ce qui les étonnait beaucoup, leur mère ayant toujours voulu qu'on les traitât comme des enfants, avec amitié et sans cérémonie. Nous leur disions souvent : *Mon petit Napoléon, mon petit Louis ;* elle voulait que tout autour d'eux servît à leur éducation, et, comme je l'ai déjà dit, je n'ai jamais vu de mère aussi occupée que la reine de la crainte de voir ses enfants gâtés par les grandeurs ; elle s'efforçait de leur persuader qu'ils n'étaient rien du tout que par ce qu'ils vaudraient eux-mêmes. Je l'ai vue souvent les prendre tous les deux sur ses genoux, et causer avec eux pour former leurs idées sur toutes choses. La conversation était curieuse à entendre dans ce temps des splendeurs de l'empire, où ces deux charmants enfants étaient les seuls héritiers de tant de couronnes, que l'empereur distribuait à ses frères, à ses officiers, à ses alliés. Après les avoir interrogés sur ce qu'ils savaient déjà, elle passait en revue tout ce qu'ils avaient besoin de savoir encore pour se suffire à eux-mêmes, pour se créer des ressources qui pourraient assurer leur existence.

« Si tu ne possédais rien du tout, et que tu fusses seul au monde, que ferais-tu, Napoléon, pour te tirer d'affaire ? — Je me ferais soldat, et je me battrais si bien qu'on me ferait officier. — Et toi, Louis, que ferais-tu pour gagner ta vie ? » Le petit prince, qui n'avait pas cinq ans, et qui avait écouté très attentivement tout ce qui venait d'être dit, sentant bien que le fusil et le sac, quelque petits qu'ils fussent, étaient encore au-dessus de ses forces, répondit : « Moi, je vendrais des bouquets de violettes comme le petit garçon qui est à la porte des Tuileries, et auquel nous en achetons tous les jours. »

La conversation m'avait paru si plaisante, que je ne pus m'empêcher de l'interrompre d'un grand éclat de rire. « Ne ris pas, me dit la reine ; c'est une leçon que je donne. Le malheur des princes nés sur le trône, c'est qu'ils croient que tout leur est dû, qu'ils sont formés d'une autre nature que les autres hommes, et qu'ils ne contractent pas d'obligations envers eux ; ils ignorent les misères humaines, et ne croient pas qu'elles puissent jamais les atteindre. Aussi, lorsque l'infortune arrive, ils sont surpris, terrifiés et restent toujours au-dessous de leurs destinées. » Je ne pus m'empêcher de trouver qu'elle avait raison ; elle embrassa ses fils et se leva en me disant : « Crois bien que dans la position où ils sont, je ne puis leur donner de leçons qui leur soient plus utiles que de leur enseigner que, malgré tout l'éclat qui les entoure, ils sont sujets à toutes les vicissitudes de la vie ; cela leur apprend à ne pas trop compter sur la solidité de leur grandeur, et cela les habitue à compter sur eux seuls ([1]). »

Au premier bruit de l'entrée d'une armée ennemie sur le sol français, elle avait voulu faire sentir à ses enfants combien ils devaient être sensibles à cette calamité publique. Elle leur peignit le pays dévasté, ravagé, les chaumières brûlées, les pauvres paysans errants, sans abri, sans nourriture ; les enfants orphelins, etc. Elle leur dit que s'ils étaient plus grands, ils iraient défendre le pays et prévenir tant de maux, avec leur oncle l'empereur. Elle s'affligea avec eux de ce que l'âge et la force leur manquaient encore pour cela, et leur demanda s'ils ne voulaient pas partager avec les malheureux tout ce qu'ils avaient. Les enfants y consentirent avec joie, offrirent leurs joujoux, leur argent, tout ce qu'ils possédaient. La reine accepta leur sacrifice, mais le fit porter sur une chose qui leur serait sensible tous les jours et leur rappellerait les malheurs du pays, auxquels ils devaient tout jeunes s'identifier. Il fut convenu que, tant que la guerre serait sur le territoire français, ils se priveraient de dessert. Le prince Napoléon me l'apprit avec une sorte d'orgueil ; il avait fait comprendre à son petit frère Louis, qui n'avait que six ans, que c'était les compter pour quelque chose que de les associer au malheur commun ([2]).

La même sagesse, la même réflexion, la même mesure se retrouvaient dans toutes les actions de cette pauvre reine si calomniée. C'était avec cette même raison calme qu'elle envisageait sa position nouvelle, sans se laisser abattre par le malheur, ni étourdir par toutes les louanges, par toutes les flatteries personnelles dont elle était l'objet.

---

1. « La reine Hortense, remarque Turquan, vise à être moraliste : ne parle-t-elle pas par sentences et par maximes ?... » Cette réflexion est juste, et nous avouons sans peine que ces tirades philosophiques, qui sentent un peu la pédanterie, sont une des choses qui nous déplaisent le plus dans les *Mémoires* de Mademoiselle Cochelet, où elles abondent. Si elles sont de son invention, elle a rendu un bien mauvais service à sa maîtresse en les lui attribuant. Il nous semble difficile d'admettre que la reine Hortense, surtout dans l'intimité, ait tenu un langage aussi prétentieux.

2. Croira-t-on, après avoir lu ces pages, qu'une des accusations portées contre la reine Hortense ait été « qu'elle négligeait l'éducation de ses enfants ? »

Une des choses qui avaient le plus influencé l'empereur de Russie en faveur de la reine, c'était tout le bien qu'il avait entendu dire d'elle à Écouen et à Saint-Denis, lorsqu'il était aller visiter ces deux établissements, dont elle était protectrice. La maréchale Ney, qui l'avait conduit à Écouen, lui présenta M$^{me}$ Campan qui adorait la reine, et qui, en lui nommant ses filles, ne cessait de parler aussi de leur princesse protectrice : ce nom revenait sans cesse, et avec des éloges bien capables de faire apprécier celle qui les méritait si bien. Quand l'empereur alla à Saint-Denis, il fut très étonné lorsqu'on lui présenta une dame qui lui parla russe.

« Par quel hasard une de mes sujettes est-elle ici ? » demanda-t-il. On lui raconta l'histoire tragique de M$^{me}$ Delaveau. Elle était en effet de Moscou, elle avait épousé M. Delaveau, consul de France à Moscou ; son mari y resta avec les Français, après l'incendie ; il fut obligé de suivre cette retraite si malheureuse ; son infortunée femme suivit aussi avec un fils de quatre ans, d'abord dans un traîneau, puis à pied, sans secours, mourant de froid, de misère et de faim. Exposée à tout moment à tomber dans les mains des Cosaques, elle dut la vie, tantôt à M. de Brack, tantôt à M. de Cubières, qui se battirent pour la sauver ainsi que son enfant.

Après le passage de la Bérésina, on la déposa demi-morte de misère et de fatigue dans les équipages du général Sébastiani, qui la ramenèrent jusqu'à Paris. Son mari suivit à pied ; mais arrivée dans la capitale, sans ressources, elle y serait morte à coup sûr, sans la protection de la reine, qui vint à son secours ; elle plaça cette femme à Saint-Denis, jusqu'à ce que son mari eût un emploi qui pût fournir à son existence et à celle de sa famille. Ce fut donc de la bouche même de M$^{me}$ Delaveau que l'empereur apprit sa triste histoire, et qu'il entendit vanter une fois de plus la bienfaisance de la reine.

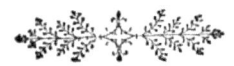

# Chapitre Dixième

*Derniers moments et mort de Joséphine. — Douleur de la duchesse de Saint-Leu. — Une visite de M^me de Staël à la reine Hortense ; curieux incidents de cette réunion.*

u milieu des plus touchants témoignages de l'affection et de l'estime générale, tandis que la mère d'Hortense était à la fois entourée de l'amour de ses enfants et des hommages des plus puissants souverains du continent, la mort vint tout à coup la frapper.

Elle était sujette à des rhumes catarrheux qu'un peu de soin et quelque repos guérissaient promptement ; mais elle ne tenait aucun compte des avis et continuait de se vêtir aussi légèrement, de s'exposer au frais du soir, et de négliger le régime qui lui avait été expressément recommandé par son médecin. Que résulta-t-il de ces imprudences ? C'est qu'en revenant de Saint-Leu, un jour que sa fille avait donné un grand dîner aux souverains, Joséphine, qui avait absolument voulu y assister malgré un état de malaise assez prononcé, se trouva sérieusement indisposée.

Elle envoya aussitôt chercher son médecin ordinaire, M. Horeau. Celui-ci crut devoir prescrire divers remèdes, qui produisirent un assez bon résultat.

« Ma mère, raconte la reine Hortense, se sentant soulagée, reprit immédiatement sa manière de vivre. Je blâmai son imprudence ; elle me répondit : « Bah ! ma chère enfant, cela n'est rien ; j'en ai vu bien » d'autres avec Bonaparte ! » Cette réponse ne me tranquillisa nullement, car je m'aperçus bien qu'elle souffrait. Peut-être tenait-elle plus à se cacher à elle-même ce qu'elle ressentait véritablement, qu'à le dissimuler à toutes les personnes qui l'entouraient. Moi seule je ne me trompais pas ; aussi, dès ce jour, je pris la ferme résolution de ne pas la quitter, quoiqu'elle employât plus d'un subterfuge pour me faire retourner à Saint-Leu.

» Lord Beverley et ses deux fils vinrent déjeuner avec nous quelques jours après. Ce fut dans cette circonstance que maman leur dit que, depuis la chute de Napoléon, les Anglais étaient les seuls qui eussent assez de générosité pour parler de lui d'une manière convenable. Elle critiqua avec raison ceux qui, loin de respecter un malheur sans exemple, osaient non seulement relever les torts de l'empereur, mais encore en inventaient dont il ne s'était jamais rendu coupable.

» Le 10 mai, l'empereur Alexandre vint nous voir à Malmaison. Il y dîna. Le soir, ma mère voulut rester dans le salon, malgré les souffrances réelles qu'elle cherchait à combattre bon gré mal gré. Elle-même, avant le dîner, avait proposé une partie de barres sur la belle pelouse qui borde le palais, en voulant à tout prix y prendre part ; mais ses forces l'ayant bientôt trahie, elle fut contrainte à s'asseoir sur l'herbe et à se contenter de nous regarder jouer, bien que mon frère et moi n'en eussions guère envie. Quelques instants après être sortie de table, l'altération de ses traits fut remarquée par le czar, qui lui fit à ce sujet mille questions ; elle lui répondit en souriant : « Sire, un peu de repos » me remettra ; » et Sa Majesté se retira, espérant qu'elle serait mieux le lendemain.

» Le jour suivant, étant parvenue à calmer les inquiétudes que son état commençait à lui causer, je voulus lui faire entreprendre sa promenade accoutumée ; je lui donnais le bras. A peine avions-nous fait une centaine de pas qu'elle se trouva mal ; heureusement, j'avais toujours sur moi un flacon de sels anglais ; j'eus toutes les peines du monde à lui faire reprendre ses sens, n'osant la laisser seule dans cet état pour courir chercher du secours, ne voulant pas appeler, dans la crainte de l'effrayer davantage ; j'avais une inquiétude mortelle ; enfin, la voyant mieux, après l'avoir fait asseoir sur un petit tertre, je courus au palais avertir M^me d'Arberg, et, à l'aide de deux valets de pied, nous pûmes la ramener et la faire monter dans sa chambre. Je la fis coucher aussitôt. Croira-t-on que, malgré son état de faiblesse on ne peut plus alarmant, je fus obligée d'employer la menace, et pour ainsi dire la violence, pour la forcer à se mettre au lit ? Elle ne le voulait pas. J'envoyai aussitôt chercher mon frère ; il arriva sur-le-champ. La journée ne fut pas bonne. Ma mère eut plusieurs évanouissements successifs. La nuit fut plus mauvaise encore ; une sorte de délire s'était déjà emparé d'elle ; fortement agitée, elle parlait beaucoup, bien que le médecin le lui eût défendu expressément.

» Le 24 mai (c'était un vendredi) elle éprouva, en s'éveillant, un cuisant mal de gorge, qui ne fit qu'empirer l'après-midi. Elle attendait le roi de Prusse et l'empereur de Russie pour dîner. M. Horeau, lui trouvant beaucoup de fièvre, lui ordonna de rester dans son lit et d'éviter le moindre froid, d'autant plus qu'ayant été purgée encore la veille, il pouvait être d'un véritable danger de prendre l'air. Mais, voyant que ma mère ne paraissait pas disposée à suivre ses avis, il vint me prévenir, afin que j'essayasse d'obtenir qu'elle ne se levât pas. Je le lui promis. Toutes mes supplications furent inutiles. A quatre heures elle se leva, malgré moi, malgré les avis du médecin, malgré les dames. Elle voulut s'habiller comme à l'ordinaire ; en se faisant coiffer elle se trouva mal ; à peine finissait-on de la lacer qu'elle tomba en faiblesse ; elle descendit néanmoins au salon, où ses augustes convives étaient déjà arrivés depuis plus de dix minutes. Mon frère leur avait tenu compagnie. A sept heures et demie, nous nous mîmes à table ; mais, enfin, arrivée au milieu du dîner, ses maux augmentèrent tellement qu'elle fut forcée de se retirer pour se mettre au lit, après m'avoir chargée de la remplacer auprès de Leurs Majestés, près de qui elle s'excusa avec cette grâce et ce charme qu'on lui connaissait. Les deux monarques quittèrent Malmaison aussitôt après avoir pris le café ; mon frère les reconduisit. Je remontai précipitamment chez ma mère : j'avais la mort dans le cœur.

» Dès le soir même, la maladie prit un caractère extrêmement sérieux. Le lendemain 25 mai, l'empereur Alexandre vint encore nous faire une visite. Il trouva maman fort changée depuis la veille, me fit quelques observations sur les soins qu'il croyait devoir lui être nécessaires dans cette triste circonstance, en me proposant de faire venir son médecin particulier. Je refusai, de crainte de désobliger celui de ma mère, en qui j'avais d'ailleurs une pleine confiance. Avant d'être attaché à sa personne, il l'avait été à celle de l'empereur, en qualité de médecin par quartier. Après le divorce, il l'avait suivie, ce qui faisait que maman estimait son caractère au moins autant que son talent.

» M. Horeau avait l'habitude de voir Joséphine tous les matins ; mais, dès que sa consultation était faite, il s'en allait soit à Versailles, soit à Saint-Germain, où il avait une nombreuse clientèle. Quelquefois il ne revenait pas le soir ; mais cela ne l'empêchait pas d'être très exact à sa visite du matin. Cette fois, il avait voulu rester à Malmaison. Mais, soit que ma mère voulût qu'il continuât de voir ses malades, ou plutôt, craignant qu'il ne l'empêchât de se lever comme elle en avait l'intention, elle le pressa de partir. Son état n'avait alors rien qui pût inquiéter ; je dirai plus, il paraissait y avoir du mieux. M. Horeau céda donc et partit.

» Le soir, ma mère se trouvant tout à coup très mal, on envoya chercher un médecin de Rueil. Celui-ci fut effrayé du danger dans lequel se trouvait l'impératrice, dont toutes les imprudences devaient avoir des suites si funestes. Il jugea nécessaire d'appliquer immédiatement vingt sangsues derrière le cou, avec un vésicatoire entre les deux épaules ; et puis, au moment d'appliquer ces remèdes, il se contenta de les prescrire, n'osant prendre sur lui ces moyens violents. On envoya chercher M. Horeau à Versailles, à Saint-Germain, à Paris ; on fut quelque temps sans le trouver ; enfin il arriva. Il fut désespéré en retrouvant ma mère dans une situation qu'il pensa aussitôt ne laisser que peu d'espoir.

» Elle avait toute sa connaissance ; mais déjà elle ne parlait plus que difficilement. Ses yeux interrogeaient les nôtres ; nous faisions des efforts inutiles pour cacher notre profond chagrin. Alors elle me serra la main pour me faire comprendre qu'elle connaissait son état.

» M. Horeau s'entretint avec l'autre médecin qui avait été appelé ; ce dernier dit qu'il avait pensé qu'une application de sangsues aurait pu soulager l'impératrice, mais qu'il n'avait point osé les faire appliquer sans être approuvé par lui. « Eh ! Monsieur, s'écria M. Horeau, dans
» un cas pareil, il ne fallait pas m'attendre ; ne savez-vous pas que deux
» heures perdues sont mortelles ? »

» On posa le vésicatoire entre les deux épaules et des sinapismes aux pieds ; mais, hélas ! il était trop tard ! les progrès du mal étaient aussi rapides qu'effrayants. Ma bonne mère, craignant toujours de nous affliger, ne se plaignait pas ; elle prenait tous les médicaments ordonnés, et par des regards doux et affectueux, elle cherchait à rassurer toutes les personnes qui l'entouraient.

» Au plus fort de l'agonie, elle conservait encore sa raison, qui ne l'abandonna qu'à l'instant de sa mort ; elle apprit, je ne sais par qui, que le peintre de fleurs Redouté était à Malmaison, où il venait dessiner quelques-unes des belles roses de la grande serre ; elle le fit appeler, et, dès qu'il parut dans sa chambre, elle lui tendit la main d'abord, puis elle le repoussa doucement après, en lui disant d'une voix éteinte : « J'ai
» peur que ma maladie ne soit contagieuse... La semaine prochaine,
» j'espère vous aller voir travailler à un chef-d'œuvre nouveau. »

» La nuit suivante, ma mère eut un sommeil léthargique qui dura cinq heures. A dix heures du matin, M. Bourdois arriva ; il jugea, comme M. Horeau, qu'il n'y avait plus de ressources. M. Laserre médecin particulier de mes enfants, que j'avais demandé pour une consultation conjointement avec ces deux messieurs, me prévint, en même temps que mon frère, qu'il n'espérait plus rien. Je crus devoir préparer ma mère à recevoir les sacrements, et j'envoyai chercher le curé de Rueil pour l'administrer. Ce vénérable ecclésiastique n'étant pas chez lui, ce fut le gouverneur de mon fils, qui était prêtre, qui la confessa. Elle répondit avec beaucoup de peine, la langue devenant de plus en plus embarrassée ; mais sa figure ne perdit rien de son calme ni de sa sérénité.

» Sur ces entrefaites, l'empereur Alexandre arriva. A sa vue, maman sembla se trouver mieux (¹), et le regarda avec gratitude. Mon frère et moi, à genoux près de son lit, nous recevions sa dernière bénédiction; nous ne pûmes ni l'un ni l'autre adresser un mot à l'empereur, nos sanglots seuls exprimaient notre douleur. « Au moins, dit maman d'une voix expirante, je » mourrai regrettée ; j'ai toujours désiré le bonheur de la France ; j'ai

LOUIS XVIII. (P. 179.)

1. On voit bien là le prestige que les grandeurs avaient exercé sur cette femme pendant toute sa vie ; la présence d'un empereur la ranime un instant. Hélas ! il ne s'agissait plus de faire la cour aux princes de la terre, mais de comparaître au tribunal de Celui qui juge les princes et leurs flatteurs ! Un *Ave Maria* eût alors valu cent fois mieux pour elle que les visites et les doléances de tous les potentats.

» fait tout ce qui était en mon pouvoir pour y contribuer, et je puis dire
» avec vérité, à vous tous qui êtes présents à mes derniers moments,
» que la première femme de Napoléon n'a jamais fait verser une larme. »
Ce furent les dernières paroles qu'elle prononça, et le lendemain,
29 mai 1814, à onze heures et demie, elle rendait son âme à Dieu.

» Le catafalque sur lequel le corps fut exposé jusqu'au moment de l'inhumation, était placé dans le grand vestibule de Malmaison. Maman est inhumée dans la chapelle de l'église, à l'endroit même où le monument que je lui fis élever, quelques années après, se voit aujourd'hui.

» J'eus une peine infinie à obtenir de l'autorité de faire cette inhumation dans l'intérieur de l'église ; elle me fut cependant accordée après beaucoup de pourparlers entre mon fondé de pouvoirs et le secrétaire-général du ministère de l'intérieur. La cérémonie funèbre fut célébrée avec beaucoup de pompe, grâce à l'entremise de l'empereur de Russie. »

Ici s'arrête la relation de la duchesse de Saint-Leu. Nous continuons à citer sa lectrice.

« La reine fut profondément accablée de cette mort. Elle avait un besoin absolu de repos ; aussi n'étais-je occupée qu'à empêcher que les personnes arrivant de Paris pour la voir, n'entrassent dans sa chambre. Elle était tombée dans cet état d'anéantissement complet où je l'ai toujours vue à chaque grande douleur qui l'a frappée, et j'avais mille peines à défendre l'entrée de son appartement à toutes celles qui partageaient son chagrin. M<sup>me</sup> Campan força la porte pour voir son élève chérie, et s'éloigna promptement après lui avoir baisé la main ; je l'emmenai dans ma chambre où elle se reposa quelques instants. Nous pleurâmes celle qui n'était plus.

La mort de l'impératrice fut une calamité, non seulement particulière, mais publique ; chacun était en larmes ; sa pauvre fille seule ne pouvait pas pleurer. Le prince Eugène, souffrant encore lui-même, oubliait sa souffrance et prenait sur lui pour ne s'occuper que de sa sœur ! Et qui pourrait avoir connu l'impératrice Joséphine, sa bonté, sa douceur, ce charme de sensibilité répandu sur toute sa personne, sans la regretter vivement ?

Les visites de Paris, les compliments de condoléance pleuvaient de toutes parts. Beaucoup de personnes ne furent pas reçues dans cette circonstance. Les princes français, le duc d'Orléans, envoyèrent un officier. La reine ne vit personne. Des douleurs de tête nerveuses, insupportables, l'absorbaient par des souffrances si vives, qu'elles lui faisaient presque oublier son propre malheur. Son frère, qui ne l'avait jamais vue dans des crises pareilles, s'en inquiétait beaucoup. Je tâchai de le rassurer de mon mieux ; mais moi-même je n'étais pas tranquille.

J'appris par des lettres particulières que les troupes russes quittaient Paris le jeudi 2 juin. Elles se réunirent à neuf heures du matin au Champ de Mars, d'où elles se rendirent, par les boulevards, à Pantin ; là l'empereur Alexandre les passa en revue à la tête de tout son état-major et leur fit ses adieux. Puis il revint à Paris pour s'occuper de son départ, et n'arriva à Saint-Leu que fort avant dans la nuit.

Le lendemain matin, le prince Eugène le mena faire une courte visite à sa sœur ; ils se promenèrent ensemble dans le parc jusqu'à l'heure du dîner. La reine, qui n'avait pas encore quitté son lit, se leva malgré son extrême faiblesse.

Son frère vint la supplier de dîner avec l'empereur et lui ; elle ne pouvait s'y décider. La vue de la robe noire dont il fallait qu'elle s'habillât, lui semblait la confirmation de son malheur, et elle reculait avec effroi le moment où elle s'en revêtirait. Il fallut que son frère l'y forçât en quelque sorte. « Mon cher Eugène, lui disait la reine, je ne puis voir cette robe noire : si je la mets, je ne pourrai plus me faire illusion sur notre malheur et je ne pourrai parler d'autre chose à l'empereur. — Prends sur toi, Hortense, répondait le prince ; Alexandre a cherché, autant qu'il était en son pouvoir, à adoucir toute l'amertume de notre pénible position. Il est triste comme nous ; habille-toi et aie le courage de dîner avec lui et moi. »

La reine fit ce que son frère désirait ; mais cela lui coûta beaucoup, car elle était toujours saisie, et n'avait pas encore pu éprouver le soulagement de verser une seule larme. Après le dîner, toute la maison de la reine, qu'elle n'avait pas vue depuis son malheur, se réunit dans le petit salon où elle était avec son frère et l'empereur. Elle ne disait pas un mot, et semblait à peine entendre ce qui se disait autour d'elle.

L'empereur quitta la France et partit pour l'Angleterre la nuit suivante.

Pendant les premiers temps qui suivirent la mort de l'impératrice Joséphine, la foule des visites ne discontinuait pas de Paris à St-Leu. La route était couverte de voitures élégantes et d'hommes à cheval. Les *coucous* mêmes y arrivaient aussi, remplis de bons bourgeois qui voulaient, comme les grands seigneurs, apporter aux enfants de l'impératrice le tribut de leurs regrets.

Aussitôt que la santé de la reine le lui permit, elle voulut recevoir tous ces compliments de condoléance. On faisait cinq lieues pour venir la voir, et elle sentait qu'elle ne pouvait se soustraire plus longtemps à l'obligation d'en témoigner de la reconnaissance. Dans la situation d'esprit où elle était, c'était une grande fatigue pour elle que de voir du monde ; aussi venait-elle passer quelque temps dans les salons de réception, et, lorsque les forces lui manquaient, elle retournait dans ses appartements pour se reposer de l'effort qu'elle avait fait. Nous restions, madame de Boubers et moi, avec la société jusqu'à ce que tout le monde fût parti.

Comme la reine ne se sentait pas le courage de revoir les objets qui avaient appartenu à sa mère, je fus chargée de faire des lots de toute la toilette de l'impératrice pour les partager entre les femmes de chambre.

Les hommes d'affaires disaient que, puisque l'impératrice laissait beaucoup de dettes, il serait très avantageux de tout vendre à l'enchère ; que les Parisiens seraient heureux d'avoir quelque chose qui eût appartenu à cette bonne princesse, et qu'ils auraient sûrement porté très haut tout ce qui venait d'elle. Mais ses enfants, qui croyaient leur sort assuré, ne voulurent pas y consentir.

Ils se partagèrent les pensions à conserver. La reine en eut pour 20.000 francs par an, sans compter celles qu'elle conservait parmi son monde. Pour pouvoir donner des gratifications à une maison si considérable qui se trouvait dissoute, la reine et le prince donnèrent chacun cent mille francs qu'ils furent forcés d'emprunter, puisque, depuis plusieurs mois, ils ne recevaient plus rien du trésor. Le prince mit en gage les bijoux qui lui revenaient de sa mère, afin de se procurer cette somme et celle qui lui était nécessaire pour se rendre à Vienne, où il devait aller au congrès.

Toutes ces distributions faites avec tant de générosité ne satisfirent cependant personne. Les enfants de l'impératrice ne possédaient plus rien ; ils donnaient d'une main ce qu'ils recevaient de l'autre, et l'on ne s'en contentait pas. On prétendait avoir davantage. On ne pouvait s'habituer à ne plus voir en eux ces souverains si généreux ; les chambellans eux-mêmes réclamaient des pensions.

Un moment bien pénible encore pour la reine fut celui du départ de son frère. « Ah ! mon Dieu ! disait-elle, tant qu'il a été près de moi, je me sentais encore un appui. Il me semble que cette heureuse bienveillance à laquelle j'étais si habituée dans ma patrie, va me quitter avec lui. Je m'effraie de ce départ, je m'effraie de mon isolement. Je ne dois pas avoir un ennemi, car je n'ai jamais fait de mal à qui que ce soit au monde, et pourtant tout ce que je vois déjà me donne la crainte que j'éprouvais en Hollande de me sentir étrangère à tout. »

La reine n'avait conservé près d'elle que M<sup>me</sup> de Boubers, qui était chargée de conduire toute sa maison, et qui reprenait aussi ses anciennes fonctions de surveillante des princes ; l'abbé Bertrand leur donnait des leçons ; M<sup>elle</sup> Élisa ([1]), fille du comte de Courtin, et moi, nous étions toutes deux chargées de faire les honneurs du salon.

Vers cette époque, M<sup>me</sup> de Staël désira visiter la reine Hortense, qui lui répondit en l'engageant à venir dîner à Saint-Leu.

Elle me demanda alors conseil sur les personnes de sa société qu'elle pourrait inviter comme étant dignes, par leur esprit, de tenir tête à M<sup>me</sup> de Staël.

« Je ne me sentirais pas le courage de faire de grands frais, me dit-elle ; quand on a du chagrin, on a peu de présence d'esprit, et ma paresse se trouvera bien d'avoir recours à d'autres ([2]). »

On envoya donc des billets d'invitation à MM. de Ségur, de La Valette, de Labédoyère, de Flahaut, etc. Ces messieurs ne purent venir, mais nous eûmes MM. de Latour-Maubourg, de Lascours, de Canouville, et la duchesse de Frioul. Le général Colbert, qui vint ce jour-là pour faire une visite, fut retenu à dîner, et lui, sur qui l'on n'avait pas compté comme bel esprit, fut précisément celui qui fit le plus de frais et qui réussit le mieux.

L'attente fut longue et fort curieuse, car cette obligation, où la reine avait placé chacun d'avoir de l'esprit bon gré mal gré, nous causait à tous un sourire extrêmement embarrassant pour une réception. Nous avions l'air de comédiens qui vont entrer en scène et qui se regardent en attendant le lever de la toile. Les plaisanteries et les bons mots se succédèrent en feu de file jusqu'à l'arrivée de la voiture dont le bruit fit reprendre à chacun son sérieux obligé.

La figure de mulâtre de M<sup>me</sup> de Staël, sa toilette originale me parurent réaliser bien peu l'idée que je m'étais faite de l'auteur de *Delphine* et de *Corinne* ([3]). Je m'attendais presque à retrouver une de ces héroïnes dans

---

1. Plus tard M<sup>me</sup> Casimir Delavigne.
2. Ne vaudrait-il pas mieux avouer qu'on n'est pas de taille à soutenir une conversation avec une femme de tant d'esprit que de chercher de telles excuses ?
3. *Delphine* et *Corinne* ou *l'Italie* sont deux romans. Le second est la production la plus remarquable de M<sup>me</sup> de Staël. L'héroïne de ce roman est la personnification idéale de l'auteur lui-même.

celle qui les avait si bien peintes, et je ne pouvais revenir de ma surprise.

Après les premiers compliments, la reine proposa à ces dames de voir son parc. On se plaça dans ce grand char-à-bancs, en canapé, devenu historique par tous les gens distingués qui, tour à tour, s'y étaient promenés. Comme on allait au pas dans le parc et dans le bois de Montmorency, la conversation se poursuivait comme dans le salon, et dans cette circonstance les frais d'esprit allèrent leur train. Puis on admirait la belle vue de cette contrée qui ressemble un peu à la Suisse, disait-on. De là, on vint à parler de l'Italie : la reine, qui est fort distraite et qui n'avait que trop de raisons d'être tristement préoccupée (¹), se prit à dire à M<sup>me</sup> de Staël : « Vous avez donc été en Italie ? (²) » Madame de Staël resta pétrifiée, et tous ces messieurs s'écrièrent : « Et *Corinne ?* et *Corinne ?* — Ah ! c'est vrai, » reprit la reine avec embarras et comme revenant à elle. Et elle changea de conversation.

Au dîner, M<sup>me</sup> de Staël fut placée à la gauche de la reine. Le domestique de l'étrangère avait mis sur sa serviette une petite branche d'arbre qu'elle avait l'habitude de tourner dans ses doigts pendant qu'elle parlait. La conversation fut très animée, et c'était fort drôle de lui voir toujours rouler cette petite branche en gesticulant. On aurait pu supposer qu'une fée lui avait donné ce talisman, et qu'à cette branche tenait tout son génie (³).

On parla de Constantinople, que connaissaient MM. de Lascours et

---

1. Charitable, mais trop inutile remarque de M<sup>lle</sup> Cochelet.

2. On peut à peine concevoir une pareille bévue de la part de la reine Hortense. Non seulement M<sup>me</sup> de Staël était une des célébrités littéraires les plus marquantes de l'époque, mais elle avait eu une si terrible guerre à soutenir de la part de Napoléon I<sup>er</sup> qu'elle avait dû naturellement, à partir de là, fixer l'attention de son entourage d'une manière toute spéciale. Lorsqu'on a lu *Dix années d'exil*, il est réellement inexplicable que la vie de l'auteur infortuné de cet ouvrage ne fût pas connue jusqu'aux moindres détails par la fille adoptive de Napoléon.

Les jeunes personnes du grand monde devraient mettre à profit cet exemple pour se préserver de pareils traits d'ignorance, qui laissent un souvenir indélébile dans l'esprit des auditeurs. Après vingt ans, on en rit encore. Au lieu de s'occuper du matin au soir de colifichets, de musique, d'amusements frivoles, pourquoi ne pas s'appliquer sérieusement à l'étude de l'histoire et de la littérature, étude si féconde en jouissances intellectuelles, si précieuse pour former le jugement et acquérir de l'expérience ? Pourquoi surtout ne pas s'attacher à connaître les hommes et les choses de son temps ? Laissant même de côté la petite question d'amour-propre, on peut au moins, lorsqu'on devient maîtresse de maison, soutenir dignement une conversation avec les personnes que l'on reçoit. Lorsqu'au contraire, comme la reine Hortense, on n'a pas poussé ses études au-delà des manuels du pensionnat, on est sur le gril quand on se trouve dans certains salons et que des sujets sérieux viennent sur le tapis : on sent trop bien que si l'on se hasarde à lancer son mot, on risque de dire une sottise et de faire rire toute la galerie à ses dépens. Certes, une jeune fille a des motifs bien plus graves d'employer utilement ses loisirs ; mais si ces motifs ne font sur elle aucune impression, qu'elle songe du moins à la reine Hortense et qu'elle craigne de s'attirer les mêmes désagréments que cette pauvre princesse !

3. Cette réflexion-ci n'est plus aussi charitable. On voit que M<sup>lle</sup> Cochelet s'attache à rabaisser les personnes qui pouvaient éclipser sa maîtresse ; nous avons supprimé à dessein les exemples de ces petits manèges de la trop dévouée lectrice.

de Latour-Maubourg. M^me de Staël dit que ce serait un beau rôle à jouer que d'aller tourner la tête au grand-seigneur et de lui porter une constitution pour ses Turcs. La liberté de la presse fut aussi un des sujets traités après le dîner.

Madame de Staël me causait une surprise extrême, moins encore par l'éclat de son génie que par la gravité avec laquelle elle traitait de pareilles questions, qui pour les femmes n'étaient pas de mode de notre temps. Les discussions de salon roulaient toujours sur la métaphysique, la morale, le sentiment, l'héroïsme, etc. ; l'empereur absorbait seul toute la politique.

Elle s'occupa beaucoup aussi des jeunes princes, et là, elle eut moins de succès qu'auprès de nous. C'était peut-être pour connaître la portée de l'esprit de ces enfants qu'elle les accabla de questions peu mesurées. « Aimiez-vous votre oncle ? — Beaucoup, Madame. — Aimeriez-vous la guerre comme lui ? — Oui, si cela ne faisait pas tant de mal. — Est-il vrai qu'il vous faisait répéter souvent la fable qui commence par ces mots : *La raison du plus fort est toujours la meilleure ?* — Madame, il me faisait souvent dire des fables, mais pas plus celle-là qu'une autre. »

Le jeune prince Napoléon, dont l'esprit était étonnant et le jugement précoce, répondait à tout avec mesure, et lorsque cet interrogatoire fut fini, il se retourna vers M^me de Boubers et vers moi en nous disant : « Cette dame est bien questionneuse. Est-ce que c'est cela qu'on appelle de l'esprit ? »

Après le départ des visiteurs, chacun en dit son opinion, et le jeune prince Napoléon était celui qui avait conservé la moins bonne impression de cette merveille parmi les femmes ; aussi ne l'exprimait-il que bien bas. Pour moi, j'en avais été plus éblouie que charmée.

## Chapitre Onzième

Voyage de la duchesse de Saint-Leu à Plombières ; détails intimes. — Elle se rend à Bade. — La soupe de la czarine et celle du roi de Bavière. — Retour à Saint-Leu. — Un séjour au Havre ; plaisante déconvenue. — Les surprises que réserve un incognito.

ur le conseil de son médecin, la duchesse de Saint-Leu devait aller prendre les eaux ; ce qui lui permettait de se réunir à son frère et à sa belle-sœur. Le congrès de Vienne, qui était retardé, en donnait la possibilité au prince Eugène, et Aix, en Savoie, avait été désigné comme le lieu du rendez-vous.

On apprit bientôt que l'impératrice Marie-Louise, à qui la reine avait si souvent vanté les eaux d'Aix, avait obtenu la permission d'y aller. Ce pays faisant encore partie de la France, ç'avait été une affaire que de l'y laisser venir. Mais on ne tarda pas à informer la duchesse de Saint-Leu que la cour la verrait avec peine se réunir à sa belle-sœur l'impératrice, et que si elle voulait donner une preuve de son désir de ne troubler en rien le gouvernement, elle renoncerait à ce voyage.

« Ah ! mon Dieu ! dit la reine, quand je lui rendis compte de ce message, voilà un gouvernement qui se montre bien fort en redoutant ainsi l'entrevue de deux femmes, dont l'une, au milieu de sa puissance, n'a pas essayé de défendre la couronne qu'elle portait ; que pourrait-elle faire aujourd'hui ? Et l'autre, comme elle, n'aspire qu'au repos ; en quoi peut-on la redouter ? Enfin, je vais écrire à mon frère que j'irai à Plombières, et qu'il peut venir me voir là. Je ne veux inquiéter personne. »

En effet, notre départ pour Plombières fut décidé. La reine avait beaucoup balancé à se séparer de ses enfants, qu'elle aurait voulu emmener avec elle et qu'elle quittait avec chagrin. Le duc de Vicence avait été consulté. « Leur sort est fixé en France, avait-il dit, il faut habituer le monde à les y voir. Si la reine les emmène, qui sait si on ne les empêchera pas d'y rentrer et si l'on ne s'emparera pas entièrement du duché de Saint-Leu qu'on a eu tant de peine à obtenir, et dont on met tant de lenteur à compléter les revenus ? On ne va pas franchement avec la reine, elle doit donc se méfier des intentions qu'on a pour elle, et ne donner aucune prise à ses ennemis. »

A propos de tous ces conseils, la reine me disait quelquefois : « Cela me paraît étonnant qu'on dise mes *ennemis*. Comment ai-je pu en avoir, moi qui regardais comme mes amis tous ceux qui souffraient ! moi qui me trouvais si heureuse de leur être utile ! Je n'avais pas d'ennemis dans ce temps-là. La puissance est donc une chose meilleure que je ne croyais. Je ne la regrette pas, mais je sens que j'ai eu tort de ne pas en faire plus de cas. »

C'est ainsi que me parlait souvent la bonne reine, qu'on se plaisait déjà à représenter comme au désespoir d'avoir perdu sa puissance et mettant en œuvre tous les moyens pour la retrouver.

J'ai toujours vu la douceur, la résignation, l'impartialité être le fond de tout ce qu'elle éprouvait; et parfois, lorsqu'elle sortait de ce calme habituel et qu'elle se montrait vive et indignée, c'était toujours lorsqu'elle avait la preuve d'une injustice ou d'une fausseté ; alors elle me disait avec vivacité : « Ah ! je ne croyais pas le monde aussi méchant. Est-il possible que le vrai soit si difficile à connaître ? Je me sens contente d'être loin de tout ce qui se montre si méprisable à mes yeux. Je me ferais volontiers ermite. »

Dans d'autres moments elle me dit : « Il faut être indulgent, le monde est plus léger que méchant. Le mal qu'il fait est sans doute le même, mais c'est sans intention. Il faut lui pardonner et l'aimer toujours. »

Elle habituait ses enfants à n'avoir jamais aucun sentiment haineux. « C'est la nature des choses qui place les hommes dans tel ou tel rang, leur disait-elle. Il ne faut jamais en vouloir à ceux qui vous remplacent, et même, s'ils agissent bien, il faut avoir le courage de le reconnaître et de leur rendre justice dans les circonstances où ils sont placés vis-à-vis de nous. »

Les journaux de ce temps se plaisaient à attaquer l'empereur, on le représentait comme un tyran, même comme un poltron ! Cette lecture faisait un mal extrême à la reine. « Ce n'est pas parce que l'on calomnie l'empereur, disait-elle, il est assez grand pour que sa vie entière réponde à toutes ces injures, quand on voudra se donner la peine de l'étudier. Il est au-dessus de pareilles atteintes; mais je suis affligée de voir des Français, mes compatriotes que j'aime, se montrer si petits, si changeants !.... »

Voilà, dans ce premier temps de la Restauration, quels étaient les sentiments et le langage de la reine. Cette modération était autant dans son cœur que dans ses discours, car, avec moi, elle se montrait toujours à découvert. Au reste, je ne l'ai jamais vue faire le plus petit effort pour déguiser ses sentiments à qui que ce fût ([1]). Sans doute elle avait raison de ne pas craindre de les montrer; elle les sentait assez purs pour n'avoir jamais besoin de les déguiser à personne.

Je voyais avec peine la reine s'endormir sur ses intérêts. Vainement elle avait diminué beaucoup de sa maison, elle était encore trop considérable pour les ressources qui lui restaient. Ayant besoin de si peu pour elle-même, son indifférence dans les affaires d'argent allait jusqu'à l'imprévoyance.

Le gouvernement du nouveau roi avait saisi ses rentes, ses arriérés dus par le Trésor. A nos yeux cela ne pouvait paraître que provisoire, et l'on ne doutait pas encore de l'exécution du traité du 11 avril. Mais en attendant, il fallait vivre, et pour se procurer l'argent nécessaire, la reine n'avait qu'un seul moyen, c'était de se défaire des objets précieux qu'elle possédait. Le vice-roi et la reine voulaient aussi vendre tout de suite les tableaux de la Malmaison, pour payer les dettes de leur mère. J'en écrivis à M. de Labouchère, qui ne fut pas de cet avis.

Plus le moment de notre départ de Saint-Leu approchait, plus les angoisses de la reine augmentaient à l'idée de se séparer de ses enfants. Pour s'en donner le courage, elle se répétait toutes les raisons qui l'y avaient décidée, et me disait : « Je laisse mes enfants en France, dans leur patrie, cette patrie qui les a vus naître, qui les a reçus avec tant d'acclamations, et je ne sais pourquoi je tremble de les quitter. Cela n'est pas raisonnable, car enfin que peut-il leur arriver ici? Ils restent au milieu de leurs amis. Le premier paysan venu serait leur défenseur si on voulait leur faire du mal. C'est plutôt s'ils avaient été forcés de quitter la France que j'aurais eu des raisons de craindre. Je les aurais conduits au milieu des peuples trop fatigués de nos victoires, et qui ne peuvent éprouver de sympathies ni pour le nom français, ni pour ceux qui le portent. »

Je partageais ses idées et je la rassurais de mon mieux sur l'inquiétude bien naturelle que je lui voyais en s'éloignant d'êtres si chers et si intéressants.

Elle les laissait avec M$^{me}$ de Boubers, qui les soignait comme une seconde mère, sous la garde de M. Devaux, qui ne devait pas les quitter

---

1. On peut croire ici à une légère exagération...

## CHAPITRE ONZIÈME.

un instant, et sous la surveillance du bon abbé Bertrand, qui donnait des leçons de latin à l'aîné, et qui apprenait à lire au cadet. Ces deux messieurs étaient les seuls hommes que la reine eût conservés de son ancienne maison. Ils n'étaient pas d'âge à être de bien vigoureux défenseurs, mais leur prudence, leur zèle, leur dévouement étaient garants qu'ils sauraient mettre à l'abri de toutes les chances fâcheuses le trésor précieux qui leur était confié.

Laissant à ses enfants les seuls hommes dont elle pût disposer, la reine allait être obligée de voyager seule avec moi, elle qui n'avait jamais fait un pas sans des officiers, sans de nombreux serviteurs. Deux femmes de chambre, deux domestiques, un courrier dévoué, allaient seuls composer toute sa suite. Ses amis s'en alarmaient pour elle, dans un moment où tant de partis exagérés pouvaient lui susciter des ennuis.

Plusieurs messieurs de sa société intime lui avaient offert leurs services et voulaient l'accompagner jusqu'au lieu de sa destination ; malgré toutes les instances qu'on lui fit, elle refusa tout le monde. Nous partîmes de Saint-Leu le 25 juillet au soir. Nous tournâmes Paris pour gagner la route de Plombières, escortées par MM. de Flahaut et de Labédoyère, qui étaient venus faire leurs adieux à la reine et qui l'accompagnèrent à cheval jusqu'à Saint-Denis, où ils la quittèrent, non sans faire quelques instances pour qu'elle leur permît de l'accompagner plus loin. Elle les remercia, et son dernier mot fut : « Veillez sur mes enfants. »

Mon cœur se serra en voyant l'isolement où nous restions lorsqu'ils nous eurent quittées. J'étais avec la reine dans sa berline, deux femmes de chambre suivaient dans une calèche, et je comparais ce modeste cortège à ceux si brillants des nombreux voyages que j'avais faits naguère avec elle. Ces beaux équipages, ces riches uniformes, cette foule empressée, tout avait disparu, excepté les douces vertus de celle qui restait forte et plus grande que son malheur.

Du reste, tout ce grand entourage que je regrettais pour elle ne lui avait jamais plu. Elle jouissait, comme un enfant, des plus petits incidents d'un voyage. Étions-nous mal logées, mal nourries, elle n'en faisait que rire. Tout était bon, elle n'était difficile en rien. La vue d'une belle nature lui causait une émotion qu'elle aimait à exprimer tout haut. Autrefois, environnée de beaucoup de monde qui l'observait, elle était forcée de concentrer les plus petites émotions, et maintenant, seule avec moi, elle ne se gênait plus.

La reine emmenait aussi avec elle la jeune M<sup>lle</sup> de Caumont, qui avait été attachée à l'impératrice Joséphine ; la vice-reine la prenait pour dame près d'elle, et sa belle-sœur s'était chargée de la lui amener. Une de ses compagnes, M<sup>lle</sup> Decazes, venait d'être mariée et dotée par le prince Eugène et par la reine.

L'habitude devient une seconde nature, dit-on. Quand la nuit arriva, la reine, si peu escortée, et qui voulait voyager la nuit tout en jouissant de sa liberté, finit par s'en trouver presque effrayée. Après avoir traversé Épinal, dans une montagne des Vosges où nous allions au pas, parce qu'on montait, un homme s'approcha de la voiture et eut l'air de regarder dedans pour s'assurer de ce qu'elle contenait. « Est-ce que ce serait un voleur ? dit la reine ; il a des manches blanches et des bretelles ; c'est le costume classique des brigands. » Et tout en riant je crois qu'elle n'était pas trop rassurée, car elle tira bien vite tous les stores de la voiture pour qu'il ne vît pas que nous n'étions que des femmes. Moi, qui suis poltronne par nature, je ne pus pourtant retenir un grand éclat de rire du costume obligé que la reine accordait aux voleurs. S'il est vrai que celui-ci en fût un, il était seul, et en voyant deux voitures et deux domestiques, il n'eut certainement pas l'envie de nous attaquer.

Enchantée de trouver cette faiblesse dans la reine, j'osai me moquer un peu d'elle. « Mais, Madame, lui dis-je, que penseraient ceux qui vous ont vu si courageuse ? Il y a peu de temps, vous vouliez vous enfermer dans Paris avec vos enfants pour qu'on se défendît. Vous êtes restée à Trianon, au lieu de fuir, pour connaître le sort de Paris. Vous avez traversé seule toutes les troupes ennemies pour aller porter des consolations à l'impératrice Marie-Louise, tandis que vos intérêts les plus chers vous appelaient près de votre mère ! et un homme en bretelles vous fait peur ! — Mais je ne suis pas brave, me répondit la reine ; c'est lorsque je sens que j'ai un devoir à remplir que le courage me vient. Alors je n'ai plus qu'une pensée, c'est de faire ce que mon esprit et mon cœur me disent être bien ; et quoi que cela me coûte, je trouve toute l'énergie qui m'est nécessaire ; ensuite, comme le résultat ne dépend pas de moi, je sais aussi me soumettre, sans chagrin, à tout ce que la Providence décide ; et d'autant plus facilement que je puis me dire : J'ai rempli mon devoir. Il n'y a que la mort de ceux que j'aime que je ne puis supporter, dit-elle, tout le reste me trouve résignée. »

A Plombières, nos journées se passèrent dans le calme et la solitude.

La reine éprouvait un plaisir tout nouveau à se voir si peu entourée ; elle sortait à pied, seule avec M<sup>lle</sup> de Caumont et avec moi. Tout en faisant nos promenades moins longues qu'autrefois, nous leur trouvions encore de l'intérêt. Chaque pas que faisait la reine réveillait en elle un souvenir doux et triste qu'elle aimait à exprimer sans contrainte. Elle était venue plusieurs fois à Plombières ; la première, c'était pendant la campagne d'Égypte. Elle était partie de Saint-Germain dans tout l'éclat de la jeunesse, de la gaieté et des espérances de son âge. Elle nous montrait le balcon qui s'était écroulé sous les pieds de sa mère, la place où cette mère chérie était tombée et avait failli périr. Elle se rappelait quelles actions de grâces elle avait rendues au Ciel pour une conservation si miraculeuse, et le bonheur qu'elle avait éprouvé en voyant Joséphine rétablie.

La dernière fois qu'elle était venue à Plombières, c'était à l'apogée de la gloire de l'empereur, en 1809. La reine était avec l'impératrice. Là, M. de Labédoyère était venu annoncer la bataille de Rabb gagnée par le prince Eugène ; ici, c'était un page qui, envoyé en courrier par l'empereur, avait appris la victoire de Wagram, qui finissait la guerre. Tous ces lieux, remplis de souvenirs, étaient religieusement visités par nous. Le « père Vincent » ne fut point oublié non plus, et ce fut avec des transports de joie bien sincères qu'il revit sa bienfaitrice. En nous rapprochant de la nature, il nous semble que nos sentiments sont plus purs et moins changeants. Ceux qui vivent toujours avec elle, sont meilleurs et moins mobiles que nous, parce que moins d'objets étrangers les distraient de tout ce qui tient au cœur.

Le père Vincent avait été fier et heureux de recevoir la reine autrefois dans sa modeste demeure. Dépouillée de toutes ses grandeurs, de tout son entourage brillant, il éprouvait le même bonheur, le même orgueil à la recevoir encore. Sa douce voix n'avait rien perdu pour lui de son charme, ses chants étaient aussi harmonieux que la première fois où elle s'était accompagnée du rustique instrument dont il était l'ingénieux organiste. Elle avait encouragé, dirigé ses essais, et loin que ses sentiments pour elle eussent diminué avec sa fortune, son admiration et sa reconnaissance s'étaient augmentées encore avec le temps.

Il en était de même dans toutes les cabanes que nous visitions et où nous étions reconnues au premier coup d'œil ; nulle part le souvenir des bienfaits n'était effacé, rien n'était changé dans ces cœurs simples.

La reine attendait avec une grande impatience l'arrivée de son frère et de sa belle-sœur, lorsque M. Cornaro, aide de camp du prince, arriva avec des lettres pour elle. L'une était du prince Eugène, qui était aux eaux de Bade, et l'autre de la grande-duchesse de Bade. Ils engageaient tous les deux la reine à venir les rejoindre. Ils insistaient surtout beaucoup de la part du roi et de la reine de Bavière, qui eussent été charmés de voir la reine venir se réunir à eux.

Elle fut un peu contrariée de ce changement. Cette solitude où nous vivions à Plombières lui plaisait davantage que ce grand monde qui se trouvait réuni à Bade ; mais la crainte de causer une contrariété à son frère et à sa belle-sœur en insistant pour qu'ils vinssent à Plombières, l'emporta sur sa répugnance, et elle se décida à partir.

Elle congédia M. Cornaro en lui donnant pour réponse qu'elle se mettrait en route dans deux ou trois jours. Elle voulait, avant de partir, aller revoir les deux endroits qu'elle aimait de prédilection et qu'elle visitait souvent dans ses premiers voyages à Plombières. C'était le val d'Ajou et la vallée d'Erival. On portait là son dîner, on prenait une charrette à bœufs, et, assis sur de la paille, on descendait dans ces vallées qui sont vraiment pittoresques et mélancoliques.

« Je me figure toujours, me disait la reine, que les passions haineuses ne peuvent arriver dans ces lieux qui paraissent si éloignés du monde, dans ces vallées qu'on ne peut atteindre qu'en charrette. Comme on doit y être heureux ! On y vit avec de bonnes gens qui vous savent gré du peu de bien que vous pouvez leur faire. Là, il n'y a pas d'ingrats. »

Nous nous mîmes de nouveau en voyage, dans le même ordre où nous étions partis de Paris. La reine promit à M. et à M$^{me}$ de Sainte-Aulaire de s'arrêter chez eux à son retour de Bade. M. de Sainte-Aulaire, quoiqu'il fût resté préfet, ne craignait pas de témoigner à la reine tout son dévouement. Elle en était touchée ; mais elle redoutait toujours de nuire à ceux qui lui manifestaient de l'intérêt.

Nous arrivâmes à Bade le 10 août, dans la soirée. Nous aperçûmes de loin, dans l'avenue, un homme qui venait au galop au-devant de nous. C'était le prince Eugène. Des larmes s'échappèrent des yeux de la reine en l'apercevant. « Ah ! s'écria-t-elle, j'ai donc encore un soutien, un ami dans ce monde ! Je me sens revivre en voyant mon frère. Le plaisir de me retrouver auprès de lui, m'ôte un poids de dessus le cœur. »

La voiture s'arrêta, et les deux enfants de Joséphine se précipitèrent dans les bras l'un de l'autre, et s'embrassèrent sans dire un mot de leur commune douleur. Leur émotion en disait plus que leurs paroles n'auraient pu en exprimer, et l'on devinait tous les souvenirs qui se réveillaient dans leurs cœurs en ce moment.

## CHAPITRE ONZIÈME.

La reine, avec cet empire qu'elle savait toujours prendre sur elle-même, essuya ses larmes et s'informa de sa belle-sœur. « Elle t'attend avec impatience, lui dit son frère, nous te donnons la moitié de notre appartement, car on ne pourrait trouver à te loger nulle part, tant Bade est rempli de princes, de princesses, et d'étrangers de tous les pays. J'espère que tu ne te trouveras pas trop mal dans une petite chambre, puisque tu n'es pas difficile et que tu seras près de nous. — Ah! certainement, je serai à merveille, répondit la reine; je préfère à tout d'être avec vous autant que possible. »

Elle fut bientôt dans les bras de sa belle-sœur. La princesse Auguste s'attendrit beaucoup en l'embrassant. Perdant comme elle et couronne et fortune, ces deux belles-sœurs se sentaient dans une position trop semblable pour que leurs sentiments ne fussent pas à l'unisson.

Je dois à la justice de dire de la vice-reine que, quoiqu'elle sentît vivement les coups dont la mauvaise fortune la frappait, elle se trouvait si heureuse d'avoir un tel mari, qu'elle ne cessait de répéter: « Eugène a fait son devoir, sa belle réputation est encore préférable à tous les trônes auxquels j'aurais pu aspirer, et je suis fière d'être sa femme. »

Le soir même de notre arrivée, la grande-duchesse de Bade vint voir sa cousine, et le roi de Bavière, à pied, sans cérémonie, vint demander à être introduit près de la nouvelle arrivée.

La reine échangea le lendemain des visites avec l'impératrice de Russie, la reine de Bavière, l'ancienne reine de Suède, la margrave de Bade, leur mère, et toutes les illustrations qui étaient là. Les jours suivants on se retrouvait dans l'allée des Boutiques, on se parlait, on se promenait un instant ensemble et l'on achetait des babioles.

Le 14 août, la reine fut invitée à dîner au château chez l'impératrice de Russie. J'eus l'honneur de l'accompagner. Elle s'était sentie si peu disposée à voir du monde et à s'occuper de sa toilette, qu'elle n'avait apporté aucune parure avec elle, et moi je n'y avais pas pensé non plus, croyant qu'elle ne verrait personne à Plombières. Elle n'avait donc pour ce beau dîner qu'une simple robe noire et ses cheveux relevés sans fleurs ni bijoux. Cette réunion avait lieu pour elle et ne devait être qu'en famille, mais la famille était illustre et nombreuse.

Je restai dans le salon de service où étaient déjà réunis tous les officiers et toutes les dames des princesses invitées. Les portes du salon où étaient les princesses restèrent ouvertes. Elles entraient et sortaient continuellement. Pendant ces allées et venues, la reine me présenta à l'impératrice, à ses sœurs, et elles lui présentèrent de même les personnes qui leur étaient attachées.

L'impératrice de Russie me frappa par sa physionomie intéressante et mélancolique. Sa taille était grande et majestueuse, elle-même paraissait avoir souffert du froid ; de loin on eût pu croire qu'elle avait pleuré, et cela augmentait l'intérêt qu'elle inspirait.

Lorsque le dîner fut prêt, le grand-maréchal, prince Nariskhin, entra dans le salon des princesses pour le leur annoncer. Nous vîmes alors passer devant nous toutes ces têtes souveraines. Le roi de Bavière donnait le bras à l'impératrice de Russie et à la margrave sa mère. Venaient ensuite les trois reines, la reine de Bavière, la reine de Suède et la reine Hortense. Ces deux dernières étaient sans royaume, mais l'étiquette était toujours la même pour elles. La grande-duchesse de Bade venait après avec le prince Eugène ; la princesse Auguste, sa femme, avec la princesse héréditaire de Hesse-Darmstadt et la princesse Amélie de Bade, sœur jumelle de la reine de Bavière. Nous suivîmes après, toutes ensemble et pêle-mêle.

Toutes ces royautés se placèrent à table selon l'ordre dans lequel elles y avaient été, et toutes d'un côté de la table, ainsi que le veut l'étiquette allemande. Le grand-maréchal se plaça au milieu, en face, et nous nous mîmes de son côté, vis-à-vis des princesses. L'ambassadeur de Russie à Carlsruhe était aussi de ce dîner, et de notre côté.

J'ai toujours eu bon appétit, et cet air vif de Bade l'avait d'autant mieux aiguisé ce jour-là, que je n'avais pris qu'une tasse de café le matin. J'attendais un bon potage à la française pour me restaurer un peu ; au lieu de cela, on me servit une espèce de soupe qui ressemblait plutôt à de l'eau de cerfeuil froide dans laquelle on aurait fait tremper du poisson. C'est absolument l'effet que me fit cette soupe russe, dont j'ai oublié le nom un peu baroque et difficile à retenir. J'avais bien vu Hortense, qui l'avait goûtée du bout des lèvres, la renvoyer aussitôt ; mais elle mangeait si peu que cela ne m'avait ni étonnée, ni inquiétée, et j'attendais avec impatience que mon tour arrivât d'être enfin servie, bien déterminée à ne rien renvoyer. Mais j'en restai néanmoins à la première cuillerée. Le froid de ce bouillon me saisit, et je fis tout d'abord la grimace qu'eût faite une personne qui se serait brûlé la langue. Le roi de Bavière, qui s'aperçut le premier de mon hésitation à porter une seconde cuillerée à la bouche, se mit à rire et me dit tout haut : « Bravo, Mademoiselle Cochelet ! je vois que vous n'aimez pas la soupe russe, et je

Le Rhin, avec ses rives bordées de châteaux. (P. 252.)

## CHAPITRE ONZIÈME.

partage votre antipathie. » L'impératrice, en riant aussi de ma surprise, me dit : « C'est un mets national dont j'ai voulu faire juger la reine, mais qui n'est pas du goût de tout le monde. Qu'en pensez-vous ? » continua-t-elle en se penchant vers la reine que la margrave seule séparait d'elle.

La reine lui répondit franchement que l'habitude qu'elle avait de commencer son dîner par un potage chaud, avait pu nuire à son goût pour ce bouillon, qui lui avait paru si froid.

« Ah ! ce n'est pas le froid, s'écria le roi de Bavière, car je veux que vous mangiez chez moi une soupe froide que vous trouverez bonne ; mais celle-ci, il faut avoir le diable au corps pour s'en arranger. »

Heureusement le reste du dîner fut excellent, et la soupe, trouvée si mauvaise, servit à égayer toute la société, qui, sans cela, eût été fort sérieuse ; car les dîners de cour ne sont jamais très amusants.

Les soirées étaient plus gaies : la reine allait les passer toutes, avec son frère et sa belle-sœur, chez la grande-duchesse de Bade, où se réunissaient quelques personnes marquantes qui prenaient les eaux de Bade. Le grand château restait sérieux, tout entier voué aux règles de l'étiquette, et le pavillon du bas donnait l'exemple d'une réunion aimable et toute française. Le grand-duc était resté à Carlsruhe, et n'était venu qu'un seul jour pour voir la reine. Nos soirées se passaient en conversations agréables ou bien à faire de la musique. La grande-duchesse chantait avec sa jolie voix les romances de la reine. Celle-ci, pendant ce temps, faisait les portraits de toutes les personnes qui étaient là, et qui, à tour de rôle, venaient poser devant elle pendant cinq minutes. La princesse Auguste travaillait ainsi que toutes les dames.

Comme il l'avait promis, le roi de Bavière offrit *sa soupe* à la reine ; mais, logeant à l'auberge et n'ayant qu'un fort petit appartement, il n'invita à son dîner que la princesse Auguste, le prince Eugène, la grande-duchesse et la reine Hortense.

La fameuse soupe devait être froide, on était prévenu ; aussi fut-elle trouvée très bonne. C'était une espèce de glace avec des abricots ; et si elle eût été pour le dessert au lieu de commencer le dîner, il n'y aurait eu rien à dire.

Ce qui manquait le plus à Bade, c'étaient les fruits. Il fallait les faire venir de Strasbourg. Chacun vantait son plat ; et, voulant faire apprécier aux autres ses goûts, on parla des bonnes confitures françaises. Le prince Eugène fit valoir mon talent. On voulut le mettre à l'épreuve, et, avec toutes les peines du monde, on fit venir des groseilles et des framboises pour en faire de la gelée. Grâce à Dieu, je ne réussis pas trop mal.

Nous repartîmes pour la France le 28 août. La reine avait le cœur bien gros de quitter son frère. Ce frère qu'elle chérissait tant, allait quêter une position, une existence à ce congrès où chacun se disputait les dépouilles de la France. Il n'avait donc aucune retraite à proposer à sa sœur. A elle, sa patrie lui restait au moins, elle ne lui était pas encore fermée, et c'était pourtant en retournant dans ce seul refuge qu'il fallait qu'elle tremblât. Elle allait se retrouver au milieu des ennemis de Napoléon. Aussi en quittant Bade voyageâmes-nous longtemps fort silencieusement ; seules dans cette voiture, sans nous rien dire, nous étions toutes deux livrées à de profondes réflexions.

Le prince Eugène était venu à cheval accompagner sa sœur jusqu'à une ou deux lieues, et ses derniers mots à la reine avaient été : « Je vais réclamer à Vienne ce qui m'est promis par les traités ; et quand j'aurai un coin tranquille, tu viendras y vivre avec nous. » Cette idée de se revoir bientôt avait adouci ce triste moment de séparation.

Nous ne nous arrêtâmes nulle part, et nous arrivâmes à Saint-Leu le 30. Nous trouvâmes les enfants pleins de santé et plus charmants que jamais. La reine était si heureuse de les revoir, qu'elle ne se sentait plus le courage de les quitter encore. Son médecin l'exigea ; il voulait absolument qu'elle prît quelques bains de mer, et après une ordonnance aussi expresse, tout le monde se réunit, même les enfants, pour décider la reine à partir. Elle fut donc forcée de se rendre au désir de chacun. Elle ne se reposa à Saint-Leu que trois ou quatre jours, et en profita pour faire des réformes dans sa maison.

Je ne puis dire à quel point cela me perçait le cœur de voir toujours diminuer le petit nombre des serviteurs dévoués qui l'entouraient encore. Les enfants comprenaient très bien que le sort leur avait été contraire, et déjà ils mettaient en pratique les préceptes que leur mère s'était plu à leur inculquer. L'aîné me dit un jour : « Je vois bien que nous n'avons plus de fortune, et je cherche souvent avec mon frère comment nous pourrions faire pour ne rien coûter à maman. Est-ce que je ne pourrais pas donner des leçons de latin dans les villages, si on trouve que je suis encore trop jeune pour me faire soldat ? Louis, qui n'a que six ans, tient toujours à ses bouquets de violettes ; ainsi tu vois que nous saurions très bien gagner notre vie. » Ces chers enfants ! j'étais attendrie plus que je ne saurais l'exprimer. Héritiers de tant de trônes, leur naissance avait été fêtée avec enthousiasme par tous les pays sous la domination de leur

## CHAPITRE ONZIÈME. 171

oncle. Le canon avait retenti pour eux de la mer Baltique à la mer Méditerranée, depuis l'Adriatique jusqu'à l'Océan. Quel contraste à présent ! On leur contestait même la validité de leurs titres. On voulait les faire regarder avec dédain par la nation qui les avait placés si haut. Cette fermeté de caractère qui se déployait en eux, au lieu de me réjouir en me laissant juger de ce qu'ils seraient un jour, me faisait éprouver une peine affreuse de les voir instruits de leur infortune. Je blâmais la reine d'avoir voulu que si jeunes encore ils partageassent des malheurs qu'ils pouvaient ignorer. Je lui en parlai dans ce sens. « Non, me dit-elle, c'est une bonne école pour mes enfants. Il faut qu'ils en profitent. On ne se fait une âme forte que par les revers, et je serais au contraire bien coupable de ne pas profiter des tristes circonstances qui nous accablent pour donner à mes fils une leçon qu'ils n'oublieront jamais. Les peuples seraient mieux compris, mieux gouvernés, si tous les princes avaient pu être malheureux dans leur jeunesse. »

Je ne concevais pas dans la reine cette énergie qui la portait à ménager si peu ses enfants, elle qui n'aurait voulu causer à personne au monde un moment d'inquiétude ou de peine. Je sais bien qu'elle leur avait répété sans cesse qu'on valait mieux par soi que par ce qu'on était, et elle leur avait donné par là l'habitude de se croire plus malheureux en faisant mal qu'en étant trahis par la fortune. C'était son système pour elle-même, et c'est ce qui, au milieu de toutes les calomnies dont elle a été l'objet, lui a fait supporter avec courage les outrages dont on l'accablait. Que de fois, en lisant des injures dans les journaux ou dans des pamphlets, je l'ai vue sourire et dire avec une sorte de légèreté : « Heureusement, ce qu'on dit là n'est pas vrai ; j'aime bien mieux qu'on le dise et que cela ne soit pas. Je serais bien plus à plaindre si cela était vrai, lors même qu'on l'ignorerait ! »

Nous partîmes pour le Havre le 6 septembre, à trois heures après midi, et nous y arrivâmes le 8, à dix heures du matin. La reine, qui s'était plu souvent à voyager incognito, avait voulu que cette fois-ci surtout cet incognito fût des plus complets. Les ordres les plus sévères avaient été donnés au peu de domestiques qui l'accompagnaient, pour qu'aucune imprudence ne la fit reconnaître. Aussi arrivâmes-nous au hasard dans une mauvaise auberge où rien n'était préparé. Je vis tout le beau courage de la reine prêt à lui manquer, parce qu'il y avait une odeur épouvantable dans la seule chambre, fort sale, que l'on mit à sa disposition, des Anglais qui venaient d'arriver s'étant emparés de tous les meilleurs appartements. « Oh! je ne pourrais jamais demeurer ici, me dit la reine. J'aime mieux aller dans une chaumière que de rester au milieu de cette affreuse odeur. J'en serais malade. » Que faire? Nous n'avions pas une lettre de recommandation, nous ne connaissions personne au Havre; la reine mettait un prix infini à ne pas être reconnue. Toutes les autres auberges étaient, comme celle-là, déjà envahies par les Anglais. Nous restions toutes les deux à nous regarder sans savoir que décider. Le valet de chambre courrier, Rousseau, était debout devant nous à attendre des ordres, et les femmes de chambre étaient très disposées à ne pas déballer les voitures pour s'installer dans un si triste appartement. Je voyais le moment où nous allions retourner à Saint-Leu, quand tout à coup la reine dit à son valet de chambre : « Allez dans la rue qui vous paraîtra la plus belle, ou plutôt sur le quai, car enfin il doit y avoir un quai au Havre ; frappez à toutes les portes des maisons jusqu'à ce que vous en trouviez une où l'on consente à vous louer un appartement pour deux dames. Ce serait avoir du malheur que dans la ville du Havre il ne se trouvât pas une maison hospitalière. Dites que c'est pour une personne malade. — Non, Madame, m'écriai-je, si on nous fait malades, on ne voudra pas nous recevoir. — Eh bien! simplement indisposée, dit la reine en riant, et sans maladie contagieuse. »

Le courrier partit, bien décidé à attaquer toutes les maisons de la ville. Nous attendions dans la plus grande perplexité, et tout en nous bouchant le nez, le résultat de cette expédition.

Au bout d'une demi-heure, nous vîmes arriver Rousseau, tout hors d'haleine et bien fier d'avoir réussi dans sa mission. Après avoir frappé à plusieurs portes, que l'on refermait à l'instant, il était arrivé dans une petite maison qui était comme un bâton de perroquet. Un petit vieux à perruque, et une petite femme aussi vieille que lui, rangeaient tout dans la maison, et se disposaient à en fermer la porte pour aller s'établir à leur campagne. « Deux dames qui ne trouvent à se loger nulle part cherchent un appartement ; consentiriez-vous à leur louer votre maison pour quinze jours? leur dit Rousseau. — Sûrement, avait répondu la vieille, pourvu que ce soit à des personnes honnêtes ! Me l'assurez-vous ? — Oh ! très honnêtes, je puis vous en répondre, » avait dit Rousseau. En peu de mots l'accord avait été fait, et il accourait bien vite pour nous tirer de peine. Nous nous rendîmes à pied dans notre nouvelle demeure, et ce fut avec une véritable joie que nous en montâmes l'escalier.

Le salon avait deux fenêtres sur la rue, qui formaient toute la façade de la maison. Au-dessus du salon était la chambre de la reine, et au-dessus de sa chambre, encore à un étage plus haut, était la mienne.

La reine remercia le vieux couple, qu'elle appelait Philémon et Baucis, comme si réellement elle recevait d'eux un véritable service. Ces bonnes gens, qui s'appelaient M. et M<sup>me</sup> Dubuc, furent si reconnaissants de ses manières gracieuses et amicales, qu'ils demandèrent la permission de revenir de leur campagne pour s'informer de l'effet des bains de mer sur la santé d'une personne qui paraissait si bonne et si affable. Ils se chargèrent d'envoyer chercher le médecin des bains, auquel ils la recommandèrent.

Ils revinrent quelques jours après, et furent très bien reçus. Ils prièrent la reine de venir goûter, à la côte d'Ingouville, dans leur petite campagne, et le jour fut pris pour cette fête.

Nous nous trouvions tous les jours mieux de notre installation dans notre petite maison, qui était très jolie, et qui avait le grand mérite de la propreté. La reine allait prendre son bain le matin. Nous déjeunions à onze heures; puis nous allions à pied toutes deux, seules, suivies d'un domestique sans livrée, nous promener sur le quai pour voir arriver les paquebots. Ils étaient toujours remplis d'Anglais et d'Anglaises, et c'était pour nous un grand plaisir de les voir débarquer. Après avoir ainsi flâné, nous revenions nous placer à la fenêtre de notre salon, et, tout en regardant la mer et les bâtiments, je faisais la lecture à la reine. Nos soirées se passaient comme nos matinées, en lisant. Quand le dimanche arrivait, notre vieille M<sup>me</sup> Dubuc venait nous prendre pour nous conduire toutes les deux sous son patronage entendre la messe dans une tribune dont elle avait la clef. C'était une chose vraiment curieuse que ce changement si subit de position. Nous semblions les deux filles de cette bonne vieille, et la reine n'avait pas l'air du tout étonnée de se voir ainsi *chaperonnée*. Il semblait qu'elle n'eût pas été autrement toute sa vie, et je crois qu'elle y trouvait un certain charme. Elle s'oubliait, ainsi que ses grandeurs et ses chagrins.

La reine avait assez bien supporté les premiers bains; cependant un froid vif qui était survenu l'avait forcée à les suspendre un moment; mais notre fenêtre était notre grande ressource. Des vaisseaux prussiens, des bricks anglais, les paquebots, les vents, les tempêtes et les émotions qu'elles nous donnaient lorsqu'elles rendaient plus difficile la rentrée de quelque bâtiment dans le port, et, avec tout cela, la grammaire anglaise que l'on étudiait par surcroît, il y avait bien là de quoi nous faire passer le temps.

Le jour de goûter à la côte d'Ingouville arriva pourtant. Nous nous y rendîmes à pied, vêtues de robes de percale blanches, toutes les deux coiffées de chapeaux de paille d'Italie. Nos ombrelles à la main, par un beau soleil, nous parvînmes non sans fatigue à la petite campagne de nos hôtes. Nous fûmes reçues avec de grands témoignages de joie. La société était composée d'un vieux voisin et du fils de la maison avec sa femme. Tout en cheminant vers le lieu où la fête était préparée, la reine me dit à demi-voix : « Je n'ai pas pensé à une chose. Ce vieux ménage est peut-être royaliste. Si cela est, je leur vole leur goûter, car dans ce cas ils ne me l'offriraient probablement pas. »

Nous fûmes bientôt rassurées à cet égard. En entrant dans la salle du festin, dont la vue, qui s'étendait sur la mer, était magnifique, nous vîmes un superbe hortensia au beau milieu de la table : « C'est la fleur de la reine Hortense, » nous dit notre bon vieux en nous faisant admirer ses belles boules d'un coloris si doux. La reine me regarda d'un air inquiet ; elle eut peur d'être reconnue, et je voyais que cette crainte allait gâter tout son plaisir. Mais la gaieté sans gêne qui se manifesta pendant le goûter, la rassura promptement.

« Est-ce que vous connaissez la reine Hortense ? demandai-je tout » simplement à celui qui l'avait nommée. — Oh ! mon Dieu non, mais » on dit qu'elle est bien bonne, qu'elle ressemble à sa mère. »

L'émotion de la reine à ce nom chéri fut sur le point de la trahir. La femme reprit : « Elle doit être probablement la marraine de M$^{lle}$ Hortense de Rovigo, qui est venue prendre ici des bains de mer ; nous l'avons connue alors parce qu'elle logeait chez nous. » La conversation n'alla pas plus loin sur ce chapitre.

Après le goûter nous nous mîmes, la reine et moi, à dessiner quelques vues de la mer et de la ville du Havre. Ces excellentes gens avaient pour nous une si grande tendresse qu'ils ne voulaient plus nous laisser partir. Ils s'en fussent bien étonnés eux-mêmes s'ils eussent été bourbonnistes comme le croyait la reine ; mais ce n'était pas probable.

Malgré les beaux châteaux qui environnaient leur humble maison si jolie, si simple, si propre, je suis sûre que, même dans toute sa puissance, la reine eût encore préféré revenir dans la modeste habitation où on lui avait montré tant de cœur. Elle voulut être polie en ne partant pas trop tôt après le goûter ; nous retournâmes un peu tard, à la chute du jour. Je ne sais si ce fut l'humidité du soir ou la fatigue de notre course, mais la reine fut obligée de passer le lendemain dans son lit, avec ses horribles douleurs de tête.

Un soir, nous étions comme à l'ordinaire ; la grammaire anglaise à la main, je faisais répéter sa leçon à la reine, quand on vint me dire qu'une dame voulait absolument me parler. « Ah ! c'est fini, dit la reine tristement, l'incognito est détruit. » La personne qui me demandait était M$^{me}$ Ferray, que je connaissais particulièrement ; elle venait d'apprendre que la reine était au Havre, et elle accourait lui offrir ses services.

La reine la reçut fort bien, mais elle la pria en grâce de ne dire à personne qui elle était. Elle n'admit dans le secret que les filles de M$^{me}$ Ferray, qui vinrent désormais nous voir le soir avec leur mère ; elles apportaient leur guitare dont elles s'accompagnaient en chantant, ce qui rendait nos soirées plus agréables. M$^{me}$ Ferray ne cessait de s'étonner et de se fâcher de notre isolement ; elle voulut absolument que la reine connût au moins les sites des environs. Nous allâmes avec elle visiter la délicieuse vallée de Saint-Adresse où elle avait un petit ermitage. C'est une vallée qui vaut celles de la Suisse et qui a pour lac l'Océan. On voit un coin de la ville, l'embouchure de la Seine et les coteaux de la Basse-Normandie, formant ensemble le plus magnifique panorama. Ensuite nous allâmes avec toute la famille Ferray à Orché, qui domine la mer à l'embouchure de la Seine. Il s'y trouve une terrasse d'un quart de lieue de longueur, placée sur une côte toute boisée, d'où l'on découvre Honfleur, le Havre et la pleine mer, et de l'autre côté des vallées ravissantes. Nous y passâmes une journée charmante par le plus beau temps du monde, et remplissant nos livres de dessin de toutes ces vues incomparables.

C'étaient nos derniers plaisirs ; ils s'évanouissaient avec notre incognito....

En rentrant un soir au logis, nous rencontrâmes M. et M$^{me}$ Dubuc sur le seuil de la porte. Ils n'osaient plus avancer. Ce n'était plus cette protection presque maternelle que la bonne vieille avait pour nous quand elle nous menait à la messe. Le mari et la femme se tenaient honteusement serrés à côté l'un de l'autre comme des criminels. « Qu'avez-vous ? leur dit la reine. Montez donc avec moi pour me faire votre visite. — Ah ! Madame, dit timidement la bonne vieille, comment nous excuserez-vous ? Nous n'osions plus nous présenter devant vous. Mon mari et moi, nous ignorions qui vous êtes ; nous venons de l'apprendre, et nous craignons tant de vous avoir offensée par notre familiarité, par notre manque d'égards ! — Comment donc ! s'écria la reine, vous m'avez traitée comme je désire l'être, et je vous en conserverai toujours une grande reconnaissance. »

Elle les fit asseoir, et leur parla de ses souvenirs du Havre qui étaient bien vagues et bien anciens.

« Hélas ! Madame, lui dit la vieille M<sup>me</sup> Dubuc, c'est ici que vous avez logé avec votre mère, il y a bien longtemps. M. de Rougemont, banquier, avait retenu cette maison pour elle, et c'est dans ce même salon, où je vous vois à présent, que je vis votre excellente mère, qui me reçut avec la même grâce que vous. »

Ces souvenirs, ce rapprochement dû au hasard, nous attendrirent tous.

Il tardait à la reine de se retrouver enfin auprès de ses enfants pour ne plus les quitter. Notre départ fut fixé au 18 septembre, après la messe. Je me souviens que la veille au soir, le fils de M. Dubuc, qui avait, je crois, une petite place, vint prier la reine de le protéger auprès de ses chefs. « Vous ne savez donc pas les événements ? Je ne puis plus être utile à personne. — Ah ! cela n'est pas possible, répliqua le demandeur, qui pourrait vous refuser ? la fille de Napoléon doit toujours conserver sa puissance. »

Nous quittâmes enfin ce charmant séjour ; et sans nous arrêter, nous arrivâmes à Saint-Leu le 19 septembre, à neuf heures du matin. Chacun fut étonné et enchanté de nous revoir, car on ne nous attendait pas si tôt. Les princes étaient à merveille ; et dans son bonheur de se retrouver auprès d'eux, leur mère me disait : « Enfin, je vais donc être heureuse ; je n'aurai plus qu'à m'occuper de mes enfants ; ma santé est un peu meilleure et ne me forcera plus à les quitter ; je serai loin du monde : ceux qui me rechercheront dans ma nouvelle position deviendront mes amis. Au milieu de toutes mes grandeurs, étais-je bien sûre d'en avoir ? C'est une épreuve fort douce à faire ; cela seul embellit la vie, que de pouvoir croire à l'amitié. »

## Chapitre Douzième

Le roi Louis redemande ses enfants. — Douleur d'Hortense. — Sa visite à Louis XVIII. — Soins touchants de la duchesse pour ses fils. — Une aventure au Bois de Boulogne. — L'abbé Bertrand. — Hortense en butte aux attaques du parti royaliste.

La reine reprit sans tarder ses anciennes habitudes. Chaque après-midi on allait faire un tour de parc dans le grand char-à-bancs ; et, après le dîner, lorsque la partie de billard était finie, et que les visiteurs de la journée étaient retournés à Paris, nous faisions une lecture autour de la table ronde ; puis, à onze heures, on allait se coucher. Les enfants, qui faisaient toujours partie essentielle du salon, se retiraient à neuf heures avec l'abbé Bertrand ; et c'était moi, enfant comme eux, qui d'habitude les amusais toute la soirée. Je les aimais si tendrement que souvent je préférais causer avec eux, leur raconter des histoires, que de me fatiguer à soutenir une discussion métaphysique. La reine aimait beaucoup à en mettre de ce genre sur le tapis, pour éviter que la politique ne devint le sujet de la conversation.

Le calme de cette vie produisait une amélioration marquée sur la santé de la reine. « J'étais faite pour une vie tranquille, me disait-elle un jour ; l'absence d'émotions est devenue pour moi du bonheur. Je me fais un reproche de me trouver plus heureuse que je ne l'ai jamais été quand la fortune accablait la France et ma famille de toutes ses faveurs. Je ne demande à Dieu que de rester comme je suis. »

Dieu ne l'exauça pas, car le jour même où elle demandait, avec tant de modération, la tranquillité pour tout bonheur, elle allait être frappée au cœur par le côté qui lui était le plus sensible.

Un jeune homme en habit noir, avec un air sec et absolu, arriva un matin à Saint-Leu, et demanda à voir la reine de la part de son époux. Il venait lui annoncer que Louis désirait avoir ses fils près de lui, en Italie, où il s'était retiré.

Le coup de la mort n'aurait pas été plus sensible. « Que faire ? disait la reine, au désespoir, à M<sup>me</sup> de Boubers et à moi. J'aurais peut-être le courage de me séparer de mes enfants si c'était pour leur bien, parce que je ne vis que pour eux ; mais qui les soignera jamais comme moi? Un homme peut enseigner beaucoup de choses ; c'est à une femme seule qu'il appartient d'imprimer dans le cœur tout ce qui est noble et bien. Ils ont besoin de moi, et de moi seule. Cette idée me donnera le courage de supporter toutes les conséquences d'un refus. » Et puis elle pleurait, elle se désespérait, et en peu d'instants disparut tout le bon effet des bains, tout le bon résultat de la vie tranquille qu'elle menait depuis un mois. Sa maladie de nerfs revint dans toute sa force, et sa vie n'allait plus être qu'une agitation continuelle, mêlée des plus vives douleurs physiques et morales.

Dans toute sa conduite qui suivit ce moment si terrible, elle n'eut plus qu'un but unique, celui de conserver ses enfants près d'elle. « Eh ! que m'importent les duchés, la fortune ! disait-elle ; je ne tiens à rien de tout cela ; et pourtant qu'on fasse valoir ces avantages, si l'on veut, pourvu que j'élève mes enfants et qu'ils ne me soient pas enlevés. Moi seule je sais l'éducation qu'il leur faut. »

Nous l'écoutions en silence ; personne n'osait lui donner un conseil. On ne pouvait que gémir avec elle ; car, d'un autre côté, il allait paraître juste à tout le monde qu'un père, qui jouissait d'une si bonne réputation, désirât au moins un de ses fils auprès de lui. C'était ce qu'après diverses lettres et discussions, il avait fini par accorder en se contentant de *ne demander que l'aîné pour le moment*. D'autre part, enlever à la reine un de ses enfants, c'était lui imposer un immense sacrifice. Je la vis enfin résignée, mais résolue. « J'ai mesuré tout l'abîme où je me jette, me dit-elle. Dans ma position, l'oubli le plus grand pouvait seul me convenir et me laisser tranquille en France. Les ennemis du nom que je porte vont s'emparer de tout cet éclat pour abaisser ce nom, pour me déchirer, moi, la mère de ces deux Napoléon! Mais n'importe, j'ai mis dans la balance le bien et le mal ; je suis résignée d'avance. Ce mal ne doit retomber que sur moi, et le bien sera pour mon fils. S'il est élevé par moi, quand il sera grand, il me blâmera peut-être aussi ; mais ce que j'aurai fait, il en pourra jouir sans savoir jamais tout ce que cela m'aura coûté. »

Alors, avec cette conscience que la reine savait mettre dans tout ce qu'elle faisait, elle appela son fils aîné, et d'une question qu'elle regardait comme toute d'intérêt moral, elle fit une question toute d'intérêt matériel, pour ne pas nuire à un père dans l'esprit de son fils : « Mon enfant, lui dit-elle, ton père désire t'avoir près de lui ; il t'aime tendrement. J'ai pensé qu'il était au contraire utile pour toi de te conserver le duché de Saint-Leu qui te permet de rester en France. J'ai peut-être tort ; mais quand tu seras grand, tu jugeras toi-même et tu pourras choisir et abandonner facilement cette position. Je fais dans ce moment une chose bien grave, mon enfant, je résiste à l'ordre de ton père qui devrait m'être sacré. Il doit en résulter beaucoup de chagrin pour moi. J'aurai des ennemis nombreux qui se déchaîneront contre moi ; mais tu te souviendras, quand tu entendras dire du mal de ta mère, qu'elle a cru agir dans ton intérêt ; que si elle s'est trompée, c'est par amour pour toi ! »

Sur ces entrefaites, la reine commença à donner ombrage au gouvernement. On la soupçonnait de favoriser des conspirations contre Louis XVIII ; dès lors elle fut surveillée de près, et des vexations augmentèrent beaucoup ses ennuis. Sa tranquille demeure, asile de ses enfants, était entourée des ennemis naturels de leur nom. Ses enfants, qui sortaient toujours conduits par leur vieux et bon abbé Bertrand, qui allaient ensuite visiter les chaumières, secourir les infortunés, se trouvaient à la merci de pareils surveillants ! C'était un danger réel ; la reine le sentit.

Elle m'avait toujours dit qu'elle devait une visite à Louis XVIII, puisqu'il lui avait permis de rester en France, qu'il avait signé le traité du 11 avril et les lettres patentes du duché de Saint-Leu. « Je me donnerais un tort de ne pas lui faire une visite de remerciements, et, dans ce moment, elle devient nécessaire à ma sécurité. Ceux qui inventent sur moi de pareils contes, c'est qu'ils croient faire plaisir à la cour, dont ils me supposent l'ennemie acharnée. Quand on saura que j'ai vu le roi, ils n'oseront plus parler ainsi et je serai oubliée. D'ailleurs cette démarche prouvera à la famille des Bourbons que, si j'avais voulu intriguer contre eux, je ne serais pas restée en France à leur merci, et que, puisque je me décide à les voir, c'est que je suis incapable de leur nuire. »

La reine étant une fois décidée, elle fit demander une audience particulière au roi, et l'obtint à l'instant. Je l'accompagnai aux Tuileries et je restai à l'attendre. Elle entra seule dans ce cabinet du roi, naguère celui de l'empereur. En retrouvant tout ce qu'elle avait vu autrefois dans les mêmes lieux, hors celui qu'elle regardait comme son père, le cœur dut lui battre bien fort ; car moi, qui n'allais pas à la cour, j'étais émue plus que je ne puis l'exprimer.

Lorsque je me retrouvai avec elle, je m'informai bien vite si elle avait été contente du roi : « On ne peut pas plus, répondit-elle. Il a été excessivement poli pour moi. Il était fort embarrassé d'abord ; j'ai dû lui parler la première ; mais quand on n'a qu'un remerciement à faire, rien n'est plus facile. Il m'a fait l'effet d'un bon homme. C'est peut-être son air d'embarras qui m'a mis de suite à mon aise ; mais je m'y suis sentie beaucoup plus qu'avec l'empereur Napoléon. Cela n'est pas étonnant, la grandeur personnelle impose à tout le monde, et même à moi, qui étais sa fille. Je n'osais jamais lui parler que quand il m'adressait la parole. Tout en causant avec le roi, il m'a paru pourtant qu'il désirait m'insinuer de faire une visite à la duchesse d'Angoulême. C'est sans doute une personne respectable, intéressante ; mais je n'ai aucune raison pour y aller. Je ne devais qu'une politesse au souverain reconnu par le pays que j'habite, et je lui ai bien manifesté mes intentions de retraite absolue. »

Toutes les personnes de la société de la reine vinrent s'informer avec intérêt si elle était satisfaite de la démarche qu'elle venait de faire, et qui avait dû tant lui coûter. Elle affirma ce qu'elle m'avait dit, qu'il était impossible d'être plus aimable que Louis XVIII ne l'avait été pour elle. « Eh bien, s'écrièrent plusieurs personnes qui étaient des plus virulentes dans leur opposition, s'il est franchement bon pour vous, s'il est loyal, s'il veut réellement ressembler un peu à son aïeul Henri IV, il nous ramènera à lui. »

La reine crut donc avoir assuré par cette démarche la tranquillité à laquelle elle aspirait ; elle ne voyait plus de raison qui permît qu'on l'attaquât, et elle avait bien assez de ses tourments particuliers pour l'occuper, sans croire qu'on pût encore la supposer capable de fomenter des révolutions en France. Mais qui croirait que cette démarche dont elle attendait du calme dût produire tout le contraire, et que les éloges du roi allaient exciter de redoutables jalousies ?

Hortense pensa qu'elle ferait bien de résider à Paris, où chacun pourrait se convaincre qu'elle était étrangère à toute espèce de conspiration. Elle avait besoin en outre de se trouver dans la capitale pour la déplorable affaire dont son fils était l'objet. Elle fit ses préparatifs de départ au commencement de novembre. Le 16, j'allai dire adieu aux sœurs de Charité ; je menai les enfants avec moi, et je les conduisis ensuite dans l'église de Saint-Leu, où reposait leur frère mort en Hollande. Tandis qu'ils joignaient leurs mains innocentes et que leurs âmes s'élevaient vers Dieu, sans comprendre cette pensée de la mort révélée par le marbre noir sur lequel ils s'agenouillaient, je demandais à Dieu de les sauver de tout malheur dans cette ville immense où nous allions nous rendre, et où leurs amis n'osaient plus se montrer.

Ces jeunes princes étaient toujours la grande préoccupation de leur mère. J'étais heureuse de leur donner aussi mes soins. Un jour, lorsque déjà nous étions à Paris, le plus jeune, qui avait alors six ans, eut un violent mal de dents. « Fais venir le dentiste, me dit-il, pour m'arracher cette grosse dent qui me fait tant souffrir ; mais sans le dire à maman, parce que cela la tourmenterait trop. — Comment voulez-vous le cacher à votre mère ? Son salon habituel est à côté de votre chambre, elle vous entendra crier, et elle s'en inquiétera bien plus que si elle savait de quoi il s'agit. — Je ne crierai pas, je te le promets. Est-ce que je ne suis pas un homme pour avoir du courage ? » Je lui promis le secret que je ne gardai pas ; car la reine aurait été excessivement mécontente qu'on ménageât sa sensibilité pour tout ce qui regardait ses enfants. Elle eut l'air pourtant de ne rien savoir, pour complaire au désir de son fils.

Le dentiste fut appelé, et il enleva la grosse dent de la bouche, sans que l'enfant jetât un seul cri. Il courut tout triomphant la porter à sa mère, qui attendait avec inquiétude, et qui joua la surprise, tout en étant plus émue que lui. Je n'ai jamais vu une personne plus courageuse que la reine pour supporter les grandes infortunes de la vie ; mais s'agissait-il de la plus petite chose qui concernait ses enfants, ce n'était plus la même femme ; elle se troublait, s'inquiétait pour un rien, et n'avait plus aucune raison.

Deux jours après celui où l'on avait arraché cette dent à son fils, on vint m'avertir que le jeune prince avait une hémorrhagie ; il n'y avait pas moyen de le cacher à sa mère, qui les croyait tous les deux endormis, et qui, nous voyant entrer dans leur chambre, Mme de Boubers et moi, à une heure inaccoutumée, devait croire peut-être à un danger encore plus grand. Celui-ci pourtant pouvait être réel : et c'était une chose effrayante que de voir ce pauvre enfant pâle, à demi évanoui et perdant tout son sang par la place même de cette dent arrachée deux jours auparavant. Dans ces occasions de danger pour ses enfants, la reine ne disait pas un mot ; elle laissait essayer avec sang-froid tous les remèdes proposés ; mais l'on pouvait facilement s'apercevoir de la terreur dont elle était saisie à la pâleur, à l'immobilité fixe de son visage. Après divers essais, tous plus infructueux les uns que les autres, on arrêta le sang avec de l'amadou, que l'on plaça sur la gencive. Le pauvre enfant tombait de sommeil et d'épuisement dans les bras de sa mère ; elle le posa doucement sur son lit. Sa nourrice couchait près de lui ; étant bien rassuré, chacun se retira chez soi. Il était déjà une heure du matin ; je m'endormis excédée de fatigue, par suite sans doute des craintes que je venais d'avoir ; malgré toute ma tendresse pour cet enfant, je n'étais pas mère. La reine s'était aussi retirée chez elle entièrement rassurée ; elle se coucha, mais ne put fermer les yeux ; elle voyait toujours devant elle son fils pâle et couvert de son sang. « Je connais ma faiblesse, me disait-elle le lendemain, je me condamnais moi-même de cette inquiétude que je trouvais déraisonnable ; et ne voulant pas y céder, je cherchais à penser à toute autre chose pour pouvoir enfin m'endormir ; ce fut en vain ; la figure de mon fils se représentait toujours à moi glacée et ensanglantée. En un instant, mes angoisses devinrent si vives, qu'il me passa par la tête que ce pourrait bien être un pressentiment. Je fus d'abord honteuse de me laisser aller à cette idée, et puis je me dis : Qu'importe que cette idée soit folle ! je passerai la nuit à m'inquiéter ; je préfère aller me rassurer en voyant le sommeil paisible de mon enfant. »

Elle se leva donc sans sonner personne, elle passa un peignoir, prit sa lampe à la main, et entra doucement chez son fils, où tout était dans le silence et dans le plus grand calme. La nourrice dormait profondément, et l'enfant aussi. Elle s'approche sans vouloir réveiller cette femme fatiguée des soins de la soirée. Elle regarde son enfant, et le voit absolument comme ses terreurs venaient de le lui représenter, pâle et couvert de sang...... Elle le prend dans ses bras ; ses membres tombent affaissés ; mais il ne se réveille pas, et un flot de sang sort de sa bouche... Alors, par un mouvement machinal, elle pose son doigt sur cette cavité qui ne veut pas se cicatriser, et elle sent que le doigt fortement appuyé arrête le sang. Elle respirait à peine, cette pauvre mère ; mais elle avait réussi, et elle remerciait Dieu de lui avoir inspiré l'idée de venir auprès de son fils. Pour lui, affaibli, fatigué, il dormait toujours. Elle passa la nuit ainsi, toujours à la même place, sans sentir la gêne de sa position, sans appeler, sans bouger ; et au jour, il ne paraissait plus rien de cet accident qui pouvait devenir si funeste. Voilà bien le triomphe de l'amour maternel !

Presque tous les matins, quand le temps le permettait, la reine allait se promener au bois de Boulogne avec ses enfants. Un jour, en passant au galop près d'un taillis, nous y vîmes plusieurs hommes réunis.

Nous nous arrêtâmes à quelques pas de là. « Mon Dieu ! dit la reine, qui était dans une agitation que je partageais, c'est sûrement un duel !

## CHAPITRE DOUZIÈME.

Allons-y ; empêchons-les de se battre: je suis sûre qu'ils sont là pour cela. »

Au même moment nous entendîmes le bruit d'une détonation d'armes à feu, et la reine en fut si saisie qu'elle devint toute tremblante. « C'est fini, dit-elle, ils sont morts!» Rien ne saurait peindre son trouble. « Courez vite, ajouta-t-elle à Cousmann, son laquais, peut-être ne sont-ils que blessés. S'ils ont besoin d'une voiture, conduisez-leur la mienne, j'attendrai ici.»

Cousmann partit au galop, et revint bientôt nous dire que personne n'était blessé, que ces jeunes gens avaient un fiacre qui les attendait, et qu'ils s'étaient réconciliés. En effet, en remontant en voiture, nous les vîmes passer ; ils riaient tous, tandis que nous, nous pleurions encore de la crainte qu'ils nous avaient causée. L'effroi qu'avait éprouvé la reine lui avait tellement attaqué les nerfs, qu'elle ne pouvait plus s'en remettre : elle pleurait tout le long de la route et je n'étais guère mieux qu'elle.

Le soir, en racontant l'impression affreuse qu'elle avait ressentie en voyant ces hommes tirer l'un sur l'autre, et en se figurant qu'ils pouvaient tomber morts si près d'elle, les larmes lui vinrent encore aux yeux.

Le premier jour de l'an 1815 présenta un grand contraste avec ce même jour aux années précédentes. Je fus la seule qui pensai pour la reine à ces petits souvenirs que l'usage autorise, et encore mon cadeau fut-il sombre comme l'âme de celle à qui je l'offrais. C'était un livre de piété qui a pour titre l'*Esprit consolateur*. Je mis à deux passages choisis le portrait de son fils qui n'est plus. Il est peint en ange dans les nuages avec une couronne de roses blanches ; il semble monter au ciel. Ces mots sont écrits au bas : « O maman ! mon cœur reste toujours avec toi.» Puis le portrait de M$^{me}$ de Broc. Elle est entourée d'une couronne de roses battues par l'orage, jolie comme dans ses beaux jours ; la foudre la frappe. Au bas on voit une partie du torrent qui entraîne une rose ; le génie de la jeunesse la regarde passer en pleurant. C'est l'image bien exacte de sa mort. Le livre était revêtu d'une couverture en velours violet avec des agrafes et son chiffre en argent. Ce cadeau alla au cœur de la reine. Elle passa la journée seule comme de coutume, et le soir, pour distraire ses enfants, elle les mena chez Franconi, ce qui fut pour eux un très grand plaisir.

Parmi les gens qui venaient par un reste de pudeur chez celle qu'ils avaient si longtemps reconnue comme souveraine, il y eut un homme qui dit à l'abbé Bertrand : « La reine Hortense s'est pourtant bien tirée de toute cette bagarre ; car enfin, par le traité du 11 avril, elle conserve

400.000 francs de rentes ; c'est joli pour Mademoiselle de Beauharnais. — Oui, répondit l'abbé, c'est joli si elle n'avait pas été reine, mais comme elle avait deux millions de revenus, et que cette somme de 400.000 francs passait en dons, vous avouerez au moins que d'autres y perdent autant qu'elle, et qu'il lui deviendra difficile de remplir les engagements qu'elle a contractés avec la plus grande partie des malheureux qu'elle soutenait. L'empereur n'a jamais voulu que les personnes de sa famille eussent des fortunes particulières ; elles devaient dépenser tout le revenu qu'il leur donnait. Vous, Monsieur, comme tous les enfants de la Révolution, vous avez haussé de position, vous conservez vos appointements, et vos dépenses, qui ont été basées dessus, restent les mêmes. Vous trouvez tout simple d'avoir toujours la même fortune. Si l'on vous disait aujourd'hui : Redevenez soldat, vous avez commencé par là : vous réclameriez ; vous diriez : Mais, étant colonel d'un régiment, j'ai contracté l'habitude de donner aux plus nécessiteux, je leur ai même signé des engagements que je ne puis rompre. Eh bien ! c'est la même chose pour la reine. »

L'abbé Bertrand, qui répondait avec tant de justesse à tous ces calculs de l'égoïsme, ne pensait pas alors que cette même reine, que nous trouvions déjà pauvre avec 400.000 francs de rentes, serait bientôt dépouillée de tout ce qui lui appartenait, et que le prix de ses diamants, seule chose qu'elle a pu sauver du naufrage, serait employé, à force de privations personnelles, à soutenir les plus nécessiteux de ses anciens serviteurs. Mais n'anticipons pas sur cette année 1815, dans laquelle nous entrons, et où il eût été de peu d'intérêt de déplorer la perte de sa fortune, lorsque sa vie et celle de ses enfants ont été si souvent en danger. Ce bon abbé Bertrand savait mieux que personne tous les bienfaits que répandait la reine, puisqu'une grande partie des secours passait par ses mains. C'était lui aussi que le roi Louis, avant d'aller en Hollande, chargeait de répandre ses dons ; et tout le monde sait combien le roi Louis était bienfaisant et charitable. Aussi l'abbé me disait quelquefois que, tout pauvre qu'il était, puisqu'il ne possédait rien, il lui était passé bien des millions par les mains. Un matin que j'étais seule avec la reine, il lui dit : « Madame, si vous rencontrez à présent beaucoup d'ingrats, je viens vous réjouir en vous apprenant qu'il est encore des personnes qui n'oublient pas tout ce qu'elles vous doivent, et qui sont reconnaissantes en dépit des événements qui ont changé votre position et la leur. »

Il raconta alors qu'une madame de J. R***, à laquelle la reine accordait une pension, à la demande, je crois, de M. Adrien de Montmorency, venait de l'envoyer chercher. Il s'était rendu chez elle, et en le voyant paraître: « Venez, Monsieur l'abbé, lui avait-elle dit, je veux que vous fassiez à la reine Hortense le récit du bonheur dont je jouis, et qui ne

LE HAVRE. (P. 171.)

peut lui être indifférent, à elle qui a pris tant de part à nos malheurs. Le retour des Bourbons me rend une fortune. Ma fille, comme vous le savez, était recherchée par un honnête homme qui vient de l'épouser. Elle soignait ma vieillesse, elle tenait mon ménage, elle était ma seule servante, puisque nous n'avions pour vivre que la pension que nous tenions des bontés de la reine. Aujourd'hui le sort de ma fille est assuré, et nous voilà riches. »

Elle ouvrit alors une petite armoire où se trouvait un habillement complet en bure et en grosse toile : « Voilà ce qui constate notre misère passée ; si jamais ma fille ou moi nous avions de l'orgueil, ou si nous avions le malheur d'oublier les bienfaits de votre angélique princesse, cet habit, que je conserve avec respect, viendrait nous rappeler tout ce que nous fûmes et tout ce que nous lui devons. Dites-le à la reine de ma part, et dites-lui que nos cœurs reconnaissants ne cesseront de faire des vœux pour elle. »

Cependant la reine continuait d'être en butte à toutes les calomnies, aux attaques les plus violentes et les plus passionnées.

Nous lûmes, un jour, dans un journal, qu'on avait trouvé dans la Seine le corps d'un général nommé Quénel. Personne de nous ne le connaissait, même de nom, et nous n'y fîmes pas autrement attention que pour déplorer une mort que nous croyions un suicide, tandis que d'autres disaient que c'était un commencement d'exécution, et que, comme général de la grande armée, les chouans l'avaient attaqué la nuit, et jeté par-dessus un pont. Mais ne voilà-t-il pas que nous apprenons ce qui se dit tout haut dans le noble faubourg : « Les conspirations qui se tramentchez la duchesse de Saint-Leu ont peur but d'incorporer dans cette ligue beaucoup d'anciens militaires ; dans la crainte d'être trahis par le général Quénel, qui a refusé d'entrer dans le complot, celui-ci a été expédié par les ordres de la duchesse. » « Ah ! pour le coup, s'écria la reine, au récit de cette nouvelle atrocité inventée contre elle, ceci est par trop fort ! Je vais me révolter à la fin. On parviendra à me rendre méchante, car j'aurais bien le moyen, si je voulais en user, de nuire à ce parti qui m'arrange si charitablement. » Puis, après un moment de réflexion, elle se mit à sourire de pitié. « Ceci est pourtant trop extraordinaire. Aller jusqu'à me faire tuer un homme ! moi !... Allons, je ne dois pas me mettre en colère contre cette calomnie ; elle est si forte qu'elle ne peut m'atteindre, et que personne n'y croira. Tant mieux ! qu'on en invente d'aussi absurdes, cela fera voir la folie des calomniateurs, je suis bien bonne de prendre cela sérieusement ! »

# Chapitre Treizième

Le débarquement de Napoléon. — Terreur de la reine Hortense pour ses enfants. — Grande agitation à Paris. — Dangers que court Hortense. — Elle quitte son hôtel et se cache dans une mansarde. — Incidents burlesques. — Impatience de la reine dans sa cachette. — Napoléon rentre à Paris et Hortense dans son hôtel. — Grande réception aux Tuileries.

TEL était l'état des esprits lorsque la nouvelle la plus imprévue, la plus extraordinaire, parvint jusqu'à nous.

Le 6 mars, nous revenions seules, la reine et moi, du Bois de Boulogne ; les princes avaient été se promener à pied aux Tuileries avec leur bon abbé et la reine, qui n'allait jamais faire de visite à personne, sinon pour porter des consolations à quelque âme affligée. Depuis notre retour à Paris, elle n'avait été qu'une fois chez M$^{me}$ de Caulaincourt, sa dame d'honneur, qui était souffrante ; chez M$^{me}$ d'Arberg, dame d'honneur de l'impératrice Joséphine, et chez M$^{me}$ d'Arjuzon, à l'occasion de la mort de son fils. Ce jour-là son projet était d'aller voir M$^{me}$ de Nansouty, qui venait de perdre son mari. Aussitôt que le malheur était quelque part, on était sûr que la reine s'intéressait à ceux qu'il frappait ; et d'ailleurs, elle aimait beaucoup M$^{me}$ de Nansouty.

Comme elle logeait au faubourg Saint-Germain, nous allions traverser le Pont-Royal, lorsque nous aperçûmes lord Kinaird qui venait à cheval droit à nous : « Vous savez la nouvelle ? nous dit-il, l'empereur est débarqué de l'île d'Elbe. » La reine devint pâle comme la mort, et fit arrêter sa voiture ; moi, j'en ressentis un coup si violent que la respiration me manquait. « Comment ! est-ce possible ? dit la reine à lord Kinaird. Qui vous a dit cela ? On conte tant de choses absurdes !

— C'est positif, reprit lord Kinaird, je sors de chez le duc d'Orléans qui va se mettre en route pour suivre le comte d'Artois, qui est déjà parti cette nuit.

— Ah ! mon Dieu ! s'écria la reine, quel malheur va-t-il en résulter pour l'empereur, pour la France, et pour nous !.. Je n'ose y arrêter ma pensée !..

— Les mesures sont bien prises ; on envoie toutes les troupes de ce côté. L'empereur a, dit-on, peu de monde, et cela ne peut être long pour lui.

— Mourir ainsi ! sous le feu des armes françaises ! lui ! l'empereur ! C'est affreux ! reprit la reine avec une grande émotion. Il n'a pu commettre une telle imprudence ; on est mal instruit.

— Soyez sûre, Madame, de ce que je vous dis. La source où j'ai puisé cette nouvelle est certaine ; on est dans la plus grande agitation à la cour, et on va prendre les mesures les plus rigoureuses contre les partisans connus de Napoléon.

— Croyez-vous que mes enfants puissent courir quelque danger ?

— Ah ! je ne vous réponds pas qu'on ne les prendra point pour otages ; ce serait une mesure fort naturelle.

— Mon Dieu ! dans quelle position les ai-je placés ! » Et les yeux de la reine se remplissaient de larmes ; puis, surmontant sa vive émotion : « Non, dit-elle, le peuple français ne permettra pas qu'on leur fasse aucun mal !

— Le peuple, dit lord Kinaird, va devenir effrayant, et surtout pour nous autres, Anglais ; car il ne faut pas s'abuser, il est resté attaché à l'empire, et il pourrait bien se défaire de nous en masse.

— Ah ! non ! ne le croyez pas ! ce n'est plus le même peuple qu'en 93. Mais si vous pouvez avoir la moindre inquiétude pour votre femme et vos enfants, moi, qui n'ai rien à craindre du peuple, je vous offre ma maison pour asile. Je vais bien vite retourner chez moi pour veiller à la sûreté de mes enfants. »

Elle congédia lord Kinaird et donna l'ordre de retourner promptement rue Cérutty. Chemin faisant, la reine me dit : « Je ne puis encore croire que l'empereur ait risqué une tentative aussi hasardeuse. N'importe, il faut mettre mes enfants à l'abri de tout danger. Il faut qu'ils sortent de chez moi. — Vous savez, Madame, répondis-je, que déjà, quand vous manifestiez pour eux des craintes moins fondées que celles qu'inspire le moment présent, une de nos anciennes compagnes, M$^{me}$ R***, vous a proposé de les envoyer dans la maison de sa mère qui est à la campagne. Voulez-vous que j'aille reconnaître les lieux et tout disposer à les recevoir ? — Oui, pars à l'instant même ; et ce soir, à la nuit, accompagnés de la nourrice et de leur valet de chambre, ils sortiront tous deux de la maison par mon jardin. Je ne veux pas qu'ils couchent cette nuit chez moi. Que tout le monde ignore où ils seront cachés et que personne n'y aille sous aucun prétexte, jusqu'à ce que le moment de la crise soit passé. Quant à moi, je suis résignée à tout ; lorsque je suis rassurée sur eux, j'ai du courage pour ce qui me regarde. »

Toute cette affaire ainsi bien convenue entre la reine et moi, elle balança ensuite longtemps sur ce qu'elle ferait le soir. C'était précisément le lundi, jour pris par elle pour recevoir plus de monde. M$^{me}$ de Laval et lady Ulseston étaient priées ce jour-là avec Garat, qu'elles désiraient entendre chanter. Envoyer déprier tout le monde, fermer sa porte, c'était donner à penser qu'on prenait chez la reine quelques mesures qui pouvaient avoir rapport à la nouvelle du jour, et c'était donner beau jeu à la malignité. Recevoir, faire de la musique quand les Français peut-être s'égorgent entre eux, quand les émotions les plus vives déchirent l'âme, c'est insupportable ! impossible !... La raison l'emporta. « Cela me fera bien mal, me dit-elle, au milieu des inquiétudes sans nombre qui m'accablent, de m'occuper des autres ; mais il vaut mieux me laisser voir puisque je n'ai rien à cacher : cela évitera des commentaires qui, dans cette circonstance, pourraient devenir dangereux. Je prendrai sur moi. Si on sait la nouvelle, on trouvera tout simple de me trouver avec un air triste, puisque des Français se battent. Si on l'ignore, je n'en parlerai pas. »

Aussitôt l'approche de la nuit, j'entrai chez les princes, je les emmenai à pied par le jardin ; la nourrice du plus jeune, qui était toujours avec lui, prit un petit paquet d'effets et nous suivit. Le valet de chambre avait été chercher un fiacre, qui attendait assez loin de la maison.

« Où nous mènes-tu donc ? me dit le prince Napoléon ; pourquoi faut-il nous cacher ? est-ce qu'il y a quelque danger ? Maman y reste-t-elle exposée ? — Non, mon prince, c'est vous seuls qui pouvez en courir ; elle n'a rien à craindre. — A la bonne heure ! » reprit ce jeune enfant si formé, si avancé pour son âge que souvent je me surprenais à causer avec lui comme avec une grande personne.

La reine avait désiré qu'on ne parlât pas à ses enfants du débarquement de leur oncle. Ils se laissaient donc conduire sans savoir où, ni pourquoi ; mais cet air de mystère, cette nouveauté pour eux de sortir la nuit, d'entrer dans un fiacre, devenaient un sujet de joie qu'ils manifestaient pourtant en silence, parce qu'ils avaient compris qu'on les cachait et qu'ils devaient éviter le bruit. Quand je revins chez la reine, il y avait déjà du monde ; son regard se porta sur-le-champ vers moi. Au signe que je lui fis elle comprit que tout s'était passé sans embarras, et je vis sur sa physionomie que je lui ôtais un grand poids de dessus le cœur. J'aperçus ma bonne M^me de Laval et j'allai me placer près d'elle. Son visage renversé me fit bien deviner qu'elle savait la nouvelle; mais il n'en fut pas dit un mot de toute la soirée. On écouta en silence chanter Garat et M^lle Dellieux.

Ce soir-là, M^me de T^** fut aussi du nombre des convives, et je n'ai jamais pu lui pardonner sa conduite dans cette circonstance. Elle, dont le mari était chambellan de l'impératrice Joséphine, et au bonheur de laquelle la reine s'était tant intéressée, devait-elle aller quelque jour mêler sa voix mensongère à celle de tout Paris, pour raconter les réjouissances que l'on avait faites dans ce salon à l'annonce du débarquement de l'empereur? On avait, disait-on, chanté des couplets faits pour la circonstance, et on allait même jusqu'à nommer M. Étienne comme l'auteur des couplets. Or, M. Étienne n'était pas chez la reine, il n'y venait jamais et on n'avait pas ouvert la bouche sur l'événement du jour. Mais l'esprit de parti se moque bien de la vérité.... Cette jeune dame de T^** raconta à M^me d'Arjuzon, qui me l'a répété, tout ce que je viens de dire des joies et des chants de notre salon, et par de pareils bavardages elle aida à donner quelque apparence de probabilité aux bruits de complots dont on nous étourdissait les oreilles depuis longtemps.

Qu'on juge après cela du degré d'authenticité des récits de salon! Ce qu'il y a de certain, c'est que l'exaspération contre la reine n'eut plus de bornes, et que, de quelque manière qu'elle eût agi, elle aurait toujours eu tort aux yeux de ceux qui, bon gré mal gré, voulaient avoir raison contre elle.

Cependant la nouvelle du débarquement, arrivée au gouvernement, fut rendue publique; on n'eut plus de doute sur l'apparition de l'empereur en France.

Le premier moment de terreur passé, on apprit qu'il n'avait que cinq ou six cents hommes avec lui, et l'espoir reparut sur tous les visages bourbonnistes. « Il sera traqué comme une bête fauve (c'était le terme à la mode); on lui courra sus. Le tyran vient se faire prendre dans nos montagnes comme dans une souricière. » Voilà ce qui se disait dans certain quartier. Ceux qui avaient servi l'empire et qui conservaient un reste de pudeur disaient de leur côté : « Il est pourtant fâcheux pour un homme comme celui-là, qui a eu enfin une belle destinée, de venir finir si misérablement, assassiné au détour d'un bois par le premier paysan venu ; car c'est là le sort qui l'attend. »

La reine ne parlait pas ; elle renfermait avec soin dans son cœur tout ce qu'elle éprouvait d'anxiété et d'émotion. Cependant un jour, fatiguée de se contraindre, elle me dit : « Ce n'est pas le sort de l'empereur qui m'inquiète seul. Il n'est pas homme à s'être ainsi abandonné au hasard sans en avoir d'avance calculé toutes les chances, et il est habile. Mais je prévois une guerre civile interminable ! Cette idée est désespérante, voir les Français se battre les uns contre les autres ; je ne puis y penser sans frémir. »

La maréchale Ney vint faire une visite à la reine dans un moment où nous n'étions que deux ou trois personnes réunies autour de la table à thé. La pauvre maréchale était renversée. « Ah ! Madame, quel malheur que ce débarquement !.... dit-elle à la reine ; nous étions si tranquilles ! Mon mari part ce soir pour son gouvernement de Besançon ; il réunit des troupes pour marcher contre l'empereur. » La reine ne répondit pas. « Mais quelle folie a pu passer par la tête de l'empereur ? continua la maréchale. Il en sera bien vite la victime ! Qui est-ce qui se réunira à lui ? Personne ; tout le monde est dégagé de son serment envers lui, et en a fait d'autres ! » La reine, un peu piquée de la façon cavalière avec laquelle la maréchale exprimait sa pensée, lui dit froidement : « Nul doute qu'il n'y ait beaucoup de monde contre l'empereur, mais qui peut croire que pas un Français ne passera de son côté ?.... C'est au reste un grand malheur que ce retour, et je le déplore autant que vous, sans partager votre conviction sur l'abandon complet où va se trouver l'empereur. Mon opinion est que nous allons avoir une guerre civile, et cette idée est accablante ! »

La maréchale parut effrayée. « Mon Dieu ! dit-elle, rappelez-vous, Madame, nos angoisses pendant toutes ces terribles guerres. Je vous ai vue vous trouver heureuse de la paix comme moi.

— Je vous dis mon opinion, dit la reine à son tour, mais je ne la base jamais sur mes sentiments ; je déplore comme vous cette arrivée de l'empereur, je donnerais tout au monde pour qu'elle n'ait pas lieu, parce que de toutes les façons je ne prévois que des malheurs pour lui, d'abord, et pour tout le monde ! Mais quand vous venez m'affirmer que l'empereur sera pris et traqué par les Français, comme chacun le dit, et qu'il n'y aura pas une seule personne qui veuille embrasser sa cause et la défendre....., je vous dis que cela n'est pas possible, que bien des militaires tourneront de son côté et que nous aurons la guerre civile ; il nous est permis d'en gémir, car rien n'est plus affreux. »

La pauvre maréchale avait les larmes aux yeux. Elle était hors d'elle, et il semblait qu'elle pressentait tous les malheurs qui allaient la frapper.

L'agitation était si grande à la cour, à la ville, que chacun en était en émoi, et personne, je crois, ne pouvait donner un conseil raisonnable sur ce qu'il y avait à faire. La reine sentait le danger de sa position, et elle baissait la tête comme une personne résignée d'avance à tous les coups qui allaient l'atteindre. Elle me disait : « De tous les côtés je ne vois pour moi que des tourments et je n'ai aucun moyen de les éviter, il ne me reste donc qu'à m'armer de courage, et c'est ce que je fais. »

La nouvelle ne tarda pas à se répandre que le colonel Labédoyère, qui était en garnison à Chambéry, avait été mandé à Grenoble, et qu'au lieu de marcher contre l'empereur, il s'était réuni à lui, ainsi que toutes les troupes de cette garnison. La ville avait ouvert ses portes à l'empereur, qui y était entré au milieu des acclamations.

Le colonel Labédoyère, qui le premier donnait ainsi l'exemple de la défection, étant de la société intime de la reine, nul doute qu'on ne dût penser que toute cette affaire avait été convenue d'avance et exécutée par les conspirateurs dont on ne cessait de la dire entourée. D'ailleurs l'amour-propre blessé d'un parti pour lequel il ne se tirait pas un coup de fusil, le rendait trop heureux d'avoir un tel expédient à mettre en avant. Cependant, pour donner plus de réalité au complot, il fallait arrêter les conspirateurs, et c'était de quoi on s'occupait. Boutiakim, chargé d'affaires du gouvernement russe, vint me déclarer que la reine était en danger, qu'à la cour on l'accusait de tous les événements qui venaient d'arriver, et qu'on avait été jusqu'à mettre en question si on ne l'arrêterait pas, ainsi que toutes les personnes restées attachées à l'empereur.

Quand j'en prévins la reine, elle me dit : « Je ne puis empêcher cela ; on fera de moi ce qu'on voudra. » Cette résignation ne diminuait pas mes angoisses pour elle. Ordinairement, elle seule avait une volonté et trouvait un expédient au mal. Quel moyen lui restait-il à présent pour éviter les dangers qui l'environnaient ? Elle s'y abandonnait et n'avait personne à qui s'adresser pour prendre un bon conseil. J'en avais la fièvre, car je sentais toute mon impuissance à la servir.

J'étais dans ma chambre, triste, abattue, quand on vint me dire qu'une dame demandait avec beaucoup d'instances à me voir. C'était M$^{lle}$ Ribou, que j'avais vue autrefois chez une amie de ma mère. Je ne savais pas que depuis elle était devenue gouvernante des enfants du duc d'Otrante, et qu'elle logeait dans un hôtel à côté du nôtre, sans que nous nous fussions jamais rencontrées.

GENÈVE. (P. 219.)

Elle entra dans ma chambre et paraissait fort agitée ; son dévouement pour le duc et sa famille était sans bornes. Elle me dit donc, sans aucun préambule, que le duc d'Otrante demandait à voir la reine Hortense, et qu'elle me priait en grâce de lui dire à l'instant même si elle voulait le recevoir.

Je montai chez la reine, qui était seule dans son cabinet. « Que peut me vouloir le duc d'Otrante ? me dit-elle ; n'importe, je le recevrai. La position où nous sommes est trop grave pour que je n'accueille pas tous les avis qu'on peut me donner dans ce moment ; dis à M$^{lle}$ Ribou qu'il peut venir. »

Le duc arriva peu d'instants après et causa assez longtemps avec la reine. Pendant ce temps M$^{lle}$ Ribou me raconta qu'elle était dans les plus vives angoisses pour le duc ; qu'il courait le risque d'être arrêté d'une minute à l'autre ; qu'il ne voulait pas se cacher jusqu'à présent, mais qu'il fallait tout arranger pour qu'il pût se sauver de chez lui par l'hôtel de la reine ; qu'elle avait fait déjà placer une échelle près du mur mitoyen, qu'il pourrait facilement la reprendre une fois en haut du mur, et la replacer dans le jardin de la reine, et qu'il ne fallait plus avoir que la clef de la porte qui donnait dans la rue Taitbout pour qu'il pût s'enfuir de ce côté sans être aperçu de personne.

Le fourrier du palais de la reine avait seul cette clef, et il était assez difficile de la lui ôter. Après le départ du duc, la reine me fit appeler et me dit qu'elle avait consenti à le laisser se sauver comme il le désirait, et qu'elle ne refuserait jamais de rendre un pareil service à quelqu'un qui viendrait se confier à elle. « Il est bien peu rassurant sur les événements qui se préparent, continua-t-elle, il croit les Bourbons perdus. Du côté de Laon, les chasseurs de la garde de l'empereur se sont mis en insurrection, ayant à leur tête les généraux Lefèvre-Desnouettes et Lallemand. On a arrêté ce mouvement ; mais sur plusieurs autres points, il peut en éclater de semblables qu'on ne pourra maîtriser.

» Le comte d'Artois est revenu de Lyon. Il croit sa cause tellement perdue, que cette nuit il a envoyé chercher Fouché pour le prier de se charger des affaires de l'État. Sur le refus de Fouché, qui lui a dit qu'il n'était plus temps, qu'il avait commis trop de fautes pour ne pas succomber dans la lutte contre l'empereur, et que lui ne pouvait plus accepter une telle responsabilité, Fouché s'attend à être arrêté. Il me conseille aussi de ne pas rester chez moi, parce que c'est par mon influence, dit-on, que ces événements arrivent. Il faut que je me résigne toujours à être méconnue. Fais demander la clef de mon jardin à mon fourrier et envoie-la à M$^{lle}$ Ribou. Je suis bien contente de n'avoir plus mes enfants chez moi, tant Fouché m'a effrayée.

— Mon Dieu, Madame, je vous en supplie en grâce, ne passez pas la nuit ici. — Où veux-tu que j'aille ? — Allez vous réunir à vos enfants. — Oh ! non, ils sont en sûreté ; si par hasard on me suivait ! Leur trace est perdue, et je ne veux pas m'exposer à la faire retrouver. Je défends expressément que personne ne sorte de chez moi pour y aller. — Mais, Madame, vous avez des amies. — Certainement, me répondit-elle ; et elle m'en nomma une qui logeait près de chez elle, et puis elle ajouta : Mais à quoi bon se cacher ! il n'est pas possible qu'on veuille me faire aucun mal.

— Le duc d'Otrante est un homme habile, Madame ; il sait mieux que personne ce que la police peut se croire le droit de faire sous le prétexte de sûreté de l'État. Ne vous exposez pas à être prise et traînée en prison, peut-être.

— Oh ! que non, on n'oserait me faire aucun mal : le peuple de Paris ne le souffrirait pas. Je n'ai à redouter qu'une entrée de vive force dans ma maison par des gens exaltés, et nous avons le temps d'y penser. »

Quelques hommes de la société habituelle de la reine arrivèrent chez elle : le duc de Vicence était du nombre. Il était revenu de la campagne, se croyant plus en sûreté à Paris et plus à portée de laisser voir sa conduite. La reine leur dit tout ce qu'elle avait appris, et les conjura tous de ne plus revenir chez elle, puisqu'elle inspirait tant de soupçons. Elle leur conseillait de se cacher eux-mêmes, du moment où il était question de les arrêter.

Le duc de Vicence pensait absolument comme la reine sur le retour de l'empereur ; il s'en affligeait. Il était convaincu que les alliés ne voudraient pas renouer des relations avec lui, et qu'après tant de maux, la France épuisée ne pourrait plus résister à une seconde invasion.

Pendant toute cette journée, notre agitation avait été extrême ; l'idée de voir la reine courir quelque danger n'était pas faite pour nous calmer, et elle persistait à ne pas vouloir sortir de chez elle.

Vers le soir, la même personne qui avait déjà fait prévenir la reine des embûches que l'on voulait tendre au prince Eugène en lui envoyant des espions à Vienne, lui fit dire qu'il se préparait une expédition sur les hôtels du duc d'Otrante et du duc de Rovigo ; qu'on voulait tenter une démonstration populaire, etc. La personne qui donnait cet avis venait de voir M. Dandré, directeur de la police, qui la consultait quelquefois, et qui dans ce moment ne savait où donner de la tête pour contenir toutes les passions déchainées dans Paris, et y maintenir au moins la tranquillité.

Il n'y avait donc plus à balancer pour la reine ; elle céda enfin à nos instances, et elle se décida à aller demander l'hospitalité à l'amie qui logeait le plus près d'elle. Il fallait sortir de son hôtel par le jardin, dont nous n'avions plus la clef, et surtout il ne fallait mettre personne dans la confidence. J'allai moi-même redemander cette clef pour un moment à M<sup>lle</sup> Ribou, et j'eus toutes les peines du monde à arriver jusqu'à elle. Ils étaient tous sur le qui-vive chez le duc d'Otrante : étant parfaitement instruits des dangers qu'ils pouvaient courir, ils les attendaient de pied ferme, et tout était prêt pour recevoir les agents de police qui viendraient l'arrêter. Le duc refusait de partir de chez lui auparavant, ne voulant pas se donner un air de méfiance qui pouvait être sans fondement.

Il conseillait pourtant à la reine de ne pas rester chez elle, parce que, comme on la croyait le chef d'un complot qui n'existait que dans le mécontentement de toute la nation, il ne serait pas étonnant qu'on sévit contre elle.

Il était neuf heures du soir, lorsque Hortense, suivie de sa femme de chambre, se rendit chez son amie, dont la famille devait tout à la reine. Elle, particulièrement, y avait gagné de faire un beau mariage et une brillante fortune. La reine, qui se croyait sûre d'être bien accueillie, fut au contraire reçue avec un embarras marqué. Le mari trouvait que l'empereur Napoléon n'avait pas assez bien récompensé ses services ; il était devenu son ennemi, et ce retour le chagrinait. J'aime à penser que la femme ne fut pas la maîtresse dans cette circonstance. On crut faire beaucoup pour la reine en la gardant cette nuit seulement ; et je crois que si elle eût témoigné le désir de rester un jour de plus, on se serait vu forcé de lui décliner que cela ne se pouvait pas. Mais elle ne les réduisit pas à cette extrémité, et revint chez elle le lendemain matin de bonne heure.

Elle me dit alors que jamais elle n'avait été plus désappointée que par cette réception. Elle croyait procurer à ces personnes un si grand plaisir en les mettant à même de lui rendre un léger service. « Je suis persuadée, au reste, ajouta-t-elle, que le mari seul était mécontent : il pense que l'empereur ne réussira pas, et il craint de se compromettre. Moi qui n'ai pas un doute sur la réussite de l'expédition de Lyon, je pensais au contraire que je serais doublement bien reçue. » Alors, avec un effort sur elle-même, elle dit : « Ne parlons plus de ce mécompte, cela fait de la peine. Maintenant, que vais-je faire ?

— Vous ne pouvez pas rester ici, Madame. Mon Dieu ! pourquoi êtes-vous rentrée ? Votre hôtel est entouré d'espions ; vous ne pourrez plus en sortir sans être suivie. » Je maudissais ce ménage soi-disant ami, qui replaçait la reine dans une position si critique. De moment en moment, l'exaspération du parti vaincu devenait plus grande. A chaque ville, à chaque village qui se rendait à l'empereur, on jetait des cris de fureur autour de nous. On formait une légion de volontaires royaux, et sur les boulevards on en rencontrait des bandes qui s'agitaient, criaient : « Vive le roi ! » et faisaient frémir ceux qui ne partageaient pas leur enthousiasme.

Mon frère Adrien vint me voir, et me raconta ce qui se passait dans Paris. Contre l'ordinaire, il avait remarqué beaucoup d'hommes qui se promenaient dans la rue de la reine, et d'autres qui ne quittaient pas le coin du boulevard. Nul doute que ce ne fussent des espions. Il n'était plus possible de sortir par la porte du jardin ; cet air de mystère devenait plus dangereux, et d'ailleurs j'avais renvoyé la clef au duc d'Otrante. La reine ne pouvait pas pourtant rester plus longtemps chez elle ; tous les avis étaient qu'elle n'y était plus en sûreté et qu'elle devait en sortir. Mais où aller, maintenant ? Après avoir passé bien du monde en revue, elle se décida pour une ancienne bonne de son frère. C'était une Américaine, de la Martinique, qui avait accompagné l'impératrice Joséphine lorsque à quinze ans elle fut amenée en France par son père pour épouser le vicomte Alexandre de Beauharnais.

Cette bonne Mimi, ainsi que la reine et le prince Eugène l'appelaient toujours par ancienne habitude, avait épousé un M. Lefebvre, qui remplissait une petite place dans un bureau ; une pension que les enfants de Joséphine faisaient à Mimi procurait à ces braves gens une honnête aisance.

Il fut décidé que la reine irait chez eux attendre le dénoûment du terrible drame dans lequel on lui faisait jouer un rôle si actif, et dont elle ne se trouvait être que la principale et innocente victime. La chose la plus difficile était qu'elle sortît de chez elle sans être reconnue. Je lui proposai de se faire accompagner par mon frère, qui venait souvent me chercher pour me conduire chez ma mère, et qui ne pouvait inspirer de soupçons ; mais elle s'écria qu'elle n'oserait, et qu'elle aurait l'air trop embarrassée pour ne pas fixer l'attention des espions. Comment donc faire ? Il n'y avait pas de temps à perdre. J'étais sur les épines. « Vous devez passer pour moi, Madame, lui dis-je ; sans cela, vous serez suivie, et je ne vois pas d'autre moyen que de vous décider à sortir avec mon frère. Je vous donnerai ma redingote, mon chapeau ; et comme on a l'habitude de me voir ainsi tous les jours, on ne vous remarquera pas ; je vous en supplie, décidez-vous.

— Allons, tu as raison, dit la reine ; au fait, c'est un enfantillage que je dois surmonter. » Et la voilà qui se résout à mettre mon chapeau avec mon voile de mousseline. Nous n'avions guère pensé à la toilette ; elle se trouvait avoir un peignoir du matin, mais des plus élégants ; il était en fine percale. Il fut nécessaire de cacher tout cela sous ma redingote de casimir couleur poussière. Quand il fallut que la reine, ainsi affublée, sortît avec mon frère, la voilà qui se met à rire, d'un tel fou rire, que c'était à n'en plus finir. Elle ne voulait plus sortir, elle oubliait sa position, les espions, et ne pensait plus qu'au *qu'en dira-t-on*. De son côté mon frère Adrien n'était pas du tout content de la responsabilité qui lui était confiée. Si je n'avais connu l'enfantillage du caractère de la reine qui n'a jamais pu conserver son sérieux quand elle dit une chose qui n'est pas vraie, ou qu'elle fait une chose qui ne lui est pas ordinaire, en vérité, j'aurais montré toute mon impatience de lui voir une apparence de gaîté dans un moment aussi critique, et où, par dévouement pour elle, j'exposais mon frère à être peut-être arrêté et compromis.

Enfin elle partit. Je restai assez longtemps dans l'inquiétude ; la pluie était survenue, j'avais donné un parapluie à Adrien, et j'espérais que les gens postés dans la rue pourraient être moins regardants par la pluie que par le beau temps. Cependant il me tardait d'en avoir l'assurance par le retour de mon frère.

Il revint enfin, et comme il a toujours beaucoup de sérieux dans le caractère, il commença par me gronder.

« Comment as-tu laissé sortir la reine avec cette robe de dentelles, qui l'embarrassait tout le long de la route ? — Est-elle en sûreté ? m'écriai-je impatientée de ce qu'il parlait de la robe au lieu de me tranquilliser sur-le-champ. — Sûrement, me répondit-il, mais tu m'as valu là une terrible corvée ! D'abord, en passant au coin du boulevard, des hommes nous ont beaucoup examinés, je n'étais pas rassuré du tout. J'avais beau baisser le parapluie du côté de la reine, comme elle n'est pas aussi grande que toi, on ne pouvait s'y tromper, je tremblais que nous ne fussions suivis. Pour surcroit d'embarras, la reine ne faisait que rire. J'avais beau lui dire : « *Madame, prenez garde !* » alors son rire redoublait, et elle me répondait : « *Je ne puis marcher avec toutes ces redingotes l'une sur l'autre.* » — Vraiment les femmes ne pensent à rien et traitent légèrement les choses les plus graves. Je t'assure que, sans la pluie, il était impossible qu'elle échappât aux regards des curieux et des espions. Nous sommes enfin arrivés rue Duphot, dans la maison de M^me Lefebvre. Le portier, ni personne ne nous a vus monter ; et quand M^me Lefebvre a reconnu la reine, elle a pleuré de joie. Elle s'était bien vite mise en devoir de tout arranger dans son appartement pour qu'elle s'y trouvât le mieux possible. Voyant la reine si bien accueillie, je suis redescendu aussitôt, et me voilà bien content d'en être quitte à si bon marché, car dans vos arrangements de femmes, il n'y a jamais ni prudence ni raison. »

L'humeur de mon pauvre frère venait de la crainte qu'il avait éprouvée pour la reine, et j'étais bien sûre de son contentement d'avoir pu lui être utile en quelque chose. Je devinais facilement que la frayeur qu'il avait témoignée avait dû augmenter le fou rire de la reine, et c'était à mon tour d'avoir peur, puisque je m'apprêtais à aller la voir et à braver les mêmes espionnages. Quand la nuit fut devenue sombre, je partis de chez ma mère, où j'avais été dîner ; je fis plusieurs détours, suivie d'un domestique sans livrée qui ignorait où j'allais, et qui devait m'attendre sur le boulevard. J'arrivai enfin rue Duphot, hors d'haleine, autant par la multiplicité de mes émotions que par la rapidité de ma course. Je montai jusqu'au quatrième, et je fus très étonnée d'y trouver un petit appartement fort propre rempli de jolis meubles et de jolis tableaux. Il se composait d'une salle à manger, d'un salon, d'une chambre à coucher et d'un petit cabinet sur le retour. La reine n'était dans aucune de ces pièces: j'en paraissais si surprise, que la bonne M^me Lefebvre se hâta de me faire un signe pour me rassurer. Elle me conta tout bas, parce qu'il y avait là deux personnes que je ne connaissais pas, qu'elle avait engagé à l'avance plusieurs amis de son mari à dîner pour ce jour-là ; que la reine n'avait pas voulu qu'ils changeassent rien à leurs arrangements, de peur de donner des soupçons, et qu'elle l'avait menée dans une mansarde au cinquième. J'eus l'air de m'en aller et je montai à ce grenier. Cette pièce était à peine meublée. Je la trouvai seule, assise sur une mauvaise chaise et attendant dans l'obscurité que les convives du dîner fussent partis.

« Je viens d'apprendre une chose curieuse, me dit-elle sitôt qu'elle m'aperçut. Un M. de Kirbourg, ancien aide-de-camp du général de Broc (qui doit me connaître puisqu'il était en Hollande), demeure plus bas dans cette maison ; mais il vient souvent à cet étage-ci, où il reçoit des gens qui semblent, m'a-t-on dit, des espions d'une police secrète. Me voilà bien gardée ! »

A cette nouvelle, je tremblai pour elle. Je savais déjà que cet ancien aide-de-camp, qu'elle me rappelait, était devenu très royaliste, et qu'on le désignait comme faisant partie des compagnies de chouans qui s'organisaient dans Paris.

Heureusement personne n'avait vu monter la reine ; et qui aurait pu la supposer dans cette maison ? L'essentiel était qu'elle ne se montrât pas.

M<sup>me</sup> Lefebvre vint la chercher pour redescendre dans *son palais;* c'est ainsi qu'elle l'appela, en quittant une sale mansarde pour se retrouver dans une chambre très soigneusement arrangée. Il y avait sur la commode un cabaret garni de porcelaines de différentes formes et de différentes grandeurs.

« Voilà, me dit la reine, des porcelaines que je retrouve avec plaisir. Vois-tu cette petite tasse ? elle était à moi, et j'avais huit ans lorsque je la donnai à Mimi ; je m'en souviens encore..... et cette autre était à mon frère ; voici la tasse où mon grand-père prenait toujours son café. Comment ! Mimi, dit-elle, en se retournant vers sa vieille bonne, tu as pu conserver tout cela ? — Tout ce qui me vient de vous et de votre famille, *ma reine*, m'est trop cher pour que ce ne soient pas des reliques pour moi ! Regardez ce portrait !..... c'est celui de mon vieux maître ; les armes en ont été grattées pendant la Terreur ; nous effacions tout cela dans ce temps, et nous étions encore dans des transes mortelles pour vous, pour votre frère. Vous étiez alors si jeunes tous les deux !.... que nous avions soin de vous pendant qu'on emprisonnait vos parents, et que votre pauvre père !.... » Elle s'arrêta sans en dire davantage.

« Eh bien, ma chère Mimi, tu vois qu'aucun régime ne m'est favorable et que je te donne encore des motifs de craintes ! Ah ! que j'eusse préféré vivre tranquillement dans un joli petit appartement comme celui-ci !.... Mais les grandeurs, les trônes, les palais ! et puis les haines ! les injustices ! les périls ! tout cela se suit invariablement. Je voudrais pourtant bien me reposer de tant d'agitations ; j'en suis déjà terriblement fatiguée. »

La reine se coucha et je partis. Dans la crainte d'être suivie, j'allai voir M<sup>me</sup> d'Arjuzon et je passai la nuit chez elle. Le lendemain matin je revins au palais de la reine ; j'étais si occupée, si en peine de tout ce qui la regardait, que je ne faisais plus aucune attention à ce qui se passait plus loin. Je ne lisais pas une gazette, j'ignorais où se trouvait l'empereur en ce moment et ce qu'on faisait pour arrêter sa marche.

Je revis la reine le lendemain ; elle commençait à n'en pouvoir plus de sa réclusion ; elle avait un tel besoin de mouvement, qu'elle voulait absolument aller se promener sur le boulevard, qu'elle voyait de sa fenêtre.

« J'ai mal aux jambes, me disait-elle, de rester si longtemps sans marcher, et si je prends l'air à ma fenêtre, on crie pour m'en empêcher. Ah ! que je plains les pauvres prisonniers ! Si jamais j'ai quelque puissance, je me souviendrai de ce tourment, et il n'y aura pas un seul prisonnier dans mon empire ! »

M. de Lavalette, qui lisait les journaux, nous alarmait souvent ; il y voyait que l'empereur courait les plus grands dangers, que Lyon avait été repris par les troupes du roi, etc., etc.

Heureusement, des nouvelles tout à fait contradictoires et plus sûres nous arrivèrent d'un autre côté !.... Un valet de chambre de la reine avait épousé la fille d'un courrier de la malle ; il vint nous dire que son beau-père avait vu l'empereur à Lyon, qu'il avait été porté par la foule, et que jamais enthousiasme n'avait été pareil à celui dont il avait été témoin à l'arrivée de l'empereur.

Louis XVIII, informé de ces nouvelles, en avait témoigné le plus grand chagrin ; il avait caché sa tête dans ses deux mains, ne sachant plus quel parti prendre.

Chaque jour amenait à Paris plus de terreur d'un côté, plus de fureur de l'autre. La vieille femme qui logeait dans une des mansardes de la maison de M<sup>me</sup> Lefebvre, vint lui raconter qu'elle avait entendu ce M. de Kirbourg distribuer de l'argent à des hommes très mal habillés, qu'il leur donnait l'ordre d'aller dans les faubourgs, mais qu'elle n'avait pas pu bien entendre ce qu'ils devaient y faire. J'avais une peur affreuse de me rencontrer dans l'escalier avec de pareilles gens, et je tremblais aussi qu'ils ne découvrissent la retraite de la reine, qu'ils allaient peut-être chercher bien loin.

Je sortis un matin ; j'étais si agitée par toutes les pensées qui remplissaient mon esprit, que je ne pouvais tenir en place. Je n'aurais pu rester chez moi. J'allai d'abord dans une église où je demeurai assez longtemps pour ne pas être suivie, et de là je me rendis à ce quatrième étage, où l'objet de toutes mes craintes se trouvait pourtant à l'abri du danger. Je trouvai la reine occupée à regarder dans la rue à travers la jalousie. « Que faites-vous donc là, Madame ? Prenez garde qu'on ne vous aperçoive.

— Je suis au bout de ma patience, répondit la reine ; j'ai un besoin extrême de prendre l'air et de marcher. Si cela dure encore, je tomberai malade ; et mes chers enfants qu'il y a si longtemps que je n'ai vus ! Que c'est une triste chose que de dépendre des événements politiques !.... » Je lui donnai alors les dernières nouvelles. « Je t'assure, me dit-elle en les apprenant, que moi, à qui on fait l'honneur de me supposer capable d'avoir amené de semblables événements, je me sentirai toujours, au contraire, de l'attendrissement pour les plus malheureux, et que je ne voudrais pas faire du mal même à mon ennemi. Certes, j'ai été bien tourmentée de la position de l'empereur, et pourtant je n'ai pas douté un instant qu'il ne réussisse. Eh bien ! à présent Louis XVIII, vieux, infirme, forcé d'abandonner encore sa patrie avec toute sa famille, m'inspire une pitié profonde ; leur malheur m'intéresse ; je me mets à leur place, et je les trouve bien à plaindre. J'espère, au moins, qu'on ne leur fera aucun mal. — Le peuple est bien acharné contre les Bourbons, repris-je ; on se remue, dit-on, dans les faubourgs, et pour expliquer cette agitation, on dit que c'est Votre Majesté qui y jette de l'argent ; peut-être y aurait-il à craindre quelques excès contre eux. — Ah ! ce serait bien malheureux ; la cause de l'empereur doit rester toujours pure. Va voir le duc et la duchesse d'Orléans, et dis-leur que s'ils avaient quelques craintes pour leurs enfants (car ce sont toujours les enfants qui inquiètent le plus dans ces moments de troubles), ils n'auraient qu'à les envoyer chez moi ; je m'en chargerais volontiers ; je répondrais d'eux ; car, moi, je n'ai rien à redouter du peuple. S'il se mettait en mouvement, c'est alors que je ne craindrais pas de me montrer. Je ne puis oublier la manière dont le duc d'Orléans a accueilli mon frère en lui rappelant qu'il était l'ami de son père ; c'est un devoir pour moi de lui être utile. »

Lorsque je revins chez la reine, elle était si impatiente de sortir de sa prison et de revoir ses enfants, que j'eus mille peines à la convaincre qu'il y avait trop de danger pour elle à se montrer dans ce moment. Tant de gens au désespoir étaient déchaînés, qu'ils pouvaient se porter à des excès contre son hôtel. Je la suppliai d'attendre que M. Devaux vint la chercher.

Tout en causant, nous regardions un peintre en face, qu'on nous avait dit être un « enragé bourbonniste » et qui, pour le moment, se démenait, ainsi que sa vieille femme, à restaurer le portrait en grand uniforme d'un ministre de l'empire. « C'est réellement celui de M. de Montalivet ! me dit la reine, je crois le reconnaître; et bientôt le peintre va le mettre en enseigne, comme une preuve de son bonapartisme. » Cette idée me fit rire, et je quittai la reine pour aller me conformer à ses ordres.

En passant vis-à-vis la maison de l'intendante de M<sup>me</sup> la duchesse d'Orléans, je lui demandai si elle avait fait la commission dont je l'avais chargée auprès de la famille. « Non, me répondit-elle, j'ai été exprès pour la remplir, mais je suis arrivée au moment où tout le monde partait bien désolé. En me voyant, on m'a fermé la bouche par ces mots : C'est cette duchesse de Saint-Leu qui nous perd !

— Allons, répondis-je, elle sera constamment méconnue ; c'est une fatalité ! »

M. de Montesquiou avait pris le commandement de la garde nationale de Paris pour y maintenir l'ordre, qui ne fut pas troublé un moment. Aucun royaliste ne se montrait.

Plusieurs généraux de l'empire s'étaient mis en avant, et une grande révolution s'était accomplie sans la moindre agitation, sans aucun mouvement contraire. Cette immense capitale, abandonnée à elle-même par la désertion de ceux qui gouvernaient, était restée dans le calme.

La reine revint chez elle à peu près à l'heure de son dîner ; à peine sortait-elle de table qu'on lui annonça un officier de la garde nationale, qui vint lui dire que tous les anciens ministres de l'empereur étaient réunis aux Tuileries, qu'elle était invitée à s'y rendre et que l'empereur ne tarderait pas à y arriver. La reine partit en effet avec M<sup>me</sup> d'Arjuzon, et me chargea d'aller chercher ses enfants pour les ramener auprès d'elle.

Les voitures de l'empereur arrivèrent bientôt en face du 1<sup>er</sup> régiment, qui formait l'avant-garde de l'armée du duc de Berry. Aussitôt qu'elles furent aperçues, les cris de *vivat !* de toute la troupe ne laissèrent plus de doute sur ses intentions. L'empereur descendit de voiture, fit dire au régiment de se placer sur la chaussée, et il le passa en revue aux cris non interrompus de *Vive l'empereur !*

J'allai bien vite chercher les enfants de la reine ; je les trouvai jouant et gambadant, et ne se doutant pas de tous les événements qui venaient de se passer ; leur réclusion avait été pour eux un moment de vacances et ne les avait pas fatigués du tout ; les jeux, qui avaient remplacé les leçons, leur avaient fait paraître très courts ces quinze jours qui, à nous, nous avaient paru des siècles. Ils furent pourtant très contents d'apprendre qu'ils allaient revoir leur mère et leur oncle.

Quant à leur abbé, qui allait recommencer ses leçons de lecture et de latin, on s'était fort bien habitué à s'en passer ; les culbutes, les tours de force avaient supléé aux promenades dont ils avaient été privés.

J'attendis ce soir-là la reine jusqu'à minuit : elle rentra enfin, exténuée de fatigue ; cette transition subite d'un grand repos et d'une réclusion complète à une journée d'agitation, de mouvement, d'émotions, avait épuisé ses forces. Elle courut embrasser ses enfants, qui dormaient si profondément qu'ils ne se réveillèrent pas. Revenue chez elle, j'appris d'abord qu'elle avait failli être étouffée quand l'empereur était arrivé. Il était huit heures lorsqu'il descendit de voiture à son vestibule ordinaire. La reine Julie et la reine Hortense s'avancèrent pour le recevoir ; mais il y avait là une telle foule de gens qui s'élancèrent vers l'empereur et le prirent dans leurs bras, qu'on ne fit nulle attention à elles, et il est exact qu'elles coururent le risque d'être étouffées.

La voiture de l'empereur était arrivée aux Tuileries à peine entourée ; une faible escorte de ses aides-de-camp avait seule pu la suivre. On porta l'empereur jusque dans ses appartements, et les reines, que l'on vint alors chercher, eurent beaucoup de peine à percer la foule pour arriver jusqu'à lui. Il les embrassa froidement. Il demanda à Hortense où étaient ses enfants, et quand elle lui dit qu'ils étaient cachés, il lui répondit :

« Vous avez placé mes neveux dans une mauvaise position, au milieu de mes ennemis ! » Voilà tout ce qu'elle eut de lui dans ce premier moment ; il avait ajouté pourtant : « Je compte sur Eugène ; je pense qu'il va revenir, je lui ai écrit de Lyon. » Ensuite, il s'était enfermé tour à tour avec tous ses anciens ministres, ainsi qu'avec le duc d'Otrante, et comme il n'avait pas congédié les reines, elles attendaient toujours ; mais enfin, mortes de fatigue, elles avaient pris le parti de rentrer chez elles.

## Chapitre Quatorzième

Les Cent-Jours ; Waterloo ; le départ de l'empereur. — Situation critique d'Hortense. — On l'oblige à quitter immédiatement la France — Elle prend la route de l'exil. — L'échauffourée de Dijon. — Manifestation à Dôle. — Arrivée en Suisse.

E lendemain de l'arrivée de l'empereur, la reine se rendit de bonne heure aux Tuileries, pour pouvoir, cette fois, parler à son aise à Napoléon. Elle avait avec elle ses deux fils, qui étaient fort empressés de revoir leur oncle. Ils en furent accueillis avec tendresse, il les caressa beaucoup et les garda longtemps ; il semblait qu'il voulût reporter sur ces deux jeunes têtes l'affection qu'il ne pouvait plus témoigner au fils dont il était privé. Il les montrait avec orgueil au peuple qui se pressait sous ses fenêtres, et ils assistèrent à la parade, ce qui fut pour eux une grande fête.

Pendant les Cent-Jours, — nous résumons ici les biographes, — Hortense fut constamment sur pied pour les réceptions officielles aux Tuileries, l'organisation des fêtes, etc., Marie-Louise n'étant pas revenue auprès de Napoléon. Toutefois ce haut rang qui lui était tout à coup dévolu, ne la préservait pas de bien des désagréments et des mécomptes. Elle continuait à avoir des ennemis nombreux dans le parti de l'opposition, qui ne lui pardonnait pas ce dévouement sans mesure ni réserve à la cause impériale. On faisait peser sur elle les plus graves accusations ; tous ses actes étaient malignement interprétés et jugés avec une sévérité implacable.

Du reste, Napoléon lui-même était l'objet des appréciations les plus diverses ; par son absolutisme il s'était aliéné la jeunesse et le parti libéral ; les royalistes ne pouvaient plus le souffrir et préparaient contre lui une coalition des grandes puissances de l'Europe. Cette période de la vie d'Hortense, si brillante pour elle, était donc attristée par les petites misères du présent et les menaces de l'avenir. C'étaient en effet ses derniers beaux jours : l'ère des épreuves et des disgrâces allait commencer.

Le 1ᵉʳ juin 1815 avait été fixé pour la cérémonie du *Champ-de-Mai*.

La reine se rendit avec ses deux fils à cette cérémonie, qui eut lieu au Champ-de-Mars. Des places leur avaient été réservées dans une tribune construite derrière le fauteuil de l'empereur. En face du trône avait été élevé un autel où furent bénites les aigles nouvelles que Sa Majesté distribua à son armée. Les maréchaux, les généraux, les grands corps de l'État s'y trouvaient réunis. Cette journée fut magnifique d'enthousiasme ; mais la reine rentra soucieuse à son hôtel ; car, derrière ces acclamations d'un peuple transporté d'allégresse, elle entrevoyait toutes les vicissitudes de la lutte terrible qui allait s'engager.

Les Chambres se réunirent quelques jours après. Le 6 juin 1815, l'empereur ouvrit la session et reçut le serment des pairs et des députés. Son discours se terminait ainsi :

« Pairs et Représentants, donnez à la nation l'exemple de la confiance, de l'énergie et du patriotisme ; et, comme le sénat d'un grand peuple de l'antiquité, soyez décidés à mourir plutôt que de survivre au déshonneur et à la dégradation de la France. La cause sainte de la patrie triomphera.... »

Six jours après, l'empereur partit à quatre heures du matin pour l'armée. Dans la soirée du 11 juin, la reine Hortense avait conduit ses fils à Sa Majesté pour lui faire leurs adieux.

Jamais on n'avait vu l'empereur s'éloigner avec un sentiment d'aussi profonde tristesse. Cependant, le 17 juin, le bruit du canon qui annonçait à Paris la victoire de Ligny avait apporté la joie et l'espérance dans tous les cœurs... Mais quel réveil, lorsque la nouvelle du désastre de Waterloo circula dans les rangs de la population parisienne !

La première pensée de la reine Hortense avait été pour la défense et le salut de la France ; la seconde, pour le sort de l'empereur. Le soir, elle retourna à l'Élysée pour le voir. Après le conseil, qu'il avait tenu le matin avec ses frères et ses ministres, il les avait envoyés faire aux Chambres des communications importantes.

L'empereur dîna seul. La reine Hortense assista à son repas et resta longtemps avec lui. Elle rentra fatiguée de tant d'émotions successives, mais elle resta courageuse et résignée à tout.

Le lendemain, 22 juin, l'empereur envoya aux Chambres son abdication ; chacun sait ce qui s'y passa, et les scènes qu'elle provoqua pour le malheur de la France.

« Dans l'après midi, la reine Hortense se rendit à l'Élysée ; j'eus l'honneur de l'y accompagner, dit Mˡˡᵉ Cochelet, et je restai dans le salon de service pendant que Sa Majesté était chez l'empereur. Je la vis bientôt se promener dans les jardins avec Madame-Mère, tandis que l'empereur, à quelques pas plus loin, causait avec son frère Lucien.

» La reine rentra chez elle plus tôt que je ne l'avais pensé. Aussitôt que nous fûmes en voiture, elle me dit :

« L'empereur m'a demandé si la Malmaison m'appartenait ; je lui ai répondu qu'elle était à mon frère, mais que c'était la même chose. Alors il m'a dit qu'il désirait s'y rendre, et qu'il me priait de l'y accompagner. Je m'estime bien heureuse de pouvoir ainsi lui témoigner ma reconnaissance pour tout ce qu'il a fait pour moi !

— Mais, Madame, réfléchissez au danger des circonstances où nous sommes ; il y en a sûrement beaucoup pour vous à vous identifier ainsi au sort de l'empereur.

— C'est une raison de plus pour que je n'hésite pas à m'y associer. Je m'en fais un devoir, et plus l'empereur court de périls, plus je suis heureuse de lui témoigner tout mon dévoûment. »

La reine Hortense, après avoir mis ses deux enfants en lieu sûr, en les confiant à M$^{me}$ Tessier, l'une de ses fournisseuses, qui demeurait sur le boulevard Montmartre, se rendit à la Malmaison pour y recevoir l'empereur. Elle fut, jusqu'à la fin, admirable de dévouement pour Napoléon. A toutes les représentations de ses amis, elle ne faisait qu'une réponse : « L'empereur m'a toujours traitée comme son enfant, je serai aussi toujours pour lui une fille dévouée et affectueuse. »

Madame-Mère fut la dernière personne de la famille impériale qui vint prendre congé de l'empereur.

Leur séparation rappelle ces grandes scènes des temps antiques, où le sublime réside dans la majestueuse simplicité de l'expression de la pensée. « Adieu, mon fils ! » dit M$^{me}$ Lætitia en lui tendant la main au moment du départ, et deux grosses larmes sillonnaient son noble visage. Et l'empereur répondit : « Ma mère, adieu ! »

Puis la mère et le fils s'unirent dans une dernière et suprême étreinte, pour ne plus se revoir jamais sur cette terre.

La reine Hortense offrit à l'empereur, avant son départ de la Malmaison, son beau collier de diamants. Napoléon se refusait à l'accepter. « Sire, dit Hortense en insistant, vous pourriez en avoir besoin. Il vaut huit cent mille francs. » Le malheureux empereur ne voulut pas contrister sa fille adoptive et partit avec le collier. Plus tard il fut cousu dans une ceinture de soie noire, et conservé religieusement par l'exilé de

Sainte-Hélène, qui, avant de mourir, le confia à M. de Montholon avec la recommandation de le remettre à la reine Hortense.

Un certain nombre d'officiers, consternés du départ de l'empereur et prévoyant que le retour des Bourbons allait briser leur carrière, suppliaient Hortense de tenter un coup de main avec eux et d'exciter le peuple à prendre les armes. Elle comprit qu'une pareille entreprise eût été aussi insensée que téméraire et se refusa à toute manifestation de ce genre : « Il n'y a plus rien à faire, disait-elle, il ne reste qu'à se résigner et à s'effacer. » Néanmoins ses ennemis ne manquèrent pas de l'accuser d'avoir comploté contre Louis XVIII et prêché la guerre à outrance. Un soir qu'elle se tenait tristement assise sur la terrasse de son hôtel, on alla même jusqu'à l'accabler d'injures et de malédictions. On cherchait à la faire passer pour l'ennemie déclarée du nouveau régime.

Dès lors la reine Hortense se confina dans un petit appartement qu'elle avait loué, ne recevant plus et évitant de se montrer en public. Ce qui l'obligeait encore à prendre de plus grandes précautions, c'est qu'elle avait perdu ses anciens protecteurs, le czar Alexandre principalement. Ce monarque avait été contrarié d'une lettre de la reine à son frère Eugène au retour de Napoléon, lettre qu'on avait malicieusement communiquée à l'autocrate russe et dont on avait exagéré la portée. Hortense ne reçut donc plus une seule fois la visite d'Alexandre pendant son second séjour à Paris, et elle sentait qu'avec son appui, tous les autres allaient désormais lui manquer. Dans son entourage on l'exhorta, comme autrefois, à faire une démarche auprès du tout-puissant souverain, mais son patriotisme et le sentiment de sa dignité personnelle lui firent toujours repousser ces propositions.

Cependant la méchanceté ourdissait de nouvelles trames contre Hortense ; elle était le point de mire de toutes les attaques. « La reine, écrit M$^{lle}$ Cochelet, — que nous continuons à citer, — entendant les propos qui circulaient sur elle, les menaces qui les accompagnaient, finit par s'en alarmer pour ses enfants ; son devoir était de les mettre hors de danger. Elle s'occupa donc de les faire partir secrètement pour la Suisse ; elle conçut le dessein de les envoyer par la diligence, avec le valet de chambre et la nourrice, comme mari et femme emmenant leurs enfants avec eux. Il fallait se procurer un passeport qui les désignât ainsi, et il était fort délicat de savoir à qui s'adresser pour une commission qui avait pour la reine autant d'importance. M. Gabriel Delessert, qu'elle voyait souvent, et qui lui avait toujours témoigné beaucoup de dévouement, lui

MUNICH. (P. 256.)

rendit ce service ; il lui apporta le passeport tant désiré, qui n'était autre que celui de son propre valet de chambre, natif de la Suisse ; mais des circonstances empêchèrent d'en faire usage.

La reine ne cessait pas néanmoins de se préoccuper du départ de ses fils et même du sien propre ; car elle sentait de plus en plus qu'il lui devenait impossible de résider en France. Toutefois, elle n'imaginait pas que le jour de ce départ pût être fixé par d'autres que par elle. On lui avait promis dans le même temps que l'empereur d'Autriche lui donnerait des passeports et un officier pour l'accompagner ; elle se disait qu'avec une pareille sauvegarde, il n'y avait rien à craindre, et que ses enfants voyageraient beaucoup plus sûrement avec elle de cette manière que par la diligence ; que d'ailleurs, elle serait toujours plus rassurée et plus contente de les avoir à ses côtés. Hortense se proposa de quitter Paris avec ses fils lorsque tout serait prêt.

Elle ne se doutait pas alors qu'on allait l'accuser de l'agitation qui régnait dans tous les esprits. Un bruit absurde circula et prit consistance. On prétendit qu'un complot avait été ourdi par les mécontents, et qu'il ne s'agissait, ni plus ni moins, que de faire *assassiner tous les souverains étrangers !* Conçoit-on que l'on ait poussé l'absurdité, je dirai même la monstruosité, jusqu'à désigner la reine comme instigatrice de cet infâme projet, et qu'il y ait eu des gens assez stupides pour y croire ? Il paraît même que ce fut sur ces ignobles propos qu'on se décida à intimer brusquement à la reine l'ordre de sortir de France ! Le 19 juillet au matin, M. de Müffling, officier-général prussien, commandant de Paris pour les armées alliées, fit prier M. Devaux, l'intendant de la reine, de passer chez lui, et lui signifia que la reine Hortense eût à quitter Paris dans *deux heures.* M. Devaux objecta que rien n'étant prêt, il était impossible que la reine pût se mettre en route aussi promptement. M. de Müffling insista, et consentit enfin à donner quelques heures de plus, mais en exigeant que la reine partît le jour même ; il ne voulait pas qu'elle couchât à Paris : il en avait, disait-il, pris l'engagement.

M. Devaux revint en toute hâte rapporter les ordres qui lui avaient été signifiés. La reine l'écouta avec le calme glacial qui ne l'abandonnait plus, et donna ses ordres pour pouvoir s'éloigner aussi vite que possible.

M. le général de Müffling lui fit offrir une escorte de troupes alliées ; elle la refusa, mais elle accepta un officier autrichien pour l'accompagner et répondre d'elle et de ses enfants pendant toute la durée de son voyage. Ce fut un aide-de-camp du prince de Schwartzemberg, M. le comte de Voyna, chambellan de S. M. l'empereur d'Autriche, qui fut choisi pour remplir cette mission.

Les petits embarras viennent pour l'ordinaire se mêler aux grands. Le piqueur de la reine, auquel on avait déjà parlé du départ sans en fixer le moment, avait été à quelques lieues de Paris chercher un postillon dont il faisait grand cas, et qu'il comptait employer dans cette circonstance. On envoya un homme à cheval courir après lui. Tout cela prit du temps et beaucoup ; les heures s'écoulaient et rien n'avançait ; on ne pouvait avoir des voitures. Par surcroit cet homme avait les clefs de tous les coffres, et l'on ne pouvait rien emballer avant qu'il fût revenu. Tout était confusion, désordre dans l'hôtel ; enfin il arriva, et les domestiques purent commencer leurs préparatifs.

M<sup>me</sup> la comtesse Nicolaï se trouvait chez moi, lorsque M. Devaux vint m'apprendre que la reine devait partir le jour même, qu'elle en avait reçu l'ordre formel. Prévoyant bien toutes les difficultés de détail que ce départ si subit présenterait, je me récriai en déclarant que c'était impossible. M<sup>me</sup> de Nicolaï pensa que, si seulement la reine ne couchait pas à Paris, on serait satisfait ; elle monta chez elle pour lui offrir son château de Bercy, ce qui lui permettrait de quitter la capitale aussi tard qu'elle jugerait à propos.

La reine fut très sensible à cette offre et l'accepta volontiers ; elle s'occupait avec autant de tranquillité de son départ, que si elle devait aller coucher à Saint-Leu. Mais les sentiments pénibles qui lui donnaient cette espèce d'indifférence étaient trop bien compris par moi pour qu'ils pussent m'échapper. Pendant que je l'aidais à ranger ses bijoux et ses papiers, plusieurs avis très alarmants nous parvinrent. On fit dire à la reine de ne rien emporter de précieux avec elle, ni or, ni argent ; que le bruit courait qu'elle possédait des millions, et qu'un coup pareil à celui tenté par Maubreuil contre la reine de Westphalie était monté contre la reine Hortense ; que plusieurs royalistes étaient partis pour aller l'attendre sur la route qu'elle devait parcourir.

J'étais tremblante en écoutant ces détails, et j'aurais voulu persuader à la reine de résister à l'ordre qui lui était donné de partir. Lorsqu'on lui faisait entrevoir des dangers, elle n'était occupée que d'une idée fixe, c'est qu'elle allait avoir ses enfants dans sa voiture ; mais d'un autre côté, elle serait encore plus inquiète de s'en séparer en les laissant à Paris. Je ne saurais exprimer dans quelle agitation je fus pendant toute cette journée. La reine décida qu'elle partirait le soir à neuf heures, et, dans la soirée, toute sa maison se réunit au salon pour lui dire adieu.

Le duc de Vicence, ayant appris le brusque départ de la reine, était venu pour la voir et lui souhaiter bon voyage. Elle le recevait dans son salon particulier, lorsque j'y conduisis Boutikim, qui désirait la voir, et que je croyais chargé d'une mission de l'empereur Alexandre ; mais il n'apportait que des paroles de bienveillance et d'intérêt, qui, dans la circonstance, étaient vraiment dérisoires. Le duc de Vicence s'en indigna encore plus que nous, et lui dit avec beaucoup de véhémence : « Que vos souverains y songent, ils donnent en ce moment un mauvais exemple, dont ils pourraient bien se trouver mal un jour. Comment est-il possible d'agir avec si peu d'égards vis-à-vis d'une femme, d'une reine, dont le caractère et la position personnelle inspirent la vénération et l'intérêt ? C'est oublier à la fois ce qu'on doit au malheur et à la grandeur déchue. »

Boutikim répondit que ce n'était pas à l'empereur son maître que l'on devait s'en prendre du brusque départ de la reine ; qu'il n'y était pour rien, et que probablement il en ignorait les motifs ; que lui-même il trouvait l'empereur Alexandre bien changé depuis un an ; que ce n'était plus le même homme pour bien des choses ; que lui si gai, si brillant, n'allait plus dans le monde ; qu'il se refusait à toutes les invitations qui lui étaient faites ; qu'il fuyait les lieux de réunions publiques, et restait le soir seul à l'Élysée, sans que personne fût jamais reçu chez lui ; que, dans la journée, à peine s'il remplissait les devoirs que lui prescrivait sa position ; et que dans sa personne tout respirait une mysticité qu'on n'avait jamais remarquée chez lui.

Après avoir congédié ces messieurs, la reine rentra dans son salon et fit ses adieux à tout le monde ; elle était si exaspérée, qu'elle ne trouva pas un mot qui exprimât le regret d'un adieu peut-être éternel !...

M<sup>me</sup> d'Arjuzon, qui fondait en larmes, y fut très sensible.

« Comment est-il possible que la Reine nous quitte tous avec cette tranquillité et cette indifférence ?

— Il serait bien injuste de s'en plaindre, lui répondis-je. On conçoit que des procédés comme ceux qu'on a avec elle sont bien faits pour irriter et pour rendre insensible à l'émotion d'un adieu. »

Ce départ de la reine était une véritable désolation pour ceux qui ne devaient pas la suivre ; mais pour moi, qui étais sûre de la rejoindre bientôt, j'en prenais mieux mon parti.

A neuf heures du soir, le 17 juillet 1815, la reine quitta Paris pour s'éloigner de la France, sans éprouver ce sentiment déchirant d'une longue séparation, ni cette douleur que devait bientôt lui causer l'absence de la patrie. Elle venait d'y subir tant de mécomptes, tant d'injustices, que, dans ce premier moment, elle ne demandait qu'à fuir le monde.

La reine monta dans sa voiture, seule avec ses enfants ; M. de Marmold, son écuyer, et M. le comte de Voyna, aide-de-camp du prince de Schwartzemberg, suivaient dans une berline. Le départ de la reine avait été si précipité, que M. de Voyna n'avait reçu que verbalement les ordres pour la mission qu'il avait à remplir. Ce défaut de formalités fut cause, sur la route, de bien des embarras.

La troisième voiture, contenant la nourrice du plus jeune des princes et la femme de chambre Vincent, précédait en courrier. C'est ainsi que la reine partit pour un exil dont elle était bien loin de prévoir la durée !.... Elle coucha au château de Bercy. M. et M$^{me}$ de Nicolaï l'y reçurent avec un rare dévouement ; elle se reposa, près de cet heureux ménage, des pensées amères et irritantes qui l'avaient préoccupée pendant toute la journée.

La reine était à peine arrivée à Dijon qu'elle courut un sérieux danger, et sa présence occasionna un commencement d'émeute.

Il faisait encore jour lorsqu'elle entra dans cette ville ; quelques personnes entourèrent sa voiture au moment où elle en descendit ; elle ne s'en étonna pas, c'était toujours ainsi lorsqu'elle s'arrêtait, et partout elle recueillait des témoignages d'intérêt et d'affection. Cette fois, il lui sembla voir sur les physionomies des gens qui se plaçaient sur son passage quelque chose de sinistre et de malveillant, qui lui parut étrange et de toute nouveauté pour elle. En montant l'escalier pour se rendre dans son appartement, elle vit une porte s'ouvrir ; une dame fort élégante parut, et dit à haute voix : « Ah ! la voici ! c'est elle ! » Et la porte, se refermant brusquement, ne permit pas à la reine de voir quelles étaient les personnes auxquelles ces paroles s'adressaient. En même temps que la reine descendait de voiture, une avant-garde des troupes autrichiennes arrivait à Dijon ; l'officier qui la commandait se trouvait de la connaissance de M. de Voyna, qui s'empressa de le présenter à la reine aussitôt qu'elle fut installée dans son appartement ; sa chambre était au premier étage, d'où elle vit la foule se grossir sous les fenêtres de l'auberge, et au milieu de cette foule, un rassemblement qui lui parut de bonne compagnie, de femmes mises avec recherche ainsi que le petit nombre d'hommes qui les accompagnaient. Tout ce monde était arrêté et criait : « Vive le Roi ! » Elle ne voyait jusque-là, dans ces vociférations, qu'une insulte de mauvais goût, lorsqu'un bruit étrange attira son attention vers la porte de la chambre où elle se trouvait alors avec ses deux enfants et le commandant autrichien, qui leur parlait allemand ; M. de Voyna venait de sortir pour se promener dans la ville et y acheter une paire de lunettes dont il avait besoin.

La reine reconnut la voix de ses domestiques ; ils refusaient l'entrée de son appartement, qui fut forcée, et au même instant elle vit paraître, non sans étonnement, quatre officiers qui s'approchaient, le visage en feu et les yeux étincelants ; l'un d'eux lui dit d'une voix menaçante : « Madame, vous êtes notre prisonnière. — Et de quel droit, Monsieur ? — Du droit que nous donnent les ordres que nous avons reçus de vous arrêter.

— Soit ! Messieurs, comme je n'ai rien à opposer à la force, je suis votre prisonnière ; et la reine, en prononçant ces mots, s'assit tranquillement en rapprochant ses enfants d'elle.

— Qu'est-ce que cela signifie, Messieurs ? dit le commandant autrichien qui était présent ; qui commande ici ? est-ce vous ou moi ? Madame partira quand il lui conviendra, et sans que personne ait le droit de l'en empêcher ! » Les gardes royaux pâlirent de colère, entendant cette déclaration énergique.

Au même instant M. de Voyna rentra ; une altercation assez vive s'engagea entre lui et ces Messieurs, qu'il entraîna hors de l'appartement. On ne sait comment eût fini cette querelle sans la présence de l'avant-garde autrichienne, car il n'y avait pas moyen de faire entendre raison à ces gardes royaux. Ils s'étaient emparés de la voiture de la reine ; ils y avaient placé deux des leurs à côté des portières, pour l'empêcher de partir, et s'approprier *les millions* qu'ils prétendaient qu'elle emportait. Le commandant autrichien fit placer un poste dans l'auberge, reprit la voiture aux gardes royaux, et fit évacuer les abords de la maison, qu'une foule d'élégants encombraient encore en criant : « Vive le Roi ! » Les belles dames répétaient, en s'éloignant, qu'elles ne se seraient jamais attendues à ce dont elles venaient d'être témoins, que des Autrichiens empêchassent de crier : « Vive le Roi ! » Les gardes royaux ne se laissèrent pas décourager ; ils tinrent bon dans l'auberge, et s'y établirent dans une grande salle. On les entendait aller et venir, en criant, brandissant leurs sabres et laissant traîner les fourreaux sur leurs pas, afin d'augmenter le bruit et de faire plus d'effet.

A une heure assez avancée de la nuit, l'avant-garde à laquelle M. de Voyna avait eu recours, partit pour faire place au corps d'armée qu'elle précédait et qui arrivait presque en même temps. M. de Voyna, n'ayant pas d'ordre écrit, était assez embarrassé de savoir comment il se ferait reconnaître des nouveaux venus ; il estimait que son honneur et sa responsabilité étaient également engagés à faire respecter la reine, et à remplir sa mission, qui était de l'accompagner dans son voyage.

Aussitôt que l'avant-garde qui protégeait la reine fut partie, les gardes royaux reprirent leur audace, et plusieurs d'entre eux coururent au-devant des Autrichiens qui arrivaient. Ils leur dirent qu'ils étaient chargés, en vertu d'ordres supérieurs, d'arrêter la reine et ses enfants ; qu'ils avaient cru trouver secours près des Autrichiens pour atteindre leur but ; mais que la reine avait avec elle un officier français qui se faisait passer pour autrichien et qui avait demandé main forte à leur avant-garde.

Le commandant des nouvelles troupes autrichiennes se rendit à l'auberge, persuadé de tout ce qui venait de lui être dit, et prêt à donner aux gardes royaux toute l'assistance qu'ils réclamaient ; heureusement, c'était encore une des connaissances de M. de Voyna, qui n'eut pas de peine à rétablir les faits et à s'entendre avec lui sur ce qu'il y aurait à faire. Ce qu'il fallait éviter, c'était d'en venir aux mains. Après s'être concertés, ayant appris que le nouveau lieutenant-général, nommé par le roi, venait d'arriver dans la même nuit à Dijon, ils se rendirent chez lui pour lui expliquer ce qui se passait, et obtenir qu'il s'interposât afin de rétablir l'ordre, et de mettre la reine à même de partir quand il lui plairait. Ce général était un ancien militaire, royaliste prononcé, mais au fond très brave homme ; il était dans ses intentions de faire le bien et d'éviter tout désordre ; mais dans ces premiers moments, les passions politiques étaient tellement déchaînées, qu'il fallait encore prendre des précautions pour faire son devoir sans qu'on vous en sût mauvais gré. Le général ne trouva rien de mieux, pour éviter une collision entre les Autrichiens et les gardes royaux, que d'envoyer à ces derniers un ordre de se rendre immédiatement à une revue, qu'il fit sur la place, de tous les militaires qui se trouvaient à Dijon pour quelque motif que ce fût.

Pendant ce temps, M. de Voyna fit hâter le départ de la reine, qui emporta de cette ville un souvenir très pénible.

A quelques lieues de là, elle trouva le quartier-général de l'armée d'occupation. Plus loin, il n'y avait plus de troupes autrichiennes, et ce fut au tour de la reine de protéger M. de Voyna : les habitants des campagnes quittaient leurs travaux pour se précipiter au-devant de sa voiture ; on lui jetait des bouquets d'œillets rouges par la portière, et les cris de « Vive l'Empereur ! » l'accueillaient partout. A un relai, elle entendit ces paroles : « Les bons s'en vont, les mauvais restent. »

A Dôle, une émeute d'un genre diamétralement opposé à celle de Dijon attendait la reine : le peuple, par affection, ne voulait pas laisser partir M. de Voyna, et il courut un véritable danger. En voyant un officier autrichien avec la reine, on crut que c'était lui qui la conduisait prisonnière, et ni plus ni moins on voulait le tuer pour la délivrer. Elle eut mille peines à faire comprendre à ces braves gens que c'était volontairement qu'elle s'éloignait, que M. de Voyna l'accompagnait, et qu'elle lui avait déjà de grandes obligations ; il fallut qu'elle parlât elle-même à la foule qui se pressait autour de sa voiture. Un vieillard, d'une figure on ne peut plus respectable, qui portait la parole pour les autres, et qui faisait répéter à la reine ce qu'elle avait tant de peine à leur persuader, lui répondit : « Bien vrai, ce que vous dites là ? car, voyez-vous, vous n'avez qu'un mot à dire ! » La reine remercia ses officieux protecteurs et arriva enfin à Genève, où je la rejoignis trois jours après.

Elle descendit à l'hôtel du Sécheron, et, pour faire moins de dépenses à l'auberge, elle envoya tout de suite ses chevaux à sa campagne de Prégny, qui était située à très peu de distance, sur les bords du lac. Elle comptait s'y installer dans quelques jours, lorsque je serais arrivée, ainsi que les effets et les meubles qu'elle attendait de Paris.

# Chapitre Quinzième

Désillusions et déboires. — Ordre de quitter Genève. — Un sursis. — L'ermite de la montagne. — Voyage à Prégny; ordre de quitter Prégny. — La reine à Aix. On veut la soumettre à une visite quotidienne. — Scène grotesque. — Nouveaux mécomptes.

A reine commençait à respirer, car elle se supposait au terme de son voyage et se croyait dans un lieu de repos ; ses passeports, signés par les ambassadeurs de toutes les grandes puissances de l'Europe, la dirigeaient vers la Suisse, pays libre qui était resté étranger à la guerre, et où son imagination lui avait toujours représenté le vrai bonheur dans un chalet. Ses illusions ne furent pas de longue durée. Dès le lendemain de son arrivée, le gouvernement de Genève lui fit signifier qu'elle eût à s'éloigner, vu qu'il ne lui était pas permis de séjourner sur le territoire de la république. M. de Voyna parlementa ; il s'appuya sur les passeports, sur l'ordre positif de son souverain, qui lui enjoignait de ne quitter la reine que lorsqu'elle serait en sûreté dans la Suisse, qu'elle avait désignée pour sa résidence. *Les potentats* placés à la tête du nouvel État de douze lieues carrées, ne voulurent rien entendre. M. de Voyna était furieux. Que devait-il faire ? Il ne pouvait ramener la reine en France, ni la conduire ailleurs qu'en Suisse, puisqu'elle n'avait pas de passeports pour un autre pays. Il demanda le temps d'écrire à Paris pour recevoir de nouveaux ordres ; on lui accorda quelques jours qu'il mit à profit à cet effet.

Madame-Mère et le cardinal Fesch, auxquels on avait donné des passeports pour l'Italie, et qui étaient aussi sous la sauvegarde d'un officier autrichien, arrivèrent à Genève le 25 juillet ; ils s'y arrêtèrent un jour pour dîner avec la reine. Madame-Mère, qui était très fatiguée, aurait bien désiré se reposer quelques jours ; mais on ne le lui permit pas, et le 27 elle continua sa route avec le cardinal son frère.

Le lendemain, de bonne heure, M. de Voyna se présenta chez la reine ; il avait l'air fort embarrassé. « Je ne sais, lui dit-il, où Votre

Majesté passera sa journée, mais elle ne peut rester ici : il doit y avoir, aujourd'hui même, dans cette auberge, un dîner de corps d'officiers suisses,

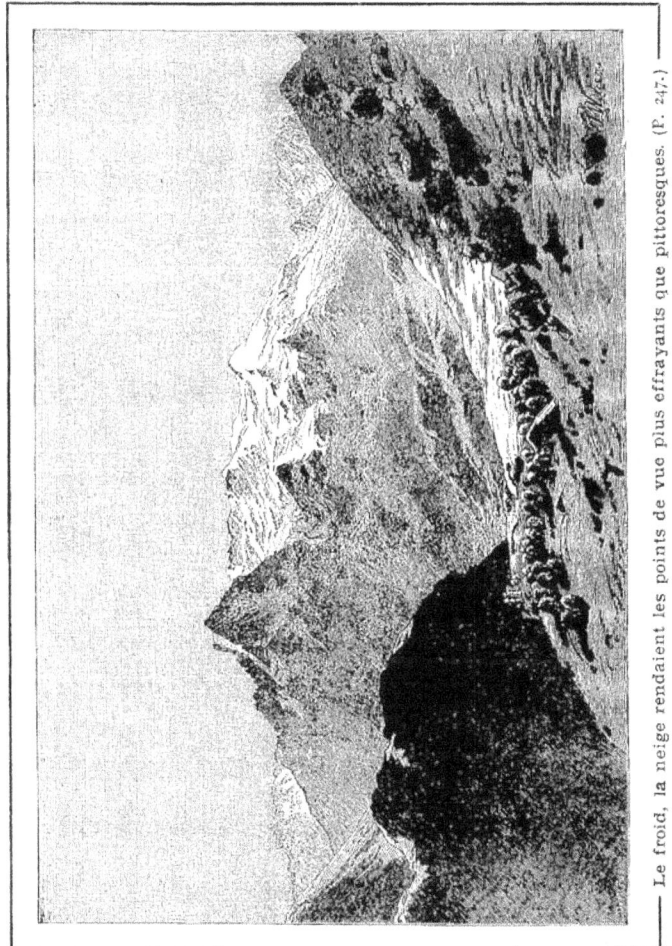

Le froid, la neige rendaient les points de vue plus effrayants que pittoresques. (P. 247.)

en réjouissance de *leur délivrance ;* et vous seriez exposée, Madame, à entendre des toasts et des vivats qui vous seraient pénibles.

— Mais où aller ? Y a-t-il quelques curiosités à visiter dans les montagnes environnantes ? »

La reine ne vit rien de mieux que de faire une course au haut du Saiis, ce mont nu et isolé qui domine Genève du côté de la Savoie. Elle partit du Sécheron avec M. de Marmold, M. de Voyna et ses deux enfants. Elle laissa sa voiture dans un village où elle déjeuna, et prit ensuite le premier sentier dont la direction semblait lui promettre la vue du magnifique panorama qui se déroule au pied de la montagne. Tout à coup le sentier qu'elle suivait au milieu d'une nature agreste, devint moins rapide et moins sauvage ; une haie d'arbustes, régulièrement taillés, le bordait, et un doux parfum de fleurs arrivait jusqu'à elle. Bientôt elle aperçut un enclos, dont la porte était murée et l'abord rendu impraticable. Un petit vieillard, d'une figure originale, était le propriétaire de ce singulier ermitage. Quand la reine en approcha, il était comme embusqué derrière une espèce de verger, d'où il la voyait venir. A son aspect, il éprouva une vive surprise et une sorte de dépit, car les visites lui déplaisaient, et il en recevait le moins possible. Cependant, quand il sut la qualité de l'auguste étrangère, il se montra disposé à la bien accueillir, et il descendit de son poste d'observation pour la guider, ainsi que ses enfants, par un passage assez difficile. L'ermite était vêtu d'une étoffe si grossière, qu'on l'eût prise pour de la serge ; sa physionomie, très fine et très spirituelle, portait l'empreinte de pensées graves et sérieuses. La reine l'aborda et fut étonnée de trouver, sous des apparences aussi simples, le langage et l'esprit cultivé d'un homme lettré.

Cet étrange personnage était un médecin de Genève nommé Gausse... Il avait longtemps exercé son état avec distinction ; mais la bizarrerie de son humeur et ses études scientifiques ayant fait grandir chez lui le désir de s'éloigner du monde, il avait fini par se construire un petit ermitage dans un des endroits les plus retirés de la montagne. Cette habitation, qui était recouverte d'écorces d'arbres, n'avait pas plus de huit pieds carrés, et elle n'était élevée que d'un étage. Le rez-de-chaussée lui servait à la fois de cuisine et de salle à manger ; un petit nombre d'ustensiles indispensables en garnissaient les murs ; une armoire à bascule enserrait l'étroite couchette sur laquelle dormait un domestique. Une échelle de meunier conduisait à la chambrette du dessus. Là était tout l'appartement du docteur-ermite. Une table pour écrire, quelques livres et une couchette pareille à celle du domestique, en formaient tout l'ameublement. Le bizarre vieillard conta à la reine sa vie, solitaire depuis longtemps, et les mécomptes qui avaient porté sa misanthropie à un si haut degré que la vue de tout être humain lui faisait mal. « C'est bien assez, disait-il, d'être dans l'obligation d'avoir un domestique avec moi.» Le bruit des catastrophes qui, du faîte des grandeurs, venaient de précipiter la reine dans l'exil, était arrivé jusqu'à lui. Il lui exprima avec sensibilité l'intérêt qu'il prenait à sa position, et l'indignation que lui inspiraient les persécutions dont elle était l'objet. Il avait vu l'empereur autrefois, et conservait dans sa mémoire les plus minutieux détails de la seule occasion qu'il avait eue de se trouver en sa présence. Il parlait de ce souvenir avec une piquante vivacité. Cette rencontre intéressa la reine, qui ne quitta son singulier hôte que lorsque l'approche de la nuit lui eut donné la certitude qu'elle n'avait plus à craindre d'être témoin des réjouissances qui l'avaient forcée à cette excursion.

Le lendemain matin, M. de Marmold vint de bonne heure informer la reine qu'un homme exténué de fatigue, dont les pieds étaient ensanglantés et les habits déchirés, avait demandé à lui parler, en ajoutant : *à elle seule*. M. de Marmold s'y était refusé, craignant, à l'air égaré de ce malheureux, qu'il n'y eût danger à le laisser pénétrer jusqu'à elle. Il l'avait pressé de questions, auxquelles l'étranger hésitait à répondre. Son accent était français, son langage celui d'un homme bien élevé ; ses moustaches indiquaient un militaire ; il disait avoir échappé à de grands dangers, et ne voulait cependant se nommer qu'à la reine. Comme il voyait qu'en insistant pour garder l'*incognito* il n'atteindrait pas son but, il avait fini par avouer qu'il était le général Ameil, et avait confié le récit de ses malheurs à M. de Marmold, qui en avait été vivement touché. Le général Ameil était un de ceux qui s'étaient prononcés le plus énergiquement au retour de l'Empereur, et qui s'étaient réunis à lui des premiers. Son nom se trouvait sur une liste fatale qui venait d'être publiée. Retiré derrière la Loire avec les débris de l'armée, il avait eu connaissance du sort qui le menaçait, et il était parvenu à s'y soustraire en s'évadant. Errant de village en village comme un malfaiteur, il venait de passer la frontière, épuisé de fatigues, sans argent, sans passeport, ne sachant que devenir. En proie au désespoir, il avait appris le séjour de la reine à Genève. La reine, comme on le pense bien, fut douloureusement émue à son récit, et elle éprouva la douce satisfaction d'être d'une grande utilité à ce digne militaire. Comme il était sans papiers, elle pensa d'abord à lui en procurer, et le passeport suisse qu'elle tenait de M. Gabriel Delessert se trouva fort à propos dans ses mains pour cet usage. M. de Marmold le remit de sa part au général Ameil avec un rouleau de pièces d'or. La reine fit en même temps recommander au proscrit de s'éloigner au plus vite; car il était à craindre que les ombrageux et vaniteux magistrats de Genève ne vinssent à savoir qu'il était venu la trouver, ce qui l'aurait exposé à être suivi et peut-être arrêté, tant le zèle de la persécution était ardent chez ces messieurs, et même chez tous leurs concitoyens.

La reine se rendit alors à Prégny, où sa mère avait acheté autrefois un petit château sur les bords du lac Léman. Elle espérait se retirer dans cette propriété, et elle faisait d'avance ses arrangements et ses distributions pour le moment où elle y établirait sa résidence; hélas! elle dut bientôt renoncer à cette idée qui lui souriait tant, car, à peine arrivée, elle apprit par M. de Voyna, exaspéré, qu'il fallait partir.

— Pour aller où? demanda la reine.

— Je n'en sais absolument rien, Madame; mais voilà un baron de Talleyrand, ministre de France en Suisse, qui, ayant appris l'arrivée de Votre Majesté, fait signer au gouvernement de Genève qu'il ait à vous renvoyer; que la France ne permet pas que vous restiez aussi près des frontières; et comme Messieurs de Genève ne demandent pas mieux que de vous tourmenter, il faut partir.

— Eh bien! partons, dit la reine; mais où irons-nous?

— Je n'en sais rien, répéta encore M. de Voyna d'un ton chagrin et en faisant tous ses efforts pour concentrer la colère qui le suffoquait. On n'a jamais rien vu de semblable, murmurait-il entre ses dents en se promenant avec agitation dans le salon; ne pas même vouloir attendre que j'aie reçu la réponse de Paris! On n'a pas d'idée de cela! Que dois-je faire de la reine? dit-il en s'arrêtant devant M. de Marmold, qui ne savait pas plus que lui quel parti prendre.

— Jetez-moi dans le lac, dit la reine en souriant, car enfin il faut bien que je sois quelque part.

M. de Voyna se décida à tenter de nouvelles démarches près des autorités genevoises, et obtint, comme *grande grâce*, la faveur de rester un jour de plus.

Les choses en étaient là, lorsque j'arrivais moi-même de Paris, le cœur gros des tristes nouvelles que j'apportais à la reine, de l'arrestation de l'empereur et de celle de Lavalette, mais heureuse de me trouver auprès d'elle et de la voir, avec ses enfants, saine et sauve, après toutes les inquiétudes que j'avais eues.

M. de Voyna voulait ramener la reine en France, la laisser à Bourg en Bresse, premier chef-lieu de département sur la frontière, et se rendre de là à Paris pour y prendre de nouveaux ordres. Il pensait que pendant son absence la reine serait en toute sûreté dans une ville déjà occupée militairement par les troupes alliées ; et que si les autorités royalistes nouvellement installées n'étaient pas bien pour elle, les chefs militaires autrichiens seraient toujours là pour la protéger et la faire respecter.

La reine n'approuva pas le projet de repasser ainsi la frontière : elle ne se souciait nullement d'aller à Bourg, où elle ne connaissait personne ; elle préféra se rendre à Aix en Savoie, où sa mère et elle avaient fait de longs séjours. Le pays était rempli du souvenir de leurs bienfaits ; la reine y avait fondé un hôpital, et si elle n'y retrouvait pas des amis parmi les autorités nouvelles, elle était sûre au moins de retrouver dans le peuple une sympathie qui lui servirait de sauvegarde, et serait en même temps pour elle une consolation. Le départ pour Aix fut une chose arrêtée et j'y applaudis de grand cœur.

Je voyageais dans la voiture de la reine, avec elle et ses enfants ; les messieurs et les gens suivaient dans les autres voitures.

La reine, comptant que bientôt justice lui serait rendue, et qu'elle pourrait revenir s'établir à Prégny, avait envoyé l'abbé Bertrand, M. de Marmold et quelques domestiques s'y installer en l'attendant. Mon frère, MM. de Voyna et Appel nous accompagnèrent ; nous arrivâmes à Aix sans accident et sans que notre voyage présentât rien de remarquable.

Aussitôt que nous fûmes entrés à Aix, M. de Voyna, sans se donner le temps de se reposer, partit immédiatement pour Paris, disant à la reine qu'il allait tâcher de lui obtenir des passeports et les protections qui lui étaient nécessaires pour avoir la faculté de rester où bon lui semblerait.

Je ne doutais nullement que telles ne fussent ses intentions, d'après le dévoûment qu'il n'avait cessé de témoigner à la reine ; et en effet, il s'empressa de tenir la parole qu'il nous avait donnée en partant, et jusqu'à une certaine époque il s'occupa des intérêts de la reine, quoique ce fût sans résultat.

Lorsque j'avais quitté la France, où les haines de partis et une malveillance exclusivement politique ne pouvaient s'acharner que contre la reine, je croyais qu'excepté la rencontre de quelques détachements de troupes ennemies, nous n'avions aucune mauvaise chance à redouter. Toutefois, par précaution, je m'étais munie de trois lettres que j'avais reçues de l'empereur Alexandre ; c'était là ma sauvegarde, au cas où j'eusse été arrêtée par des Russes ou par des troupes alliées. Mon voyage pour rejoindre la reine se passa sans accident ; j'avais touché la Suisse, ce pays libre, hospitalier, dont mon imagination avait toujours poétisé le séjour ; mais la réception qui venait d'être faite par les Genevois à la reine avait détruit mon beau rêve, et ne me laissait aucune confiance sur ce qui nous attendait ailleurs.

A peine étions-nous à Aix, qu'un souvenir bienveillant y accueillit néanmoins la reine : M. Finot, qui était encore à Chambéry en qualité de préfet, s'empressa de mettre à ses pieds l'expression de son dévoûment, et de lui faire toutes les offres de services imaginables. La reine, qui sentait les difficultés de sa position, et combien celle de M. Finot, comme préfet, était précaire, puisque la Savoie allait être enlevée à la France, lui fit dire verbalement par M. de Voyna, (qui passait par Chambéry pour se rendre à Paris,) qu'elle le remerciait de ses offres obligeantes et de ses bonnes intentions ; que le meilleur moyen de la servir était de ne pas venir la voir, mais de lui donner avis s'il s'ourdissait quelque chose contre elle, et d'avoir l'air en même temps de l'oublier entièrement.

Cet *oubli*, que la reine réclamait de l'autorité civile qui était encore debout, ne fut point imité par l'autorité sarde, qui, s'emparant militairement du pays, dirigeait partout des troupes au nom des souverains alliés. Dès le lendemain de son arrivée à Aix, la reine reçut la visite du maire de la ville ; il était accompagné d'un homme de fort mauvaise mine, à la voix rauque, au visage sinistre, qui nous dit être envoyé par le gouverneur général de toute la province, et se nommer M. le comte de Monti, d'une ancienne famille du pays.

La reine salua ces messieurs et les fit entrer ; M. de Monti, dont les manières étaient aussi communes que la physionomie repoussante, se hâta de prendre la parole dans un mauvais français que nous avions de la peine à comprendre, mais avec un ton d'impolitesse et d'outrecuidance qui se traduisait de lui-même en toutes les langues. Il annonça à la reine que le gouverneur général l'avait chargé d'ordres exprès qui la concernaient, qu'il devait la voir tous les jours et avoir l'œil sur toutes ses démarches.

A cette singulière notification, nos regards se portèrent avec épouvante sur la tournure de bandit du personnage ; je me crus sous l'influence de quelque vision du château d'Udolphe ; et l'idée que la reine devait recevoir chaque jour une pareille visite, me causait une frayeur telle, que j'attendais avec anxiété ce qu'elle allait répondre.

## CHAPITRE QUINZIÈME.

M. de Monti, que personne n'avait interrompu, finit par dire à la reine, en élevant fortement la voix, qu'elle était mise sous *sa surveillance immédiate*.

Ces dernières paroles attirèrent l'attention de M. Appel (¹) ; habitué qu'il était à ne comprendre que peu de chose aux conversations qui se tenaient en français, il n'avait presque point prêté l'oreille à ce qui se disait ; toutefois il en entendit assez de la part de M. de Monti. S'élançant tout à coup sur lui, il l'interpella violemment pour qu'il eût à répéter les expressions dont il venait de se servir. Celui-ci, fort de l'autorité du gouverneur général, répéta plus brièvement les mêmes choses. M. Appel, dans sa vivacité, lui permit à peine d'achever.

« *Surveiller la Reine !* s'écria-t-il dans son mauvais français, personne ici n'a le droit de se mêler de ce qui la regarde, que moi ! »

M. de Monti, dans son baragouin, parlait de la *dignité* de sa race, de l'importance de ses fonctions, et des pouvoirs sans limites du gouverneur général dont il était le représentant. M. Appel se nomma, en déclarant qu'il était l'aide-de-camp du prince de Schwartzemberg, qui commandait en ce moment toutes les armées des alliés ; il ajouta que par le seul fait de l'existence du généralissime, M. le gouverneur général de la Savoie était sous les ordres du prince ; que lui, étant l'aide-de-camp de ce dernier, ne devait tenir aucun compte des instructions données à M. de Monti par des supérieurs auxquels il ne devait pas obéissance ; qu'il s'en référait à celles qu'il avait reçues, et par lesquelles il lui était prescrit de faire respecter la Reine partout où il lui plairait d'aller.

M. Appel était très animé ; M. de Monti répondait sur le même ton ; tous les deux, criant à tue-tête, finirent par ne plus s'entendre. Mon frère, qui était présent, et qui les voyait au moment de se couper la gorge, leur dit que, parlant l'un et l'autre une langue qui leur était étrangère, ils avaient le malheur de ne pas se comprendre. A ces mots, toute leur colère se tourna contre lui, et, sans lui laisser achever sa phrase, ils répliquèrent qu'il n'était pas nécessaire de parler français pour avoir du cœur et se faire respecter !....

Ma frayeur, qui s'était dissipée en voyant cette scène tourner au grotesque, me revint avec la crainte que mon frère ne fût peut-être leur victime, pour avoir essayé de les apaiser.

---

1. Lorsque M<sup>lle</sup> Cochelet avait quitté Paris pour rejoindre en Suisse la reine Hortense, on lui avait donné, pour l'accompagner, ce M. Appel, aide-de-camp du prince de Schwartzemberg. Elle avait en outre prié son frère d'être du voyage, auquel prit aussi part l'abbé Bertrand, gouverneur des fils de la reine.

La reine avait conservé tout son sang-froid, mais elle eut mille peines à mettre fin à cette querelle, que les champions allèrent, dès le lendemain, vider devant le gouverneur général qui était à Chambéry.

Le gouverneur général parut honteux de la maladresse de son envoyé, à qui il avait donné de tout autres instructions ; il fit des excuses à M. Appel, qui revint triomphant, et les choses en restèrent là.

Pour nous, quelle différence de ce séjour à Aix et de ceux que nous y avions faits précédemment ! Ce n'était pas ainsi que l'on avait accueilli la reine en 1813, ni en 1811, à cette époque si glorieuse de l'Empire. Alors elle ne recevait que des hommages : mes cartons sont pleins de vers qu'on lui adressait. A présent, on ne savait plus que lui infliger des humiliations ou lui susciter des tracasseries.

Admise pourtant à séjourner dans cette ville, Hortense loua la première maison vacante : elle était mal située, triste et laide ; le seul avantage qu'elle offrît, c'était une cour assez grande où les enfants pouvaient jouer à leur aise. Deux ou trois petits garçons, à peu près de l'âge des jeunes princes, venaient se réunir à eux. Ils jouaient aux soldats ; le plus petit, fier d'être en tête et de porter le tambour qui faisait partie des joujoux du prince Louis, marchait le premier, frappant à tort et à travers sur la peau d'âne et faisant le plus de bruit possible. Le prince Napoléon, comme le plus grand et le plus intelligent, commandait toute la troupe en tirant hors du fourreau un petit sabre de fer-blanc qui pendait à sa taille déjà gracieuse et élégante. Il alignait sa troupe et grossissait sa voix pour la commander ; il la faisait marcher au pas, tant bien que mal. Le prince Louis, armé d'un bâton comme tous les autres, était en serre-file et suivait des yeux tous les mouvements de son frère, qui était son modèle et son idole. Placées ensemble à ma fenêtre, la reine et moi nous regardions quelquefois ces innocentes récréations sans nous douter qu'elles devaient plus tard donner lieu à des rapports de police : qui aurait pu jamais deviner de pareilles aberrations de l'esprit humain ?

Il y avait une semaine que nous étions installées dans notre modeste demeure, lorsque nous vîmes arriver M. de Marmold et l'abbé Bertrand avec les domestiques que la reine, par économie, avait laissés à Prégny. Les nobles autorités de Genève n'avaient pas voulu garder auprès d'elles des personnes aussi suspectes et leur avaient donné l'ordre de partir à l'instant, avec injonction de quitter le plus tôt possible le territoire de la république de Genève. Les chevaux eux-mêmes n'avaient pas été exceptés de ce sévère arrêt.

## CHAPITRE QUINZIÈME.

La reine fut très contrariée de cette arrivée, qui allait doubler sa dépense à Aix ; il fallut louer une seconde maison pour tout ce monde, et des écuries pour les chevaux. On sait que, pendant la saison des bains, les locations sont à un prix très élevé. La position financière de la reine n'étant pas moins précaire que sa position politique, elle commença à s'effrayer de tous ces détails. Qu'allait-elle devenir ? Dans quel coin lui serait-il permis de se retirer ? De quoi vivrait-elle ? Ces soucis-là auraient pu être ceux de tous les moments, mais combien ils étaient minimes auprès des peines de cœur dont était accablée la pauvre reine ! Que de chagrins, que d'amertumes n'entraînaient pas après elles des catastrophes comme celles qui l'avaient forcée à fuir son pays ! Exilée, errante, persécutée dans chaque membre de sa famille, dans chacun de ses amis frappés comme elle par les réactions politiques, elle ne pouvait plus éprouver un sentiment qui ne fût une affliction ; elle n'avait plus une pensée qui ne la désolât, qui ne la désespérât pour l'avenir.

La reine apprit, avec un cruel serrement de cœur, que, le 1er août, le maréchal Brune avait été massacré à Avignon. Les détails de cet assassinat faisaient frémir. D'autres nouvelles non moins tristes, l'exécution de Ney et de Labédoyère spécialement, vinrent augmenter nos alarmes.

M. Devaux et M. de Voyna continuaient à donner à la reine le détail des démarches qu'ils faisaient pour elle ; ils lui apprirent, enfin, que les puissances alliées « pour remplir le vœu bien prononcé de M<sup>me</sup> la duchesse de Saint-Leu d'habiter la Suisse, et en même temps pour donner une espèce de satisfaction à l'esprit public » (qui se prononçait dans quelques cantons contre les membres de la famille impériale), avaient décidé, dans une séance du 27 août, « que M<sup>me</sup> la duchesse de Saint-Leu pourrait habiter la Suisse, mais qu'elle y serait sous la surveillance des quatre cours et de Sa Majesté Très Chrétienne. »

La reine, calme et résignée, était loin d'être insensible à tous les chagrins qui l'accablaient ; mais, malgré ses douleurs, elle jugeait les événements avec sang-froid, à moins qu'il ne s'agît des malheurs qui frappaient ses amis ; elle lisait les infamies qui se publiaient sur le compte de sa famille et sur le sien, avec autant de tranquillité que si c'eût été une ancienne histoire à laquelle elle aurait été parfaitement indifférente, et se résignait à toutes les décisions qui se prenaient à son sujet.

# Chapitre Seizième

Nouveaux chagrins d'Hortense. — Son fils aîné est rappelé par le roi Louis. — Démarches de la reine pour obtenir de se fixer en Suisse ; persécutions et refus. — Bienfaits d'Hortense. — Elle tombe gravement malade. — Les Sœurs d'Aix et l'exercice de la charité. — Mystères de la politique. — Une nuit à Prégny : la maison cernée par des militaires. — Nouvelle défense de séjourner sur le territoire de Genève. — Espionnage. — L'auberge de Payerne.

NOTRE pauvre reine était encore loin du terme de ses chagrins ; un des plus grands qu'elle pût éprouver la menaçait alors : son mari venait de s'établir à Rome, et à peine y fut-il installé, qu'il ne laissa pas longtemps oublier à sa femme qu'il avait gagné son procès, et qu'il lui fit de nouveau réclamer son fils aîné. Dans les derniers jours de septembre, nous vîmes arriver le baron de Zuite, envoyé par le roi Louis pour réclamer le prince Napoléon et le mener à son père.

Ce coup fut des plus sensibles pour la reine. Quoiqu'elle dût s'y attendre, elle ne parvenait pas à s'y résigner ; après tant de maux qu'elle avait éprouvés, la nécessité de cette séparation lui semblait le coup de grâce.

M. le baron de Zuite n'était pas d'ailleurs capable d'inspirer une entière confiance à une mère aussi tendre que craintive pour ses enfants, et elle ne voulut pas laisser partir son fils seul avec lui. Elle lui dit donc qu'elle désirait qu'il se reposât quelque temps auprès d'elle, afin de laisser au prince Napoléon le loisir de faire connaissance avec lui, et de donner le temps d'arriver au précepteur qu'elle faisait venir de Paris pour accompagner son fils en Italie. Ce précepteur était un homme respectable ; il ne possédait ni de grands talents, ni de grandes connaissances ; mais sa moralité n'était pas douteuse, et c'était en ce moment ce à quoi la reine tenait le plus.

J'espérais que ce retard apporté au départ du prince Napoléon donnerait à la reine le temps de s'habituer à l'idée de cette séparation ; mais il était facile de voir journellement, au dépérissement de sa santé, qu'elle ne s'y résignait pas.

La reine, absorbée par ses chagrins, ne se doutait pas des craintes qu'elle inspirait ; elle croyait, en quittant Paris, avoir, non pas éteint toutes les haines, mais rassuré les peureux. Cependant l'active surveillance de la police du nouveau ministère sut bientôt trouver des sujets d'alarmes sur son compte : les jeux de ses enfants furent transformés en préparatifs hostiles ; on l'écrivit d'Aix à Paris, et le bruit circula, dans la capitale, que la reine levait des régiments en Savoie. Ces mensonges absurdes, qui auraient fait hausser les épaules de pitié à Savary ou à Fouché, qui connaissaient la valeur des rapports de police subalterne, furent accueillis sérieusement par M. Decazes, et la malveillance contre la reine recommença de plus belle. Les nouvelles qui nous venaient de Paris nous apprenaient toutes les faussetés débitées sur le compte d'Hortense.

La reine fit faire de nouvelles représentations près des ministres des puissances alliées ; elle assurait qu'elle attachait un grand prix à la permission que les puissances lui avaient donnée d'habiter la Suisse, parce qu'elle avait espéré trouver dans ce pays, plus que partout ailleurs, le repos et la solitude qui convenaient à ses goûts, à sa position ; mais que l'exaltation politique de quelques cantons lui faisait craindre que ses espérances ne fussent pas entièrement réalisées sous ce rapport ; qu'elle désirait, en attendant, pouvoir jouir du bénéfice entier de la disposition qui avait été prise en sa faveur sans éprouver aucune espèce de gêne ni de contrainte de la part du canton suisse qui la recevrait. En attendant, elle demandait à s'établir à Constance, dans les Etats du grand-duc de Bade.

La reine, ayant écrit à Genève pour savoir quelles seraient les démarches à faire pour obtenir le passage en Suisse, reçut de M. d'Ivernois la réponse suivante :

« Madame la Duchesse, — J'ai eu l'honneur de vous écrire, le 4 de ce mois, pour vous annoncer que le comte de Sonnenberg m'avait promis de communiquer à ses supérieurs vos désirs relatifs à un passage par la Suisse.

» Cet officier, qui quitte demain notre place, m'a fait part ce soir de la réponse de M. Finsler, quartier-maître-général : elle porte que s'il reçoit de votre part une demande officielle pour le passage, et qu'elle soit appuyée des passeports de chacun des cantons qu'il s'agira de traverser, les autorités militaires n'y mettront aucun empêchement ; mais qu'il conviendrait que vous vous adressiez, à cet effet, aux gouvernements respectifs de ces cantons.

» Cette réponse, qui ne me paraît point de nature à vous faire renoncer au projet de traverser la Suisse, y met, je l'avoue, plus de difficultés que je ne l'avais espéré ; mais ce n'en est pas moins un devoir pour moi de vous la transmettre... »

La demande de traverser un pays était une chose de si peu d'importance, que nous étions loin de supposer que nous aurions à éprouver des difficultés.

M. le baron de Krüdner, à qui j'avais écrit pour lui donner avis que la reine désirait habiter le territoire de la République suisse, me répondit également qu'il avait multiplié les démarches, mais sans succès, et que les embarras suscités par le gouvernement dépassaient tout ce qu'il était possible d'imaginer.

Tant de contrariétés et de retards contribuèrent à décider la reine à renoncer à son projet de résider en Suisse, et ce fut ce qui lui fit tourner les yeux du côté du grand-duché de Bade.

La santé d'Hortense déclinait du reste, et je voyais ses forces diminuer tous les jours. Les troupes autrichiennes avaient quitté les provinces qui nous environnaient ; celles du Piémont les avaient remplacées dans la Savoie, qui venait d'être rendue au roi de Sardaigne. La reine formait le projet de quitter Aix aussitôt que son fils partirait pour l'Italie. Mais il fallait, pour se mettre en route, savoir où aller, et avoir les passeports et les garanties qu'on exigeait. C'était à quoi, malgré nos démarches réitérées, nous ne pouvions parvenir. Une autre lettre que je reçus à ce sujet, tout en nous laissant quelque espoir, nous encourageait surtout à nous résigner à la volonté de Dieu, quel que fût le résultat de nos tentatives.

« Ma chère Louise, m'écrivait une pieuse amie, je vous aime et mon cœur chérit celle que vous aimez tant. Que je désire la voir se donner tout à fait à ce Dieu d'amour qui seul peut remplir son cœur ! Les hommes ne savent pas aimer ; ils nous froissent toujours, leur amour même n'est qu'une convulsion qui plus ou moins nous dévaste et nous fait penser longuement que ce n'était pas cela qu'il nous fallait.

» Ah ! mon Dieu ! que vous êtes différent ! chaque pensée, chaque volonté qu'on vous offre, le plus petit acte d'amour attirent un torrent de grâces ; vous ne cherchez qu'à nous combler de bienfaits que nous ne voulons pas recevoir ; vous voulez nous abreuver de délices, et nous préférons les poisons du monde qui nous ravissent le seul bien véritable, l'union en Dieu, et l'amour en Dieu.

» O ma chère Louise, que vous avez raison ! c'était un acte de la miséricorde de notre Sauveur de vous éloigner de Paris et de vos relations. Notre imagination est un ennemi dangereux qui nous présente sans cesse, ou des biens, ou des maux illusoires : ah ! laissons-nous guider par ce Dieu qui veut nous rendre heureux ici-bas et dans l'éternité.

» Vous avez une tâche sublime, c'est de vous vouer entièrement à votre excellente amie, c'est de prier sans cesse que cette âme si rare soit toute à Jésus-Christ. Vous désirez tant la voir heureuse ! pour cet effet, prenez cette route simple, devenez un enfant ainsi qu'elle ; allez droit au Cœur de notre adorable Sauveur, allez-y souvent par de courtes prières ; demandez qu'il ouvre vos cœurs aux influences de son Esprit-Saint ; allez, non comme des justes qui se croient vertueux, mais comme des pécheurs. Hélas ! si nous savions comme nos vertus sont peu de chose, nous en aurions peur ; nous voudrions nous en servir comme d'un appui : notre humilité et la connaissance de notre néant valent bien mieux et nous rapprochent du Sauveur. Ce ne sont pas les vertus humaines qui font notre salut, mais ce sont les mérites de Jésus-Christ. Allons donc à lui, prions, pleurons, laissons-nous guider pas à pas, le repentir entrera dans nos cœurs.

» Actuellement, parlons de vos affaires ; je regarde toujours le pays de Bade et Manheim, si cette ville vous plaisait, comme le séjour le plus tranquille ; l'empereur Alexandre, j'en suis sûr, s'emploierait à votre séjour. Demandez à Dieu ce qui vous convient et, à coup sûr, il l'arrangera. Je crois que le Wurtemberg ne serait pas interdit par le roi. On y trouve des villes agréables et des campagnes délicieuses, que la reine aimerait beaucoup. J'espère écrire bientôt à l'empereur de Russie : je lui parlerai de cela. Ah ! ma chère Louise, je connais trop la puissance de la prière pour ne pas croire que nous obtiendrons ce que nous souhaitons ; mais je sais aussi qu'il ne faut prier qu'en disant : Seigneur, que votre volonté soit faite ! »

Cependant les nouvelles démarches échouèrent devant l'insurmontable opiniâtreté du gouvernement suisse. Tout fut refusé. Dans l'intervalle, le jour fixé pour le départ du prince Napoléon était venu ; le précepteur qu'on attendait était arrivé, et rien ne pouvait plus reculer cette séparation devant laquelle tout le courage de sa mère l'abandonnait. Une seule idée l'aida à la supporter : c'étaient les inconvénients de sa position ; n'était-ce pas déjà trop pour son cœur maternel d'avoir à la faire partager au fils qui lui restait ? Les Autrichiens avaient quitté le midi de la France, et, depuis lors, des excès en tous genres s'y commettaient. Un nouvel assassinat avait eu lieu à Nîmes : le général Lagarde, tout royaliste qu'il était, avait été victime de ses efforts d'honnête homme pour ramener l'ordre. La reine, effrayée de ces attentats, pensa qu'à Rome, et près de son père, son fils aîné serait à l'abri de toutes ces réactions politiques, et aussi, qu'il y serait plus tranquille que dans la vie errante et persécutée qu'elle menait, et dont elle n'entrevoyait pas le terme !

Le prince Napoléon s'arracha donc des bras de sa mère et de son jeune frère, qui fondaient en larmes. Je ne savais comment calmer le chagrin du prince Louis et le distraire de son isolement, d'autant plus pénible pour lui qu'il n'avait jamais quitté son frère d'un moment. Cet aimable enfant était d'un caractère doux, timide et renfermé ; il parlait peu, mais son esprit, à la fois vif, réfléchi, pénétrant, s'exprimait par des mots heureux, pleins de raison et de finesse, que j'aimais à recueillir et à répéter. Il fut si affligé du départ de son frère, qu'il en tomba malade et eut une jaunisse, qui heureusement fut sans danger.

La reine devint elle-même si gravement malade, que je faillis en perdre la tête. Elle avait plusieurs fois par jour des syncopes qui m'alarmaient ; elle ne se ranimait un peu que pour rester dans un état d'affaissement dont rien ne pouvait la sortir. Son estomac s'était tellement contracté, qu'il lui était impossible de prendre aucune espèce d'aliment ; la vue seule des mets lui soulevait le cœur, et depuis longtemps elle ne se mettait plus à table avec nous. Lorsqu'elle se sentait défaillir, elle avalait quelques cuillerées de vin d'Alicante, mangeait un petit biscuit, et ce repas suffisait pour toute la journée. Telle était sa débilité, à la suite de ce régime, qu'elle ne pouvait faire un pas. Comme partout elle manquait d'air, on la portait dans des lieux élevés où elle restait pendant plusieurs heures à respirer, tout en essayant d'employer son peu de forces à crayonner quelques esquisses de ces paysages.

Je reçus enfin une lettre plus favorable à nos projets. Elle était de M. d'Ivernois, qui avait appris l'intention où se trouvait Hortense de se fixer à Saint-Gall. « Je crois, m'écrivait-il, que si M<sup>me</sup> la duchesse de Saint-Leu se bornait à demander à Zurich un passeport de la chancellerie fédérale, en fixant sa route et la durée du passage, elle aurait chance de l'obtenir ; mais ou je me trompe fort, ou, vu les résolutions prises par vingt-et-un cantons sur vingt-deux, il sera pour le présent à peu près impossible d'adhérer à sa demande de résidence en Suisse même ; et je doute d'ailleurs que madame la duchesse eût fait choix de

Saint-Gall, si elle eût su que le climat de cette ville est aussi sévère que celui de Constance est doux..... »

D'après l'avis de M. d'Ivernois, la reine s'arrêta définitivement au projet qu'elle avait déjà formé d'aller à Constance, pensant qu'ayant des relations de parenté avec le grand-duc de Bade, elle y serait bien accueillie. Elle ne demanda plus au gouvernement suisse que la permission de traverser son territoire, ainsi que les passeports nécessaires à cet effet. Elle écrivit en conséquence au président de la diète. En attendant sa réponse, la saison s'avançait, et la santé de la reine ne s'améliorait pas. Comment supporterait-elle un long voyage dans une saison aussi rigoureuse?

Le peu de souci qu'elle avait d'elle-même était ce qui m'affligeait le plus; il semblait qu'elle se complût à constater l'épuisement de ses forces, et qu'elle ne trouvât de consolations que dans l'espoir de voir, par la mort, arriver le terme de tant de maux. L'idée de son fils put seule la décider aux démarches nécessaires pour partir, car à elle toutes les situations, tous les lieux lui étaient devenus indifférents. Ce découragement si nuisible à sa santé était à son comble, et mes anxiétés allaient croissant, lorsqu'un jour une personne du pays, que je connaissais à peine, demanda à me causer en particulier; on la fit entrer; et telle était alors partout la frayeur de se compromettre, que ce ne fut qu'avec le plus grand mystère qu'elle me remit pour la reine une lettre qui venait de lui être adressée. Je reconnus sur l'enveloppe de cette missive l'écriture du prince Eugène, ce qui me fit plaisir. Je remerciai la personne qui me l'avait apportée, et je courus porter à la reine ce baume consolateur. L'apparition seule de ces caractères chéris, qu'elle n'avait plus vus depuis si longtemps, l'émut vivement; elle retrouva des larmes, et éprouva un véritable soulagement de les verser. « Il me reste donc encore au monde une affection véritable! répétait-elle avec bonheur, mon bon frère s'inquiète pour moi; ah! sa sollicitude réjouit mon âme! » La reine lut et relut la lettre de son frère. En y retrouvant l'expression de cette amitié si vive qui a été un des plus doux sentiments de sa vie, elle se sentit ranimée, et, dès ce moment, elle songea décidément à son voyage et aux projets qu'elle avait eu l'idée de réaliser.

J'ai déjà dit qu'en 1813, après la mort si cruelle et si inattendue de M$^{me}$ de Broc, la reine, cherchant des consolations dans la religion et dans le bien qu'elle faisait, avait fondé un hôpital pour les pauvres malades qui avaient besoin de venir prendre les eaux d'Aix. La reine s'était réservé la disposition de six lits, et elle distribuait elle-même les billets pour l'admission d'autant de malades à cet hôpital, dont le soin était confié à des sœurs Joséphistes, qu'elle avait fait venir exprès de l'intérieur de la France. Nous allions quelquefois visiter ces dignes sœurs, et il me semblait que j'en revenais meilleure. Nous prenions près d'elles des leçons de vertu pratique ; elles avaient une piété et un calme qui faisaient du bien au cœur. Je m'étais liée plus particulièrement avec la Sœur Saint-Jean, leur supérieure, sainte et digne fille qui partageait ses soins et sa surveillance entre plusieurs établissements du même genre, et dont la communauté était à Chambéry ; après un séjour qu'elle fit à Aix, je reçus d'elle la lettre que voici :

« Ma chère amie, — Ç'a été pour moi une peine de ne pouvoir rester aussi longtemps que je l'aurais désiré, pour me procurer le plaisir de vous voir encore une fois avant mon départ ; mais la nécessité indispensable où je me trouve de remplir mes emplois, me force d'abréger les agréables moments que je passe auprès de vous. Je me dédommage auprès du Seigneur, en lui demandant tous les jours pour vous les grâces dont vous avez besoin pour supporter avec courage les épreuves qu'il plaît à sa Providence de vous envoyer, pendant le court espace de cette misérable vie, où il n'y a d'heureux et de content que celui qui tourne tous ses regards vers Dieu ; c'est lui seul qui adoucit toutes les souffrances inséparables de notre existence, et qui, après avoir versé pendant la vie le baume salutaire des consolations, nous offre une éternité de bonheur pour récompense.

» Je n'ai pas cru devoir résister plus longtemps à l'empressement de nos sœurs à témoigner leur reconnaissance aux mains bienfaisantes qui ont bien voulu aider de leur charité une œuvre à laquelle elles sont toutes dévouées ; les dons étant partagés dans leurs emplois, chacune en a ressenti les heureux effets. Une partie des dons a été employée aux soins des malades à domicile : par ce moyen on a eu de quoi leur procurer de petits soulagements ; l'autre partie a pu être employée à l'instruction des jeunes enfants, et à en vêtir plusieurs. Nos sœurs ont joui d'un grand bonheur en couvrant ces malheureuses victimes de l'indigence ; si on ne mettait pas de bornes à leur zèle, elles consacreraient volontiers leur nuit à coudre des habits, après avoir passé le jour à instruire ; enfin on est ravi de la promesse que vous m'avez faite d'un peu de vieux effets en linge : on fait mille projets sur l'emploi qu'on en fera ; je vous assure que vous avez fait deux fois des heureux : les pauvres et les sœurs, tout le monde est content.

» Je suis convaincue que leur timidité les empêchera de vous dire tout ce que la reconnaissance leur inspire ; mais le cœur y suppléera.

CONSTANCE. (P. 233.)

» De mon côté, il est impossible de vous exprimer mes sentiments et mon attachement pour vous ; mon cœur vous sera toujours dévoué. »

J'avais été une fois voir ces dignes sœurs à Chambéry. La reine elle-même, quoique malade, ne discontinuait pas ses visites à son hôpital ; un jour, elle voulut voir les malades à leurs lits : en entrant dans une salle où était une femme qui avait la jambe cassée, je vis pâlir la reine ; elle s'arrêta néanmoins près de la pauvre patiente ; la saison, qui commençait à devenir froide, obligeait à tenir fermées les fenêtres des salles ; au bout d'un instant la reine faillit être suffoquée. Elle était, relativement aux odeurs, d'une délicatesse telle, qu'elle manqua de s'évanouir en respirant l'air infect que tous ces malades réunis exhalaient malgré les soins et la propreté des bonnes sœurs ; j'apercevais la reine prête à perdre connaissance, et je ne m'expliquais pas la raison qui, dans de si mauvaises dispositions, lui faisait prolonger sa visite au-delà du terme accoutumé.

« Il faut venir ici pour apprendre à avoir du courage, me dit la reine en sortant de l'hôpital. — Assurément, Madame, lui répondis-je ; on y voit des personnes plus malheureuses que soi. — Et plus méritantes, reprit la reine ; nous nous croyons fortes parce que nous subissons des maux que nous ne pouvons pas éviter, dont nous nous plaignons souvent, et nous ne réfléchissons pas à l'existence de ces filles angéliques, qui volontairement se vouent pour la vie entière aux soins les plus rebutants ; j'ai voulu vaincre ma répugnance, et respirer un moment ces exhalaisons méphitiques au milieu desquelles les sœurs de la Charité vivent tous les jours ; j'ai voulu m'identifier un instant à cette vie d'abnégation que je n'aurais pas la force de supporter, et je me suis sentie bien faible, bien misérable, en me comparant à ces femmes courageuses ; les fatigues, la mauvaise humeur des malades, la contagion de leurs maux, rien ne les arrête dans leur pieuse voie ; et nous, le plus petit effort sur nous mêmes nous remplit d'orgueil ; ah ! nous sommes loin de les valoir ([1]) !... »

Tels étaient les sentiments de la reine, dans ce moment où je recueillais sans cesse pour elle les bénédictions de ceux qu'elle s'efforçait de soulager.

---

1. Combien de riches auraient sujet de faire les mêmes réflexions que la reine Hortense ! On croit assez facilement, dans la haute société, qu'on a surabondamment rempli le devoir de la charité chrétienne lorsqu'on s'est inscrit, pour une forte somme, sur de pompeuses listes de souscription en faveur des pauvres et qu'on a déposé une généreuse offrande dans la bourse des quêteurs…. Nous ne voulons pas déprécier le mérite de ces aumônes, mais en vérité peuvent-elles suffire devant DIEU ? Ne faut-il pas un peu payer de notre personne pour accomplir ce grand et fondamental précepte : « d'aimer notre prochain *comme nous-mêmes ?* » Et est-ce réellement « pour l'amour de DIEU » que nous faisons du bien à autrui dans ces manifestations de la charité provoquées par l'ostentation ou le plaisir ? Au demeurant, voici ce que JÉSUS-CHRIST dira un jour aux élus, ainsi qu'il l'affirme dans son Évangile : « J'ai eu faim et vous m'avez donné à manger, j'ai eu soif et vous m'avez donné à boire, j'étais malade et vous m'avez visité…. Autant de fois que vous avez fait ces choses au plus petit des miens, c'est à moi que vous l'avez fait… Comme aussi, autant de fois que vous avez manqué de le faire, vous avez pareillement manqué de le faire à moi-même…. »

Nous reçumes enfin réponse à la demande faite à la diète pour traverser la Suisse. M. de Wyss, bourgmestre en charge, écrivit à la reine :

« Madame, — Le conseil d'État du canton directorial de Zurich se trouvant dans le cas de proposer actuellement une nouvelle décision *favorable* par rapport au séjour prolongé de M<sup>me</sup> la duchesse de Saint-Leu dans le canton de Saint-Gall, je m'empresse de vous procurer, Madame, le moyen de traverser la Suisse sans empêchement, et d'arriver à Constance pour y attendre, dans un séjour plus agréable, la décision du canton. Vous trouverez ci-joint, Madame, le passeport nécessaire ; et j'aurai soin encore de prévenir directement les gouvernements des cantons qui y sont indiqués, de votre passage prochain. En vous priant, Madame, d'agréer mes hommages... etc. »

A cette lettre était joint un passeport, que je reproduis textuellement comme preuve que rien n'y avait été oublié ; et pourtant il devait nous susciter de nombreuses difficultés.

« Nous, les bourgmestres et le conseil d'État du canton de Zurich, directoire fédéral de la Suisse, prions toutes les autorités civiles et militaires des États confédérés ci-après nommés, de laisser passer librement M<sup>me</sup> la duchesse de Saint-Leu, son fils et sa suite, voyageant en voiture, laquelle se rend, par les cantons de Genève, Vaud, Berne, Argovie, Zurich et Thurgovie, à Constance, dans le grand-duché de Bade ; de la protéger et de l'aider au besoin dans ce voyage, de lui fournir les moyens de l'accélérer, et d'avoir pour elle tous les égards dus à son sexe, à sa situation, et à l'intérêt que lui témoignent les hautes puissance alliées. En foi de quoi le présent passeport a été muni des signatures et du sceau de l'autorité fédérale de la Suisse... »

Le 1<sup>er</sup> décembre suivant, la reine reçut également les passeports des puissances alliées, qui lui furent transmis par M. de Voyna. Grâce à ces pièces, rien ne semblant plus s'opposer à notre départ, je commençai à tout disposer pour notre voyage. Privée du plus grand nombre des gens qui entouraient autrefois la reine, il fallait les suppléer, et je le faisais de mon mieux. M. de Marmold, le seul écuyer qui accompagnât la reine, était infirme, presque toujours retenu dans son lit par la fièvre, et c'était plutôt un embarras de plus qu'une personne pour nous aider. L'abbé Bertrand était constamment occupé du prince.

Je quittai avec regret les bonnes sœurs de l'hospice, surtout la sœur Saint-Jean, à laquelle je ne pus même faire mes adieux, et qui continua de nous témoigner dans ses lettres le plus sincère attachement.

Je me suis peut-être étendue trop longuement sur des circonstances sans intérêt ; mais j'ai voulu faire bien juger la vie que nous menions à Aix et les idées qui nous y occupaient. Comment, après cela, expliquer l'acharnement qui se manifestait contre la reine, et la peur que sa présence aux frontières inspirait ? Comment imaginer qu'un enfant en bas âge et une femme affaissée sous le poids de ses souffrances morales et physiques, pussent inspirer des terreurs pareilles et motiver les investigations de la police de Paris ? Les lettres que nous recevions étaient remplies de ces conseils : « Partez en toute hâte, vous n'êtes pas en sûreté ; les assassins pullulent dans le Midi; ils se dirigent vers vous. On est fort préoccupé des bruits qui circulent sur votre compte. » Quels étaient ces bruits ? Des contes tellement stupides que je serais honteuse de les répéter, puisque les jeux mêmes des enfants avait été interprétés dans le sens d'une menée séditieuse.

Jusqu'alors l'Autriche, qui s'était chargée de protéger la reine, avait toujours été bienveillante à son égard, et les ministres des puissances alliées, à Paris, avaient accueilli ses réclamations avec grande politesse ; mais il arriva un moment où cet appui même lui manqua du jour au lendemain, et sans qu'elle en ait jamais deviné le motif. Les mystères de la politique sont si inextricables, qu'aujourd'hui encore je ne me rends pas compte de ce qui a pu amener ce changement. C'était à M. Appel, encore chez nous, que M. de Voyna écrivait ordinairement, il ne s'adressait à la reine que fort rarement ; il lui transmettait par M. Appel le résultat des démarches qu'il faisait pour elle à Paris. Tout à coup, au moment où nous nous disposions à quitter Aix, M. Appel reçut de M. de Voyna une lettre où il lui disait en très peu de mots : « Ne vous mêlez plus, en quoi que ce soit, des affaires des personnes avec lesquelles vous vous trouvez, hâtez-vous de les quitter et de nous rejoindre à Dijon. »

Ce bon M. Appel ne s'expliquait pas mieux que nous cet ordre subit, et il eut le cœur gros de s'éloigner de nous en de telles circonstances.

Nous quittâmes nous-mêmes Aix le 28 novembre au matin, dans *trois voitures, plus un char de côté et une carriole à quatre roues*, comme s'exprime le visa de la police de Genève, où nous arrivâmes le soir même. J'étais avec le prince et la reine dans la première voiture, l'abbé et M. de Marmold dans la seconde, les femmes de chambre suivaient dans la troisième. La reine décida qu'elle descendrait à Prégny ; elle économisait ainsi une dépense d'auberge, se rappelant qu'on l'avait fait payer *en Reine*, c'est-à-dire fort cher, aux Sécherans. Nous arrivâmes tard ; la reine se coucha harassée, cette longue journée de froid et de fatigue ayant épuisé ce qui lui restait de force.

En ma qualité de *factotum*, j'étais levée la première et couchée la dernière ; il ne me fut pas permis de prendre du repos cette nuit-là. Nous arrivions dans une maison inhabitée depuis longtemps, dont tous les appartements étaient d'un froid glacial, et où il manquait mille choses indispensables. Voulant profiter de la proximité de Genève pour y suppléer, j'envoyai un homme de la ferme chercher ce qui nous était nécessaire ; ne le voyant pas revenir, j'en fis partir un second, puis, au bout d'un certain temps, j'en expédiai un troisième. Aucun de mes commissionnaires ne reparut de la nuit ; ils furent arrêtés successivement à mesure qu'ils arrivaient à la porte de la ville. Des gens envoyés de chez la reine devaient avoir des missions politiques ; c'est au moins ce qu'on feignit de croire. Nous avions couché la reine tant bien que mal, entourant son lit d'un grand paravent pour la garantir du froid, auquel elle a toujours été fort sensible.

Lasse d'attendre les commissionnaires, je me jetai tout habillée sur mon lit. J'y étais à peine, lorsqu'un étrange bruit d'armes et de pas de chevaux m'en fit descendre : cinquante hommes cernaient la maison, et m'auraient effrayée beaucoup si je n'avais appris en même temps que le maire de Prégny les accompagnait, et qu'on attendait le point du jour pour la visite domiciliaire qu'on venait faire par ordre supérieur. A six heures du matin, on vint me signifier de me lever pour recevoir un officier de la gendarmerie de Ferney, qui était chargé de faire perquisition. J'appris alors que, tandis que le roi Joseph était en route pour l'Amérique, le bruit s'était répandu qu'il se cachait en Suisse, où on le traquait. On avait supposé qu'il était avec nous, et l'on venait pour s'assurer de la vérité du fait. Ce conte me parut si ridicule, que j'étais prête à partir d'un grand éclat de rire au nez de celui qui me faisait une pareille histoire ; mais le sérieux et la colère l'emportèrent chez moi.

Ce fut, du reste, avec répugnance que le maire de Prégny remplit sa désagréable mission. On ne troubla pas le sommeil de la reine avant sept heures ; en attendant, les gendarmes explorèrent toute la maison, sans en excepter le moindre petit recoin, et lorsqu'ils arrivèrent à la chambre de la reine, que j'étais allée prévenir, j'avoue que le courage leur manqua ; par respect, ces messieurs refusaient d'entrer, ce fut la reine qui les engagea à remplir leur devoir jusqu'au bout, et elle fit enlever le paravent qui entourait son lit, afin qu'ils s'assurassent bien que personne ne se cachait derrière. En voyant une femme frêle et délicate, dont le pâle visage n'exprimait que la douceur et la résignation, et dont la voix éteinte annonçait la faiblesse et les souffrances, les gendarmes fondirent en larmes, et l'officier me parut humilié du rôle qu'on lui faisait jouer : il balbutia quelques mots d'excuse, auxquels la reine répondit en lui disant, d'un air digne et calme, qu'elle était charmée qu'il lui eût fourni l'occasion de voir encore une fois des militaires français. Ces mots achevèrent de décontenancer l'officier, qui s'éloigna promptement avec tout son monde.

Des envoyés des autorités de Genève ne tardèrent pas à succéder à cette visite. Ils vinrent signifier à la reine, de la part de leur *gouvernement*, qu'il lui était défendu de séjourner sur leur territoire. La reine répondit qu'elle n'avait nullement cette intention, mais qu'une de ses voitures s'étant brisée la veille, il fallait au moins la journée pour la remettre en état. On alla s'assurer de la vérité du fait, et il fallut se rendre à l'évidence. Un troisième message suivit de près les deux premiers. Je le transcris ici textuellement.

« Madame la Duchesse, — J'ai l'honneur de vous communiquer la copie d'une lettre que j'ai reçue de M. le préfet du département. Vous y verrez, Madame, par son contenu, quels sont les ordres qui me sont donnés à votre égard. Je vous prie donc instamment de ne pas me compromettre en prolongeant plus longtemps votre séjour dans cet arrondissement.

» Je vous prie aussi de croire aux sentiments distingués avec lesquels j'ai l'honneur d'être, Madame la Duchesse, votre très humble et très obéissant serviteur. — Le sous-préfet de Gex, Fabre. »

Dans cette lettre était incluse celle du préfet à son inférieur :

« Monsieur le sous-préfet, — S. E. le ministre de la police générale me prévient que madame la duchesse de Saint-Leu, qui est en ce moment à Aix, doit quitter incessamment cette ville, et me prescrit, dans le cas où elle se présenterait dans ce département, de lui intimer l'ordre précis de retourner sur ses pas, jusqu'à ce qu'une décision spéciale ait fixé le lieu de sa résidence. Je vous invite donc à vous conformer avec soin aux intentions de S. E., et de signifier à cette dame l'ordre de quitter sur-le-champ votre arrondissement si elle pouvait vouloir s'y introduire.... »

La reine fit répondre à ce message comme au précédent, qu'elle n'avait pas la moindre envie de s'arrêter ni de compromettre personne, et qu'elle continuerait sa route aussitôt que sa voiture serait réparée.

## CHAPITRE SEIZIÈME.

Hortense quitta Genève sans regrets, le 30 novembre 1815, par un temps froid et brumeux. La terre était couverte de neige, et un vent piquant du nord tourbillonnait autour de nous ; nous arrivâmes le soir à Lausanne et le 1er décembre nous fûmes coucher à Payerne. La reine était fort souffrante, et le froid était si intense, que nous aurions pu difficilement faire de plus longues journées.

A peine étions-nous installées à l'auberge, qu'un homme y arriva, conduisant lui-même un cheval attelé à un petit char-à-bancs ; peu de temps après, on vint prévenir la reine que le général Ameil était là, qu'ayant appris son passage, il avait voulu absolument venir lui exprimer sa reconnaissance ; car il était convaincu que sans le passeport et l'argent qu'il avait reçus d'elle, il aurait infailliblement péri.

La reine le fit entrer ; nous allions souper, elle était déjà assise, et, selon son habitude, elle s'était placée le plus près possible du feu. Un couvert fut ajouté à côté d'elle au bout de la table, et elle fit signe au général de prendre place à cet endroit. Aucun de nous ne s'avisa de penser que ce haut bout de la table, en Suisse, était la place d'honneur qui se donne toujours au chef de la famille, ou à la personne la plus distinguée parmi les convives ; cet usage nous était tout à fait inconnu. Pendant que nous soupions, un individu, profitant d'un moment où la porte s'ouvrait pour entrer les plats, s'introduisit dans la salle où nous étions, pour regarder ce qui s'y passait. Vincent le repoussa, le mit dehors, et personne ne vit cette apparition. Il n'en fut question que le lendemain ; alors nous sûmes que c'était *un espion*, comme il s'en trouvait alors partout sur notre passage.

La reine gronda le général Ameil de s'exposer comme il le faisait en venant la voir ; car, à supposer même qu'il ne fût pas reconnu, il se compromettait par le seul fait de s'être rencontré avec elle. Le général lui répondit que, dût-il payer de sa vie la démarche qu'il venait de faire, il lui aurait été impossible de savoir la reine si près de sa retraite sans lui exprimer sa vive gratitude.

Sa visite n'eut pas, immédiatement du moins, les suites fâcheuses qu'on aurait pu craindre ; mais elle devint néanmoins le point de départ de sa perte.

# Chapitre Dix-septième

La reine est arrêtée sur le territoire de Fribourg. — On parlemente. — Les inquisiteurs bernois. — La reine arrive à Constance ; nouveaux désappointements. — Libelles et pamphlets. — Installation de la reine.

EN quittant Payerne nous continuâmes notre chemin vers Berne, où nous devions coucher le soir ; nous avions côtoyé les bords du lac de Morat, le moins pittoresque des lacs de la Suisse, et que l'on ne visiterait guère, si son nom ne rappelait une catastrophe guerrière, un fait historique bien connu de tous. Nous arrivions par un beau soleil d'hiver à la petite ville de Morat, où nous devions dîner, lorsqu'il prit fantaisie à la reine de dessiner un effet de neige : une belle allée d'arbres centenaires se présentait sur notre droite ; leurs branches, couvertes d'un givre brillant, dominaient une petite maison pittoresquement située, qui fournit à la reine le sujet d'un joli croquis. Elle venait d'en tracer la première esquisse, lorsque je remarquai avec inquiétude une douzaine d'hommes, enveloppés de manteaux, qui arrivèrent de différents côtés, et qui finirent par cerner le petit groupe que nous formions autour de la reine ; les domestiques et nos voitures nous avaient précédés à l'auberge, où notre repas était commandé par le courrier. Je m'alarmais sérieusement de notre isolement, lorsqu'un de ces hommes s'approcha de la reine, et lui demanda, en mauvais français, si elle n'était pas la duchesse de Saint-Leu. Sur la réponse affirmative qui lui fut faite, il ajouta que lui et ses compagnons appartenaient à la gendarmerie de Fribourg, qu'ils avaient l'ordre de l'arrêter ainsi que toute sa suite, et de la retenir prisonnière à l'auberge, jusqu'à ce que les autorités du canton de Fribourg en eussent ordonné autrement. Pour appuyer ces paroles, il exhiba son ordre, dont il nous délivra une copie, et qui était décisif.

La reine, n'ayant rien à opposer à la mesure ordonnée, se résigna tranquillement : nous nous acheminâmes donc vers l'auberge, escortés des gendarmes, et suivis d'une quantité de gens de la campagne que la curiosité avait attirés autour de nous.

BERNE. (P. 246.)

Il aurait été difficile de trouver un plus détestable gîte que l'auberge de Morat, qui avait alors l'aspect d'une véritable prison, et dont l'intérieur n'était rien moins que propre. Après que nous fûmes un peu réchauffés, et que nous eûmes pris un assez médiocre repas, qui avait refroidi en nous attendant, la reine pensa à ce qu'il y avait à faire pour sortir de cette nouvelle situation ; elle décida donc que son écuyer, M. de Marmold, muni de tous les passeports qui autorisaient le passage de la reine en Suisse, se rendrait à Fribourg avec Vincent.

Pendant ce temps nous restâmes à attendre, dans de mauvaises petites chambres qui n'avaient pas été chauffées de tout l'hiver, et où il fallait laisser portes et fenêtres ouvertes pour ne pas être étouffé par la fumée ; c'était à en pleurer de dépit et de contrariété, surtout en pensant qu'à très peu de distance de Morat était un superbe château, appartenant à M. Fritz de Pourtalès, qui avait été autrefois fort lié avec l'impératrice Joséphine et sa fille. Voyant combien la pauvre reine était mal casée dans cette misérable auberge, il me vint à l'idée de prendre pour elle possession du château voisin, sûre que je croyais être de l'approbation des propriétaires. Quelle erreur était la mienne ! Le château était habité, et par qui ? par M. et M$^{me}$ de Pourtalès en personne. Notre arrestation et notre arrivée avaient fait assez de bruit pour qu'ils en fussent informés ; en quelques minutes on se rendait du village chez eux. J'attendais, pour la reine, de moment en moment leur visite ou quelque message de leur part ; mais ce fut en vain ! rien ne parut. Je ne pus comprendre une telle ingratitude.

M. de Marmold s'était mis en route ; malheureusement, c'était un dimanche, et à Fribourg, comme dans toutes les autres capitales des cantons suisses, on ne faisait aucune affaire ce jour-là. M. de Marmold, morfondu, souffrant du froid, usa sa patience à frapper à toutes les portes, et fut forcé de revenir comme il était allé, sans avoir pu parler à aucune des autorités. Il fallut retourner le lendemain, 4 décembre. Pour cette fois, on voulut bien le recevoir et l'entendre. Le Conseil assemblé, il lui fut dit que les autorités de Fribourg n'ayant point été averties de donner passage à madame la duchesse de Saint-Leu, elles avaient dû arrêter sa marche. M. de Marmold s'empressa d'exhiber ses passeports ; mais on lui fit remarquer que le canton de Fribourg n'était pas nommé parmi ceux désignés pour le passage de madame la duchesse ; c'était là un oubli ou une impertinence de la diète, qui ne devait pas ignorer que l'itinéraire, tracé par elle, passait par plusieurs endroits du territoire de

Fribourg, et qui, par conséquent, aurait dû faire prévenir ce canton comme elle avait fait prévenir tous les autres. Les autorités fribourgeoises étaient très irritées de cette omission ; et c'était pour apprendre à messieurs de la diète qu'on ne méconnaît pas impunément leurs droits, qu'elles avaient fait arrêter la duchesse de Saint-Leu.

Cette explication terminée sur un ton des plus emphatiques, *Messieurs* de Fribourg donnèrent à M. de Marmold un ordre qui levait la consigne par laquelle nous étions retenus à Morat, et nous continuâmes notre route vers Berne, où nous couchâmes le lendemain.

J'avais prévenu M. de Krüdner de notre arrivée dans cette ville, et il ne savait à quoi attribuer le retard qui s'était produit. Il vint nous trouver à l'auberge sitôt qu'il nous sut débarqués. Il était avec nous dans l'appartement de la reine, lorsqu'on nous annonça que M. de Watteville, chef de la police bernoise, demandait à parler en particulier à la duchesse de Saint-Leu. Nous nous retirâmes et laissâmes la reine dans ce singulier tête-à-tête, qui dura fort longtemps, ce qui commençait à m'inquiéter. Lorsque M. de Watteville sortit, la reine, chez laquelle nous entrâmes, nous dit : « Je viens de faire un mécontent. » Les espions qui la suivaient et la précédaient partout avaient rendu compte au gouvernement de Berne qu'un inconnu était venu trouver la reine à Payerne ; que non seulement elle l'avait engagé à souper avec elle, mais qu'il occupait à côté d'elle *la place d'honneur, le haut bout de la table*, et que sans aucun doute ce devait être le roi Joseph que l'on cherchait partout. D'après ce rapport, M. de Watteville était venu demander à la reine si le fait était vrai, et où se trouvait le frère de l'empereur. La réponse que fit la reine ne le satisfaisant pas, il la questionna au sujet de l'homme qui avait soupé avec elle à Payerne, mais elle déclara avec fermeté que ce n'était pas le roi Joseph, en ajoutant qu'on n'obtiendrait d'elle aucun renseignement. Après avoir cherché en vain, de toutes les manières, à tirer de la reine quelques indices propres à le guider dans ses investigations, M. de Watteville s'était retiré presque courroucé ; et Dieu sait ce qui nous en serait arrivé si les égards et les soins de M. de Krüdner n'avaient été dans cette circonstance une espèce de sauvegarde pour nous.

Nous nous étions mis en route. Au lieu où notre dîner devait être commandé, nous fûmes fort étonnés de ne pas trouver Vincent, qui nous précédait ordinairement ; la reine s'en inquiéta ; et, lorsqu'il nous rejoignit le soir, il nous conta qu'il avait été tourmenté de questions à Berne, où on l'avait retenu pour lui faire dire quel était l'inconnu qui avait soupé à Payerne avec nous. Comme c'était Vincent qui avait mis à la porte l'espion, lorsqu'il s'était introduit dans la salle à manger, on avait supposé qu'il était instruit du nom de l'étranger.

Le général Ameil n'étant jamais venu chez la reine à Paris, aucun des domestiques ne le connaissait, pas même Vincent ; mais, l'eût-il connu, ses réponses auraient été les mêmes. Lorsqu'on vit qu'on n'obtenait rien de lui par les promesses, on le jeta en prison avec un autre homme, qui avait mission de le faire parler, tout en ayant l'air d'être prisonnier comme lui ; mais au bout de cinq ou six heures, comme il se montrait imperturbable dans sa discrétion, on lui rendit la liberté, et il se hâta de nous rejoindre ; heureux, disait-il, d'en être quitte à si bon marché.

Les suites graves qu'avait, pour la reine et pour les siens, l'extrême bonté avec laquelle elle accueillait toutes les infortunes, nous déterminèrent à prendre, entre nous, la résolution de ne laisser plus arriver personne jusqu'à elle. Souvent c'étaient des espions ou des intrigants qui, cherchant à l'apitoyer par des malheurs supposés, abusaient de sa générosité ; souvent aussi c'étaient de véritables infortunés qu'elle secourait ; et, pour prix de sa commisération, elle n'essuyait que les persécutions les plus acharnées. Elle avait bien assez des embarras de sa propre situation, sans se compromettre pour d'autres.

En nous éloignant de Berne, nous nous aperçûmes que les opinions n'étaient pas plus unanimes en Suisse qu'ailleurs : tourmentés dans les cantons anciens, qui tous sont aristocratiques, nous étions bien accueillis dans les nouveaux, qui sont démocratiques. A Arau, où nous dînâmes le 5 décembre, l'hôtesse nous fit, sur la politique, un discours qui concordait si bien avec nos idées, que nous crûmes en vérité que c'était un espion qui prenait cette couleur pour nous faire causer ; mais nous fûmes bientôt détrompés, et nous rendîmes justice aux bonnes intentions de la brave femme.

A l'époque dont je parle, la Suisse n'avait point encore été explorée par tous les étrangers de l'Europe, comme elle l'a été depuis pendant vingt ans. Les routes étaient mauvaises, les auberges détestables, et rien ne ressemblait, dans ces difficiles voyages, aux rêves si agréables que nous nous étions faits sur ce pays ; le froid, la neige rendaient les points de vue plus effrayants que pittoresques ; la lenteur de notre marche contribuait surtout à rendre cette pérégrination des plus pénibles, principalement pour la reine qui était toujours souffrante et malade.

Nous soupirions tous après la tranquillité et le repos : bien que nous ne fussions plus exposés à toutes les avanies qu'on nous avait faites précédemment, les jours nous paraissaient d'une longueur démesurée ; Constance était pour nous la Terre promise. Après avoir couché à Bade, nous dînâmes le 6 décembre à Zurich, dont la belle situation, et le souvenir de son immortel champ de bataille, eurent à peine le pouvoir de nous distraire un moment de nos tristes pensées. Nous couchâmes à Winterthur. Le lendemain, en dînant à Frawenfeld, capitale du canton de Thurgovie, nous éprouvâmes un véritable plaisir à descendre dans une auberge dont l'hôtesse parlait français. Cela nous disposa à trouver son gîte le meilleur de toute la route, quoiqu'il ne valût guère mieux que les autres.

Le 7 décembre 1815, nous arrivâmes à Constance et descendîmes fort tard dans une pitoyable hôtellerie.

La reine, à moitié morte de froid et de fatigue, eut toutes les peines du monde à monter un petit escalier en colimaçon, qui conduisait à un second étage, où était le seul appartement habitable ; nous étions maintenant dans le grand-duché de Bade, que nous regardions comme un asile ; la pensée qu'il nous serait facile de nous y installer mieux, nous faisait prendre patience. Cependant il y avait une chose dont la reine ne pouvait s'accommoder, c'était l'odeur des poêles de fonte ; elle lui faisait tant de mal, que pour y échapper nous sortîmes dès le lendemain, par un froid très rigoureux, et nous nous mîmes à parcourir cette ville, qui n'a guère conservé de son ancienne splendeur que son nom et son admirable situation ; ses rues, ses places silencieuses, l'air calme de ses bons et hospitaliers habitants, tout cet aspect de tranquillité souriait et plaisait infiniment à la reine ; elle avait eu tant à souffrir de son contact avec le monde et les grandeurs, que l'idée de la retraite, de la solitude même, avait le don de la charmer.

Nous cherchions une maison bien située, pour nous y établir et jouir de la vue du lac ; malheureusement il y en avait peu qui nous convinssent. Ce n'est guère que du port qu'on peut découvrir cette belle étendue d'eau qu'on prendrait pour la mer, si l'on n'apercevait sur la droite des cimes glacées d'un effet majestueux.

A notre arrivée, M. de Hosser, préfet de Constance, était venu en cette qualité présenter ses devoirs à la reine ; il revint peu de jours après, accompagné de M. le baron de Guellingen, chambellan du grand-duc de Bade, qui l'avait envoyé de Carlsruhe pour s'informer des intentions de la reine, et lui exprimer combien il regrettait de ne pouvoir l'engager à se fixer à Constance ; mais que c'était *de toute impossibilité*, les hautes puissances ayant décidé que les membres de la famille Bonaparte ne pourraient habiter que la Prusse, l'Autriche et la Russie. La grande-duchesse écrivait à sa cousine, et m'écrivait également, pour témoigner tout le chagrin qu'elle éprouvait de ce que son mari ne pouvait pas accueillir la reine dans ses États.

Ce nouveau désappointement fut pour nous tous très affligeant ; la reine le reçut avec cette fermeté d'âme qu'elle conservait dans toutes les circonstances. Elle répondit à M. de Guellingen, que l'état de sa santé et la rigueur de la saison ne lui permettaient pas d'aller plus loin ; que les passeports qu'elle avait l'autorisaient à attendre à Constance la *décision favorable* des cantons suisses sur son projet de se fixer dans le canton de Saint-Gall ; et qu'au surplus elle ne comptait rester à Constance que jusqu'au printemps, époque à laquelle elle espérait avoir une solution.

M. de Guellingen était un bon et brave homme que nous connaissions déjà, et qui n'éprouvait pas moins de peine à remplir sa mission auprès de la reine, que le grand-duc n'en avait ressenti lorsqu'il l'en avait chargé.

Les petits États ont toujours reçu la loi des grands ; et alors la pauvre grande-duchesse (comme parente de la reine) était elle-même dans une position difficile, et en butte à la haine du parti qui dominait en Europe. Son mari aurait désiré être agréable à la reine et satisfaire en cela l'attachement bien marqué que sa femme lui portait ; celle-ci écrivait pour sa cousine les choses les plus tendres, et finissait toujours par dire : « Prenez patience, tenez-vous bien tranquille, et peut-être au printemps les choses s'arrangeront-elles à la satisfaction de tout le monde ; d'ici là, les passions seront calmées, et bien des choses oubliées. »

En attendant, il était difficile de mener une vie plus monotone et plus triste que la nôtre. Tous les jours nous sortions à pied dans les rues de Constance, où il n'y avait pas alors le moindre objet qui pût reposer nos yeux, incessamment fatigués par la neige qui couvrait le pavé et les toits des maisons. Après notre dîner, lorsque le couvert était enlevé (car la même pièce nous servait de salon et de salle à manger), nous nous réunissions pour achever la soirée dans une petite rondelle qui était à l'un des angles de cette unique pièce ; nous n'avions ni piano, ni musique ; il avait été impossible de s'en procurer ; des livres français étaient alors chose peut-être encore plus rare à Constance ([1]). A force de fureter chez tous les revendeurs, l'abbé Bertrand avait fini par découvrir les

---

1. Cette ville a beaucoup changé depuis et possède de brillants magasins.

*Anecdotes de la Cour de Philippe-Auguste*, qu'il nous avait rapportées triomphant ; il nous en faisait la lecture à haute voix. Ce fut là, pendant quelque temps, notre plus douce distraction.

Nous ne tardâmes pas à recevoir les journaux français : ils étaient remplis des nouvelles les plus affligeantes pour nous. Quant aux lettres, aucune de France ne nous était encore parvenue ; tant de malheurs et d'intérêts graves préoccupaient nos amis, que leur silence se trouvait motivé par les circonstances au milieu desquelles nous nous trouvions tous. Après cette longue attente, une lettre arriva enfin, portant le timbre de Paris ! L'émotion fut générale, et la reine, à laquelle cette missive était adressée, l'ouvrit avec une vive impatience. Elle était de M. Barruel de Beauvert, et aurait mérité d'être conservée comme monument d'audace et d'ingratitude.

Au sortir de la Révolution, M. Barruel de Beauvert s'était, comme beaucoup d'autres, trouvé dans la plus profonde misère. Dans sa détresse, il n'implora pas en vain les bontés de l'impératrice Joséphine, qui lui donna des secours et lui fit obtenir une place avec laquelle lui et sa famille vécurent longtemps. Pendant les Cent-Jours, M. Barruel de Beauvert, qui devait à l'empire le bien-être dont il jouissait, sollicita une place de préfet ; la reine, dont il avait invoqué la protection, consentit à appuyer sa demande, qui, plus tard, fut retrouvée dans les cartons du ministère de l'intérieur. Au retour des Bourbons, M. Barruel de Beauvert pensa qu'il réussirait mieux auprès d'eux ; il rechercha dans ses vieux souvenirs quels seraient ses titres à leur faveur ; et, n'en trouvant pas de réels, il songea à s'en créer de factices au moyen du mensonge et de la calomnie. Craignant que les bienfaits qu'il avait reçus de l'impératrice Joséphine, et la reconnaissance que l'on devait supposer qu'il en gardait, ne vinssent à lui nuire, ce fut contre ses bienfaiteurs qu'il tourna toute sa rage, et sur eux qu'il déversa son plus noir venin. Il inventa un tissu d'impostures, de contes absurdes et d'infamies, qu'il décora pompeusement du titre d'*Histoire de l'Empire*. Cet ouvrage était annoncé dans les journaux ; et, pour que la reine n'eût aucun doute sur l'identité de l'auteur avec son humble et suppliant solliciteur, ce dernier lui écrivait une lettre, la plus étrange qu'il soit possible d'imaginer, où il disait notamment : « Je vous préviens que, dans mon ouvrage, je voue votre nom et celui de tout ce qui vous appartient à l'infamie. »

L'ouvrage, ou plutôt le libelle de Barruel était si odieux, que la police elle-même n'osa pas le prendre sous sa protection. L'auteur avait impunément appelé Napoléon : « Néron, Cartouche, Mandrin, etc. ; » mais, comme il ne traitait pas mieux les particuliers que les grands personnages, il lui fut intenté plusieurs procès, qu'il perdit. Le livre fut supprimé, et son auteur retomba dans une détresse que les gens de bien regardèrent comme une juste punition de son ingratitude.

Les journaux nous apprirent enfin quel était le sort de l'empereur ; les premières nouvelles qu'ils nous donnèrent furent celles de son arrivée en bonne santé à Sainte-Hélène. Quoique les détails en fussent racontés avec la malveillance dont on usait alors envers lui, ils étaient pour nous pleins d'intérêt. Il était facile d'apprécier combien les paroles qu'on lui prêtait, ainsi qu'aux personnes dévouées qui l'entouraient, étaient dénaturées par les intermédiaires.

Vers le même temps, nous reçûmes la *Gazette de Lausanne*, où, en parlant du passage récent de la reine par la Suisse, on prétendait qu'elle aurait dit de l'empereur, « qu'il avait perdu la tête, et que, dans les derniers temps, il ne savait plus ce qu'il faisait ni ce qu'il disait. » Jamais je n'avais vu la reine aussi courroucée qu'elle le fut à l'occasion d'une pareille allégation. « C'est par trop fort ! s'écria-t-elle en se levant brusquement. Les infâmes ! placer dans ma bouche une insulte à l'Empereur ! C'est affreux ; certainement je ne laisserai pas cela sans réponse : les journaux sont obligés de publier les démentis qu'on leur donne, et je vais à l'instant même écrire à la *Gazette de Lausanne* pour qu'elle ait à se rétracter. »

La véhémence avec laquelle la reine parlait ne nous permettait pas de l'interrompre ; nous attendions que ce premier mouvement d'une colère si légitime fût passé, pour lui représenter tous les inconvénients qu'il y aurait pour elle à relever l'article malveillant de la *Gazette de Lausanne*. Il se débitait alors tant de propos de ce genre dans tous les journaux, qu'un de plus ou de moins ne faisait pas grand'chose : d'ailleurs, celui dont la reine avait à se plaindre devait échapper à l'attention au milieu du nombre ; tandis que la démarche qu'elle aurait faite en écrivant directement à un journaliste, pour qu'il publiât sa lettre, ne pouvait manquer d'être remarquée. C'était fixer de nouveau sur elle les regards de toute l'Europe, lorsque, pour sa tranquillité, il était si nécessaire que l'on pût l'oublier ; c'était continuer de s'identifier à cette cause de l'empereur, qui alors soulevait contre elle tant d'animadversion. Nos efforts pour persuader la reine que pour elle le parti le plus sage était de garder le silence, furent impuissants : l'affection, le devoir, l'honneur parlaient, et aucune autre considération ne pouvait balancer dans son cœur ce que ces sentiments lui dictaient. Elle écrivit au directeur de la *Gazette de Lausanne*, et en obtint en effet toute satisfaction.

D'après ce que la grande-duchesse de Bade nous écrivait des bonnes intentions de son mari au sujet du séjour de la reine dans ses États, et des démarches qu'il faisait près de M. de Metternich et près de la diète de Francfort, pour qu'elle fût autorisée à rester, sans être inquiétée, à Constance au moins jusqu'au printemps, nous pensâmes de nouveau à louer une maison dans cette ville. Pour être on ne peut plus mal dans une auberge, la reine faisait une telle dépense, qu'elle n'aurait pu la continuer longtemps avec les ressources qui lui restaient; elle avait beau être déchue, exilée, persécutée, ruinée, les gens auxquels elle avait à faire persistaient toujours à voir en elle une reine, de telle sorte qu'après avoir perdu tout l'éclat attaché à ce titre, elle en conservait toutes les charges et tous les désagréments.

La reine voulait une habitation qui pût nous contenir tous, ce qui n'était pas difficile à trouver; mais la grandeur du local n'était pas la seule condition pour qu'il lui convînt. Elle désirait une belle vue et une chambre à coucher exposée au midi. Il n'y avait pas à y penser dans la ville, mais nous trouvâmes enfin, dans une situation assez agréable, une grande maison sur laquelle la reine fit ses plans d'installation : elle était située sur cette langue de terre qui se rapproche de Constance à l'endroit où le lac, se rétrécissant, rend le cours au Rhin, qui forme le trait d'union entre les deux lacs. Là est jeté le grand pont couvert, construit en bois, qui forme l'entrée de la ville du côté du pays de Bade.

Cette maison, qui par sa position a de loin quelque apparence, n'est en résumé qu'une bicoque mal construite; elle est percée de tant de fenêtres, que c'est une véritable lanterne; on monte, par un escalier de bois, à une galerie ouverte également en bois, sur laquelle donne l'entrée de toutes les chambres de la maison, composée de cinq à six pièces assez mal closes et blanchies à la chaux.

Nous restâmes dans notre auberge en attendant que quelques réparations indispensables fussent faites, et jouissant d'avance de ce spectacle enchanteur qu'offre si souvent le Rhin, avec son cours majestueux et ses rives bordées de châteaux.

La fin de décembre approchait; les caisses qui contenaient les meubles envoyés de Paris à Prégny, et qui nous avaient suivis à Constance, arrivèrent. Ce fut pour nous un moment heureux, que celui où nous retrouvâmes ces vieilles connaissances. Des papiers de tenture, tels qu'on avait pu se les procurer, avaient recouvert les murs blancs de plusieurs pièces de la maison que nous allions occuper ; on s'empressa de tout déballer et d'y placer les meubles.

C'était avec une joie d'enfant que nous faisions mettre en place chaque objet, et que la reine présidait aux arrangements de sa nouvelle demeure. Après avoir campé dans de mauvaises auberges de la Suisse, il y avait pour elle des délices incomparables à retrouver son grand lit, à échanger les chaises de bois ou de paille pour un bon canapé dont elle était privée depuis longtemps. Un piano fut établi dans la pièce

L'église de Notre-Dame des Ermites à Einsiedeln. (P. 264.)

décorée du nom pompeux de salon. La reine s'enveloppait de son manteau pour se rendre de là, par la galerie ouverte, soit dans la salle à manger, soit dans sa chambre à coucher. Il y avait beaucoup à faire pour éviter le froid. Mais ces inconvénients de la localité, qui lui eussent semblé fort grands dans les moments de sa splendeur, disparaissaient pour elle, et elle était contente d'avoir enfin *un petit chez soi*.

Nous reprîmes nos occupations habituelles si longtemps délaissées : la musique, le dessin remplirent nos journées solitaires.

Mon affection pour la reine me tenait lieu de tout ; et les témoignages honorables d'estime que je recevais de différentes personnes me montrèrent qu'en obéissant aux impulsions de son cœur, on obtient aussi quelquefois l'approbation accordée à l'accomplissement d'un devoir. Je ne citerai, pour preuve de cette vérité, qu'une lettre du prince-primat, qui m'avait toujours honorée d'une bonté toute particulière. Cet homme de bien si respectable était, comme nous, frappé par les événements.

« Mademoiselle, m'écrivait-il, en date du 19 décembre 1815, il est bien digne de votre excellent caractère de vous dévouer, pour la vie, dans le profond sentiment d'une vive et constante amitié, à l'excellente duchesse de Saint-Leu, dont l'âme noble et sublime est si supérieure aux événements de ce monde versatile. Hortense, digne fille de Joséphine, sœur d'Eugène, tendre mère d'excellents enfants, inspire l'attachement, commande la vénération des cœurs. Jouissant du bonheur de la connaître personnellement, j'ai le pressentiment que le prince Eugène, admirable sous tous les rapports, sera la boussole parfaite de sa sœur chérie.

» Depuis le commencement de la guerre, j'ai perdu pour toujours mon titre et mes biens. Dans le calme de ma conscience, je vis plus heureux que jamais. Comme archevêque de Ratisbonne, je prie pour les pauvres auxquels je consacre les faibles débris de ma fortune. C'est ainsi que je compte finir mes jours, adressant sans cesse mes vœux au Ciel pour le parfait bonheur de la duchesse de Saint-Leu, de ses aimables enfants et pour le vôtre.... »

Au milieu des jours les plus froids de l'hiver de ces climats rigoureux, nous vîmes arriver plusieurs pauvres vieux conventionnels qui, chassés de France, ne trouvaient nulle part un coin où reposer leur tête. Ils s'étaient d'abord réfugiés en Suisse ; mais, repoussés par le gouvernement, ils avaient reçu l'ordre de quitter immédiatement Berne, où ils avaient compté passer l'hiver. Infirmes et malheureux, ils recoururent à la reine dans leur détresse, et en furent secourus autant que ses moyens le permettaient.

# Chapitre Dix-huitième

Une visite du prince Eugène ; joie d'Hortense. — Encore des mécomptes. — Générosité d'Hortense. — Elle va rendre sa visite à son frère. — Séjour dans les montagnes de l'Appenzell. — Toujours l'espionnage. — Pèlerinage d'Hortense à Einsiedeln. — Éducation de son plus jeune fils.

Une grande joie se préparait pour la reine ; ses maux allaient, pour quelques jours, être suspendus, oubliés dans l'épanchement de cette amitié qui avait été toute sa vie une consolation à ses peines, et la plus pure comme la plus noble de ses jouissances : le prince Eugène, son frère chéri, allait venir la voir. Depuis qu'elle était à Constance, elle recevait souvent de ses nouvelles, et c'était là un grand allégement à ses ennuis. Quoiqu'il fût le seul appui qui lui restât, elle n'avait pas l'idée d'aller se réunir à lui ; elle craignait de le compromettre, de gâter sa position en s'y associant ; et le bonheur, la tranquillité que goûtait ce bien-aimé frère, passait pour elle avant tout. La reine comptait les jours en l'attendant, et retrouvait à son approche la vivacité, la gaieté et presque la santé de la première jeunesse. Elle allait d'un pas léger d'une pièce à l'autre de sa modeste habitation, pour voir si tout était en ordre ; elle avait présidé elle-même à l'arrangement de la chambre qu'elle destinait à son frère ; elle y retournait maintes et maintes fois pour voir s'il n'y manquait rien ; son visage se ranimait en parlant de lui, et chaque bruit de voiture la faisait tressaillir comme l'annonce de son arrivée. Il vint enfin ! que de choses ils avaient à se dire ! Ils se contèrent leurs souffrances et leurs inquiétudes réciproques. La reine avait espéré que, pendant cet hiver si solitaire, si paisible et si rigoureux, elle avait été oubliée, et que les craintes qu'elle inspirait s'étaient enfin calmées ! « Détrompe-toi, lui disait son frère, la haine et la malveillance ne dorment jamais. » Les uns la trouvaient trop près de France ; qu'était-elle donc venue faire à Constance ? comme si elle avait eu le choix d'aller où elle voulait ; d'autres lui imputaient à tort les secours qu'elle avait donnés à de malheureux réfugiés qui s'étaient adressés à elle, surtout aux conventionnels. « Tu auras beau faire, lui disait le prince Eugène, on te fera toujours agir d'après ta position politique, et jamais d'après ton caractère et tes sentiments particuliers. »

Ce bon, cet aimable prince passa avec nous la semaine sainte, et ce temps s'envola comme un éclair pour sa sœur ; elle lui contait ses plans pour l'avenir, toujours basés sur la possibilité de s'établir à Constance ; à force de chercher, elle avait trouvé dans les environs un site admirable pour lequel elle s'était passionnée ; c'étaient les bois de Lorette, à proximité de Constance, du côté du grand-duché de Bade ; une petite maison de paysans, au bord du grand lac et au bas d'un petit enclos, sur le penchant d'une colline, avait été à vendre ; la reine avait fait acheter, sous un prête-nom, cette petite bicoque, en attendant que la permission de se fixer dans le pays lui fût bien positivement accordée. Elle mena son frère voir sa nouvelle propriété et lui expliqua sur les lieux le parti qu'elle voulait en tirer : la bicoque était destinée à servir d'écurie, et un joli pavillon d'habitation devait être construit au haut de l'enclos, d'où l'on jouit d'un admirable point de vue. Pour que tous les projets de la reine fussent praticables, il fallait que le grand-duc de Bade consentît à lui vendre une partie de forêt, dont les beaux arbres promettaient à la reine des promenades ravissantes et un parc digne de son goût.

Le prince Eugène nous quitta, emportant avec lui, non seulement la gaieté et le bonheur, mais les projets et les espérances.

La reine avait écrit au grand-duc, pour obtenir de lui la cession des bois de Lorette, qui autrefois avaient appartenu à l'évêché de Constance, et qui depuis étaient devenus la propriété de l'empereur Napoléon, lequel s'en était dessaisi en faveur du prince Louis de Bade pour compléter son apanage ; mais une fois encore ses projets furent contrecarrés ; on lui répondit que l'acquisition qu'elle désirait faire rencontrait des obstacles insurmontables.

Ce mécompte n'était pas le dernier pour la reine : la visite que son frère lui avait faite avait mis toute la diplomatie en rumeur ; le prince le sut à son retour à Munich et il lui en écrivit. Elle ne tarda pas à en avoir la preuve elle-même : au moment où elle s'y attendait le moins, elle reçut, pour Brégentz, un passeport qui était accompagné d'une lettre de M. de Metternich, la plus polie, la plus prévenante et la plus aimable ; il lui disait qu'ayant appris que les bords du lac de Constance lui plaisaient, il s'empressait de mettre à sa disposition un passeport pour Brégentz, où elle serait traitée par les autorités autrichiennes *avec tous les égards qui lui étaient dus.*

Un heureux hasard apprit à la reine qu'une sorte de piège était caché sous ces offres bienveillantes et que, vraisemblablement, une fois en Autriche, elle ne serait plus maîtresse de choisir le lieu de son séjour ; on se proposait simplement de l'attirer en Autriche afin de la retenir prisonnière. Comme elle ne pouvait pas se méprendre sur les intentions du gouvernement autrichien, elle se décida à rester à Constance.

Depuis la visite que le prince Eugène avait faite à sa sœur, il l'engageait dans chacune de ses lettres à venir la lui rendre. Il se faisait d'avance un vrai bonheur de la voir au milieu de sa charmante petite famille, qu'elle ne connaissait pas, tous les enfants du prince étant nés en Italie. La reine, de son côté, avait grand désir de réaliser ce projet de voyage, et elle attendait, pour se mettre en route, qu'elle sût son frère à la campagne, où il lui semblait que la visite qu'elle lui ferait attirerait moins l'attention qu'à Munich. Sitôt qu'elle apprit qu'il était près du lac de Wurmsée, dans une petite campagne de son beau-père, le bon et digne roi de Bavière, qui la lui avait prêtée, elle fixa le jour de son départ.

Nous étions occupées des petits préparatifs que nécessite toujours un déplacement, lorsque Vincent vint trouver la reine : « Madame, lui dit-il, il y a un Français qui arrive, et qui m'a paru bien malheureux et bien digne de la commisération de Votre Majesté ; il m'a dit être de la garde impériale, et il est proscrit ainsi que son frère qu'il attend ici ; tous deux ont été à l'île d'Elbe avec l'Empereur. Ils se sont échappés des mains de la gendarmerie, et toute la police de Lyon est à leur poursuite. Ils sont enfin parvenus à franchir la frontière, mais sans aucune ressource, sans aucun moyen d'existence, sans espoir de s'en procurer. »

Le pauvre Vincent n'avait pas achevé son récit, que je m'impatientai contre lui, de le voir écouter avec autant de complaisance toutes les histoires qu'on lui faisait ; et sans laisser à la reine le temps de s'apitoyer : « N'en croyez rien, Madame, lui dis-je ; c'est encore quelque espion qu'on vous envoie, et qui abusera de ce que vous aurez été généreuse envers lui, pour confirmer ces bruits absurdes que vous distribuez des millions aux mécontents. — Mais, qui te dit que c'est là un espion ? — L'avez-vous reconnu, demandai-je à Vincent, pour être de la garde ? — Madame, il en a bien la tournure ; mais il y avait tant d'officiers dans la garde, que je ne puis me les rappeler tous. — Vous voyez bien, Madame, repris-je, que Vincent ne l'a pas reconnu, et je crois que ce serait une grande imprudence à vous de lui donner les secours qu'il réclame. — Vous a-t-il dit son nom ? demandai-je encore à Vincent. —

Oui, Madame, *Bacheville*. — Certainement, Madame, dis-je aussitôt à la reine, ce n'est là qu'un nom supposé ; car parmi les centaines de procès que nous lisons tous les jours dans les journaux, et le grand nombre d'arrestations faites jusqu'à ce jour, je ne me rappelle pas avoir vu le nom de Bacheville. — C'est vrai, dit tristement la reine ; mais pourtant il serait affreux, si cet homme est réellement dans le malheur, de le laisser sans secours si près de nous ; un Français aux prises avec le besoin, et encore en pays étranger ! — Sûrement, Madame, mais on peut prendre des informations, et si Votre Majesté le permet, j'en prendrai moi-même à l'auberge. » La reine me fit, de la tête, un signe d'assentiment. Vincent se retira, et là finit la conversation à ce sujet.

Je crus, en laissant la reine, l'avoir ramenée à mon avis ; mais à peine l'avais-je quittée, qu'elle fit rappeler Vincent pour lui adresser de nouvelles questions.

« Cet homme a-t-il vraiment l'air d'être dans la détresse? lui demanda-t-elle. Comment est-il vêtu? — Je n'y ai pas fait grande attention, Madame ; mais ses bottes sont déchirées, et il n'irait pas loin sans se blesser. »

Ces mots allèrent au cœur de la reine : elle appréciait notre prudence, elle approuvait nos raisons, mais sa bonté et sa générosité l'emportaient sur toutes les considérations possibles. « Que personne ne le sache dans la maison, dit-elle à Vincent, mais il faut que vous alliez porter une petite somme à cet homme ; au moins de quoi payer son auberge, s'acheter des bottes et pouvoir continuer sa route, sans manquer de ce qui est indispensable pour vivre. Allez vite et soyez discret. » Vincent obéit ; et la reine, tranquillisée sur le sort de l'inconnu, ne parla plus de lui.

Le lendemain matin, je me rendis à l'auberge de l'Aigle, et j'appris que ces étrangers se donnaient pour des bijoutiers de Genève qui voyageaient, vivant de leur industrie et vendant des montres. Ils s'étaient présentés du reste sous un autre nom. Je rentrai triomphante des renseignements que je venais de recueillir, et qui confirmaient pleinement mes soupçons. La reine se tut, mais elle n'en avait pas moins le mérite de son acte charitable en toute hypothèse.

Et pourtant l'avenir devait lui donner raison, comme on le verra bientôt.

Le jour suivant on partit pour Berg ; nous nous arrêtâmes à Brégentz, dans une assez mauvaise auberge, où l'on fit payer vingt-cinq louis le plus médiocre de tous les dîners. L'hôte, à qui on fit des représentations sur la cherté du repas, répondit que c'était le prix pour des têtes couronnées. Il affirmait que l'empereur Alexandre et l'empereur d'Autriche n'avaient pas payé moins, et il ne voulut jamais comprendre qu'une reine qui n'avait plus de couronne dût être traitée comme une simple particulière.

Nous couchâmes le soir à Kempten : à peine étions-nous descendus à l'auberge, qu'un courrier, envoyé par le prince Eugène, accourut au-devant de la reine ; il venait lui apprendre la triste nouvelle que la dernière petite fille du prince venait de mourir. Quoique ce ne fût qu'un enfant de quelques mois, c'était une très vive douleur pour la princesse.

Le jeune prince Louis, d'abord un peu intimidé en voyant tant de visages inconnus, ne tarda pas à se remettre, et eut bientôt fait connaissance avec toute la famille.

Un des jours suivants, le prince Eugène proposa, dans l'après-midi, de faire une promenade en voiture autour du lac ; nous nous y disposions, lorsqu'on vint dire au prince que deux officiers français demandaient à lui parler. « D'où viennent-ils ? demanda le prince. — De Constance. — Ce sont nos espions ! » m'écriai-je avec ma vivacité ordinaire en regardant la reine.

Je contais avec volubilité au prince la rencontre de ces deux Français avec Vincent, les mensonges qu'ils lui avaient faits, et dont sans moi la reine aurait été dupe ; je fis connaître les renseignements plus précis que j'avais eus sur leur compte auprès de l'aubergiste qui les avait logés. « Tout cela ne prouve pas que ce sont des espions, observa la reine. — S'ils n'étaient pas des espions, repris-je avec chaleur, pourquoi vous auraient-ils suivie jusqu'ici, où ils viennent faire au prince les mêmes contes qu'ils ont faits à Vincent ? — Mademoiselle Cochelet peut avoir raison, dit le prince, nous voyons tant de gens rôder autour de nous, qu'il n'y a pas de mal à se tenir un peu sur ses gardes : je ne recevrai pas ces messieurs. » Il donna l'ordre de les éconduire, et nous montâmes en voiture. Nous allions partir : tout à coup, deux hommes s'approchèrent de la calèche où le prince était avec sa femme, sa sœur et le ministre d'Angleterre. « Prince, crièrent-ils, nous sommes des officiers français, nous vous demandons à être placés dans votre garde. » Le prince, prévenu comme il l'avait été par moi, leur répondit : « Vous savez très bien que je n'ai ni garde ni emploi à donner. J'ignore d'ailleurs qui vous êtes ; allez chercher d'autres dupes que moi. » En achevant ces mots, il donna l'ordre au cocher de fouetter, et la voiture s'éloigna.

Le prince se reprochait d'autant moins sa brusquerie, qu'il croyait être méritée, que la présence en ce moment du ministre d'Angleterre donnait politiquement plus d'importance à la réponse qu'il venait de faire.

Ces deux individus retournèrent furieux à Munich, où ils se firent reconnaître pour des officiers français proscrits : effectivement, peu de jours après, nous apprîmes qu'ils avaient dit vrai ; et les journaux confirmèrent en même temps leur récit en publiant que les deux frères Bacheville avaient été condamnés à mort, et s'étaient enfuis. Je ne me consolai pas de ma méprise. Dans quelle erreur j'étais tombée, et combien de fois me suis-je reproché ma trop grande défiance dans une circonstance qui a valu plus tard au prince Eugène les attaques de ses ennemis, toujours prêts à saisir l'occasion de lui nuire ! Mais, en dépit de tant de clameurs mensongères, sa gloire restera pure, sa mémoire sans tache et son caractère un des plus honorables de notre siècle [1].

Sitôt que le prince Eugène sut que c'étaient réellement des officiers, il s'empressa de réparer ses torts involontaires envers eux : il leur fit parvenir, à Munich, une assez forte somme, avec laquelle ils purent entreprendre un long voyage dans l'Orient.

Nous reprîmes bientôt la route de Constance. Ma mère chérie nous y attendait, et je laisse à penser quel fut mon bonheur de la revoir. M<sup>lle</sup> Élisa de Courtin était venue avec elle ; le contentement régnait sur tous les visages en voyant notre petite colonie française s'augmenter ainsi.

La santé de la reine, si frêle pendant l'hiver que nous venions de passer, ne s'était pas remise à la belle saison : à la moindre variation de l'atmosphère, sa poitrine s'irritait ; elle en souffrait horriblement ; sa pâleur et sa maigreur étaient des plus alarmantes. Les médecins du pays lui conseillaient d'aller passer une saison à Geiss, dans les montagnes de l'Appenzell, pour y faire une cure au petit lait. La reine se décida à suivre leur avis. Elle écrivit au landmann de ce canton, M. de Z***, pour obtenir son agrément, et elle ne tarda pas à recevoir de lui une réponse fort polie et fort gracieuse, d'après laquelle elle se disposa à passer une partie du mois de juillet dans les montagnes.

Elle laissa son fils à Constance aux soins de l'abbé Bertrand et de M. de Marmold. Je partis seule avec la reine, n'ayant pour toute suite qu'une femme de chambre et un domestique.

Nous nous installâmes dans une maison fort modeste, où nos journées étaient non seulement dépourvues d'intérêt, mais même de toute occupation sérieuse. La reine se promenait le matin en buvant son petit lait ; puis venait l'heure du bain. Comme elle aimait à respirer le plus possible l'air si

---

1. On voit par cet exemple qu'il vaut infiniment mieux, même au point de vue humain, pécher par un peu trop de crédulité et d'indulgence, que par un excès de défiance et de rigueur, toujours contraire à la charité véritable.

## CHAPITRE DIX-HUITIÈME.

pur des montagnes, nous passions tous les après-midi dehors à nous promener dans les sentiers qui coupent les gras pâturages auxquels on est redevable de cet excellent lait qui rend la santé à des milliers de malades.

J'avais remarqué, pendant notre séjour à Geiss, dans une maison en face de la nôtre, un homme porteur d'une de ces honnêtes figures suisses qui ne permettent de supposer ni l'astuce ni la méchanceté ; il avait l'air trop bien portant pour le croire du nombre des malades qui se réunissent à Geiss. Il passait tout son temps à sa fenêtre, en manches de chemise,

— ANCÔNE. (P. 282.) —

sans doute à cause de la chaleur, sans autre société, sans autre occupation qu'une énorme pipe qu'il chargeait de temps en temps, et un grand verre de bière mousseuse qu'il vidait et remplissait tour à tour. Sortions-nous, il était sur la porte de sa maison ; nous promenions-nous, il se trouvait sur nos pas et ne manquait jamais de nous saluer fort poliment. Nous apprîmes que cet homme n'était pas de l'endroit ; son oisiveté me l'avait fait penser : c'était un bourgeois de Saint-Gall. Au bout de quelque temps, nous vîmes un second individu partager la chambre de notre voisin ; il était plus joufflu, plus intrépide fumeur encore, et plus assidu que lui, s'il était possible. Ma curiosité était portée à l'excès ; je parvins à entrer en conversation avec le premier de ces êtres mystérieux, dont le visage m'était déjà plus familier. La connaissance en fut bientôt faite ; sa bonhomie en abrégea les préludes, et j'appris *de lui-même* qu'il était payé par l'Autriche pour suivre la reine à Geiss, et rendre compte de tout ce qu'elle y faisait, dans un rapport qu'il expédiait chaque jour. Le pauvre homme, faisant la chose en conscience, n'avait guère satisfait l'attente de ceux qui le payaient : l'heure de notre dîner, nos promenades, les bouquets que les enfants nous apportaient, tout cela, répété quotidiennement, ne formait pas des récits bien intéressants ni bien variés ; on pensa qu'il remplissait mal les fonctions qu'il avait acceptées, et on lui envoya de Brégentz un compagnon autrichien dont le dévouement et la sagacité ne pouvaient être mis en doute, mais qui, lorsqu'il fut à la besogne, se trouva tout aussi embarrassé que le gros Suisse de n'avoir rien, absolument rien à mettre dans ses rapports. Il se cassait la tête et ne savait qu'inventer. Le bourgeois de Saint-Gall me demanda un jour, dans la bonne foi de son âme, de lui aider à trouver quelque chose qui pût satisfaire ceux qui les envoyaient. C'eût été vraiment fort piquant de lui rendre ce service ; mais c'était par trop difficile : une vie comme la nôtre ne fournissait rien à raconter, même à l'imagination la plus créatrice.

M. de Z\*\*\*, le landmann, était absent lorsque nous arrivâmes à Geiss ; aux questions que nous fîmes sur lui, nous apprîmes que c'était un homme de mérite, fort estimé de ses concitoyens, mais dont les opinions, tout à fait autrichiennes, nous étaient des plus opposées. Il s'était formellement refusé à l'acte de médiation, et, par suite des difficultés qu'il avait suscitées, il avait été mis en prison, ce qu'il n'avait jamais pu oublier ni pardonner à l'empereur Napoléon, auquel il attribuait la punition qui lui avait été infligée. Sa joie avait été grande lors de son abdication, en 1814, et de sa chute, en 1815 ; et, dès qu'il avait été question de l'arrivée de la reine en Suisse, il avait été un de ceux qui avaient parlé avec le plus de véhémence pour que la permission de s'y établir lui fût refusée par la diète ; tous ces détails firent que nous nous applaudissions beaucoup de ne pas nous rencontrer avec lui.

M. de Z\*\*\* ne tarda pas à revenir de la diète, qui alors était réunie à Zurich. Il paraît que la lettre que la reine lui avait écrite pour lui demander à venir dans son canton, l'avait beaucoup touché, et avait commencé à diminuer son antipathie pour tout ce qui tenait à la famille impériale.

Dans les commencements du mois de juin, on s'était occupé de fournir les contingents promis à la France pour la garde royale ; je ne me rappelle plus ce qu'il y avait dans l'organisation de ces régiments, ou dans cette capitulation, qui ne convenait pas à notre landmann, mais son canton était un de ceux qui s'y étaient refusés. Cette affaire venait d'être terminée à Zurich, en diète, et rien ne saurait peindre la colère et le mécontentement qu'éprouva le landmann de l'Appenzel, lorsqu'à l'une des représentations qu'il faisait, M. de Talleyrand de Périgord, ambassadeur de France, s'écria qu'il ne s'étonnait pas d'un si mauvais vouloir, qui lui était inspiré par la reine Hortense. Cette supposition, injurieuse contre une femme que le landmann n'avait jamais vue et à laquelle il ne portait aucun intérêt, lui ouvrit les yeux, et lui fit penser que tout ce que l'on disait sur la reine pouvait bien n'être pas plus vrai que ce que M. de Talleyrand avançait relativement à lui. Il revint donc dans notre voisinage, fort radouci : il s'informa de la reine avec un intérêt marqué, et tout ce qu'on lui dit de la vie sédentaire que nous menions acheva de le bien disposer pour elle ; il vint la voir, et cette visite suffit pour remplacer son ancienne prévention par le plus sincère intérêt. Il s'émut en voyant cette femme, dont la vie avait été si brillante, si entourée de toutes les recherches du luxe, occuper une petite maison en bois, où tout était plus que simple. Il lui offrit de mettre à sa disposition une habitation fort agréable qu'il possédait à Trogen ; la reine le remercia et n'accepta pas cette offre, faite du meilleur cœur possible ; mais elle lui promit d'aller visiter sa maison, dont il nous vantait la position. M. de Z*** demanda à la reine de vouloir bien fixer le jour où il aurait l'honneur de la recevoir chez lui. Elle y consentit, et s'y rendit le jeudi suivant. Depuis lors, elle eut dans le landmann un protecteur.

La reine et moi nous faisions de fréquentes courses dans les environs de Constance, toujours dans l'intention de trouver un joli site où nous établirions notre colonie ; mais c'était à présent vers la Suisse que se tournaient tous les plans de la reine. Les magistrats du canton le plus voisin de nous, celui de Thurgovie, faisaient dire à la reine que, si elle voulait se fixer dans leur pays, elle y serait *soutenue par les autorités et par le peuple !* Ce canton, comme tous ceux de nouvelle formation, était démocratique et dans une ligne d'opinion politique qui nous était tout à fait favorable. Ce fut donc de ce côté que se tournèrent toutes nos recherches.

Mes courses à moi ne se bornèrent pas là : j'entendais parler, depuis longtemps, de l'abbaye d'Einsiedeln, que sa dévotion à Notre-Dame de

Lorette avait rendue l'un des plus célèbres pèlerinages de l'Europe ; un but pieux se mêlant à un sentiment d'intérêt et de curiosité, je fis, avec Mlle Élisa de Courtin et Mme Samstini (la propriétaire de la maison que nous habitions à Constance), le projet d'y faire un voyage, auquel la reine ne s'opposa pas. La beauté pittoresque du pays que nous parcourûmes ; la position de l'abbaye, sa magnificence ; la piété du digne prêtre qui la desservait, tout nous charma et nous satisfit. Il y a d'ailleurs dans l'accomplissement des devoirs religieux un sentiment de calme, une abnégation des choses de ce monde, qui donnent à tout ce qui est en nous un bien-être que rien ne saurait égaler. On aime davantage la nature en se rapprochant de son auteur. L'admiration, la reconnaissance pour Dieu et ses œuvres, éloignent de nous toutes ces petitesses de l'esprit mondain, qui nous portent à critiquer les objets qui frappent nos yeux. Nous revînmes donc fort satisfaites de ce que nous avions vu, contentes des autres et de nous-mêmes.

Nous fîmes à la reine le récit de notre voyage, et de ce que nous avions éprouvé ; elle désira, à son tour, faire le même pèlerinage. Elle profita pour cela des derniers beaux jours de l'automne, et je partis seule avec elle pour revoir encore une fois ces montagnes qui m'avaient charmée, ce temple que la piété s'efforçait de rendre digne de Celui auquel il était élevé, et ces vénérables serviteurs de Dieu dont la parole onctueuse avait été un baume pour les blessures de mon âme.

La reine fut accueillie, à l'abbaye d'Einsiedeln, avec toutes les marques de respect et de distinction imaginables. On lui fit occuper le plus bel appartement destiné aux étrangers, et la bienveillante hospitalité qu'elle recevait là semblait lui faire retrouver, chez ces dignes ecclésiastiques, tous les honneurs qu'elle avait perdus depuis la chute de sa position élevée.

De retour à Constance, la reine voulut envoyer un souvenir du court séjour qu'elle avait fait à Einsiedeln : elle me chargea d'adresser au Père abbé une branche d'hortensia en diamants qui autrefois avait paré sa tête dans les jours de gloire et de grandeur, voulant en faire hommage à la Sainte Vierge, qui est, dans leur église, l'objet d'un culte particulier. Cette fleur brillante, déposée au pied de l'image de Marie, exprimait bien les sentiments de celle qui l'offrait, le néant des grandeurs qu'elle avait perdues, et les consolations que son âme venait demander à Celle dont le cœur maternel avait aussi tant souffert.

L'hiver était venu : le froid, la neige, nous rendaient plus casaniers ; de longues lectures remplaçaient les grandes courses que le mauvais temps interrompait. Les soirées nous réunissaient à une partie de boston. La reine n'aimait pas le jeu, et ne jouait jamais; mais le plaisir d'être agréable aux autres l'emportait pour elle sur l'ennui de tenir les cartes.

L'éducation du prince était le principal souci de la reine ; elle lui donnait elle-même les leçons d'agrément ; le soir, jusqu'à l'heure où il se couchait, nos lectures étaient toujours subordonnées à ses études du moment : tantôt c'était un voyage en rapport avec ce qu'il apprenait de géographie, tantôt des traits particuliers qui se rattachaient à l'histoire qu'il étudiait. Le samedi de chaque semaine, la journée entière de la reine lui appartenait : on lui faisait répéter devant elle tout ce qu'il avait appris les jours précédents.

Le prince était d'une telle vivacité qu'il fallait toute la facilité de son intelligence précoce pour qu'il apprît quelque chose, et il était encore plus difficile à surveiller qu'à instruire : le bon abbé avait beau y mettre tout son zèle, son élève lui échappait souvent; et la reine sentait qu'il faudrait bientôt confier à des mains plus fermes la direction d'un caractère aussi indépendant. Ce qui rendait la tâche du pauvre abbé Bertrand encore plus difficile, c'était cette spontanéité d'esprit qui trouvait réponse à tout, et qui aurait voulu qu'on lui rendît raison de tout ce qu'on exigeait de lui.

A Constance, comme à Aix en Savoie, le prince jouait, pendant le temps de ses récréations, avec quelques enfants de notre voisinage, parmi lesquels était le fils du meunier du pont du Rhin, dont nous étions assez près et qui, plus âgé que lui, l'entraînait quelquefois hors de l'enceinte du jardin, qu'il ne devait pas franchir. Un jour qu'il s'était échappé, et que l'abbé Bertrand aux abois s'efforçait de le rappeler, je fus la première à le voir revenir de sa fuite : il arrivait en manches de chemise, marchant les pieds nus, dans la boue et dans la neige. Il fut un peu embarrassé de me trouver sur son passage, lorsqu'il était dans un accoutrement si différent de ses habitudes. Je voulus à l'instant savoir pourquoi il se trouvait dans cet état ; il me conta qu'en jouant à l'entrée du jardin, il avait vu passer une pauvre famille si misérable, que cela faisait peine à voir, et que, n'ayant pas d'argent à lui donner, il avait chaussé l'un des enfants avec ses souliers, et habillé l'autre de sa redingote. Que de traits semblables on pourrait encore conter aujourd'hui, comme preuve de son bon cœur et de sa générosité ! Les actes de ce genre étaient les plus vives jouissances de la reine, mais elle ne voulait jamais que l'on racontât, devant son fils, ce qu'il pouvait avoir fait de bien.

# Chapitre Dix-neuvième

La reine se fixe au château d'Arenenberg. — Ses visiteurs. — Esquisse de la vie intime au château d'Arenenberg. — Chateaubriand et M. Mocquard. — Quelques années de vie paisible. — Mort de Napoléon Ier.

A vie retirée et solitaire que nous menions à Constance, sans avoir presque de relations au dehors, ne suffisait pas pour faire oublier la reine. Il nous revenait sans cesse quelques nouveaux contes faits à son sujet, et ce séjour dans une ville éloignée, qui aurait pu être choisie comme un lieu d'exil, ce qui certes devait rassurer tout le monde, était précisément ce qui épouvantait ; on ne voulait pas nous y voir tranquilles, et l'on cherchait un prétexte pour nous en éloigner ; mais, comme il ne s'en présentait pas, et qu'il était difficile, dans nos actions, de trouver de quoi en créer un, on signifia tout simplement au grand-duc de Bade qu'il eût à chasser la reine de ses États, et nous vîmes bientôt arriver une personne de sa maison, un M. de Frank, qui était chargé d'exprimer à la reine les regrets du grand-duc, et la triste nécessité où il se trouvait de la prier de s'éloigner. La reine supporta cette nouvelle persécution comme elle supportait toutes choses, avec calme, résignation et dignité. Elle répondit à M. de Frank qu'elle s'éloignerait aussitôt que la saison serait moins rigoureuse, et que sa santé, toujours délicate, lui permettrait de se mettre en route.

Parmi les campagnes que la reine avait visitées près de Constance, dans le canton de Thurgovie, il y avait un site qui l'avait particulièrement frappée : c'était le château d'Arenenberg, d'une apparence assez triste alors, mais dont l'exposition était charmante : bâti à mi-côte sur une espèce de promontoire, il dominait le petit lac et l'île de Raickman. Du côté de l'ouest, la vue se reposait sur de jolies langues de terre, plantées d'arbres, et séparées entre elles par de petits golfes de l'aspect le plus riant et le plus varié. Le village de Mannuback, son église et son presbytère se dessinaient délicieusement lors du coucher du soleil. Plus haut que Mannuback, le vieux château de Salstein, de construction gothique, entouré d'un massif d'arbres, dominait ce tableau, que ma plume rend bien imparfaitement. A quelque distance de la maison, vers l'autre extrémité de la propriété, la vue s'étend sur le village d'Ismatingen, si riant et si gracieusement baigné par le lac; sur le cours du Rhin ; et enfin sur la ville de Constance et sur cette plaine liquide du grand lac, que commandent les glaciers du Cintis.

La reine, dans ses projets d'acquisition, traçait d'avance de jolis sentiers dans le bois qui garnit les flancs de la colline. A la place du poulailler et de la basse-cour, elle voulait une terrasse et des fleurs ; du rez-de-chaussée elle faisait un salon. Enfin l'acte d'achat fut passé, le 10 février 1817, moyennant une somme de 30.000 florins. Hortense était enchantée d'avoir cette fois une maison à elle et un asile où reposer sa tête. C'était peu de chose, mais elle ne souhaitait pas davantage : un toit pour s'abriter, et un coin de terre pour cultiver des fleurs. C'était dans ce séjour qu'elle se proposait de passer une partie de l'automne ; elle y tenait sous ce rapport, et plus encore par une autre considération : c'est qu'étant désormais propriétaire en Suisse, et l'étant devenue de l'agrément des autorités du canton, elle avait le droit d'y revenir quand cela lui conviendrait.

Notre séjour à Constance n'avait duré qu'un an, et ce temps, à peu près tranquille, s'était écoulé doucement pour nous ; il avait été le repos après l'orage. La nécessité de chercher un autre refuge nous était donc pénible, et le déplaisir que nous en éprouvions était bien partagé par l'aimable grande-duchesse Stéphanie, qui, malgré toutes ses instances, n'avait pu épargner cette nouvelle contrariété à la reine ; son bon cœur fut horriblement froissé d'avoir échoué dans ce qu'il lui eût été si agréable d'obtenir, la continuation du séjour de la reine dans les États du grand-duc ; elle m'écrivit à ce sujet une longue lettre.

Hortense reçut vers le même temps une pressante invitation de son frère Eugène d'aller en Bavière, du moins pour y passer l'hiver. Ce projet lui sourit et la ville d'Augsbourg fut désignée par le prince comme une des plus favorables. Tous les arrangements ayant été pris, la reine se décida à y acheter aussi une habitation. M. de Marmold fit un voyage dans ce but, mais l'ennui que le pauvre homme éprouvait dans cette ville, et dont il nous faisait part, ne me donnait pas une fort bonne idée de ce nouveau séjour. Un sentiment de mélancolie profonde se mêlait pour nous à ce changement de domicile ; quelle durée, quelle stabilité aurait cette nouvelle installation ? quels malheurs nous poursuivraient encore dans de nouveaux climats ? Hélas ! que nous étions loin de prévoir tous ceux qui nous étaient encore réservés ! Qui nous eût dit alors que cet exil qui commençait, et que nous supportions avec tant de peine et d'impatience, durerait encore vingt ans ? Pour supporter ces grands revers qui la frappaient, la reine avait heureusement la jeunesse, un reste de gaieté et peut-être quelques-unes des illusions qui l'accompagnaient. Ses enfants, pleins de santé, de vie et d'heureuses dispositions, donnaient tant d'espoir d'avenir ! tant d'êtres chers lui restaient, que la mort a moissonnés depuis !....

Ici finissent nos citations des Mémoires de M$^{lle}$ Cochelet, qui, en 1817, épousa un ancien soldat de l'Empire, M. Parquin, et se fixa à Wolfeberg, où elle mourut en 1835.

C'est à peine, du reste, s'il y a une lacune entre les dernières pages de ses Mémoires et ceux de la reine Hortense qu'on a publiés. Dans cet intervalle, nous n'avons guère à signaler qu'un petit nombre d'événements de quelque importance : de nouvelles visites du prince Eugène et sa mort, arrivée en 1824 ; la visite, bien plus précieuse encore pour son affection maternelle, du jeune prince Louis, son fils aîné, puis son mariage avec la seconde fille de Joseph Bonaparte, célébré à Bruxelles le 29 juin 1822 ; la mort de Napoléon I$^{er}$, qui s'était toujours souvenu de sa belle-fille et belle-sœur et ne l'oublia pas dans son testament.

Durant cette période de douze années (1818-1830), la vie de la reine Hortense fut donc beaucoup moins troublée et mouvementée qu'elle ne l'avait été jusqu'alors. Toutefois, elle reçut toujours un grand nombre de visiteurs dans son château d'Arenenberg. « La situation d'Arenenberg était une des plus riantes de cette contrée si pittoresque et si heureusement accidentée. Le château se trouvait construit sur le versant d'une colline, où des plantations d'arbres admirablement ménagées étendaient leur ombrage, tout en laissant apercevoir, d'espace en espace, des points de vue ravissants. Dans les jardins, l'attention était attirée par la variété des plantes exotiques les plus rares ; et, dans les salons de cette élégante demeure, le choix des objets d'art attestait le goût exquis de la reine Hortense.

» Celle qui avait porté autrefois la couronne ne voyait plus autour d'elle une foule de courtisans, mais des amis fidèles et éprouvés. Elle n'oubliait pas non plus les amis absents et tous ceux qui, malgré sa fortune perdue, recevaient d'elle un généreux et constant appui.

» Cette vie douce, méditative, rendit bientôt à la reine Hortense toute la sérénité de son caractère, toute l'animation naturelle de son esprit. Son aptitude passionnée pour les arts s'était réveillée, et le dessin, la musique, occupaient la meilleure partie de ses journées.

» Les tristes souvenirs du passé, s'ils n'étaient point effacés, avaient du moins perdu leur âcreté. L'expérience avait, au contraire, appris à la reine combien elle avait semé d'ingratitudes, d'odieuses défections sur sa route ; mais elle ne pouvait se persuader qu'elle se fût fait des ennemis. Elle disait à ce sujet : « Rien ne me paraît étrange comme d'entendre » parler de mes ennemis. Comment ai-je pu en avoir, moi qui regardais » comme mes amis tous ceux qui souffraient, moi qui me trouvais si heu- » reuse de leur être utile ? »

» Ces déceptions si irritantes n'avaient pas laissé de ressentiment dans son cœur, et lorsqu'un zèle maladroit rappelait en sa présence les calomnies dont on avait payé ses bienfaits, elle répondait : « Il faut être » indulgent ; le monde est plus léger que méchant ; il faut lui pardonner. »

» Grâce à la grande bonté de la reine Hortense, la vie était fort douce à Arenenberg. A travers tous les changements qui étaient survenus dans sa position, elle n'avait jamais renoncé à l'habitude de tutoyer toutes ses anciennes compagnes de la maison de M$^{me}$ Campan, et, bien qu'il n'y eût en elle aucune nuance d'orgueil, elle avait une supériorité native, grâce à laquelle elle exerçait un ascendant tout naturel sur les personnes qui l'approchaient. En un mot, elle n'était pas moins reine dans sa retraite que dans les palais qu'elle avait habités lorsqu'elle était sur le trône.

» Arenenberg était devenu peu à peu, bien que se tenant dans l'ombre, le rendez-vous d'un grand nombre d'esprits d'élite. On y rencontrait, tantôt un poète célèbre, tantôt un peintre distingué, tantôt un combattant de la grande armée. Des littérateurs, des artistes, des étrangers de la plus haute distinction, remportaient tour à tour, de leur pèlerinage d'Arenenberg, une impression profonde de respectueuse sympathie pour l'auguste exilée.

» Parmi les hôtes qui firent plusieurs fois un séjour prolongé au château d'Arenenberg, on doit nommer surtout la princesse de la Moskowa, veuve du maréchal Ney. Elle était habituellement silencieuse, et ses vêtements de deuil, qu'elle n'avait plus quittés depuis la mort de son mari, achevaient de donner une expression sévère à sa physionomie. L'affection que la reine Hortense et la maréchale Ney avaient l'une pour l'autre était de celles que le temps ne peut jamais briser ni refroidir. Une source commune de malheurs, des souvenirs amers et douloureux mêlés aux riants souvenirs de leur adolescence, les larmes données par elles à la mort tragique de Mme de Broc, sœur de la princesse de la Moskowa, étaient comme autant de liens qui resserraient leur étroite amitié.

» La reine Hortense savait distribuer l'emploi de son temps de telle sorte que rien ne fût négligé, soit pour le bien-être, soit pour l'amusement des personnes qui la visitaient. Son habitation, à laquelle on a donné le nom de château, n'avait rien cependant de l'aspect féodal des forteresses du moyen âge. On n'y voyait ni tourelles, ni hautes murailles couronnées de créneaux. C'était une construction moderne, d'une certaine élégance, et qui se prêtait à merveille au genre de vie qu'avait adopté la reine. Un pavillon principal était habité par elle, par le prince Louis et par les dames qui composaient sa maison. Plus tard, la reine Hortense fit disposer, dans un corps de logis séparé, un appartement pour le prince Louis. On y reconnaissait sans peine, au choix des ornements, au soin et à l'arrangement des moindres détails, que la main prévoyante d'une mère avait dirigé cette simple et élégante installation.

» Le rez-de-chaussée du pavillon qu'occupait la reine Hortense était consacré aux salons de réception, à la salle de billard, à la bibliothèque, au cabinet de travail, qu'elle se plaisait à appeler son atelier. Cette suite d'appartements renfermait quelques rares chefs-d'œuvre des grands maîtres des diverses écoles de peinture. On y voyait aussi une collection d'objets précieux qui provenaient en partie de sa mère.

» A Arenenberg, chacun des visiteurs jouissait d'une entière liberté et employait à son gré les heures de la matinée. On faisait, d'ordinaire, quelques promenades jusqu'au moment du dîner, et l'on passait alors, en commun, le reste de la soirée. A huit heures, on prenait le thé. La reine Hortense avait conservé cette habitude, aussi générale en Hollande qu'en Angleterre. La musique était fort cultivée à Arenenberg. De temps en temps, quelques virtuoses éminents, venus de l'Italie ou de l'Allemagne, sollicitaient la faveur d'être admis à se faire entendre dans ce cercle où ils savaient qu'ils seraient appréciés par des juges très compétents. Du reste, la reine Hortense n'était pas moins sensible aux beautés de la nature qu'aux créations de l'art. C'était avec un enthousiasme communicatif qu'elle parlait de cette pittoresque contrée où l'exil l'avait amenée. Mais il ne fallait pas prononcer en sa présence les mots *France*, *Saint-Hélène* ou *Malmaison* au milieu de ces poétiques descriptions, car alors le regret de la patrie absente, l'image des malheurs de Napoléon et de Joséphine, venaient briser son cœur.

» Pendant les belles journées du printemps ou de l'été, elle se plaisait à faire des excursions avec toute sa société, tantôt dans les bois et dans les forêts des environs, tantôt sur les montagnes, tantôt sur les eaux du lac. Un yacht élégant avait été construit pour cette dernière destination.

» La différence des saisons amenait naturellement des modifications dans la manière de vivre de la reine et de ses hôtes. Pendant les courtes journées de l'automne, les dames sortaient peu de la maison ; les hommes allaient à la chasse, et tout le monde se réunissait le soir. Une conversation, toujours animée, se prolongeait au-delà du dîner. On se dispersait ensuite en petits groupes autour des tables chargées d'ouvrages de femmes, de livres, de revues, d'albums de dessins, et chacun s'occupait suivant son aptitude.

» On admirait, au milieu de cette profusion de beaux livres, un magnifique album, ouvrage de la reine Hortense. Ce recueil contenait une série de portraits esquissés de souvenir ou d'après nature, des sites de France ou d'Allemagne, des vues intérieures des divers appartements qu'elle avait habités, et dont le souvenir lui était resté cher. Toutes ces compositions, retracées, pour la plupart, au vol de la pensée, étaient empreintes d'une fidélité de reproduction qui attestait la vivacité de ses souvenirs.

» En résumé, on peut dire qu'Arenenberg était devenu, grâce à la présence de la reine Hortense, l'asile du bon goût, de l'esprit le plus délicat, des sentiments les plus élevés. Loin du faste des cours et renfermée dans un cercle comparativement restreint, elle savait qu'il y avait là, autour d'elle, des cœurs dévoués, des âmes d'élite ([1]). »

Chateaubriand fut un des *pèlerins* d'Arenenberg. Voici comment il raconte ses impressions : « Le 29 août, j'allai dîner à Arenenberg. Arenenberg est situé sur une espèce de promontoire dans une chaîne de collines escarpées ; la reine de Hollande, que l'épée avait faite et que l'épée a défaite, a bâti le château, ou, si l'on veut, le pavillon d'Arenenberg. On y jouit d'une vue étendue, mais triste. Cette vue domine le lac inférieur de Constance, qui n'est qu'une expansion du Rhin sur des prairies noyées. De l'autre côté, on aperçoit des bois sombres, restes de la Forêt-Noire, quelques oiseaux blancs voltigeant sous un ciel gris

---

1. Fourmestraux *La reine Hortense.*

et poussés par le vent glacé. Là, après avoir été assise sur un trône, après avoir été outrageusement calomniée, la reine Hortense est venue se percher sur un rocher ; en bas est l'île du lac où l'on a, dit-on, retrouvé la tombe de Charles-le-Gros et où meurent à présent des serins qui demandent en vain le soleil des Canaries. M<sup>me</sup> la duchesse de Saint-Leu était mieux à Rome ; elle n'est cependant pas descendue par rapport à sa naissance et à sa première vie : au contraire, elle a monté. Son abaissement n'est que relatif à un accident de sa fortune ; ce ne sont pas là de ces chutes comme celle de Madame la Dauphine, tombée de toute la hauteur des siècles.

» Les compagnons et les compagnes de M<sup>me</sup> la duchesse de Saint-Leu étaient son fils, M<sup>me</sup> Salvage, M<sup>me</sup> ***. En étrangers, il y avait M<sup>me</sup> Récamier, M. Viellard et moi. M<sup>me</sup> la duchesse de Saint-Leu se tirait fort bien de sa difficile position de reine et de M<sup>lle</sup> de Beauharnais. Après le dîner, M<sup>me</sup> de Saint-Leu s'est mise à son piano, puis elle m'a lu quelques fragments de ses *Mémoires*. Elle m'a montré un cabinet rempli de dépouilles de Napoléon. Je me suis demandé pourquoi ce vestiaire me laissait froid, pourquoi ce petit chapeau, cet uniforme porté à telle bataille me trouvaient indifférent : j'étais bien plus troublé en racontant la mort de Napoléon à Sainte-Hélène. »

« C'est à Arenenberg, dit à son tour M. Mocquard [1], que le repos qui fuyait la reine Hortense est venu la trouver, et que, partagée entre ses talents et ses vertus, elle a charmé l'exil par les arts, elle s'est efforcée d'acquitter la dette de l'hospitalité par la bienfaisance. Là aussi, environnée de respect et d'estime, elle a obtenu une justice que ses compatriotes passionnés lui avaient souvent refusée. Nous ne parlons pas ici de ces agréments extérieurs, de ces qualités brillantes qui ornent le mérite et ne le font pas. Le véritable, pour une princesse, c'est d'avoir été simple dans sa grandeur, courageuse dans sa propre adversité, comme dévouée dans celle des autres, secourable à toutes les infortunes avec cet empressement qui va les trouver, avec cette manière de répandre les grâces qui est comme un second bienfait, avec cette affabilité prévenante qui, sans jamais être un oubli du rang, est l'art suprême de le faire pardonner. »

Une anecdote qui caractérise la nature affectueuse et dévouée des rapports de M. Mocquard avec les exilés d'Arenenberg, se rattache à la

---

1. *Revue de l'Empire*, 5<sup>e</sup> année. M. Mocquard devint plus tard secrétaire de Napoléon III et ministre.

notice écrite par lui sur la reine Hortense, et dont nous venons d'extraire les lignes qui précèdent.

Une biographie de la reine Hortense avait paru dans les *Contemporains*, de MM. de Jouy et Arnaud ; M. Mocquard, la trouvant insuffisante, en fit paraître anonymement une autre où pleine justice était rendue à la reine.

Comme on ignorait le nom de l'auteur, on l'attribua à un historien de l'Empire, M***, qui reçut un présent magnifique, et l'imputa sans doute à ses anciens écrits. Peu de temps après, M. Mocquard se trouvait à Arenenberg. Le prince Eugène, après avoir causé avec lui, resta un instant seul dans sa chambre, et ayant, par hasard, jeté les yeux sur des papiers étalés sur une table, quelle ne fut pas sa surprise en reconnaissant le manuscrit de la biographie de la reine Hortense, écrit de la main de M. Mocquard ! Il courut en informer sa sœur, et quand l'auteur anonyme de la notice les vint rejoindre, il fut accueilli d'une manière piquante.

— Comment ! s'écria la reine Hortense, c'est ainsi que vous trahissez vos amis ?

— Mais !... fit M. Mocquard surpris, que voulez-vous dire ?...

— Oui, ajouta le prince Eugène, et il faut le punir ; donnons-lui la montre de notre mère.

L'énigme fut expliquée, et M. Mocquard conserva précieusement ce don touchant qui lui rappelait de si affectueux souvenirs.

Arenenberg était donc un agréable séjour pour la reine Hortense pendant l'été. Elle passait à Augsbourg la mauvaise saison. A partir de 1822, s'y trouvant un peu isolée, elle alla tous les hivers à Rome. Celui de 1831 devait être marqué pour Hortense par des événements d'une gravité exceptionnelle, qu'elle-même va nous raconter dans ses Mémoires (¹).

---

1. *La reine Hortense en Italie*, fragments de ses Mémoires inédits, écrits par elle-même. Paris, Levavasseur, 1834. — Nous ne citons qu'une minime partie de ces *fragments*, le cadre restreint de cet ouvrage ne nous permettant pas la reproduction complète des Souvenirs de la reine Hortense, d'ailleurs pleins d'intérêt et très instructifs. Il est regrettable que les Mémoires de la reine Hortense n'aient pas été publiés dans leur entier.

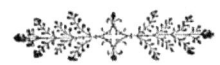

# Chapitre Vingtième

La reine Hortense à Rome. — Ses fils embrassent les idées révolutionnaires. — Angoisses d'Hortense. — Elle tente l'impossible pour les arracher au parti de l'insurrection. — Résistance des jeunes princes. — Mort de l'aîné. — Désespoir de la reine.

IDÈLE à mes habitudes, je quittai la Suisse au mois d'octobre 1831, et je partis comme à l'ordinaire pour Rome.

J'étais inquiète de ce qui allait se passer en Italie. Je m'attendais à ce que la révolution éclatât dans ce pays, et ma seule pensée était de garantir mes enfants d'un entraînement funeste.

Ce que je redoutais pour eux arriva malheureusement. Menotti alla les trouver à Florence, leur exposa l'état de l'Italie et les gagna à sa cause.

Ignorant alors cet événement, j'étais à Rome aussi tranquille qu'on peut l'être quand on sent le sol trembler sous ses pas. Le nouveau pape (¹), pieux, indulgent, mais étranger aux passions qui agitent le monde, voyant le péril qu'allaient courir ses États, se jeta dans les bras de l'Autriche.

Mes enfants, bien au courant de tout ce qui se préparait, furent inquiets à leur tour de me savoir seule, et malgré mes lettres, qui devaient les rassurer, ils m'écrivirent qu'ils me priaient en grâce de quitter Rome, et ajoutaient qu'ils partaient décidément le lendemain pour venir au-devant de moi. Cette lettre, comme l'annonce d'un grand malheur, me frappa d'un coup terrible. L'insurrection approchait ; ils allaient peut-être se trouver au milieu, s'y jeter. Je les voyais perdus dans une lutte aussi inégale, car je ne m'abusais pas sur les résultats. Ne pouvant maîtriser mes craintes et mes inquiétudes, je me décidai à partir à l'instant même. Il fallait que je me retrouvasse avec eux pour être tranquille.

Je quittai Rome avec un vif sentiment de regret. Ce ciel avait été doux à mes souffrances, ce peuple si cordial m'avait inspiré un intérêt réel. Là tout me plaisait ; mes fils étaient tous deux près de moi, et l'exil même avait perdu pour moi un peu de son amertume. Cette terre hospitalière est véritablement la patrie de toutes les grandes infortunes ;

---

1. Grégoire XVI.

l'image des vicissitudes humaines s'y présente partout, et si ces vastes ruines, qui saisissent notre admiration, nous montrent que toute grandeur est passagère, ces pieux monuments élevés près d'elles rappellent en même temps à nos cœurs les seules consolations dont la source soit immortelle.

Je pars avant le jour. A chaque voiture que j'aperçois de loin, je crois voir mes enfants, puis je me désespère ; ensuite je me persuade que mes craintes sont vaines. En recevant leurs lettres, je leur ai écrit de rester, que j'arrivais, que je les priais de ne pas venir au-devant de moi, que j'étais bien escortée. Ils auront suivi mon désir, j'ai tort de m'inquiéter. Mais j'ai beau me le répéter, plus j'avance et plus mon effroi augmente. Je ne puis cacher à ceux qui sont avec moi toutes mes angoisses.

J'avais pour guide M. de Bressieux, qui avait accompagné dans sa fuite Charles X et sa famille, et qui, par un hasard extraordinaire, se trouvait encore la sauvegarde d'une autre infortune ; il employait tous ses efforts pour me rassurer, mais sans pouvoir y parvenir.

La nuit avançait : même à la porte de Florence j'espérais encore voir venir à cheval, comme à l'ordinaire, mes enfants au-devant de moi ; mais c'est en vain. J'arrive à l'auberge, je puis à peine descendre de voiture, mes jambes tremblaient sous moi. Je parle d'eux, on ne sait que m'en dire, on les croit chez leur père. Je n'ai pas encore perdu tout espoir.

M. de Bressieux court chez mon mari. Ce moment d'incertitude est affreux. Il revient enfin, et c'est pour me porter le coup le plus cruel. Ils sont partis !....

Je peindrais mal toutes les craintes qui m'assaillirent, et toutes les douleurs que je pressentis à l'instant. J'en fus accablée.

Un domestique, laissé par mon plus jeune fils, m'apporte une lettre de lui. « Votre affection nous comprendra, me disait-il : nous avons pris des engagements, nous ne pouvons y manquer, et le nom que nous portons nous oblige à secourir les peuples malheureux qui nous appellent. Faites que je passe aux yeux de ma belle-sœur pour avoir entraîné son mari, qui souffre de lui avoir caché une action de sa vie. »

A la lecture de cette lettre, qui me brisait le cœur et ne me laissait plus d'incertitude, je m'écriai : « Allons ! il ne s'agit pas de s'abandonner au désespoir, il faut du courage à présent ! » et je recueillis tout le mien. Les voilà donc exposés à tous les dangers, à toutes les infortunes. Si l'on ne peut les en tirer, au moins que notre sollicitude se porte vers eux pour les guider, et les sauver, s'il y a lieu, par notre influence.

Je passai la nuit à leur écrire. Je les conjurais de revenir s'ils n'avaient pas pris parti dans cette cause qui ne pouvait leur être que funeste, et, s'il était possible, de s'en retirer avec honneur. M. de Bressieux se chargea de ma lettre et de tous mes conseils. Il emmena l'officier qui allait se réunir à mes enfants, et auquel je les recommandai en pleurant.

Le lendemain, mon mari arrive tout effrayé chez moi. Habitué à la douceur de ses deux fils, à leur soumission absolue à toutes ses volontés, il ne concevait pas qui avait pu les entraîner à la plus petite démarche sans sa permission.

Il leur envoie courrier sur courrier, ordre sur ordre de revenir à l'instant. Un professeur de ses amis part aussi. Son retour nous apprend qu'ils avaient pris parti ; qu'ils organisaient la défense depuis Foligno jusqu'à Civita-Castellana ; que sans être à peine armés, ils cherchaient à tirer parti du peu de ressources qu'offrait le pays, et se préparaient à prendre Civita-Castellana, et y délivrer les prisonniers d'Etat qui gémissaient dans les cachots depuis huit ans. De là à Rome il n'y avait plus d'obstacles.

A ces nouvelles qui confirmaient toutes mes craintes, je n'eus plus l'espoir de revoir mes enfants qu'au moment d'une catastrophe que je ne prévoyais que trop, et mes idées ne furent plus portées que vers les moyens de les sauver lorsqu'elle serait arrivée.

Mon mari, au désespoir, comme si un pressentiment lui eût appris tout ce qu'il allait avoir de douleur, ne me laissait pas un moment de repos [1]. Il voulait absolument que je partisse pour aller chercher ses enfants et les ramener. « Je ne le pourrai pas, lui disais-je. S'ils doivent revenir, ce ne peut être que de leur plein gré. S'ils ont pris parti, je ne pourrai les détacher, et l'on ne manquera pas de dire que je vais avec des millions pour les aider. Alors, dans le moment terrible que je prévois, qui pourra leur être utile si je me suis compromise avec eux ? »

Je ne parvenais pas à le persuader, et son chagrin était si grand, qu'il allait jusque chez le ministre d'Autriche demander l'impossible : qu'on réclamât aux avant-postes ses enfants.

Forcé de le satisfaire en quelque chose pour le calmer, je me décidai à aller à la frontière de Toscane, pour de là écrire, comme il le désirait, à mes enfants de venir me voir. Je n'espérais rien de cette démarche ; c'était simplement pour le contenter. Aussitôt que je demandai mes

---

1. Il écrivit, dit-on, au Souverain Pontife les lignes suivantes, qui témoignent de sa grande foi religieuse : « Saint-Père, mon âme est accablée de tristesse et j'ai frémi d'indignation quand j'ai appris la tentative criminelle de mon fils contre l'autorité de Votre Sainteté. Ma vie, déjà si douloureuse, devait donc encore être éprouvée par le plus cruel des chagrins, celui d'apprendre qu'un des miens ait pu oublier toutes les bontés dont vous avez comblé notre malheureuse famille..... »

passeports, le prince Corsini, frère du ministre de Toscane, vint me trouver. Je vis l'inquiétude que faisait éprouver ma démarche, et je lui dis franchement le désir de mon mari. Le prince alors entra dans les mêmes idées, et de l'air le plus simple me conseilla le seul moyen de les ravoir : c'était de me dire malade pour les attirer à la frontière, et pour qu'une troupe toscane placée là les prît de force. Ce piège qu'on proposait à une mère, et dont on pouvait user malgré elle, me fit préférer encore le tourment sans cesse renaissant que me causait l'inquiète agitation de mon mari. Je restai à Florence. D'ailleurs, un des jeunes fils

CIVITA-VECCHIA. (P. 285.)

de la princesse de Canino, femme de Lucien Bonaparte, qui s'était enfui du château de son père pour se soustraire à son gouverneur, venait d'être repris. La crainte qu'il n'allât se réunir aux insurgés contre le pape, auquel sa famille avait des obligations, avait fait obtenir à la princesse une place pour son fils dans une des prisons d'État de la Toscane. On ne demandait pas mieux que cet exemple fût suivi pour mes enfants.

Je craignais quelquefois que ma pauvre tête ne pût suffire à tout ce qui l'occupait. La nuit, je ne pouvais dormir ; je me promenais dans ma chambre, agitée de mille pensées sinistres. « Comment les sauverai-je ? me disais-je, par quel moyen ? Où aller avec eux ? » Je ne voyais que la

Turquie. Smyrne, dont m'avait beaucoup parlé le duc de Rovigo, et qui fut le lieu où il passa son exil, était l'endroit que j'avais fixé. Mais cette lutte que je prévoyais me mettait la mort dans l'âme. « L'armée autrichienne va entrer. Ces pauvres Italiens, sans armes, seront battus, et je dois me trouver derrière le champ de bataille pour sauver des vaincus qui me sont si chers ! » Alors j'étais prête à me livrer au désespoir ; je me jetais à genoux : « O mon Dieu ! m'écriais-je, qu'ils me reviennent en vie, je n'en demande pas davantage ! »

Toutes mes nuits se passaient dans de semblables agitations, et mes journées à résister à mon mari, qui voulait me voir partir à l'instant, qui me faisait écrire au général Armandi ([1]), et qui lui-même employait tous les moyens pour faire sortir ses enfants du parti qu'ils avaient pris. Il ne voulait leur envoyer ni leurs chevaux ni les moyens de vivre loin de lui. Ils étaient partis, riches de leur courage, sans songer au lendemain, et je les voyais abandonnés sans secours et sans appui au milieu des dangers.

Pendant que nous étions accablés d'inquiétudes, mes enfants, non moins agités, étaient tourmentés dans tout ce qu'ils entreprenaient. A Rome, la consternation était grande. Ce nom envahissant se montre donc enfin ! s'écriait-on de toutes parts. La diplomatie voulait en faire le prétexte de l'intervention déjà bien décidée. J'ai vu une lettre d'un diplomate où il disait : « Ces jeunes gens, qui se croient toujours princes impériaux, s'ils étaient pris, verraient bien ce qu'ils sont réellement, à la façon dont on les traiterait. »

Le cardinal Fesch, le roi Jérôme, restés à Rome, leur envoyaient des ordres, des prières pour quitter l'armée. D'accord avec leur père, on écrivait au gouvernement provisoire de Bologne qu'ils nuisaient à leur cause ; au général Armandi, nommé ministre de la guerre, pour les faire rappeler de l'armée. Enfin, amis, ennemis, famille, tout le monde se donnait le mot pour neutraliser leurs efforts, tandis que l'enthousiasme le plus grand animait tout le pays qu'ils occupaient, et que la jeunesse, calculant la réussite sur son ardeur et sur son courage, se voyait déjà en espérance maîtresse de Rome, dont elle connaissait le découragement et le peu de moyens de défense. On ne mettait pas en doute que sous deux jours le Pape ne fût en la puissance de cette petite armée. On la redoutait sans doute à Rome, car M. de Soelting ([2]) fut envoyé près de

---

1. Ancien gouverneur de mon fils Napoléon, et qui avait été appelé par les insurgés à occuper des fonctions importantes. (*Note d'Hortense.*)

2. Officier attaché au roi Jérôme.

mes enfants par le roi Jérôme qui venait de voir le Pape. C'est donc avec l'autorisation du Pape qu'on voulait entrer en pourparlers, et savoir les véritables intentions des insurgés.

« Sa Sainteté, dit M. de Stoelting à mon fils aîné, ne sait pas ce que veulent les insurgés ; qu'ils s'expliquent. Il serait important de lui faire connaître promptement le véritable état des choses. Si vous voulez présenter un aperçu de leurs réclamations, je me charge de le lui soumettre. »

Mon fils consentit à se faire l'interprète des vœux exprimés par toute la jeunesse qui l'entourait. Il fit rédiger par le comité de Terni les principaux griefs, les désirs comme les besoins du pays; et sa lettre au Pape, remise par M. de Stoelting, ne fut que l'expression de tous ces vœux.

Cependant le concours de tant d'efforts réunis obligea mes enfants à céder. J'en reçus la nouvelle par le général Armandi, qui m'écrivit :

« Madame, — Les jeunes princes sont ici et très bien portants. Ils ont fait un sacrifice pénible et qui demande un grand fonds de raison et de sentiments ; c'est pour ne pas nuire aux intérêts de cette malheureuse Italie, qu'il ne leur est pas même permis d'aider ouvertement ; c'est pour ne pas affliger ou compromettre ce qu'ils ont de plus cher au monde.

» Je conçois, Madame, ce qui doit s'être passé dans votre cœur pendant ces derniers jours. C'était la première idée qui m'avait frappé aussi, et que j'ai eu l'honneur de vous exprimer par ma lettre du 28 mai. Soyez encore plus fière que vous ne l'étiez, Madame, d'avoir de tels enfants ; toute leur conduite dans cette circonstance est un enchaînement de sentiments nobles, généreux, dignes de leur nom, et l'histoire ne l'oubliera pas. Un jour, il faudra bien qu'on appelle vertu ce qui est vertu, et toutes les diplomaties du monde n'y changeront rien.

» Ils partent aujourd'hui pour Bologne. Je prends la même route demain. Ils se proposent d'y rester quelque temps ; et si cela encore devait donner de l'ombrage, ils se retireront à Ravenne chez leur cousine. C'est à Bologne que j'attends les ordres de Votre Altesse, chez M. Le Bon. J'ai un pressentiment, Madame, de vous y voir aussi ; au reste, tout est bien en l'air encore. Il me tarde d'être à Bologne, et je quitte Ancône à regret, car c'était mon poste d'élection. Veuillez bien, Madame, me compter toujours pour votre fidèle serviteur... »

D'un côté, le gouvernement de Bologne s'opposa à la prise de Rome ; de l'autre, le général Sercognani arriva avec des troupes, et eut l'ordre de remplacer mes enfants. Ils se rendirent à Ancône, et de là à Bologne, voulant au moins servir comme volontaires.

Mon mari, qui croyait avoir réussi à les faire revenir, fut encore désolé, et malgré une lettre de ses enfants, qui lui disaient que si on les tourmentait aussi cruellement, ils iraient servir en Pologne, il n'en conservait pas moins l'idée que je devais aller les chercher. Mais dès qu'on sut qu'ils avaient quitté l'armée, les gouvernements devinrent plus sévères ; on ne les redoutait plus. Malgré toute l'estime qui entoure mon mari, on vint lui signifier que ses fils ne seraient pas reçus en Toscane. Le ministre d'Autriche déclarait aussi de son côté qu'on ne les laisserait plus habiter la Suisse. Le roi Jérôme et le cardinal Fesch écrivaient de Rome que s'ils étaient pris par les Autrichiens, ils étaient perdus. Perdus ! ce mot seul suffit pour faire deviner toutes les angoisses qui remplissaient mon âme.

J'avais confié à mon mari que je voulais emmener mes enfants en Turquie, mais que je serais peut-être forcée de m'embarquer dans un port de la Méditerranée, et de passer par la Corse. La Corse l'avait effrayé, parce qu'il savait qu'il y avait là beaucoup d'amis de la famille de l'empereur, et qu'il redoutait même une marque d'affection qui pourrait devenir dangereuse. Je promis donc d'aller d'Ancône à Corfou ; mais il voulait me faire partir sans retard, et moi, je ne voulais quitter Florence que lorsque les Autrichiens entreraient en Romagne, parce que je savais bien qu'il fallait une déroute pour me donner la possibilité d'avoir mes enfants, et qu'ils défendraient avec persévérance la cause qu'ils voulaient servir, tant qu'elle existerait. Je prenais donc mes dispositions pour m'exiler en Turquie. Je dis adieu à mes amis de France, à ma patrie, à l'Europe même que je croyais ne revoir jamais, lorsque j'appris qu'une flotille autrichienne se montrait dans l'Adriatique. Cette nouvelle m'anéantit, elle détruisait tous mes plans. Je pensai avec raison qu'il était impossible de ne pas être pris lorsqu'au dernier moment on s'embarquerait à Ancône. Alors toute mon anxiété recommença. Gagner un port par les États romains ou par le royaume de Naples, était impossible ; la Toscane ne voulait plus recevoir mes enfants ; par où fallait-il se diriger pour les soustraire, après une déroute, à tous les dangers qui allaient les environner ?

J'eus l'idée de demander un passeport suédois pour deux jeunes gens de cette nation, et dont mes enfants pourraient profiter après la défaite, et traverser même toute l'armée autrichienne pour gagner la Suisse. J'en parlai à quelqu'un qui pouvait avoir le moyen de l'obtenir, et j'appris le lendemain par une Italienne qui n'avait aucune relation avec celui qui s'en était chargé, que cet espoir de sauver mes fils lui avait été communiqué par plusieurs personnes.

A l'instant je compris qu'il fallait renoncer à un moyen resté si peu secret, et que je devrais garder pour moi seule ce que je pourrais entreprendre désormais.

Chaque jour, chaque heure épuisait mes forces et mon courage. La nuit surtout, où dans le calme je cherchais à me reposer des assauts et des discussions du jour, au lieu de repos je m'abandonnais à peser tous les moyens possibles de sauver mes enfants de tant d'ennemis acharnés contre eux.

Tout à coup une idée me vient, hardie, presque impraticable ; c'est égal, je m'y livre. C'est le seul moyen, et je les sauverai. Je les emmènerai par le chemin où l'on pourra le moins les chercher, par la France, par Paris. Un décret de mort y est encore lancé contre eux : mais n'importe ; le nom de liberté, de justice, d'humanité doit avoir là trop d'empire pour que j'aie rien à redouter. Je suis bien décidée, mon plan est arrêté, je n'ai plus qu'à le mettre à exécution.

J'écris à un Anglais dont j'avais bien accueilli la famille il y avait quelques années, et qui, alors à Florence, était venu me faire une visite. Il arrive à l'instant : « Vous pouvez me donner plus que la vie, lui dis-je, il faut que vous m'ayez un passeport sous le nom d'une dame anglaise qui se rend avec ses deux fils à Londres par la France. » Il me dit avec une bonté touchante, et dont je me souviendrai toute ma vie : « En recevant votre lettre, je devinai votre sollicitude pour vos enfants. Je pensai même qu'ils étaient ici, que vous vouliez me les confier, et je regardai chez moi où je pourrais les cacher. Je sais tous les dangers qu'ils courent. Je ne suis pas du parti des révolutions, mais je dois sauver la vie de ces deux jeunes gens que trop de vexations ont accablés pour qu'ils ne soient pas excusables de s'être jetés dans de tels dangers. Mais vous n'avez pas de temps à perdre. Je vais m'occuper de votre passeport, seulement je vous demande d'en prévenir mon ministre ou mon gouvernement.

— Faites-le, lui dis-je ; ce ne sera pas lord Holland, lord Grey, les anciens membres de l'opposition, qui ont noblement défendu le prisonnier de Sainte-Hélène, qui pourraient vous blâmer de sauver la vie de ses neveux. Je vous demande pourtant d'attendre pour votre communication que nous soyons hors du pouvoir de ceux qui, avec raison, doivent en vouloir à mes enfants. »

Soulagée d'un poids énorme, je me faisais un effort pour ne pas confier à mon mari l'espoir qui venait de ranimer mon courage. Mais le ministre de Piémont lui avait refusé son visa sur un passeport qui aurait permis à ses enfants d'aller en Suisse. Le ministre d'Autriche lui avait dit qu'ils ne pourraient plus y demeurer. Tout ce qu'on lui proposait alors pour les sauver lui paraissait inexécutable, et il ne voulait plus entendre parler que de ce qu'il avait décidé. Aussi me répétait-il constamment : « Embarquez-vous à Ancône pour Corfou, il n'y a que cela à faire. »

Ses inquiétudes le troublaient tellement et influaient si visiblement sur sa santé, que je crus, pour le calmer, que le meilleur moyen était d'approuver en apparence tout ce qu'il voulait. D'ailleurs, il m'avait répété souvent : « Je vous laisse seule vous occuper d'eux, je sens que je suis trop souffrant pour pouvoir le faire. » Il m'offrit sa voiture de voyage, puisqu'une des miennes avait ramené M. de Bressieux à Rome.

Tout le monde sachant que j'allais vers mes enfants et m'embarquer avec eux à Ancône, mon passeport fut signé sans difficulté. L'Anglais auquel je m'étais confiée m'apporta celui de mes enfants. Il était sous le nom d'une dame de ses parentes, et revêtu de toutes les signatures exigées. Je ne peindrai pas mon émotion, ma reconnaissance ; elle est restée bien profondément gravée dans mon cœur.

Il m'engagea à ne pas perdre de temps, attendu que les Autrichiens devaient être le jour même à Bologne. Je fixai mon départ pour le lendemain matin, 10 mars.

Une chose m'embarrassait beaucoup. Aux portes de Florence, il faut donner son nom. On met sans doute un visa de sortie sur le passeport. Il en faut donc un au passeport anglais que je possède, pour ne pas inspirer de soupçons ; lorsque je le montrerai à la première ville où je prendrai le nom étranger, si l'on voit qu'il n'a pas été visé à la sortie de Florence, que dirai-je ? C'est une des choses qui m'ont causé le plus d'embarras, et peut-être était-elle inutile ; mais lorsque je pensais quels tendres intérêts j'allais avoir à sauver, rien ne me paraissait à négliger.

J'avais envoyé près de mes enfants le plus jeune de mes valets de chambre avec deux chevaux. Quelle peine il avait fallu pour enfreindre en cela les ordres de mon mari ! Je n'avais près de moi qu'un valet de chambre encore souffrant d'une sciatique, et deux valets de pied. Mon cocher amenant mes équipages de Rome, s'était cassé la jambe à la descente du pont de Florence ; j'avais dû en prendre un étranger, et c'est ce qui me donnait beaucoup d'inquiétude pour la sortie que je voulais entreprendre.

Aussitôt que la nuit fut venue, je fis mettre mes chevaux conduits par le palefrenier en postillon, et mon valet de chambre malade se mit dans la voiture de voyage de mon mari. Je montai avec ma dame dans la calèche conduite par mon cocher étranger. Arrivée à la porte de Santa-Croce, on vint prendre mon passeport anglais ; il fut examiné et le nom inscrit. Seulement on vint me faire la remarque que je ne prenais pas la route indiquée. Je répondis que j'allais à une villa, et l'on me congédia par un « bon voyage » dont j'aurais bien voulu profiter.

Je fis une demi-lieue. Il n'y avait pas de chemin de communication de la route que je suivais à une autre route qui aurait pu me ramener à Florence. Je m'arrêtai près d'une auberge. Je dis à mon valet de chambre de reprendre ma place dans la calèche, de rester même un instant à faire boire le cocher, et je lui indiquai le chemin du retour, lui recommandant bien de ne pas rentrer par la porte par laquelle nous étions sortis.

Je montai avec ma dame dans la voiture de voyage et je retournai sur mes pas très inquiète de mon retour, car mon équipage était assez ridicule pour avoir été remarqué.

En arrivant près de la porte que je venais de quitter, le cœur me battit fortement. Heureusement que les hommes de police s'occupaient d'une diligence qui sortait à l'instant. Nous pûmes donc tourner cette porte sans être vus, et en dehors des murs aller rejoindre la première qui se rencontrerait. Mon palefrenier allemand, qui ne connaissait pas la ville, nous perdit, et ce ne fut qu'après une heure que nous pûmes retrouver notre hôtel. La calèche revint sans embarras, et l'on chargea mes voitures pour le lendemain.

Je refusai toutes les personnes qui, me voyant partir si seule, me proposaient de m'accompagner. J'avais mon plan ; il ne fallait aucun homme avec moi ; une dame me suffisait, et celle que j'avais, remplie de dévouement et de courage, me secondait parfaitement.

Ma pauvre belle-fille était au désespoir. Placée entre le désir de se réunir à son mari et le devoir de soigner sa mère qui était mourante, sa position, que son courage parvenait à dissimuler, attendrissait. « Je ne reverrai plus Napoléon, me disait-elle en pleurant ; j'en ai la conviction. — Partout où nous irons tu viendras nous rejoindre quand ta mère sera mieux, lui disais-je. Ne t'inquiète de rien. Si tu n'as aucunes nouvelles de nous, c'est qu'elles seront bonnes, et je suis sûre de les sauver ! » Hélas ! je croyais en partant quitter tous les tourments, et c'était pour me retrouver au milieu des plus affreuses douleurs.

Mon plan était d'aller me placer à Foligno et d'attendre là les événements. Les Autrichiens devaient entrer sur le territoire papal le jour même de mon départ. Il ne fallait pas me presser, et comme Foligno se trouvait dans l'embranchement des deux routes du Furlo et d'Ancône, j'étais à temps pour savoir par où se ferait la retraite et me porter de ce côté.

Toujours livrée depuis ma naissance à de grands événements, j'ai pris l'habitude d'en mesurer d'avance toutes les chances par mon imagination. Rarement, lorsqu'ils arrivent, ils me surprennent. J'ai toujours prévu tout ce qu'ils peuvent avoir de pénible ou de dangereux. Le bonheur seul, auquel je ne pense pas, me trouverait peut-être sans courage. Mais je n'en connais pas les émotions !

Tout en roulant dans cette voiture, je pensais à la déroute que je prévoyais. Comment allais-je retrouver mes enfants ? blessés peut-être ! « Ah ! je me résigne à en avoir un blessé ; je le coucherai dans cette voiture, je pourrai encore le soigner et je bénirai Dieu ! » Mais lorsque ma pensée allait plus loin, un froid mortel me saisissait, mes idées devenaient confuses, et je sentais que j'allais perdre l'usage de mes facultés et de mon courage.

Ce fut dans ces tristes dispositions que j'entrai sur le territoire insurgé. Quel contraste avec mes impressions ! Tout respirait l'allégresse. La population entière, ornée de cocardes et de rubans tricolores, semblait jouir pour la première fois du beau soleil qui l'éclairait. Le mot de liberté l'enivrait comme l'opium, qui, dit-on, anéantit toutes nos facultés, hors celle de jouir de son ivresse.

J'arrivai à Pérouse. La ville entière avait une apparence de fête. M\*\*\* vint me voir. Il m'importait de prendre des renseignements positifs sur les localités, sur les chemins de traverse praticables, sur les chevaux à trouver lors de mon retour de ce côté.

Je ne lui cachai pas mes inquiétudes sur les événements qui allaient avoir lieu. Sa sécurité était complète ainsi que sa noble résignation. « Mon père, à la première révolution, perdit la vie, me dit-il ; il fut sacrifié malgré les promesses de clémence. Je me suis voué aux mêmes chances, j'en supporterai avec courage le même résultat. » Il m'amena le comte Pepoli qui venait chercher à Pérouse des munitions dont on manquait à la petite armée du général Sercognani : nous causâmes toute la soirée. Ils montraient leur défaut de moyens de se défendre. Il n'y avait ni armes, ni canons. Et que pouvait entreprendre une jeunesse intrépide il est vrai, remplie d'ardeur, mais contre une armée considérable, forte d'artillerie, instruite et disciplinée ? « Pensez donc, après avoir fait votre devoir, à la retraite, leur disais-je, et du côté de la Corse, car de la France seule vous pourriez espérer un appui. C'est par là qu'il faut vous mettre en communication avec elle. » Mon conseil leur fut profitable plus tard.

Aussitôt après mon arrivée à Foligno, le général Sercognani s'empressa de venir me voir. Il me conta sa détresse, le courage de ces jeunes volontaires qu'il était forcé de réprimer, n'ayant pas de quoi faire le siège de la plus petite place forte. « Si l'on faisait une sortie, me disait-il, la valeur de mes jeunes gens s'emparerait à l'instant des canons ; mais l'ennemi ne s'aventure pas. »

Il me fit son plan de campagne ; mais il n'avait pas un seul obusier pour effrayer assez Civita-Vecchia, et lui faire ouvrir ses portes. Le peu de munitions qu'on possédait avait été gardé pour Ancône, forteresse démantelée qui ne pouvait pas se défendre. Il envoya un courrier au général Armandi, ministre de la guerre, pour lui faire la demande de ces obusiers si nécessaires. J'écrivis aussi à mes enfants pour leur communiquer toutes mes craintes pour leur cause, et leur dire que j'étais là à en attendre le résultat ; quel qu'il fût, je désirais savoir la route que prendrait la retraite.

Ces pauvres jeunes gens, qui dévouaient leur existence, qui sentaient que, pour être vaincus avec honneur, il fallait se défendre avec persévérance, enchaînés à la nullité par des considérations particulières, voyaient l'autorité, sans énergie, tout perdre en voulant tout ménager. S'ils se portaient en avant pour combattre, leur nom, ce nom si beau et si terrible aux ennemis, était un obstacle. Ils étaient retenus. On osait déchirer le brevet d'un simple grade accordé pour leur donner rang dans l'armée. Il ne fallait pas qu'on les soupçonnât là ; que l'ennemi qui entrait enfin, les aperçût : ses coups en deviendraient plus forts sans doute. Et l'espoir de temporiser, de tout concilier, était la seule ressource de ceux qui avaient osé accepter de se mettre à la tête d'une révolution. Malheur à qui provoque aux révolutions, mais trois fois malheur à qui ose s'en emparer sans savoir les soutenir !

Pour moi, établie dans cette mauvaise auberge de Foligno, dans la même chambre que mes enfants avaient occupée quelque temps avant, et où ils se livraient sans doute aux rêves flatteurs de leur jeune imagination, j'étais comme un condamné qui attend sa sentence. Chaque mouvement, chaque bruit m'attirait à la fenêtre. La nuit, les « qui vive » si souvent répétés par les bourgeois qui gardaient les portes de la ville, ou les courriers du général Sercognani qui m'instruisait de sa position, me réveillaient à chaque instant.

Le jour, je faisais à pied, seule avec ma dame, des promenades autour des remparts. Je m'asseyais des heures entières sur un banc. Le temps était magnifique. Ce contraste du calme de la nature et de l'agitation des craintes les plus cruelles, cause une impression difficile à exprimer. Dans toutes mes courses je m'arrêtais toujours dans une église. Avec quel sentiment je demandais à Dieu la vie de mes enfants ! Il y a dans ces grands édifices destinés à la prière quelque chose de calme aussi, et qui contraste moins avec nos impressions que l'aspect d'une belle nature. On se sent plus à l'aise avec sa douleur ; elle ne retombe pas sur le cœur pour nous étouffer, comme lorsque l'image du bonheur nous environne.

Le 17 mars, j'étais encore plus agitée qu'à l'ordinaire. Le courrier que j'avais envoyé à mes enfants les avait trouvés à Forli. Bologne était déjà abandonnée par l'armée, qui voulait éviter d'être tournée par la route de Ravenne.

Pourtant ils me rassuraient sur l'entrée des Autrichiens et ne me parlaient pas de leur santé. Le courrier me dit qu'il les avait vus tous les deux, qu'ils étaient bien, seulement que mon fils Napoléon toussait beaucoup. En même temps, on m'apprit que la rougeole était dans le pays où ils se trouvaient. Facile à m'inquiéter, je pris le parti de me rapprocher de mes enfants et d'aller à Ancône, puisque les Autrichiens m'en donnaient le temps. Je ne pouvais plus tenir à Foligno, l'esprit constamment tendu vers les événements que je redoutais : il fallait me trouver près d'eux, partager même leurs dangers, s'il le fallait, pour me calmer.

Ravenne, Forli, me revenaient sans cesse dans la pensée. Je craignais là une bataille ou un malheur pour moi.

Comme les Autrichiens entraient par Ravenne, j'avais une frayeur extrême de voir mes enfants s'exposer là. J'allais jusqu'à m'inquiéter de mon ancien intérêt, comme le pressentiment d'un malheur qui devait m'y arriver.

J'étais en route pour Ancône, troublée, agitée, le cœur rempli de funestes présages, lorsqu'à la première poste après Foligno, une calèche s'arrête près de ma voiture. Un homme que je ne connais pas en sort. Je ne sais pourquoi je tremble. Il vient de la part de mes enfants. « Le prince Napoléon est malade, me dit-il. — Il a la rougeole ! m'écriai-je.

— Oui, il vous demande. » A ces mots : *Il vous demande*, je m'écrie avec effroi : « Il est donc bien mal ! »

A l'instant je retourne sur mes pas. La route la plus courte doit me conduire près de mon fils. Je n'ai plus qu'une idée : voler près de lui, le soigner s'il en est temps encore, hélas ! et je me sens saisie d'un profond anéantissement. Le coup a déjà été au-dessus de mes forces. J'ai beau me dire : « J'ai été trop malheureuse, non, cela n'est pas possible ! Le Ciel est juste ; ce serait trop ! Ah ! non, il ne mourra pas ! il me sera rendu ! » je demeure sans force et sans courage.

Ce messager envoyé de Forli, la figure de tous ceux qui m'entourent, m'annoncent un affreux malheur ! je n'ose interroger ! L'incertitude est encore un bienfait. Cependant j'entends à chaque poste ces mots terrifiants sans cesse répétés par le peuple qui entoure ma voiture : « Napoléon mort ! Napoléon mort ! » Je l'entends et je n'y crois pas...

J'étais morte aussi, sans doute, car je ne sentais rien. J'ignore où l'on me mène pendant un jour et une nuit, et tout semble m'être indifférent.

J'arrive pourtant à Pesaro, dans le palais de mon neveu. On me porte inanimée sur un lit, et c'est là que mon malheureux fils Louis vient se précipiter dans mes bras, fondant en larmes, et m'apprend qu'il est désormais seul dans ce monde, qu'il a perdu son frère, son meilleur ami, et que sans moi il serait mort aussi de douleur sur ce corps qu'il ne voulait pas quitter.

Je ne puis peindre ces moments déchirants ! ma main tremble....

Ah ! le désespoir d'une mère est éternel ! (¹)

---

1. Des historiens ont écrit que ce pauvre jeune homme était mort, non de la rougeole, mais victime des passions sectaires et furibondes de ses propres partisans, qui l'auraient assassiné. Voici comment ce lugubre drame est raconté dans *le Dernier des Napoléons* : Les conspirateurs arrivèrent un soir avec les deux Bonaparte dans une auberge de Forli. L'aubergiste apporte ce registre de police italienne qui, divisé en colonnes naïvement indiscrètes, demande au voyageur non seulement ses nom, prénoms et qualités, mais d'où il vient, où il va, l'objet de son voyage, etc. Les conjurés étaient à la veille de leur prise d'armes et n'avaient plus rien à ménager. Le premier prend la plume et écrit : « Accursi, conspirateur, va à Rome pour renverser le Pape ! » Puis il passe la plume à l'aîné des Bonaparte, lequel écrit, après son nom, les mêmes indications, et repasse la plume à son frère, lequel, après avoir répété les mêmes formules, la tend au quatrième, et ainsi des autres. On résolut donc de marcher sur Rome. La nuit, on tint conseil et l'on tira au sort pour savoir qui serait le chef. Le premier nom qui sortit fut celui de l'aîné des Bonaparte. Celui-ci, au grand ébahissement des carbonari, refusa la dignité. « Tous mes devoirs, dit-il, et tous mes sentiments de reconnaissance me défendent d'attaquer le Pape. Ma famille n'a trouvé d'asile et de secours en Europe qu'auprès du Saint-Père, et je craindrais de rencontrer, sur l'escalier du Vatican, ma grand'mère et tous les miens. Je marche avec vous pour renverser le pouvoir clérical dans les provinces, mais ne me demandez pas de marcher sur Rome. » Les conjurés se regardent avec inquiétude, les fronts se rembrunissent et l'un d'eux répond : « Que de pareils scrupules à l'heure suprême étaient étranges, fâcheux, mais surtout tardifs...; qu'il eût mieux valu les manifester avant d'avoir accepté les secrets de la conspiration; qu'attaquer le gouvernement clérical, c'est attaquer le Pape, la différence ne se distinguant pas bien... etc. » Le matin, Napoléon-Louis expirait dans les bras de l'hôtelier, les uns disent d'une balle dans la poitrine, les autres d'un coup de poignard. Son frère n'attendit pas le reste ; il s'échappa la nuit même et s'enfuit à Ancône, d'où sa mère le ramena à Paris...

# Chapitre Vingt et unième

Stratagème de la reine Hortense pour sauver son second fils. — Péripéties du voyage qu'elle fait avec lui. — Complications et périls de tout genre au milieu de l'armée autrichienne. — La reine Hortense à Lorette. — Elle traverse la Toscane, arrive à Gênes, et parvient sans encombre jusqu'à la frontière française.

Dans le moment affreux où j'appris la mort de mon fils aîné, je me souviens que l'état dans lequel j'aperçus celui qui me restait, me força seul à rappeler mon courage. Il fallait le sauver, lui qui perdait le compagnon de sa vie, lui qui voulait mourir aussi !

J'ignore encore où j'ai pu trouver la force qui m'a été nécessaire ; mais enfin je l'ai eue.

Le jour même de mon arrivée à Pesaro, on vint me dire que les Autrichiens avançaient, que la retraite se faisait sur Ancône, et que les autorités de Bologne étaient déjà passées pour s'y rendre.

Le croirait-on ? dans ce malheur si grand qui m'accablait, il fallait encore convenir qu'il pouvait être plus épouvantable. Il fallait presque se féliciter que cette maladie si aiguë, que cette inflammation de poitrine eût emporté mon pauvre enfant si subitement ! Sans cela il eût fallu, pour le sauver des Autrichiens, le mettre mourant en voiture, et qu'il éprouvât, au milieu des angoisses de la mort, l'impuissance d'agir, et la crainte de la défaite et de l'esclavage !

Son frère, qui ne l'eût pas quitté, eût été pris sans doute avec ce corps inanimé !

Voilà le comble du malheur dont j'étais menacée, si les Autrichiens fussent entrés deux jours plus tôt, comme ils l'avaient annoncé dans leurs notifications diplomatiques.

La ville entière de Forli s'était portée à son enterrement. Elle eut le temps de montrer ses regrets et de le conduire dans une chapelle où il fut déposé en attendant que son père l'envoyât chercher. Le lendemain elle était au pouvoir de l'ennemi.

On pense bien que mon malheur était si complet, que je ne pouvais en imaginer un plus grand.

## CHAPITRE VINGT ET UNIÈME.

Mes forces étaient épuisées : dans l'état où j'étais, on ne pouvait penser à me mettre en voiture, et pourtant il fallait fuir. Le préfet de Pesaro demanda à me parler. « Les Autrichiens avancent, me dit-il, et, de plus, on aperçoit des voiles sur l'Adriatique, qui peuvent débarquer des troupes sur la côte de Sinigaglia. » Alors il n'y avait plus pour moi de retraite possible, et j'avais encore un fils à sauver ! Electrisée par cette idée, le courage me renaît ; je fais demander des chevaux, et je me fais porter à l'heure même en voiture. J'arrive la nuit à Fano et le lendemain à Ancône.

Le palais que j'habitais, et qui appartenait à mon neveu, est placé au bord de la mer. La vague s'élève souvent jusqu'à la chambre où j'étais. Je pouvais voir de là tout le port et y compter le peu de mauvais bâtiments qui se trouvaient à la disposition des malheureux qui allaient avoir besoin de fuir. Je sentais quels périls couraient ceux qui s'exposeraient sur de si frêles embarcations. Comment d'ailleurs espérer éviter les bâtiments autrichiens ? Eh bien, j'allais peut-être me voir obligée d'affronter ces dangers, car, le gouvernement n'ayant pris aucune précaution contre l'entrée des Autrichiens, la défense en était impossible ; et par la route du Furlo, si je tardais davantage, ils pouvaient arriver avant moi à Foligno.

Les étrangers qui avaient pris parti dans l'insurrection, devaient être saisis et traités selon la rigueur des lois.

Je laisse à penser quelle était mon anxiété et quelle pénible incertitude venait faire diversion à ma douleur. Il n'y avait donc pas à balancer ; un jour, un instant de retard, pouvait être fatal. Je devais surmonter ma faiblesse et entreprendre ce voyage que j'avais imaginé avec tant de courage pour sauver mes deux enfants, hélas ! ce voyage que je ne devais pas abandonner, puisqu'il me restait encore un enfant. Mon passeport comprenait deux jeunes gens. Pour n'inspirer aucun soupçon, il fallait trouver quelqu'un qui pût passer pour mon second fils.

Le jeune marquis Zappi était compromis plus que tout autre. Marié nouvellement à la fille du prince Poniatowski, il avait été choisi pour porter à Paris des dépêches du gouvernement de Bologne. Il espérait encore des secours de la France, et il ne savait pas par quel moyen y arriver. Je le fis appeler et je lui dis : « Si vous avez confiance en moi, » je vous mettrai bientôt à même de remplir votre mission. » Il consentit à se laisser conduire sans même connaître mes projets, car je les gardais pour moi seule, et je passai la journée à faire toutes mes dispositions pour le lendemain. Il ne fallait oublier ni les livrées qui devaient en imposer sur la route, ni les puérils détails propres à un déguisement ; et comme mes dispositions étaient prises depuis longtemps, il n'y avait que ma faiblesse extrême qui pouvait être un obstacle, car j'avais de la peine à me tenir debout. Mais on arrangeait un lit dans ma calèche, et d'ailleurs je ne pensais pas à moi. Sauver mon fils était devenu ma seule occupation ; je pouvais mourir après.

Pour lui, triste, abattu, il me cachait sa douleur, et se laissait mener comme un enfant, pour me faire revivre sans doute par les soins qu'il me forçait à prendre. Pourtant il paraissait malade et ne se plaignait pas. Je m'en aperçus. Je fis appeler un médecin, qui déclara qu'il avait une fièvre très forte. Il fallut qu'il se couchât. On espérait qu'en restant un jour de plus, il pourrait partir le lendemain. C'était encore une nouvelle inquiétude. Mais qu'on juge du coup affreux qui vint me frapper, quand, ce lendemain arrivé, au lieu de pouvoir m'empresser de fuir, comme il le fallait, la clarté du jour me montra le visage de mon fils couvert d'une éruption : il avait à son tour la rougeole !

C'est alors que j'appelai à mon aide toute la présence d'esprit et le courage que j'aie jamais pu déployer dans ma vie. A la minute je fais venir le médecin pour me confier à lui. J'envoie chercher le passeport de mon fils, signé pour Corfou par toutes les autorités. Je fais retenir sa place sur un mauvais bâtiment, le seul prêt à partir, et je fais répandre le bruit que c'est moi qui suis très malade. Je fais placer le lit de mon fils dans le cabinet près de ma chambre, et là, tombant à genoux, la tête dans mes mains, je remets à la Providence le soin du sort qui nous est réservé.

Mes domestiques exécutent tout ce que j'ai commandé. Ils vont et reviennent au bâtiment, et trompent les curieux sur ce faux embarquement. Sans la promptitude de ces dispositions, tout était découvert ; le lendemain il n'était plus temps. Le soir, ce faible esquif met à la voile, et personne ne doute qu'il n'emporte mon fils.

Pour lui, le voilà obligé de rester à la merci de ses ennemis. La plus petite indiscrétion peut le perdre, tout est à redouter, et, pour surcroît de trouble, arrive un courrier que m'envoie mon pauvre mari. Lui-même au désespoir, il croit que j'ai pu m'abandonner au mien. Il m'écrit : « Sauvez le fils qui nous reste, il faut qu'il s'embarque ; » et il veut savoir toutes les dispositions que j'ai prises. Je ne puis confier à qui que ce soit le secret d'où dépend sa sûreté. Une lettre peut être lue, le courrier arrêté. Je fais rassurer un père sur le tendre intérêt qui l'occupe ; je garde pour moi seule les inquiétudes, et tout le monde croit que mon fils est embarqué pour Corfou.

## CHAPITRE VINGT ET UNIÈME.

Cette nuit même la mer est affreuse, les vagues viennent battre jusque sur ma croisée, et j'en suis à trouver plus consolant de voir mon fils dans son lit, souffrant de la fièvre, que de le savoir sur cette mer orageuse qui m'aurait causé tant d'effroi s'il eût fallu qu'il l'affrontât.

Pourtant ce vent effroyable a sauvé la barque qui s'est confiée à lui ; il l'a menée droit à Corfou. Les Autrichiens n'ont pu l'atteindre.

Nous vîmes arriver tous les débris de la petite armée. Ils venaient se réfugier à Ancône avec l'espoir de résister encore. Aux portes ils apprirent que la ville s'était rendue. Je leur dois la justice de dire que l'impuissance où on les mit de combattre leur fut encore plus sensible que la perte de leurs espérances. Mon fils malade, qui venait de tant perdre, de tant sacrifier à cette liberté italienne, s'y intéressait d'autant plus, et je l'entendais gémir d'une issue aussi malheureuse, et de l'impuissance où il se trouvait de servir cette liberté.

C'est alors que je vis toutes les douleurs qui accompagnent une défaite. Cette jeunesse intéressante n'avait de choix qu'entre les fers ou la fuite ; on venait de lui interdire le combat et la mort ! Les portes de la ville s'ouvrirent un moment pour recevoir les fugitifs ; ils n'avaient que le temps de prendre un passeport et de s'embarquer. Les ordres de Rome pouvaient révoquer un tel bienfait, accordé sans sa participation. Ils se trouvaient donc placés entre deux pouvoirs ennemis, car les Autrichiens devaient être maîtres d'Ancône sous deux jours. Les envoyés du légat, qui leur annonçaient la soumission de la ville et qui les priaient de ne pas avancer, n'avaient été nullement accueillis. Il fallait s'apprêter à recevoir la loi du vainqueur.

Deux bâtiments restaient dans le port et devenaient la seule ressource de tous ces malheureux. Le croirait-on ? le prix des places s'éleva en raison du besoin que tant d'infortunés en avaient, et il devint impossible à cette jeunesse, qui avait abandonné pour la liberté, fortune, famille et tous les plaisirs de la vie, il devint impossible à la plupart d'entre eux de payer leur passage. Beaucoup s'adressèrent à moi, et je fus assez heureuse pour pouvoir leur être utile.

Le hasard avait fait que, possédant une petite ferme dans les Marches, j'avais désiré l'augmenter. A cet effet, sans me douter de ces tristes événements, j'avais vendu des rentes et envoyé l'argent chez le receveur de mon neveu. Il logeait dans le palais que j'habitais. Il avait pu payer tout ce dont mes enfants avaient eu besoin, et à présent je pouvais aider tant de malheureux. Je donnai tout ce que j'avais, ne réservant que ce qu'il me fallait pour mon voyage.

Je dois dire ici que, dans mon malheur, j'ai reçu des offres de services et des preuves de dévouement que je ne puis oublier. M^me *** venait quelquefois chez moi à Rome ; je la connaissais peu, mais mon malheur la toucha au point qu'il n'est sorte de services qu'elle n'eût voulu me rendre : toute sa fortune fut à ma disposition. M. de Bressieux m'écrivit aussi que si j'avais besoin de lui, quoiqu'il vînt de se marier, il se mettait à mes ordres. Je n'ai pu que longtemps après répondre à tant d'empressement et de dévouement, mais j'en ai toujours conservé une tendre reconnaissance.

Pour donner une idée de toutes les infortunes qui m'environnaient, je ne citerai que ces malheureux Modenais qui, avec une bravoure digne d'un meilleur sort, avaient soutenu un siège dans une maison contre une troupe du duc de Modène, et, délivrés par le peuple, avaient fini par triompher. Humains dans la victoire, ils avaient ménagé leurs ennemis et protégé la vie du duc ; maintenant sans ressources, sans amnistie pour eux, l'échafaud les attendait. Trop nombreux et trop pauvres pour s'embarquer, ils entreprirent de partir à pied et d'aller gagner Livourne par les montagnes. Avec de l'argent que je leur fis donner, ils s'arrangèrent pour qu'une piastre par homme pût leur suffire jusqu'à leur destination.

Tant de misères me perçaient le cœur ; il y avait de l'écho dans mon âme pour toute infortune, et j'aimais à vaincre ma faiblesse, afin de mieux soulager tant de souffrances. Deux frères pleuraient de se séparer, ils n'avaient que les moyens de payer une place sur le bâtiment qui allait mettre à la voile. Je l'appris et j'envoyai par M. Zappi la somme nécessaire pour les réunir. Il est si doux d'être utile ! Ah ! ce n'est pas la douleur qui dessèche le cœur ! J'étais au comble du malheur, mais j'avais encore la faculté de sentir celui des autres.

Je voyais de ma fenêtre le bâtiment qui allait emporter le reste de cette valeureuse jeunesse, imprudente sans doute, car elle n'avait pas assez calculé ses moyens ; mais la prudence est si rare ! Ne reprochons pas à la jeunesse les défauts qui rehaussent ses brillantes qualités ; c'est encore dans ces âmes désintéressées qu'on peut trouver tout ce qui ennoblit l'homme.

Zucchi, ancien général distingué de l'armée de mon frère, s'était jeté dans la révolution. Malgré tous ses efforts et la confiance entière qu'on lui portait, car on voulait lui donner la dictature, il resta à combattre près de Modène, n'ayant pas eu le temps de former un régiment à Bologne. Il venait encore à Rimini de protéger la retraite, et se portait

PÉROUSE. (P. 298.)

## CHAPITRE VINGT ET UNIÈME.

à Ancône pour la défendre, lorsqu'il fut obligé de se résigner au sort commun. Il n'y avait aucune amnistie pour sa personne ; l'animosité des Autrichiens contre lui était connue. Il s'embarqua sur ce frêle bâtiment qui restait le dernier dans le port. La mer était immobile, aucun vent ne soufflait, et il fallait s'éloigner de la côte. L'armée ennemie s'avançait. Enfin, bien lentement, je les vis disparaître tous, et je respirai ; j'oubliai les flottilles autrichiennes que je croyais plus faciles à éviter que ne l'était l'armée qui s'approchait, et je les crus sauvés.

Me voilà donc restée seule au milieu des dangers. Ma faiblesse avait disparu. Une tension nerveuse me donnait une force factice, il est vrai, mais incroyable. Mon pouls était convulsif, et j'avais l'air calme. Toujours auprès du lit de mon fils, placée entre la crainte de le voir atteint d'une maladie qui exigeait tant de soins, et la crainte peut-être plus grande encore qu'il ne tombât au pouvoir des Autrichiens, car les ordres étaient formels, il était exclu de toute amnistie ; placée entre ces deux tourments, j'avais trouvé la force de les envisager de sang-froid.

L'avant-garde entra. Le palais que j'habitais, le plus beau d'Ancône, fut désigné pour la demeure du général en chef et de son état-major. Je m'y attendais. Je ne m'étais réservé que peu de chambres. J'avais livré tous les salons pour en faire l'appartement du général. De cette manière, j'étais entièrement entourée d'Autrichiens. Une double porte fermée de mon côté me séparait du général en chef, dont j'aurais pu entendre les conversations, tant nous étions rapprochés, et de l'autre côté les soldats demeuraient dans mon antichambre avec mes domestiques.

Le commandant de l'avant-garde, qui était venu faire les logements, avait voulu exiger tout l'appartement. La femme du receveur de mon neveu, seule dans ma confidence, lui avait résisté, et avait fini par me nommer. A l'instant il se radoucit et demanda de mes nouvelles avec intérêt. Le hasard faisait que c'était le même homme qui, en 1815, lorsque mes enfants et moi courûmes des dangers à Dijon, me fut envoyé par le général autrichien pour me servir de sauvegarde contre les fureurs d'un parti. Hélas ! je me rappelais ma douleur, alors, d'avoir eu à redouter des Français, et de voir les ennemis de mon pays devenus mes protecteurs contre des compatriotes.

Dans ce moment je retrouvais, dans le colonel autrichien, cette bienveillance qu'on accorde toujours à ceux qu'on a obligés une fois. Quand on fut bien persuadé que mon fils était parti depuis deux jours, que j'étais seule, malade et malheureuse, il n'est sorte d'égards qu'on n'eût pour moi. Le général en chef demanda à me voir ; je lui fis dire que je le recevrais aussitôt que ma santé me le permettrait.

Cependant la maladie de mon fils suivait son cours. Ma surveillance n'en devenait que plus active. La moindre chose pouvait nous trahir. S'il toussait, j'étais obligée de lui fermer la bouche. Je l'empêchais de parler, une voix d'homme était si facile à entendre par tout ce qui nous entourait! Le croira-t-on ? je fais tant de cas de la bonne foi, que j'avais presqu'un remords de tromper ceux qui se fiaient à moi. On pensera facilement que ce remords n'allait pas jusqu'à leur confier ce que j'avais tant d'intérêt à leur cacher, mais j'aurais été plus satisfaite de les trouver moins bien pour moi.

Le premier mot des Autrichiens en arrivant avait été de s'informer du général Zucchi. On le cherchait partout. Son malheur ne fut que trop certain. Le bâtiment, parti avec si peu de vent, fut pris et ramené par les frégates autrichiennes.

On alla reconnaître les prisonniers. Zucchi, quoiqu'il eût pris un autre nom, se livra lui-même, espérant sauver ses compagnons d'infortune. Il se conduisit avec fermeté et courage.

Je ne connaissais Zucchi que de réputation ; mais je ne pus que gémir de le voir emmené prisonnier à Venise, ainsi que tous les autres Italiens, malgré l'amnistie publiée.

J'étais vivement occupée aussi de l'inquiétude affreuse de mon mari au moment où il apprendrait qu'un bâtiment d'Ancône était pris : il devait y supposer son fils, et il savait les dangers qu'il pouvait courir. Le ministre d'Autriche à Florence ne les lui avait pas cachés. Je ne trouvai d'autre moyen pour le rassurer que de lui faire écrire un mot de la main de son fils, daté de Corfou, par lequel il lui annonçait son arrivée, et le priait de n'avoir aucune inquiétude sur lui, en ajoutant qu'il ne lui écrirait plus que d'Angleterre.

S'il est permis de tromper, c'est bien dans ce cas ([1]). J'ai sans doute, selon mon intention, réussi à rassurer un père malheureux ; mais plus tard on ne me pardonna pas d'avoir usé de détours. Toute la famille de

---

[1]. Ni dans ce cas, ni dans d'autres assurément ; ni en faveur d'un ami, d'un fils, d'un époux, ni pour se protéger contre un ennemi. Il faut donc louer ceux qui blâmèrent la reine Hortense (elle avouait du reste qu'elle n'agissait pas ainsi sans quelques remords) et qui désapprouvèrent toute cette série de mensonges, destinés à sauver son fils. Se taire, répondre d'une manière évasive, refuser de révéler un secret, tout cela est permis ; mentir impudemment, c'est aussi contraire à la religion qu'à l'honneur. Nous devons bien le dire, quoique la reine Hortense se vante elle-même « de faire grand cas de la bonne foi », elle a montré peu de sincérité dans plusieurs circonstances, et l'astuce n'a sans doute pas été étrangère à certaines de ses déterminations.

mon mari se réunit pour me blâmer d'avoir engagé un fils à tromper, pour un moment, son père. C'est ainsi que cela s'est appelé. Mais j'ai suivi comme toujours l'impulsion de mon cœur. J'accepte tous les tourments pour moi ; je sais ce qu'ils ont d'affreux, et je me trouve heureuse de les éviter aux autres. Qu'on juge cependant si, dans la position où je me trouvais, je pouvais, sans courir le risque de sacrifier mon fils, dire la vérité par la poste ! Et devais-je laisser à un père au désespoir la crainte cruelle de se voir enlever encore le seul fils qui lui restait ?

Le médecin déclara enfin, au bout de huit jours, que mon fils était en état de se mettre en route. Je reçus alors la visite du lieutenant-général, baron Geppert. Je n'eus qu'à me louer de lui. Il ne vit qu'une mère malheureuse dont il était loin d'imaginer encore toutes les anxiétés. Je lui parlai de mon départ prochain et de mon projet de m'embarquer à Livourne, pour rejoindre mon fils à Malte, et aller avec lui en Angleterre.

J'avais à traverser toutes les troupes autrichiennes ; je fis demander au général un laissez-passer de sa main, en priant de ne pas indiquer le nom. Le jour de Pâques fut fixé pour mon départ. J'exprimai le désir d'aller entendre la messe à Lorette ; pour cela il fallait partir de bonne heure.

On pense bien que je ne dormis pas cette nuit-là. Mes ordres étaient donnés pour sept heures du matin, et à quatre heures, pendant que tout dormait dans le palais, celui de mes domestiques qui devait rester à Ancône, sous prétexte de maladie, donnait son habit à mon fils. Le jeune Zappi, resté caché chez un ami dévoué à sa famille, et qui était venu la veille se réunir à nous, mettait aussi un habit de livrée. Quand tout fut prêt, que les chevaux de poste furent amenés par mon courrier, je traversai mon antichambre en silence au milieu des Autrichiens qui dormaient. La garde seule nous vit partir. Il faisait à peine jour. Je passai aussi les portes de la ville, où mon passeport fut examiné, sans que personne se doutât de mon stratagème.

Mon fils était sur le siège de ma voiture, et le jeune Zappi derrière celle de ma femme de chambre. Arrivés, enfin, sur cette grande route où le soleil commençait à nous éclairer, ma jeune dame se félicitait déjà que nous eussions échappé à ce premier danger, et moi, absorbée toujours dans mes craintes et dans mes réflexions, je n'osais encore me livrer à l'espoir.

Que d'obstacles à surmonter ! Connus comme nous l'étions dans tous les pays que nous allions parcourir, devant craindre autant l'imprudence d'un ami que les soupçons d'un ennemi, pouvais-je compter arriver à mon but ? C'est alors qu'il est doux d'espérer dans la Providence ; elle nous aide, nous soutient et double notre courage.

Je m'étais habituée tous les matins à faire à chacun sa leçon, sans mettre personne au fait de mes projets. Le plus difficile était de savoir à quel endroit on aurait suffisamment perdu mes traces, pour que je pusse changer mon passeport et prendre le passeport étranger, dans lequel je mettais tout mon espoir. Je n'étais pas un moment sans réfléchir et peser tous les petits moyens qu'il fallait employer.

J'arrivai ainsi à Lorette. Je me fis descendre à l'église, mon fils me suivit. Après la perte d'une personne chère, qui n'a pas éprouvé une émotion profonde en entrant dans une église ? C'est là que l'homme est porté en naissant, c'est là qu'il prend les engagements les plus sacrés, et c'est là qu'on dit pour lui la dernière prière. Le monde l'oublie après ; mais une mère n'oublie rien, tout vient rappeler à son cœur les diverses émotions qui l'ont agitée, et tout accroît ses regrets et sa douleur !

Les chevaux de poste changés, on vint me reprendre, et je continuai ma route. Arrivée à Macerata, une personne reconnut mon fils, mais garda le silence.

A Tolentino, où se trouvaient beaucoup de troupes autrichiennes, le laissez-passer du général nous sauva peut-être, ainsi que la loyauté d'un commandant autrichien. Il n'avait aucune raison pour retarder mon voyage, et lorsqu'un malheureux Italien vint lui dénoncer qu'il reconnaissait mon fils déguisé, il n'eut pour réponse que ces mots : « Qu'il n'était de service là pour arrêter personne, et que d'ailleurs tous mes passeports étaient fort en règle. »

Morte de fatigue, je ne m'arrêtai pourtant que quelques heures dans un mauvais village au-delà des avant-postes autrichiens. Je devais avancer promptement, trop de dangers nous environnaient.

Que cette route me fut pénible ! Il fallait éloigner de tristes souvenirs pour ne s'occuper que du présent. A Foligno, où l'on pouvait si facilement reconnaître mon fils, mon courrier eut ordre de faire passer les chevaux hors de la ville. Je passai aussi à Pérouse, que j'ai vue si gaie, si brillante ; maintenant morne, silencieuse, livrée encore à elle-même, mais sans espérance, elle attendait l'ennemi. Les autorités instituées dans le moment de l'insurrection venaient de profiter de l'amnistie en allant s'embarquer à Livourne pour la Corse.

Je venais de passer pour un moment en pays ami, mais c'était la Toscane qui me devenait redoutable. Mes enfants y étaient si connus !

Malgré la bonté du souverain, son gouvernement, placé sous l'influence de l'Autriche, ne devait pas leur pardonner d'avoir trompé sa surveillance pour embrasser une cause ennemie. Il fallait donc passer la nuit cette frontière où nous pouvions être examinés. Je m'arrêtai encore dans un mauvais village pour n'arriver qu'à deux heures du matin aux confins de la Toscane.

Là, mon courrier vint me dire qu'on ne voulait pas signer mon passeport, que le commissaire de police envoyé expressément à cet effet de Florence, ayant passé toute la journée à reconnaître les différents passagers, était allé se reposer dans une campagne à une lieue de là, et que personne ne pouvait entrer sans sa permission. Il y avait de quoi me désespérer, car à la dernière poste on avait reconnu mon fils, et chaque mot que le postillon disait au commis de la barrière me causait un effroi extrême.

Après un moment de réflexion, je fis partir mon courrier à cheval pour porter mon passeport à l'homme de police, et je lui expliquai tout ce qu'il devait dire. En effet, ce fut un contretemps heureux, car cet homme, apprenant que j'étais là, voulait absolument venir, et répétait : « Vous m'assurez que son fils n'est pas avec elle ? J'ai les ordres les plus précis de ne pas le laisser entrer en Toscane. » Mon courrier l'assurait que mon fils était embarqué, que j'allais à Livourne pour le rejoindre à Malte, et que, très souffrante, je m'arrêterais peut-être quinze jours aux eaux dans les terres voisines. Il lui demandait même des renseignements auxquels celui-ci ne pouvait satisfaire, n'étant dans le pays que de la veille, et n'étant arrivé de Florence que pour la police des individus et pour reconnaître ceux des insurgés auxquels on permettait de traverser le duché ; et il répétait que mon fils en était expressément exclu. Mon courrier lui persuada que j'allais coucher à Camoscia, où se trouvait la poste, située à une petite distance du lieu où nous étions. Convaincu par cette explication, et pouvant venir dans quelques heures s'assurer de la vérité du récit qu'on lui faisait, il signa enfin, et je passai.

Effrayée de ce que je venais d'apprendre, je ne doutai pas que cet homme n'arrivât le lendemain de bonne heure à Camoscia ; et comme j'avais eu en effet le projet de me reposer là de tant de fatigues, je sentis qu'il fallait y renoncer, et avoir le courage d'aller plus loin.

C'était dans cet endroit que je devais quitter la grande route, et que, ne pouvant plus voyager qu'à petites journées pour rejoindre Sienne, il me fallait louer des chevaux pour deux jours. Qu'on juge de ma désolation lorsqu'on vint me dire qu'il n'y en avait pas !

Me voilà obligée de voir arriver le jour sans trouver le moyen de soustraire mon fils aux regards qui allaient venir le découvrir pour le renvoyer ou le livrer à ses ennemis. Ce fut encore une des crises les plus pénibles à supporter.

L'auberge était remplie de tous ceux qui allaient chercher un refuge en Corse, et nous devions nous cacher à leurs yeux avec autant de soin qu'à d'autres moins bienveillants. Une indiscrétion pouvait tant augmenter mes tourments! Je restai donc dans ma voiture pour attendre, je ne dirai pas avec patience, car jamais le temps ne me parut si long et mon agitation n'a été si grande, tandis que mon fils, faible, encore souffrant, accablé de douleur et rempli d'indifférence sur sa destinée, s'était endormi sur un banc de pierre dans la rue!

Enfin, mes chevaux reposés pendant deux heures, on avait consenti à nous conduire jusqu'à un village où l'on espérait en trouver d'autres appartenant à des paysans.

Le jour paraissait lorsque nous traversâmes cette belle vallée di Chiana. Rien n'entrava notre route, et enfin nous pûmes nous reposer la nuit dans une petite ville voisine des eaux minérales. La nature était à bout : sans cette nuit où l'excès de fatigue me procura un peu de sommeil, je crois que je serais morte.

Dans cette route peu fréquentée, nous avions changé plusieurs fois de conducteurs ; notre trace était perdue ; on ignorait qui j'étais.

Mais j'avais encore à traverser Sienne, où je passais tous les ans pour aller à Rome ; et là, si j'étais reconnue sous un autre nom, tout était découvert. Il n'y avait pas un moment à perdre. Si l'homme de police annonçait à Florence mon passage, on pouvait envoyer des surveillants sur ma route ; mon mari même pouvait m'expédier encore un courrier pour connaître mes projets et me faire part des siens ; il fallait donc passer Sienne sans retard, en plein jour, sous mon nom, et profiter de la nuit suivante pour faire encore perdre ma trace dans un autre chemin de traverse, et ne prendre que là mon nouveau passeport.

La carte du pays, que je consultais à chaque instant, m'était d'un grand secours ; mais à Sienne il fallait soustraire mon fils aux regards. Il fut convenu qu'il descendrait avant la ville, qu'il en ferait le tour en dehors, et que je le reprendrais à la sortie. Au moment d'exécuter ce projet, je me rappelai que Sienne était assez escarpée, qu'il pouvait ne pas exister de chemins extérieurs ; et la crainte de voir mon fils seul dans la campagne au moment où toute la police était sur pied pour le passage des exilés, et où il pouvait être arrêté, me fit renoncer à ce plan. Je préférai le voir descendre en dedans des portes, au moment où l'on visait mon passeport, pensant que par la ville il trouverait plus facilement son chemin, et irait m'attendre dans la grande rue qui mène à Florence.

Ce fut heureux qu'il ne vint pas à la poste avec moi ; il y avait beaucoup de monde qui nous connaissait, même des voyageurs anglais. Et, pour surcroît d'embarras, personne ne pouvait partir par l'impossibilité d'avoir des chevaux. Le grand-duc allait arriver. Me voilà encore tourmentée par l'idée que mon fils m'attend, qu'il va s'inquiéter de ne pas me voir et peut venir me chercher. Mon courrier, à force d'argent, décide nos conducteurs à nous mener à la poste prochaine. Ils y consentent, mais veulent s'arrêter deux heures pour faire rafraîchir leurs chevaux. Nous ne pouvons pas rester à Sienne, et c'est hors des portes de la ville, dans un mauvais cabaret, qu'ils consentent à nous mener.

Après un temps qui me paraît d'une longueur énorme, nous voilà partis à la recherche de mon fils. La grande rue est dépavée, on nous fait faire un détour, et il semble qu'aucune contrariété ni aucune inquiétude ne nous soient épargnées. Le lieu du rendez-vous se trouve ainsi dépassé, et j'arrive à la porte de la ville sans avoir vu mon fils. Le retard a été long, il est vrai, mais qu'est-il devenu ? Est-il perdu dans la ville, est-il arrêté ? Ce moment fut si déchirant que je ne puis encore y penser sans émotion. Enfin, je le vois paraître ; il s'élance derrière ma voiture, et nous atteignons ce mauvais cabaret.

Obligée de rester deux heures devant la porte, j'avais une extrême frayeur de voir passer le grand-duc. Lui ou quelqu'un de sa suite pouvait reconnaître mon fils et surtout M. Zappi. C'était encore à éviter. J'appelai ce dernier pour bien lui recommander de se cacher quand il apercevrait les voitures ; quelle fut ma surprise lorsque je vis la figure de ce jeune homme toute couverte d'ébullitions ! il avait la rougeole. La chaleur était heureusement très forte, et avait aidé à l'éruption ; mais quel danger pour lui, s'il prenait du froid, s'il continuait son voyage ! Je le lui représentai ; mais il fut impossible de le décider à rester à Sienne. Je le fis envelopper d'une couverture et placer dans la voiture à côté de ma femme de chambre, et nous partîmes avec ce nouveau surcroît d'inquiétude.

On savait qui j'étais à chaque poste ; mais on ne faisait pas attention à mon fils. Quoique les chevaux fussent tous retenus pour le grand-duc, on finissait pourtant par nous en donner. A Poggibonsi, au moment où je quittais la grande route pour prendre le chemin de traverse, j'aperçus la première voiture du grand-duc, et je l'évitai.

Je passai toute la nuit sur cette route qui me conduisait à Pise. J'y arrivai à cinq heures du matin, et là, pour la première fois, on montra mon passeport anglais. Le seul domestique qui me restait avait pris une livrée anglaise ; mon fils et M. Zappi avaient quitté la leur, et ma femme de chambre s'était placée sur le siège d'une des voitures

Nous arrivâmes enfin à Lucques, où M. Zappi se coucha et fit appeler un médecin. Sa rougeole était sortie si heureusement qu'il lui fut ordonné seulement de se tenir chaudement. Je promis de m'arrêter autant que je le pourrais, ou, si des raisons m'obligeaient à partir, que ma seconde voiture avec un domestique resterait à sa disposition pour venir me rejoindre.

Tranquillisée sur sa maladie, qui commençait déjà à diminuer, il fut convenu que nous irions l'attendre à une poste plus loin : c'était Pietra Santa.

Etablie là dans une auberge sur la route, tout à fait inconnue, je respirai enfin un instant. Ces bonnes gens chez lesquels nous étions, sans qu'ils nous connussent, ne parlaient à mes domestiques que de mon malheureux fils. Il y était chéri, chacun d'eux déplorait sa fin prématurée.

Je me rappelai que j'étais bien près de Seravezza, lieu qu'il habitait souvent l'été : de là j'avais reçu des lettres de lui remplies d'enthousiasme sur le pays, sur les habitants. « C'est un lieu privilégié, disait-il, qui réunit à toutes les beautés de la nature suisse, tout le charme de l'Italie. »

On l'y avait si bien reçu ! il y aimait tant tout le monde ! C'est là qu'il faisait bâtir une petite maison de campagne et une papeterie. C'est là qu'il faisait travailler du marbre, qu'il dessinait tous ces sites ravissants. Enfin, le peu de bonheur qu'il avait pu avoir dans sa trop courte vie, c'est là qu'il l'avait éprouvé.

Un sentiment indéfinissable de tendresse et de douleur m'attachait à ces lieux ; j'aurais voulu y passer ma vie. Tout me le rappelait là, vivant, animé, actif, heureux. Mon fils Louis partageait mes impressions, lui, qui souvent me répétait : « Ah ! ma mère, vous êtes moins malheureuse que moi ; vous ne l'avez pas vu mort, vous pouvez vous abuser. » Et moi qui gémissais de n'avoir pu le soigner, je donnais pourtant raison à l'excès de son malheur sur le mien, puisqu'il devait vivre encore seul et isolé sans cet ami fidèle, et que moi je n'avais plus qu'à mourir.

Voilà comme notre douleur encore trop amère savait se répandre. Dans ce lieu tout rempli de nos regrets, nous en parlions pour la première fois avec plus de douceur. Nous avions une égale envie de nous

## CHAPITRE VINGT ET UNIÈME.

rapprocher des endroits qu'il avait tant de fois parcourus avec plaisir.

Soutenue par mon fils, tous deux seuls, par la plus belle soirée du monde, nous nous acheminions sans but déterminé vers cette vallée de Seravezza, lieu trop rempli de mélancolie pour ne pas communiquer à notre âme une émotion moins pénible qu'à l'ordinaire. Ces arbres magnifiques, ces vallées, ces torrents, ces montagnes de marbre, cette mer dans le lointain, et cette température si douce, font de cet endroit de prédilection de mon enfant, la retraite qui convient le mieux au recueillement et à la douleur. Animée par le désir d'arriver jusqu'à la ville même de Seravezza, j'avais marché sans trop me plaindre de la fatigue ; mais je sentis enfin que je ne pouvais aller plus loin, et que je n'avais pas la force même de revenir. Je m'assis contre un arbre. Mon fils courut à une petite maison de paysan, et en amena une calessina, espèce de petite charrette à un cheval, conduite par un jeune homme.

LOUIS-PHILIPPE. (P. 314.)

Les informations prises, nous étions si près de Seravezza, qu'au lieu de retourner je consentis au désir de mon fils d'aller jusqu'à la papeterie bâtie par son frère. On nous la montra, ainsi que les fondations de la maison qu'il faisait construire. Le jeune conducteur nous disait tout bas qu'il n'était plus, celui qu'on regrettait tant dans le pays, qui était si bon pour les pauvres. Craignant de nuire encore à celui qu'il aimait en le disant mort parmi des insurgés, il voulait douter de tels bruits et cherchait à le réhabiliter à nos yeux par tout le bien qu'il nous en disait. Ce jeune homme était loin de deviner la cause de l'émotion que son récit nous causait.

La nuit approchait, il fallut retourner. Arrivés près de la maison où nous avions pris la voiture, une jeune femme, portant un enfant dans ses bras, nous arrêta, et avec les instances les plus vives redemanda « sa calessina. » Mon fils n'y voulut pas consentir, il lui donna de l'argent, et la jeune femme nous suivit des yeux avec un air si malheureux, que je demandai à notre conducteur quelle avait été son idée en voulant reprendre sa voiture. « Son mari, nous dit-il, est à l'ouvrage ; il doit rentrer bientôt, il ne lui donne rien pour habiller ses enfants, elle profite de son absence pour louer sa calessina; mais s'il s'en aperçoit, il la bat.» Le mari devait revenir par la route que nous suivions, je voyais la pauvre femme battue s'il nous rencontrait. Alors, je pris mon grand courage, je descendis pour continuer mon chemin à pied ; je ne voulais pas être la cause d'un chagrin, et j'eus un peu de mérite, car j'étais excédée de fatigue. Dans la crainte que le mari ne nous eût échappé, nous lui envoyâmes avec sa voiture de quoi le consoler.

Notre longue absence, la nuit qui approchait, avaient tellement inquiété les personnes qui étaient avec nous, que nous les vîmes arriver toutes, l'une après l'autre, à notre rencontre.

M. Zappi vint nous rejoindre. Le beau climat d'Italie exige moins de précautions pour les maladies éruptives que dans tout autre lieu. Il était tout à fait bien.

Pour nous mettre en route, il fallut encore mille précautions. Un étranger qui nous connaissait tous était arrivé la nuit dans l'auberge : c'était le joaillier de la cour de Florence. Il fallut, pour éviter ses regards, partir à pied avant les voitures.

Un des lieux les plus redoutables à passer, était une dépendance de la principauté de Modène. Les craintes naturelles du duc, sa police active, l'animosité causée par les dangers qu'il venait de courir, et mon appréhension qu'une fois partie d'Ancône on n'eût découvert mon stratagème, tout me donnait de l'inquiétude. Pourtant le passeport anglais ne rencontrait aucun obstacle. Jadis c'était le passeport français qu'il eût fallu avoir pour trouver considération et protection dans toute l'Europe.

Cependant il était bien hardi de passer tous pour des Anglais, quand pas un seul de nous, hors mon fils, n'en parlait la langue, et encore son accent français était facile à reconnaître. Nous en fîmes bientôt l'expérience.

## CHAPITRE VINGT ET UNIÈME.

Une calèche s'arrête en face de nous, un homme en sort, s'avance près de ma voiture, y voit deux dames, et court à l'autre. Il croit s'adresser à des compatriotes, et en anglais il demande où se trouve le ministre Taylor, pour lequel il a des dépêches pressées. Mon fils lui répond dans la même langue sur ce qu'il désire. — Il remercie en disant : « Je vous demande pardon, je me suis trompé ; je vous avais pris pour des Anglais. »

Nous entrons enfin à Massa. Nous voyons toute la troupe sous les armes, on attend à l'instant le duc. Il quittait Modène au moment où l'on mettait en jugement tous les révoltés qui étaient tombés en son pouvoir.

Nous traversons la ville, impatients de la quitter. A Gênes, il y avait un consul anglais qui visa notre passeport sans avoir besoin de nous voir, et dans l'auberge un courrier de la connaissance du mien, qu'il fallut éviter.

J'écrivis de Gênes à mon mari, et j'envoyai ma lettre à un banquier de Livourne, qui devait la mettre à la poste dans cette ville. Dans la crainte que celle de mon fils ne se fût perdue, je lui répétais la même chose, qu'il était hors de tout danger, que j'allais le rejoindre à Malte, et qu'il n'aurait des nouvelles que de Londres. Je lui disais aussi que je m'embarquais avec un passeport sous un autre nom, car je pensais bien qu'on ne pourrait expliquer à Florence mon passage et ma disparition.

A mesure que je m'éloignais des lieux témoins de si tristes événements, les dangers devenaient moins grands ; pourtant nous courions souvent le risque d'être reconnus. Un jour c'était un voyageur anglais qui avait pu me voir à Rome, une autre fois des marchands de Florence.

Un matin ma voiture se trouva prise dans un passage trop étroit, avec celle de la fille du général Bertrand, ma filleule, mariée à M. Thayer. Elle était venue me voir en Suisse. Ses domestiques me connaissaient. Je ne la reconnus bien que lorsque nos voitures se quittèrent.

A Nice, où l'on descend par cette route si merveilleuse faite sous l'Empire, tous les courriers qui attendent là les Anglais pour les accompagner en Italie, m'avaient vue ; le mien les fit boire pendant qu'on changeait les chevaux. A chaque instant il y avait une précaution à prendre, une personne à éviter : ce qui me causait une tension d'esprit insupportable.

Ce ne fut enfin que lorsque j'eus revu cette patrie qui nous exilait encore, et où une loi cruelle nous condamnait à la peine de mort si nous y paraissions, ce ne fut que là pourtant que je commençai à respirer [1].

---

1. Nous résumons dans le chapitre suivant la fin du recueil des souvenirs de la reine Hortense, ne pouvant reproduire le texte *in extenso*, faute d'espace, mais seulement quelques passages.

## Chapitre Vingt-deuxième

Voyage de la reine en France. — Son passage à Paris. — Accueil sympathique qu'elle reçoit en Angleterre. — Son retour en Suisse. — L'échauffourée de Strasbourg et ses suites. — Hortense frappée à mort. — Sa dernière année. — Son fils obtient de revenir auprès d'elle. — Résignation et piété profonde de la reine pendant les derniers temps de sa vie. — Sa sainte mort. — Les funérailles. — Le tombeau.

Es impressions les plus diverses assaillirent la reine lorsqu'elle s'avança sur la terre française. Mille souvenirs se présentaient à son esprit ; mais l'affliction dans laquelle elle était plongée l'empêchait de s'arrêter à aucun. Elle ne pouvait du reste se défendre d'une certaine appréhension en songeant qu'elle enfreignait la loi et risquait à chaque instant d'être arrêtée avec son fils. « Je couchai à Cannes, raconte-t-elle ; c'est là que l'Empereur avait débarqué de l'île d'Elbe ; c'est de là qu'avec une poignée de soldats et porté par toute la population, il était remonté sur ce trône que les Français avaient soutenu avec tant de persévérance et que les étrangers l'avaient forcé d'abandonner une seconde fois. Que les temps étaient changés ! Maintenant, l'Empire tant calomnié avait été oublié ! Le besoin de liberté semblait remplacer tous les besoins de la nation.

» Me plaçant donc en dehors de la politique, je n'avais qu'une conduite à tenir. La loi d'exil que je devais respecter n'avait été faite que dans l'intérêt du nouveau souverain. C'était lui seul qui devait connaitre que la force des circonstances m'avait contrainte à l'enfreindre. Aussi, je comptais passer par Paris, ne m'y arrêter que le temps nécessaire pour voir le roi, et lui apprendre moi-même mon passage et mon désir de retourner en Suisse.

» Toutes les relations que j'avais pu avoir avec lui avaient été bienveillantes. Il n'ignorait pas que je m'étais occupée du sort de sa mère en 1815, que j'avais des lettres d'elle qui m'en remerciaient, ainsi que sa tante, la duchesse de Bourbon. Voyant mon frère en 1814, il lui avait appris qu'il était l'ami de son père lors de l'Assemblée constituante. Il avait fait dire à la grande-duchesse de Bade que je pouvais compter sur son appui. On me l'avait toujours peint enthousiaste de l'Empereur. On annonçait qu'il faisait remettre sa statue sur la colonne ! Que de raisons pour ne pas douter d'un bon accueil ! D'ailleurs, la loyauté de ma conduite, en allant le voir, devait lui prouver qu'étrangère à tout ce qui pouvait diviser mon pays, je savais me soumettre à ses décrets.

» Mon fils, toujours instruit de toutes mes pensées, les approuvait. Depuis que nous voyagions en France, je le voyais sortir un peu de sa morne tristesse. Aussitôt arrivé dans une auberge, il allait se promener dans les rues, s'arrêtait dans les cafés, causait avec les gens qu'il rencontrait, et venait avec une sorte de plaisir me raconter ses conversations.

» ..... Toute la route que je parcourais était pour moi remplie de souvenirs. En passant à Nemours, je me rappelai qu'à la fin de 1809 l'Empereur fit dire, par le télégraphe, à mon frère de se rendre à Paris. Il m'avait engagée à aller au-devant de lui. Je le rencontrai à Nemours, et là je lui appris que le divorce de l'Empereur venait d'être décidé.

» A Fontainebleau, je voulus montrer à mon fils ce palais, témoin de la plus grande gloire qu'on puisse imaginer ; ce palais que nous habitâmes après la paix de Tilsitt, au milieu des fêtes qui se succédaient et des hommages des princes étrangers qui accouraient pour implorer la paix de leur vainqueur. Le Pape y vint une fois de plein gré, et une autre fois contraint ; et l'Empereur lui-même, si grand et si puissant, s'y vit forcé d'abdiquer cette même couronne que tant de victoires, de bienfaits et de vœux avaient placée sur sa tête.

» Là aussi je pus montrer à mon fils l'endroit où il fut tenu sur les fonts baptismaux par l'Empereur. Quelques domestiques du château étaient encore les mêmes ; quoique persuadée que je devais être bien changée depuis tant d'années, j'avais pourtant la précaution de tenir mon voile noir toujours baissé. Mon fils faisait les questions qui pouvaient nous intéresser.

» J'entendais si souvent répéter mon nom à propos des divers appartements que j'avais habités, qu'il était évident qu'on était resté fidèle au souvenir de notre temps. Je retrouvais tout comme je l'avais laissé. Le seul changement qui me frappa, fut le jardin anglais planté par nous, et qui était devenu si grand et si magnifique, qu'il me fit faire un soupir en pensant à la longueur du temps qui l'avait fait croître et qui m'avait séparée de la patrie ! Hélas ! et il fallait encore en vivre éloignée !...

» Enfin, j'arrivai à la barrière de Paris. Je mettais une sorte d'amour-propre à montrer par son beau côté cette capitale à mon fils, qui devait à peine s'en souvenir. Je dis au postillon de nous mener, par le boulevard, jusqu'à la rue de la Paix, et de s'arrêter au premier hôtel venu. Je repassais par le même chemin où, seize ans auparavant, escortée d'un officier autrichien, je quittai, le soir, cette ville d'où les alliés m'expulsaient.

» Le hasard nous conduisit à l'hôtel de Hollande. J'occupais le petit appartement du premier. De là, je voyais le boulevard et la colonne de la place Vendôme... Assise à la fenêtre de ce petit appartement, j'oubliais qui j'étais, ce que je venais de fuir, ce que je venais chercher. Je voyais des Français passer et repasser devant moi. J'étais dans cette capitale où j'avais habité des palais ; je ne les regrettais pas. Je n'enviais pas le sort de ceux qui y demeuraient, et mon ambition eût été satisfaite de vivre là, ignorée, oubliée pour le reste de mes jours... »

A peine arrivée à Paris, la reine Hortense reçut la visite de M. Casimir Périer, alors président du conseil des ministres. La reine lui dit : « Je sais bien que j'ai transgressé une loi ; j'en ai pesé toutes les chances. Vous avez le droit de me faire arrêter, ce serait juste. »

Il lui répondit : « Juste, non ; légal, oui ! »

Mais bientôt, la réserve officielle dont il s'était enveloppé au commencement de cette entrevue se modifia, et le lendemain au soir le général d'Houdetot, l'un des aides-de-camp du roi, vint chercher la reine Hortense pour la conduire au Palais-Royal.

Lorsqu'elle fut assise, seule dans un appartement particulier, le général d'Houdetot alla prévenir le roi.

« Il fut poli, gracieux même, écrit Hortense ; il me parla de l'exil de notre famille comme lui pesant sur le cœur. « Je connais toutes les » douleurs de l'exil, ajouta le roi, et il ne tient pas à moi que le vôtre » n'ait déjà cessé. »

» Je lui exprimai la douceur que je trouvais à revoir la patrie, mais je lui dis que je ne venais pas dans l'espoir d'y rester ; que je concevais les positions difficiles comme la sienne ; qu'il pouvait juger le temps où la France serait ouverte à tous ses enfants.

« Le temps n'est pas loin, dit le roi, où il n'y aura plus d'exilés ; je n'en » veux aucun sous mon règne. »

» Il me parla de son propre exil, de la fâcheuse position où il s'était trouvé, forcé de donner des leçons. Je lui dis que je le savais, et que c'était une gloire pour lui. Je lui appris que mon fils était avec moi. Il s'en était douté, et me recommanda de ne laisser supposer à personne notre arrivée. »

Le roi témoigna ensuite à la reine Hortense tout le plaisir qu'il aurait à l'obliger, en la priant de vouloir bien lui en indiquer les moyens.

« Il s'excusa aussi, ajoute-t-elle, de ne pas venir me faire une visite, à cause de sa nouvelle position et du secret de mon voyage, et il me demanda si je voulais voir sa femme et sa sœur. Il les amena toutes les deux, et se retira.

» L'air de bonté, de distinction, de simplicité de la reine me plut extrêmement. Ma douleur s'épancha davantage dans le sein d'une tendre mère de famille. Je lui racontai toutes mes angoisses pour sauver le seul fils qui me restait : il me coûtait trop de parler d'autre chose que de ce qui remplissait mon âme. La reine me comprenait si bien, ainsi que sa sœur, et leur intérêt était si affectueux, que j'aurais pu me croire au milieu de ma famille. Je me sentais si malheureuse, que leurs consolations me firent du bien. »

En rentrant à l'hôtel de Hollande, où ses domestiques l'avaient fait passer pour une dame anglaise, afin de ne pas trahir son incognito, la reine Hortense trouva son fils malade ; il avait une fièvre très forte, et un médecin, M. le docteur Balancier, appelé en toute hâte, ne put se prononcer sur le caractère que prendrait cette maladie.

Voilà donc Hortense obligée de retrouver, dans ces pénibles circonstances, assez de force et de courage pour soigner son fils sans succomber elle-même à tant de secousses répétées. Les seules interruptions à ces soins furent quelques entrevues avec M. Casimir Périer. Heureusement, un mieux se produisit dans l'état du jeune prince. Hortense se rendit alors à Londres avec lui. Pendant son séjour en Angleterre, elle fut l'objet des attentions les plus délicates de la part des ministres et de la haute société de Londres. Des hommes considérables, des femmes portant les plus grands noms de l'aristocratie anglaise, tinrent à honneur, les uns de lui présenter leurs hommages, les autres de lui offrir leurs services. Le duc d'Hamilton, lord Holland, M. Fox, la duchesse de Bedford, la marquise de Douglas, la comtesse de Glengall, lady Grey, se mirent avec empressement à la disposition de la reine pour lui faire les honneurs de leur pays. Une fête splendide fut donnée à son occasion par la duchesse de Bedford dans son magnifique château de Wooburn-Abbey. Les jardins étaient remplis par l'élite de la société.

« Je n'avais jamais vu, dit la reine, autant de femmes distinguées. La maîtresse de la maison fut parfaitement gracieuse pour moi ; elle insista beaucoup pour me faire visiter sa terre, un des lieux les plus beaux de l'Angleterre, et où je pourrais juger des agréments de leur vie de château.

» Chacun mettait une sorte d'amour-propre à me donner une idée de cette splendeur inconnue ailleurs. Un souverain seul peut réunir les soins, l'élégance et le luxe répandus dans les châteaux des grands seigneurs anglais. »

Rentrée à Londres, la reine Hortense y reçut encore les hommages du prince Léopold, à qui le trône de Belgique venait d'être offert. Elle reçut également la visite de sa nièce, la princesse Amélie, impératrice du Brésil, qui venait d'arriver en Europe.

Le 1er août 1831, M. de Talleyrand, à qui un courrier venait d'apporter l'ordre de délivrer à la reine Hortense des passeports pour se rendre en Suisse en traversant la France, lui fit annoncer cette nouvelle par la duchesse de Dino. « Elle fut, dit la reine, spirituelle et gracieuse, comme je l'avais toujours vue. »

La reine Hortense s'embarqua le 7 août. La mer était calme, la traversée fut heureuse.

Rentrés en France pour quelques jours, la reine et son fils s'attachaient à visiter tous les lieux qu'ils traversaient avec cette affection profonde que l'exilé porte à la terre maternelle qu'il est obligé d'abandonner.

« Depuis seize ans que je vivais en pays étranger, dit Hortense, je n'avais parlé ma langue qu'avec les personnes de la société que je voyais. J'étais donc forcée de demeurer indifférente à tout ce qui se passait autour de moi. A présent, pendant mon voyage, je jouissais d'entendre tout ce que disait le peuple dans les villes, les paysans dans les campagnes. Je n'étais plus étrangère ici, et cette idée était remplie de douceur.

» Aussitôt arrivée dans une auberge, j'allais à pied avec mon fils ; j'entrais dans une boutique, je m'asseyais, je trouvais du plaisir à causer avec tout le monde. Un autre jour, c'était dans la rue même que j'arrêtais un enfant, que je le caressais, que je questionnais ses parents sur ses études, et dans la campagne un cultivateur sur sa récolte. Je trouvais à chacun de l'esprit, des reparties vives et originales, et j'éprouvais une sorte de satisfaction à m'identifier aux intérêts de tous ceux auxquels j'adressais des questions. »

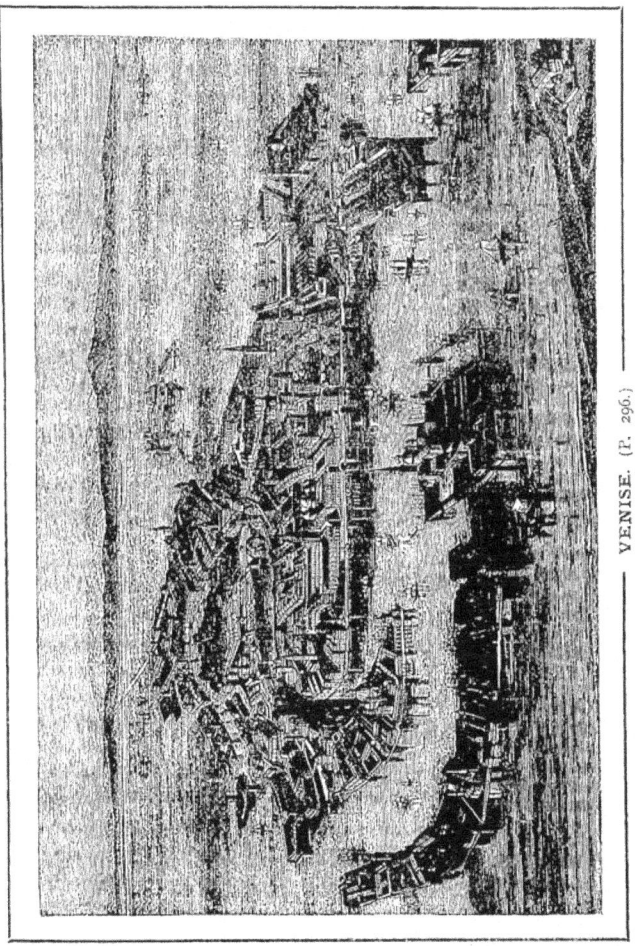

VENISE. (P. 296.)

A Chantilly, à Ermenonville, à Morfontaine, la reine Hortense retrouvait les souvenirs de sa grandeur passée ; mais à Saint-Denis, son cœur déborde et ses regrets se manifestent avec une expression des plus touchantes.

« A Saint-Denis, écrit-elle, j'eus encore des souvenirs particuliers ; c'était sous ma protection immédiate que cette institution de jeunes filles de Légionnaires avait été établie. Voilà la seule royauté que j'eusse regrettée. Je n'osai m'y montrer, j'y connaissais encore trop de monde ; mais j'allai dans l'église, et je descendis dans les caveaux ; quelques étrangers, curieux comme nous, nous y suivirent. Louis XVIII, seul des rois de sa dynastie, reposait sous ces voûtes que l'Empire avait vu restaurer pour y placer la nouvelle famille adoptée par la France. Et, étrange effet des vicissitudes humaines, son chef demeurait au pouvoir des Anglais, et tout le reste devait mourir dispersé sur la terre étrangère !

» ......... Mon fils aurait bien désiré aller à Saint-Leu, lieu témoin de sa première enfance ; j'aurais trouvé là des tombeaux qui m'étaient chers ; mais c'était trop m'éloigner de ma route, il fallait y renoncer. D'ailleurs, revoir cette campagne créée par moi, et devenue la propriété d'une autre personne, c'eût été aller chercher une impression trop pénible.

» Je tournai donc Paris par le chemin de la Révolte, et je continuai ma route jusqu'à l'église de Rueil, où se trouve le tombeau de ma mère (¹).

» Je m'éloignai enfin de cette France dont le souvenir m'avait toujours été si doux, de cette patrie qui nous faisait encore expier par une plus longue séparation d'elle l'honneur de porter un nom dont la gloire s'associe à ses plus hautes gloires, un nom dont le bruit seul paraissait une force aux yeux de l'étranger. Elle ne cessera jamais pourtant, comme elle n'a jamais cessé d'être, cette patrie, l'objet de mes plus vives, de mes plus tendres affections. Frappée au cœur par la plus inconsolable des douleurs, la perte d'un fils, j'avais trouvé, en revoyant la France, même sous le poids de la proscription, un intérêt dont je ne me croyais plus susceptible. Ce mouvement forcé et cette occupation constante de la pensée avaient été une puissante distraction à mes chagrins ; mais la

---

1. On a recueilli les paroles touchantes prononcées par Hortense en face de ce tombeau. Pauvre femme ! elle pleurait sur le passé et elle faisait des rêves d'avenir !... Que n'espérait-elle pas pour son fils ! Mais qu'eût-elle dit si elle avait pu déchirer le voile qui lui cachait les événements futurs, et que n'eût-elle pas vu derrière ce voile ! O amères dérisions du sort, ou plutôt terribles leçons de la Providence ! Elle aurait vu son fils, après avoir été élevé au faîte de la gloire, s'en aller mourir sur le sol anglais, et son petit-fils périr à la fleur de l'âge sous les massues des cruels Zoulous ! Il était donc écrit que la France ne devait plus posséder le tombeau d'aucun des siens.

loi me forçait à renoncer à voir mon pays plus longtemps. L'Italie aussi me devenait fermée puisqu'elle l'était à mon fils.

» La Suisse, au moins, me restait encore. La Suisse avait été mon premier asile au moment où l'effroi des puissances alliées poursuivait notre nom ; c'était là que j'avais trouvé un point de repos après nos grands revers. Un des cantons, celui de Thurgovie, avait eu le courage de me conserver, en dépit des menées diplomatiques, malgré des persécutions de tous genres. J'avais goûté quelques moments plus calmes au milieu de cette nature si belle, de ces habitants si simples, de ces cœurs si dévoués. Je venais redemander à cette terre paisible une retraite qui ne m'était plus contestée. Après des malheurs plus cruels que ceux qui m'accablaient lorsque j'y vins pour la première fois, je revis mes montagnes et je me trouvai livrée enfin à moi-même avec toutes les blessures de mon cœur. »

Nous passons sans transition de l'année 1831 à l'année 1836, cet intervalle n'offrant rien, pour ainsi dire, à signaler dans la vie d'Hortense ([1]), et les anecdotes des mémorialistes nous faisant désormais défaut.

1836 est l'année de l'*équipée de Strasbourg*.

Le prince Louis avait des vues ambitieuses ; il trouvait que c'était bien long d'attendre qu'une circonstance favorable lui offrît une couronne et il résolut de tenter lui-même la fortune. Rêve de jeunesse, et de plus rêve coupable et insensé, que son père ne manqua pas de condamner plus tard, comme il avait condamné les agissements de ses deux fils dans l'insurrection italienne.

Hortense, on le pense bien, partageait les vues de son mari ; elle se récria dès que le prince s'ouvrit à elle de son projet. « Il s'agissait tout bonnement de provoquer un soulèvement, militaire et populaire à la fois, dans une grande ville de France. Strasbourg se prêtait à merveille à cette entreprise. Le prince se faisait fort de détourner de ses devoirs la garnison de cette ville, de l'entraîner à sa suite, de la grossir des régiments qu'il rencontrerait sur sa route, d'une foule de volontaires aussi, et d'arriver à Paris à la tête de tout cela. De son côté Paris, instruit par le télégraphe de ce mouvement enthousiaste, ferait cause commune avec les insurgés ; le roi serait chassé et le prince Louis proclamé empereur des Français : un vrai petit retour de l'île d'Elbe ([2]). »

1. En 1834, Hortense livra au public les *Lettres de Napoléon à Joséphine*.
2. Joseph TURQUAN, *La reine Hortense*.

Jusqu'à quel point le jeune ambitieux fit-il violence à sa mère ? nous l'ignorons ; toujours est-il qu'elle ne put le retenir ou qu'elle consentit à son départ, puisque l'audacieux projet fut mis à exécution. Mais le prince essuya un échec complet, comme on devait facilement s'y attendre. Il n'eut pas plus tôt excité à la révolte les soldats de la citadelle de Strasbourg qu'il fut arrêté et mis en prison. Qu'on juge de la douleur de sa mère en apprenant une si fatale nouvelle ! Elle ne pouvait se faire illusion : il avait encouru la peine de mort. Immédiatement, toute malade qu'elle était, elle se mit en route pour tenter de le sauver. Craignant de compromettre la cause de son enfant si elle se rendait à Paris même, elle descendit chez la duchesse de Raguse, à Viry, où elle resta une semaine.

Louis-Philippe se montra clément : le prince Louis fut seulement condamné à un exil aux États-Unis. Il s'embarqua sur la frégate *L'Andromède* tandis que sa mère rentrait au château d'Arenenberg. Mais ce dernier coup avait été trop violent pour la frêle santé de la reine Hortense. Depuis ce moment, elle déclina de jour en jour et bientôt les médecins perdirent l'espoir de la sauver.

Heureux et salutaire effet de cette suprême épreuve ! Hortense, avertie par les signes précurseurs d'un prochain dénouement, se détacha peu à peu des choses de la terre pour penser à celles de l'autre vie. « Elle se livra, dit un de ses biographes, aux pensées les plus sérieuses ; elle se jeta avec ardeur dans la piété. »

« Les médecins, écrivait le 13 avril 1837 sa dame de compagnie, M<sup>me</sup> Salvage, ont été unanimes à prononcer une sentence irrévocable. Ils ne nous ont laissé aucune espérance dans les ressources humaines. J'aime encore à en placer dans la bonté infinie de Dieu, que j'implore par de bien ardentes prières. »

Ce vœu ne devait pas être exaucé. La reine Hortense avait écrit déjà à son fils, quelques jours auparavant, les lignes suivantes :

Mon cher Fils,

« On doit me faire une opération absolument nécessaire (1). Si elle ne réussit pas, je t'envoie par cette lettre ma bénédiction. Nous nous retrouverons, n'est-ce pas ? dans un meilleur monde, où tu ne viendras me

---

1. Ainsi l'avaient annoncé d'abord les médecins ; ils reconnurent ensuite que ce serait faire souffrir inutilement la reine, la guérison étant devenue impossible.

rejoindre que le plus tard possible (¹), et tu penseras qu'en quittant celui-ci, je ne regrette que toi, que ta bonne tendresse, qui seule m'y a fait trouver quelque charme. Cela sera une consolation pour toi, mon cher ami, de penser que par tes soins tu as rendu ta mère heureuse autant qu'elle pouvait l'être. Tu penseras à toute ma tendresse pour toi et tu auras du courage. Pense qu'on a toujours un œil bienveillant et clairvoyant sur ce qu'on laisse ici-bas ; mais, bien sûr, on se retrouve. Crois à cette douce idée ! elle est trop nécessaire pour ne pas être vraie. Ce bon Arèse (²), je lui donne aussi ma bénédiction comme à un fils. Je suis bien calme, bien résignée, et j'espère encore que nous nous reverrons dans ce monde-ci. Que la volonté de Dieu soit faite !

» Ta tendre mère,

» HORTENSE. »

A cet appel de sa mère, le prince Louis-Napoléon, qui était alors aux États-Unis, ainsi que nous l'avons dit déjà, s'embarqua immédiatement pour l'Europe, et malgré les entraves que lui suscita l'ambassade française à Londres, il put arriver à Arenenberg le 5 août 1837. Deux mois après, jour pour jour, il recevait les derniers soupirs de cette mère si tendrement aimée, qui mourait, âgée de cinquante-quatre ans.

« Quelques instants avant d'expirer, a dit un témoin oculaire, la reine Hortense voulut tendre la main à chacun des gens de sa maison ; ils versaient tous d'abondantes larmes, tandis qu'elle était calme et résignée. Elle avait à ses genoux, au pied de son lit, son fils et le docteur Conneau, attaché depuis longtemps à sa personne, et dont les soins assidus auront prolongé sa vie et adouci ses souffrances. Un grand silence régnait dans cette chambre où la mort allait passer. La reine se tourna lentement vers son fils et vers le docteur, puis d'une voix éteinte elle dit : « Mes » amis, priez pour moi ! Adieu, Louis ! »

» Son fils se jeta dans ses bras ; elle le pressa sur son cœur avec une force surhumaine, et s'écria encore une fois avec véhémence : « Adieu, adieu ! »

---

1. Les sentiments et les principes qui sont le résultat de l'éducation première, se font jour jusqu'au seuil de l'éternité. Du reste, la plupart des catholiques raisonnent comme la reine Hortense. Quelle contradiction pourtant dans le rapprochement de ces deux idées : « Un monde *meilleur* » où l'on souhaite à son enfant « de n'arriver que *le plus tard possible !* » Si ce monde-là vaut réellement mieux que celui-ci, pourquoi ne pas désirer au contraire une prompte réunion, qui fasse le bonheur de la mère et du fils ? Mais les gens du monde sont coutumiers de ces manques de logique en matière religieuse.

2. Le comte Arèse, qui était l'un des amis les plus dévoués du prince Louis-Napoléon, avait été le rejoindre aux États-Unis.

» Retombant alors épuisée, sa noble figure reprit une sérénité angélique et ses paupières se fermèrent.

» Son fils se pencha vers elle, et d'une voix qu'il essayait en vain de rendre calme, il lui dit : « Ma mère, me reconnaissez-vous ?..... c'est votre fils..... votre Louis, ma mère !..... » Elle fit un effort prodigieux pour parler et pour ouvrir les yeux, mais ses lèvres déjà froides et ses paupières paralysées ne purent répondre à ce cri déchirant que par un mouvement imperceptible. Sa tendresse maternelle si vraie, si profonde, avait apporté à son âme à moitié exhalée la voix de son fils. Un faible frémissement de la main qu'il tenait le lui apprit, et presque au même instant, le dernier soupir de sa mère retentit dans son cœur.

» Les sanglots éclatèrent alors ! Le prince Louis-Napoléon resta seul dans une grande immobilité, à genoux devant sa mère, la tête appuyée sur sa main. »

Voici les principales déclarations que renferme le testament de la reine Hortense :

« Que mon mari donne un souvenir à ma mémoire, et qu'il sache que mon plus grand regret a été de ne pouvoir le rendre heureux.

» Je n'ai point de conseils politiques à donner à mon fils. Je sais qu'il connaît sa position et tous les devoirs que son nom lui impose.

» Je pardonne à tous les souverains avec lesquels j'ai eu des relations d'amitié, la légèreté de leur jugement sur moi.

» Je pardonne à tous les ministres et chargés d'affaires des puissances la fausseté des rapports qu'ils ont faits sur moi.

» Je pardonne à quelques Français auxquels j'avais pu être utile, la colomnie dont ils m'ont accablée pour s'acquitter ; je pardonne à ceux qui l'ont crue sans examen, et j'espère vivre un peu dans le souvenir de mes chers compatriotes.

» Je remercie tous ceux qui m'entourent, ainsi que mes serviteurs, de leurs bons soins, et j'espère qu'ils n'oublieront pas ma mémoire. »

Le 8 janvier 1838, par un froid de quatorze degrés, eut lieu l'inhumation du corps de la reine Hortense.

« On lui rendit les honneurs dus à la femme que l'empereur avait appelée sa fille ([1]), et dont le front avait porté la couronne. Depuis la mort de Joséphine, jamais la modeste église de Rueil n'avait été aussi

---

1. JACQUIN, *Rueil et Malmaison*.

parée, aussi resplendissante, et aussi remplie de deuil et de tristesse. La nef et le chœur étaient tendus de noir ; sous un riche catafalque, aux clartés des cierges et des lampes funéraires, reposaient les restes d'une reine qui n'avait pas laissé sa royauté à ses héritiers, et dont les armoiries n'étaient plus que le glorieux témoignage d'une grandeur évanouie. Ce royal appareil faisait contraste avec les dimensions de l'édifice, les chants de mort qui se mêlaient au son des instruments ; l'intensité même du froid, ce deuil de la nature qui semblait s'associer au deuil des hommes ; la présence de tant d'illustres personnages, derniers débris de l'empire qui s'était écroulé plus vite encore qu'il ne s'était élevé, tout cela formait une scène de tristesse imposante et majestueuse. La sœur de l'empereur Napoléon I$^{er}$, l'ancienne reine de Naples, put seule, de sa famille, apporter à Hortense le tribut de ses larmes. Du haut de son mausolée, Joséphine semblait unir ses prières à celles des assistants, et là, bien au-dessus de toutes ces grandeurs déchues, planait la religion, étrangère aux passions humaines, tendant la main à toutes les infortunes, bénissant sur terre les restes de celle qui avait supporté les siennes avec tant de résignation. Il n'y manquait qu'un Bossuet pour faire de cette solennité funéraire une des plus sublimes qui aient été célébrées en notre siècle.

» Le lendemain, le corps de la reine Hortense fut porté au caveau et descendu dans sa dernière demeure. Puis le caveau fut muré, et l'escalier qui y conduisait recouvert d'une dalle. La chapelle fut entièrement dallée en granit noir, et les parois du pourtour furent couvertes de marbre noir. Au milieu de cette chapelle devait être placé le monument de la reine. »

Ce mausolée, qui avait été confié au sculpteur Bartolini, de Florence, fut inauguré dans l'église de Rueil le 29 avril 1845.

# Table des Matières.

*INTRODUCTION* . . . . . . . . . . . . . . . . . . . . . . . . . 7

### CHAPITRE PREMIER.

Premières années d'Hortense de Beauharnais. — Voyage à la Martinique. — Scènes de famille. — Épreuves sous la Terreur. — Hortense transformée en couturière. — Mariage de Napoléon-Bonaparte avec M$^{me}$ de Beauharnais. — Hortense au pensionnat de M$^{me}$ Campan. — Souvenirs et anecdotes. . . 9

### CHAPITRE DEUXIÈME.

Hortense depuis sa sortie de pension jusqu'à son mariage. — La Malmaison. — Péril et salut. — Correspondance avec M$^{me}$ Campan. — Hortense médiatrice et avocate des condamnés. . . . . 23

### CHAPITRE TROISIÈME.

Mariage d'Hortense. — Réflexions sur cette union. — Chagrins de la jeune épouse. — Son rôle de mère . . . . . . . . . . . . . . . . . . . . . . . . . . . . . . . . . . . . . . . . . 36

### CHAPITRE QUATRIÈME.

Hortense, reine de Hollande. — Son séjour à La Haye. — Affaires sérieuses et incidents burlesques. — Un premier jour de l'an. — Maladie et mort du fils aîné de la reine ; son désespoir. — Voyage dans les Pyrénées. — Retour à Paris . . . . . . . . . . . . . . . . . . . . . . . . . . . . 45

### CHAPITRE CINQUIÈME.

Abdication du roi Louis Bonaparte. — Hortense, après une courte apparition en Hollande, se fixe à Paris. — Soins maternels ; étude ; détails de la vie intime. — La catastrophe du 1$^{er}$ juillet 1810. . 69

### CHAPITRE SIXIÈME.

Sinistres présages. — La reine aux Tuileries et à la Malmaison. — Fêtes manquées. — Saint-Leu ; épisodes des promenades de la reine. — Un voyage à Aix en Savoie. — Accident tragique. — Un amusant incognito. — Les bains de mer. — La reine rentre à Saint-Leu et de là revient à Paris. 80

### CHAPITRE SEPTIÈME.

La France est envahie par les armées étrangères. — Incertitudes et frayeurs. — On apprend que les alliés marchent sur Paris. — Trouble et désarroi universels. — L'abandon de Paris est décidé, la résistance jugée impossible. — Une nuit d'angoisses . . . . . . . . . . . . . . . 113

## TABLE DES MATIÈRES.

### CHAPITRE HUITIÈME.

Fermeté de la reine. — Le roi Louis réclame ses enfants. — La fuite s'impose. — Départ de la reine. — Son arrivée à Trianon, puis à Rambouillet. — Scènes émouvantes. — Les Cosaques. — La reine au château de Navarre. — On apprend la capitulation de Paris et le sort de Napoléon. — Les préoccupations de l'avenir . . . . . . . . . . . . . . . . . . . . . . . 123

### CHAPITRE NEUVIÈME.

Les suites de l'invasion. — La bienfaisance de la reine est récompensée ; intérêt que lui porte l'empereur de Russie. — Abnégation d'Hortense ; elle finit par accepter le titre de duchesse de Saint-Leu et un apanage. — Anecdotes sur ses enfants . . . . . . . . . . . . . . . 137

### CHAPITRE DIXIÈME.

Derniers moments et mort de Joséphine. — Douleur de la duchesse de Saint-Leu. — Une visite de M$^{me}$ de Staël à la reine Hortense ; curieux incidents de cette réunion. . . . . . . . . 147

### CHAPITRE ONZIÈME.

Voyage de la duchesse de Saint-Leu à Plombières ; détails intimes. — Elle se rend à Bade. — La soupe de la czarine et celle du roi de Bavière. — Retour à Saint-Leu. — Un séjour au Havre ; plaisante déconvenue. — Les surprises que réserve un incognito. . . . . . . . . . . 158

### CHAPITRE DOUZIÈME.

Le roi Louis redemande ses enfants. — Douleur d'Hortense. — Sa visite à Louis XVIII. — Soins touchants de la duchesse pour ses fils. — Une aventure au Bois de Boulogne. — L'abbé Bertrand. — Hortense en butte aux attaques du parti royaliste. . . . . . . . . . . . . . 177

### CHAPITRE TREIZIÈME.

Le débarquement de Napoléon. — Terreur de la reine Hortense pour ses enfants. — Grande agitation à Paris. — Dangers que court Hortense. — Elle quitte son hôtel et se cache dans une mansarde. — Incidents burlesques. — Impatience de la reine dans sa cachette. — Napoléon rentre à Paris et Hortense dans son hôtel. — Grande réception aux Tuileries . . . . . . . . . . 187

### CHAPITRE QUATORZIÈME.

Les Cent-Jours ; Waterloo ; le départ de l'empereur. — Situation critique d'Hortense. — On l'oblige à quitter immédiatement la France. — Elle prend la route de l'exil. — L'échauffourée de Dijon. — Manifestation à Dôle. — Arrivée en Suisse. . . . . . . . . . . . . . . . . 205

### CHAPITRE QUINZIÈME.

Désillusions et déboires. — Ordre de quitter Genève. — Un sursis. — L'ermite de la montagne. — Voyage à Prégny ; ordre de quitter Prégny. — La reine à Aix. On veut la soumettre à une visite quotidienne. — Scène grotesque. — Nouveaux mécomptes. . . . . . . . . . . . . 218

### CHAPITRE SEIZIÈME.

Nouveaux chagrins d'Hortense. — Son fils aîné est rappelé par le roi Louis. — Démarches de la reine pour obtenir de se fixer en Suisse ; persécutions et refus. — Bienfaits d'Hortense. — Elle tombe gravement malade. — Les Sœurs d'Aix et l'exercice de la charité. — Mystères de la politique. — Une nuit à Prégny ; la maison cernée par des militaires. — Nouvelle défense de séjourner sur le territoire de Genève. — Espionnage. — L'auberge de Payerne. . . . . . . . . . . . . . 228

## CHAPITRE DIX-SEPTIÈME.

La reine est arrêtée sur le territoire de Fribourg. — On parlemente. — Les inquisiteurs bernois. — La reine arrive à Constance ; nouveaux désappointements. — Libelles et pamphlets. — Installation de la reine . . . . . . . . . . . . . . . . . . . . . . . . . . . . . . . . . . . . 242

## CHAPITRE DIX-HUITIÈME.

Une visite du prince Eugène ; joie d'Hortense. — Encore des mécomptes. — Générosité d'Hortense. — Elle va rendre sa visite à son frère. — Séjour dans les montagnes de l'Appenzell. — Toujours l'espionnage. — Pèlerinage d'Hortense à Einsiedeln. — Éducation de Louis-Napoléon, son plus jeune fils. . . . . . . . . . . . . . . . . . . . . . . . . . . . . . . . . . . . 255

## CHAPITRE DIX-NEUVIÈME.

La reine se fixe au château d'Arenenberg. — Ses visiteurs. — Esquisse de la vie intime au château d'Arenenberg. — Chateaubriand et M. Mocquard. — Quelques années de vie paisible. — Mort de Napoléon 1er . . . . . . . . . . . . . . . . . . . . . . . . . . . . . . . . . . 266

## CHAPITRE VINGTIÈME.

La reine Hortense à Rome. — Ses fils embrassent les idées révolutionnaires. — Angoisses d'Hortense. — Elle tente l'impossible pour les arracher au parti de l'insurrection. — Résistance des jeunes princes. — Mort de l'aîné. — Désespoir de la reine. . . . . . . . . . . . . . . . . 274

## CHAPITRE VINGT ET UNIÈME.

Stratagème de la reine Hortense pour sauver son second fils. — Péripéties du voyage qu'elle fait avec lui. — Complications et périls de tout genre au milieu de l'armée autrichienne. — La reine Hortense à Lorette. — Elle traverse la Toscane, arrive à Gênes, et parvient sans encombre jusqu'à la frontière française. . . . . . . . . . . . . . . . . . . . . . . . . . . . . . 288

## CHAPITRE VINGT-DEUXIÈME.

Voyage de la reine en France. — Son passage à Paris. — Accueil sympathique qu'elle reçoit en Angleterre. — Son retour en Suisse. — L'échauffourée de Strasbourg et ses suites. — Hortense frappée à mort. — Sa dernière année. — Son fils obtient de revenir auprès d'elle. — Résignation et piété profonde de la reine pendant les derniers temps de sa vie. — Sa sainte mort. — Les funérailles. — Le tombeau. . . . . . . . . . . . . . . . . . . . . . . . . . . . . . . 306

Imprimé par Desclée, De Brouwer et Cie. — Lille.

www.ingramcontent.com/pod-product-compliance
Lightning Source LLC
Chambersburg PA
CBHW060416170426
43199CB00013B/2161